건륭제와 천주교

건륭제와 천주교

이 준 갑 지음

혜안

머리말

2001년 여름 중국 복건성 무이산시에서 개최된 제9회 명사국제학술토론회에 참가한 적이 있다. 중국에서 내로라하는 절경으로 명성이 높은 무이산 곁의 숙소 주변에는 운치가 있는 기념품 가게와 호기심을 자극하는 물건들을 파는 노점상들이 적지 않았다. 저녁에 우리나라에서 학술토론회에 참가한 일행들과 함께 거리 곳곳을 기웃거리다가 옛날 돈을 팔고 있는 노점상 앞에서 발길을 멈추었다. 그가 파는 물건 대부분은 청 말이나 민국 연간의 은화를 본뜬 조잡한 모조품이었지만 그 가운데 섞여 있는 하얀 진품 은화가 눈에 쏙 들어왔다. 카를로스 4세의 흉상을 새긴 순도 90.3퍼센트인 8레알 스페인 은화였다. 1808년 멕시코의 조폐소에서 주조된 이 은화가 복건의 내륙인 무이산까지 흘러 들어온 것을 신기해하며 귀한 진품 은화를 만난 기쁨에 흥정도 하지 않고 얼른 값을 치렀다. 유럽과 아시아, 아메리카 사이의 해상 교역로가 개척되자 세계의 교역을 뒷받침하던 8레알 스페인 은화를 손에 넣은 즐거움은 이루다 말할 수 없었다. 그 후 이백 년 묵은 은화를 늘 곁에 두고 찬찬히 보기도 하고 만지기도 하면서 무언의 대화를 나누었다.

은화를 소중하게 여긴 까닭은 골동품 수장에 대한 욕구나 호고가의 벽(癖) 때문이 아니라 화폐로서 백은이 지닌 사회적 경제적 영향력이 대단히 크다는 사실 때문이었다. 청대 백은이 외부에서 대량으로 유입된 지역에서는 백은 유통량이 늘어나면서 토지나 가옥의 거래나 전당 계약에 많이 사용되는 화폐가 동전에서 백은으로 바뀌었다. 동시에 상인 계층의 자본 축적이

급격하게 이뤄지고 도시도 급성장했다. 반면에 외부에서 유입하던 백은이 차단된 지역에서는 경제가 쇠퇴했다. 주민들의 형편이 어려워져 일자리를 잃은 사람들은 타지로 이주하여 최하층 노동자로 근근이 살아갔다. 백은은 지역사회와 주민들의 삶을 윤택하게 만들 수도 있고 곤궁하게 만들 수도 있는 강력한 힘을 갖고 있었다. 이런 사실은 백은 유통을 주제로 한 일련의 연구를 통해 저자가 밝혀낸 사실들이다. 하지만 저자의 연구는 중국 안에서 백은이 많이 유통되면서 불러온 사회경제적 영향은 어느 정도 해명했으나 세계의 백은 유통망과 중국의 백은 유통망이 어떻게 연결되었는가 하는 세계사적 시야의 질문에는 대답하기 어려웠다.

은화와 나누었던 무언의 대화 주제는 바로 그 점이었다. 이 은화는 세계 백은 유통망을 통해 중국의 국내 백은 유통망으로 유입하고 표면의 글자 일부가 닳아서 없어질 정도로 수많은 사람의 손길을 거쳤다. 그러면 이 은화의 유통 경로는 구체적으로 어떻게 추적할 수 있을까? 좀 더 거시적으로 말하자면 세계 백은 유통망과 중국 국내의 백은 유통망의 연결 양상은 어떻게 밝힐 수 있을까?

세계와 중국의 백은 유통망의 연결 양상은 세계의 백은이 중국으로 가장 많이 유입된 시대를 골라서 추적하는 것이 적절한 접근 방법일 것이다. 연구자들의 견해를 종합하면 17세기와 18세기 동안 세계 백은 생산량 12만 톤 가운데 절반인 6만 톤이 중국으로 흘러 들어갔다. 백은 6만 톤의 1/3은 17세기에, 2/3는 18세기에 중국으로 유입했다. 18세기가 세계와 중국 백은 유통망의 연결 양상을 확인하기에 가장 적절한 시기인 셈이다. 그런데 중국에서는 18세기 백 년 가운데 건륭 연간이 60년을 차지하고 있고 나머지는 각각 강희 연간이 22년, 옹정 연간이 13년, 가경 연간이 5년을 차지한 데 불과하다. 따라서 18세기의 대부분을 차지하고 있을 뿐만 아니라 경제적으로도 청조의 절정기에 해당하는 건륭 연간을 대상으로 삼아야 세계와 중국 간 백은 유통망의 연결 양상을 구체적으로 추적할 수 있다.

백은은 대부분 무역으로 중국에 유입했으므로 백은 유통망의 실태 파악도 중국의 대외 무역 관련 자료들을 추적하는 데서 시작해야 하지만 막상 그러려고 하면 심각한 장애에 부딪힌다. 무역을 통한 백은의 유입 수량은 파악할 수 있더라도 그 백은이 중국의 국내 유통망 속으로 어떻게 흘러갔고 어떻게 사용되었는지를 증언해주는 기록들을 찾아낼 가능성이 대단히 낮기 때문이다. 그래서 저자는 유럽에서 천주교 선교 자금으로 보낸 백은이 중국으로 유입하고 백은 유통망 속에서 지출되는 과정을 추적하는 우회로를 선택했다. 백은 흐름의 연속성이나 구체성이 나타나 있었기 때문이다. 다만 이런 사항은 천주교 탄압으로 체포된 서양인 선교사나 내지인 천주교도들의 진술에서 확인된다는 한계가 있다. 단속망에 걸려들지 않았던 훨씬 더 많은 선교사들이 얼마만큼의 백은을 선교 자금으로 유럽으로부터 받았고 또 그것을 중국에서 어떻게 지출했는지 전모를 알아내기가 어려운 실정이기 때문이다.

역설적으로 건륭 연간에 지속적으로 행해진 천주교 탄압 덕분에 남겨진 선교사나 천주교도의 심문 기록에는 관련 상황들이 구체적이고도 생생하게 담겨 있다. 건륭 연간의 관원들이 매우 자세하게 심문하고 꼼꼼하게 기록을 남겨놓았기 때문이다. 이와는 달리 가경 연간의 심문 기록들은 내용이 구체적이지 않아 백은의 흐름을 추적하는 자료로 활용하기가 어렵다. 천주교도나 선교사에 대한 심문 기록의 구체성이라는 측면에서 가경 연간의 그것은 건륭 연간에 한참 못 미친다.

건륭 연간의 백은 유통망 추적에서 출발한 연구는 불가피하게 건륭제와 건륭 연간의 천주교에 대한 분석으로까지 확장되었다. 백은은 선교사의 선교 자금으로 유입되었으므로 천주교 측의 포교 활동은 물론 이를 단속하는 최고 권력자 건륭제의 움직임을 주시할 수밖에 없었기 때문이다.

건륭제와 그의 치세는 많은 청대사 연구자들의 흥미를 끌고 있는데 저자에게도 마찬가지이다. 저자가 건륭제에게 관심을 가지게 된 구체적인 계기는 그가 평생 자랑스러워하던 십전무공(十全武功)의 한 부분을 자세히 살펴볼 기회가 있었기 때문이었다. 대개 청대사 연구자들은 십전무공이란 것이 국내의 반란 진압도 포함하고 있을 뿐만 아니라 패전했다고 해야 할 전쟁조차도 승리한 것으로 과장하고 있다고 비판한다. 십전무공의 허상에 대한 지적에는 저자 역시 동의하지만 그럼에도 불구하고 십전무공에는 음미해야 할 부분도 있다고 생각한다.

그 까닭은 십전무공에 포함되는 건륭 20년(1755)의 제1차 준가르 공격에 관한 논문을 쓰면서 청조의 엄청난 전쟁 수행 능력에 강렬한 인상을 받았기 때문이다. 당시 저자는 가까이는 수백 킬로미터 멀리는 수천 킬로미터에 달하는 거리를 아랑곳하지 않고 몽골과 만주, 중국 북부지역에서 대규모 병력과 물자 조달 계획을 치밀하게 수립하고 실행에 옮기는 청조의 저력을 기록 곳곳에서 확인했다. 오늘날의 항공모함이나 수송기와 같이 인력과 무기들을 대규모로 운반하는 수단은 없었지만 건륭제 치세의 청조는 초원을 가로지르고 강을 건너고 산을 돌아가면서 머나먼 전장에 군대와 보급품을 계속해서 투입할 수 있는 역량을 갖추고 있었다. 전쟁 준비와 관련한 『청실록』이나 『평정준가르방략』의 기록을 읽어가는 내내 만일 준가르와 그들의 지도자 다와치가 청조에서 이렇게까지 치밀하게 전쟁을 준비한다는 사실을 알았더라면 과연 무력으로 맞설 생각을 할 수 있었을까 하는 의문이 들 정도였다. 병사 개개인의 전투 능력뿐만 아니라 군대를 동원하는 조직력과 군수품을 보급하는 경제적 실력, 무기 체계, 작전 능력과 사기 등을 포함한 총체적 역량이 전쟁의 승패를 좌우하는 관건이라면 이미 전쟁을 시작하기도 전에 청조는 압도적인 승리를 거둘 수밖에 없는 상황이었다. 학정으로 민심을 잃은 다와치는 제대로 저항해보지도 못하고 청군에 사로잡히는 처량한 신세가 되었다.

전쟁의 준비에서 마무리에 걸친 전 과정에서 건륭제는 만주인, 몽골인, 한인으로 구성된 군대를 동원하고 지휘부를 구성하는 일에서부터 군량을 조달하는 일까지 일일이 검토하고 지시했다. 전쟁을 시작하면서 전쟁 이후의 선후책 수립을 위한 현지 조사를 행정 관료 출신의 지휘관에게 맡기는 치밀함도 보였다. 건륭제는 마치 오케스트라의 연주를 노련하게 인도해가는 지휘자와 같았다.

노련한 지휘자로서 건륭제의 면모는 '건륭대교안'(1784~1786)의 처리 과정에서도 확인할 수 있었다. 일흔을 훌쩍 넘긴 황제는 지방의 총독이나 순무들에게 미심쩍은 부분을 캐묻고 그래도 의문이 풀리지 않으면 다시 조사하라고 명령하면서 교안을 일사불란하게 처리했다. 이따금 총독과 순무들의 보신주의적 행태 때문에 판단력이 흐려지기도 했지만. 저자는 건륭제의 이런 모습에 매혹되어 본질이 천주교 탄압 사건이었던 '건륭대교 안'의 전반부는 사건의 전개 과정을 살폈지만, 후반부는 지휘자인 건륭제의 전기를 쓴다는 입장에서 접근했다.

건륭제 전기는 중국과 일본, 미국 등지에서 여러 권 간행되었으나 대부분 은 건륭제의 실록조차도 제대로 읽지 못하고 썼다. 관련 자료의 분량이 매우 방대하기 때문이다. 건륭제 60년의 실록은 할아버지 강희제 61년간 실록의 6배 분량에 달한다. 여기에 다른 자료들은 차치하고서라도 관련 당안만이라도 자세히 읽고 쓰려 하면 건륭제 전기 집필은 매우 어려워질 수밖에 없다. 건륭제는 업적으로 보면 전기를 작성하기에 매우 적합한 인물이지만 방대한 자료 때문에 오히려 전기 저술이 방해를 받고 있는 셈이다. 저자도 일찍부터 건륭제의 전기를 써보고 싶다는 의욕은 있었으나 산더미 같은 자료에 가로막혀 엄두를 내지 못했다. 마침 본서의 '건륭대교안' 후반부에서 법률상의 원칙과 정치적인 현실 사이의 모순을 타개하기 위해

고심하는 군주의 모습을 묘사함으로써 건륭제 전기를 대신하기로 했다.

건륭제는 기왕의 연구에서 한결같이 천주교를 철저하게 탄압한 군주로 언급된다. 그러나 저자가 살펴본 건륭제의 모습은 달랐다. 그는 자신의 측근에서 봉사하던 서양인 선교사들은 포교 활동과 같은 불법 행위가 발각되더라도 그들을 보호하고 처벌하지 않았다. 그리고 이러한 관대한 처분을 '파격적 은혜'라고 자칭했다. 건륭제의 탄압 대상이 된 천주교 관련자들은 지방에서 숨어서 몰래 포교하던 서양인 선교사들이거나 내지인 천주교도들이었다. 건륭제는 측근에서 봉사하던 선교사들과 지방에서 숨어서 포교하는 선교사 및 내지인 천주교도를 분명하게 구별하여 전자는 보호하고 후자는 처벌했다. '파격적 은혜'와 탄압이라는 양면성은 건륭제의 천주교 정책 속에 내포된 특징이었다. 측근의 선교사들에게 베푼 '파격적 은혜'는 청대 다른 황제들에게서는 찾아볼 수 없는 건륭제만의 특별한 조치였다.

이 책의 마지막 부분을 차지하는 가경제와 그의 시대는 주인공인 아버지 건륭제와 그의 시대를 빛내주는 조연으로 등장한다. 청대 역사의 흐름에서 가경제의 시대는 쇠퇴기로 접어드는 때로 평가되고 있고 시선을 좁혀서 천주교의 흐름만을 살펴보더라도 강경 탄압 위주의 정책을 펼치면서 건륭 연간의 역동적인 양면성은 사라져 버렸다.

책의 주제가 천주교와 관련이 있다 보니 틈이 날 때마다 곳곳에 있는 중국의 천주교당과 교회들을 찾아보았다. 마테오 리치의 자취를 찾아 새벽 미사에 참여했던 북경 천주교 남당, 지인들과 함께 한여름 뙤약볕 속에서

답사했던 북경의 천주교 북당·동당·서당, 일 년 동안 출석했던 북경의 중국인 교회, 흑인과 서양인 그리고 중국인의 틈바구니에 끼어서 미사에 참여했던 광동성 광주의 석실 천주당, 한겨울에 교회당 건물이 비좁아 건물 밖 천막 아래에서 예배드리던 서안의 교회 등. 천주교당과 교회에서 만났던 이름 모를 숱한 중국인 신도들의 얼굴에서 수백 년 세월을 끈질기게 이어가는 신앙의 힘을 보았다. 그들은 이 책이 마무리될 수 있도록 도와준 무언의 응원자이기도 하다.

논문으로 발표된 글을 읽고 심사해주신 익명의 심사위원들과 명청사학회의 연구자 여러분께 감사드린다. 그분들의 비평과 조언은 내용을 가다듬는 데 참으로 유익했다. 한국과 중국의 사상에 관한 깊은 식견으로 많은 도움을 준 인하대학교 철학과의 이봉규 교수께 감사드린다. 중국어 초록과 목차를 작성해준 중국 산동 대학의 류창(劉暢)·천위안(陳媛) 교수께 감사드린다. 삼십 년 동안 동고동락해 온 아내 장진숙께 감사드린다. 자신의 길을 찾으려 분투하는 아들 종욱이와 딸 소현이에게도 응원의 박수를 보낸다. 깔끔하게 책을 만들어 주신 혜안출판사의 편집부 관계자분들께도 감사드린다. 책의 구상에서부터 집필을 마칠 때까지 알지 못하는 길을 걸어가는 저자와 늘 동행해주시고 격려해 주신 하나님께 감사드린다.

2021년 1월 15일 이준갑

일러두기

- 본서는 2021년 인하대학교 교내연구비를 지원받아 출판했다.
- 본문의 날짜는 음력에 따랐으나 양력을 따른 경우에는 양력이라 표기했다.
- 논저의 두 번째 인용부터는 저자명, 제목, 인용 페이지만을 제시했다.
- 본문의 각 장은 학술지에 발표된 논문들을 수정 보완한 것이다. 각 장의 출처는 다음과 같다.

제1편
제1장 「白銀, 商人, 宣敎師 - 淸代 天主敎 傳播에 나타난 聖과 俗 - 」, 『明淸史硏究』 47, 2017.
제2장 「토지, 주택, 점포 - 청대 북경 천주교 北堂의 경제적 기반 - 」, 『明淸史硏究』 54, 2020.
제3장 「淸代의 人口移動과 天主敎徒 - 四川 天主敎徒의 移住民 性格을 중심으로 - 」, 『明淸史硏究』 43, 2015.

제2편
제1장 「乾隆年間 天主敎 탄압의 실제와 天主敎共同體」, 『明淸史硏究』 52, 2019.
제2장 「乾隆49년(1784)~50년(1785)의 敎案과 天主敎共同體」, 『東洋史學硏究』 117, 2011.
「乾隆49年(1784)~51年(1786)의 敎案과 乾隆帝」, 『東洋史學硏究』 121, 2012.

제3편
제1장 「嘉慶年間(1796~1820)의 天主敎 傳播와 淸朝의 對應」, 『明淸史硏究』 45, 2016.
제2장 「天主敎令과 中國傳統 - 嘉慶 8년(1803) 제정 『쓰촨 대목구 시노드』 敎令의 분석 - 」, 『東洋史學硏究』 142, 2018.

도판 출처

목차

제3편 건륭 연간 이후의 천주교

서 론

명 말에 중국으로 건너온 마테오 리치를 비롯한 예수회 선교사들은 이른바 적응주의 선교전략을 택하면서 공자 숭배, 조상 제사, 상제라는 호칭 등 훗날 전례논쟁에서 핵심 쟁점이 되는 중국의 전통들이 천주교리에 위배되지 않는다며 용납했다. 만약 청대에도 예수회 선교사들의 입장이 계속해서 로마 교황청이나 프랜시스회와 도미니크회 소속의 선교사들에게 받아들여 졌다면 세 항목은 종교적 본질에 어긋나지 않는 중국 천주교의 독특한 요소로 자리를 잡았을 것이다. 하지만 그들은 강희 말년에 전례논쟁을 일으켜 이것들이 천주교의 종교적 본질을 훼손한다며 배척해버렸다. 이후 선교사들은 유럽과 교리 면에서 동일한 천주교를 중국에 이식하려 노력했으므로 청대 중국 천주교의 특징을 종교적 본질에서는 찾을 수 없게 되었다.[1]

그렇다면 청대 특히 절정기였던 건륭 연간(1736~1795) 천주교의 중국적 특징은 어디서 찾을 수 있을까? 종교적 본질에서는 찾을 가능성이 없어졌으므로 종교 이외의 측면에서 찾을 수밖에 없다. 그러려면 천주교를 둘러싼 경제적, 정치적, 시대적 측면을 주목할 필요가 있다. 천주교 포교는 돈이라는 경제적 요소와 불가분의 관계를 맺고 있었으며 탄압이라는 정치적 제약을 피해갈 수 없었고 시대의 영향에서 벗어날 수 없었기 때문이다.

선교라는 성스러운 작업에 돈이라는 세속적 욕망의 결정체가 깊숙이 개입하고 있다는 생각을 받아들이기 어려울 수 있다. 실제 전통시대 동아시아를 대상으로 한 천주교 연구 성과에서 돈과 관련한 주제를 취급한 경우가 무척 드문 까닭도 직접적이든 간접적이든 이런 사고와 관련되어 있다. 선교 현장에서 돈은 매우 필요하고 요긴하게 쓰였음에도 불구하고 서양인 선교사의 활동을 주제로 하는 포교사 연구에서는 이 부분에 대한 접근은 소홀히 한 채 포교 활동이나 궁정에서의 활동, 관료나 신사층과의 교유 등을 집중적으로 분석했다.[2]

물론 돈 곧 선교 자금에 대한 연구성과가 전혀 없는 것은 아니다. 예수회의 활동을 중심으로 선교 자금의 다양한 획득 방법과 그들의 재정상태를 분석한 연구들이 있다. 기왕의 연구성과들은 선교사 특히 예수회 소속 선교사들의 선교 자금 확보 양상을 구체적으로 밝혀놓았다.[3] 하지만 이들 연구는 선교 자금을 주로 경비(經費) 조달의 문제로 국한해서 접근했다는 점과 시기적으로 명대를 대상으로 했다는 점, 일본 예수회의 활동을 대상으로 분석한 논고도 있다는 점에서 이 책에서 선교 자금 문제를 바라보는 입장과는 뚜렷한 차이가 있다.

중국 천주교의 선교 자금 문제는 세계 백은 유통망과 긴밀한 연관을 맺고 있었다. 17세기 이후 백은은 세계 기축 통화의 위치를 차지하였고 중국에서도 백은을 화폐로 유통시키는 경제 구조가 확립되어 있었기 때문이다. 세계 백은 흐름의 최종 종착지가 중국이었고 선교 자금도 세계 백은 유통망을 타고 중국으로 유입되었으며 건륭 연간에 백은 유입이 최고조에 달했던 사실은 돈 문제를 건륭 연간 중국 천주교의 특징으로 언급하기에 크게 무리가 없다는 점을 시사한다.

돈을 마련하는 문제는 지방에서 숨어서 포교하던 선교사들뿐만 아니라 북경에서 합법적으로 존속한 천주교당 역시 풀어야 할 숙제였다. 유럽에서 지원되는 선교 자금은 주로 지방에서 숨어서 활동하던 선교사들에게 지원되었기 때문이다. 북경 천주교당의 선교사들은 안정적으로 체류비와 선교 자금을 공급할 수단을 마련할 필요가 있었다. 그런 필요를 채우기 위해 북경 천주교당에서는 토지와 점포, 주택을 매입하여 소작시키거나 임대하여 소작료와 임대료를 받았다. 그리스도교 포교가 자유화된 근대 중국 교회에서 토지를 마련하고 소작료를 받던 행적은 잘 알려져 있으나 실제로 이런 자금 확보 방식은 그 이전부터 나타나고 있었던 셈이다. 북경 천주교당에서 불법적으로 취득한 부동산은 건륭제의 '파격적 은혜'를 입어 합법화되었다. 이런 역설적 상황은 경제적 측면에서 확인되는 건륭 연간 중국 천주교의 특징이라 할 수 있다.

시선을 탄압의 문제로 돌려보면 청대 천주교의 역사는 반천주교 세력의 탄압과 천주교도의 수난으로 점철되었다고 해도 과언이 아니다. 전례논쟁 이후 비교도, 관원, 황제는 끊임없이 갖가지 박해를 가했고 천주교도들은 그것을 모두 견뎌내야 했기 때문이다. 이런 역사적 사실에 근거하여 연구자들은 박해와 수난이라는 이분법적인 관점을 받아들여 청대 천주교사를 연구했다.[4]

그러나 한편으로 혈연과 지연이라는 인간관계를 매우 중요시하는 중국 사회의 특성을 고려하면 과연 비교도와 천주교도 사이에는 탄압과 수난이라는 극단의 두 관계만 형성되어 있었을까 하는 의문이 생긴다. 비교도와 천주교도는 천주교라는 척도로 양분한 개념일 뿐이고 실제로 이들은 향촌에서 친척으로 이웃으로 함께 살아가는 공동체의 구성원이었다. 혈연 공동체는 말할 것도 없고 지연 공동체에서도 공동체 구성원의 유대감은 당연히 형성되어 있었다. 이런 유대감은 공동체 내의 갖가지 마찰과 분쟁을 해소하는데 긍정적으로 작용하고 있었다. 따라서 공동체 구성원 간의 유대감은 비교도와 천주교도의 대립에 어떤 영향을 주었는가 하는 의문은 해명되어야 할 필요가 있다.

관원들도 대부분 천주교도를 탄압했지만 그중 일부는 천주교도 적발과 처벌에 나서지 않았다. 북경 천주교당의 선교사들과 친분을 쌓았던 지방의 고위 관료 가운데는 교안이 발생하자 휘하 지방관들에게 천주교도를 적발하거나 처벌하지 말라고 지시하는 사람도 있었다. 하급 지방관인 지현도 서리와 같은 측근이 교안을 만나 체포되었을 때는 처벌하지 않는 경우가 있었다. 천주교에 우호적인 관원들은 소수에 불과했으나 이들의 존재는 과연 관원들이 일방적으로 천주교도를 탄압하기만 하였을까 하는 의문을 제기할 수 있는 충분한 근거가 된다.

또한 건륭제는 기왕의 연구에서 천주교를 냉혹하게 탄압한 전제군주라고 주장했으나 이런 견해는 부분적으로만 맞다. 그에게는 의외로 천주교 보호자의 모습도 나타나기 때문이다. 실제 그의 치세 동안 교안이 빈번하게 발생했고 선교사나 내지인 천주교도들이 사형을 비롯한 갖가지 형벌에 처해졌다. 그러나 천문과 역법에 관한 선교사들의 정교한 지식은 건륭제의 통치에 필수적인 요소들이었고 그들이 그린 그림이나 제작한 지도들은 정복자 건륭제의 위엄을 과시하는 훌륭한 수단이 되었다. 자신을 농경세계와 유목세계를 아울러 다스리는 위대한 군주(天下大君, 內外共主)로 자처한 건륭제는 궁정에서 봉사하는 선교사들을 심복으로 신뢰했다. 이들은 천주교를 포교하거나 팔기 기인들의 토지를 취득하는 등의 범법행위를 저질렀으나 건륭제는 이들을 처벌하기는커녕 '파격적 은혜'를 베풀어 사면해 주었다. 건륭제가 처벌했던 천주교 관련자들은 모두 지방에 숨어서 포교하던 서양인 선교사들이거나 내지인 천주교도였다. 천주교 탄압자이자 보호자라는 건륭제의 야누스적 면모는 정치적 측면에서 나타난 건륭 연간 중국 천주교의 특징이다.

건륭 연간(1736~1795) 천주교의 특징은 다른 시대와의 비교를 통하여 더욱 분명하게 드러날 수 있다. 지금까지 천주교 연구에서 건륭 연간은 늘 강희 연간(1662~1722)이나 옹정 연간(1723~1735)과 함께 언급되거나 비교되었다.[5] 그러나 청대사의 흐름에서 건륭 연간과 대비되는 시기는 강희·옹정 연간이 아니라 가경 연간(1796~1820)이라 할 수 있다. 가경 연간은 강희·옹정·건륭 연간에 걸친 성세(盛世)의 분위기가 막을 내리고 청조가 쇠퇴기로 접어들었던 시기였기 때문이다. 또한 청대 천주교의 흐름에서도 가경 연간은 건륭 연간과는 확연히 다른 분위기가 감지된다. 그렇지만 가경 연간의 천주교 연구는 연구 성과도 적을 뿐 아니라 그마저도 개별적인 교안 연구에 치중하고 있다.[6] 이런 한계를 극복하기 위해 저자는 가경 연간이 청조의 천주교 정책에서나 천주교 측의 중국 전통에 대한 대응 양상에 중대한 변화가 발생했던 시기라는 관점을 담은 연구를 발표했다.[7]

가경 연간 천주교의 특징을 찾기 위해서는 두 가지 측면의 접근이 필요하다. 하나는 청조의 태도를 주목하는 접근이다. 가경 연간에 자취를 감춘 '파격적 은혜'는 천주교 탄압이 강화되었다는 증거이지만 그것을 가경 연간의 특징이라고 말하기는 어렵다. 건륭 시대에 앞선 옹정 연간에도 황제의 '파격적 은혜'는 없었기 때문이다. 따라서 가경 연간의 특징은 '파격적 은혜'의 빈자리를 대신한 것이 무엇인가에서 찾아야 할 것이다. 그런 의미에서 한층 강화된 천주교 감시와 처벌 내용을 담은 법과 제도는 가경 연간의 시대적 특징이라 할 수 있다. 강경 처벌을 기조로 하는 제도와 법령의 내용이 무엇인지도 살펴보아야 하지만 이런 강경책이 취해진 시대적 배경으로서 만주 전통의 동요라는 추세도 주목할 필요가 있다.

다른 하나는 천주교 측의 움직임을 주목하는 접근이다. 가경 연간은 명 말에 마테오 리치가 와서 포교한 지 2백 년가량이 지난 시점이다. 그 사이에 천주교는 탄압을 받으면서도 중국에서 뿌리를 내렸고 중국 전통에 대한 입장을 정리하여 종교적 정체성을 분명히 해야 할 필요를 느끼고 있었다. 중국 전통에 대한 일차적인 정리는 강희 말년의 전례논쟁을 통해 이뤄졌는데 그 점에 대해서는 많은 연구가 축적되어 있다.[8]

그러나 기왕의 연구는 전례논쟁 이후에도 여전히 중국 전통이 커다란 걸림돌로 작용했다는 사실은 간과했다. 전례논쟁에서 정리하지 못한 갖가지 중국 전통들은 포교 활동이나 신앙 생활에 장애가 되었다. 파리외방선교회 소속 선교사이자 사천 대목구장이던 뒤프레스 주교는 가경 8년(1803) 사천 숭경주(崇慶州)에서 천주교 성직자 회의(시노드)를 개최하여 중국 전통에 대한 천주교 측의 입장을 정리하여 교령을 제정했다.[9] 중국 전통에 대한 최종적이고 종합적인 정리 작업은 천주교 측의 움직임에서 확인할 수 있는 가경 연간의 시대적 특징이다.

이상에서 언급했던 문제의식은 세 가지로 요약할 수 있다. 건륭 연간 천주교의 중국적 특징을 살펴보려면 첫째, 건륭 연간의 천주교와 중국 경제의 관련성을 추적하고, 둘째, 건륭제의 천주교 탄압과 '파격적 은혜'라는 양면성의 실태를 밝히며, 셋째, 가경 연간의 시대적 특성을 찾아내어 건륭 연간의 그것과 비교하는 작업이 필요하다. 본서에서는 세 항목을 각 편의 연구 주제로 삼아 분석하려 한다.

제1편의 주제는 건륭 연간을 대상으로 삼아 선교 자금인 백은이 어떻게 확보되고 지출되었는가를 중국 경제 구조와 관련지어 추적하는 것이다.

제1편 제1장에서는 선교 자금인 백은이 중국으로 유입하고 지출되는 경로를 세계 백은 유통망과 관련지어 분석했다. 청조의 금교 정책에도 불구하고 지방에서 숨어서 활동하던 선교사들이 선교 자금을 지원받아 활동을 계속할 수 있었던 배경을 16세기 이래 형성된 세계적 규모의 백은 유통망, 내지로 선교 자금을 전달하는 중계자로서 산서 상인, 섬서 상인, 사천 상인, 호광 상인, 강소 상인 등 장거리 교역 상인 겸 천주교도들의 활동, 백은을 화폐로 사용하는 중국의 국내 시장망에서 찾아보았다.

제1편 제2장에서는 북경 천주교 북당에서 소속 선교사들의 선교 자금과 체류비를 확보할 수 있었던 경제 기반이 무엇이었던가를 추적했다. 북당은 북경 주변의 밭 4천무(畝)와 황무지 2천무, 점포 119곳, 주택 10채를 소유한 부동산 부자였다. 이들 부동산에서 매년 얻는 수입은 백은 1만냥(兩)에 달했다. 그 가운데 점포 임대료는 7,600냥, 소작료는 2,200냥, 주택 임대료는 300냥가량이었는데 이런 수익 분포를 실마리로 삼아 북당은 경제적 측면에

서 북경의 번성한 상업에 의존한 임대업자이자 대규모의 토지를 소작시키는 부재지주였다는 사실을 밝혔다. 북경 천주교당의 불법적인 부동산 소유를 합법화해준 사람은 천주교를 탄압하던 건륭제였는데 그가 '파격적 은혜'를 베푼 까닭은 화이론(華夷論)과 측근의 선교사를 심복으로 바라본 시선 때문이었다는 사실도 밝혔다.

제1편 제3장에서는 돈은 선교사들의 관심거리였을 뿐만 아니라 내지인 평신도들에게도 생활 자금으로서 또 선교 자금으로서 매우 소중했다는 관점에서 평신도 천주교도들의 경제 활동 양상을 살펴보았다. 그러기 위해 청 초·중기 사천으로의 대규모 인구 유입 과정에서 나타난 이주민 천주교도와 토착인 천주교도의 경제 활동과 포교 활동을 분석했다. 천주교도들은 출신 지역에 따라 각각 독특한 방식으로 사천에 정착하고 경제 활동에 참여했다. 호광 출신 천주교도들은 사천에서 주로 농업으로 정착하고 성장했다. 반면 강서 출신의 천주교도들은 주로 고향에서부터 익숙하던 상업이나 수공업 분야에 진출하여 성장했다. 토착인 천주교도들은 무주황전(無主荒田)을 차지하여 지주로 성장했다. 이들의 경제 활동 양상은 호광, 강서 출신의 비교도 이주민이나 비교도 토착인과 다를 바가 없었다. 다만 이들은 수입 일부를 선교 자금으로 지출하기도 하고 직접 포교 활동에 참여하였다는 점에서 비교도들의 생활방식과 구별되었을 따름이었다.

제2편의 주제는 건륭제의 천주교에 대한 탄압과 '파격적 은혜'라는 이중적 태도에 대한 분석이다. 건륭제는 측근의 선교사들에 대한 법 적용에 따른 처벌을 면제해 줄 때 스스로 '시은격외(施恩格外)'·'법외지인(法外之仁)'·'법외시은(法外施恩)'이라고 자부했는데 본서에서는 이들을 '파격적 은혜'로 통칭했다.

제2편 제1장에서는 건륭 연간 청조와 천주교 공동체의 관계를 검토했다. 여기서는 청조와 천주교 공동체의 관계는 탄압이라는 '제1의 관계'와 수난이라는 '제2의 관계'로만 파악할 것이 아니라 공존과 묵인, '파격적 은혜'라는

'제3의 관계'를 설정해야만 정확하게 이해할 수 있으며 각지의 천주교 공동체는 '제3의 관계'를 포함하여 각자의 고유한 경제적, 사회적 여건 속에서 존속했다는 사실을 밝히려 했다. 비교도 이웃이나 친척들은 가능하다면 혈연·지연 공동체 속에서 천주교도와 공존하는 '제3의 관계'를 선택했다. 관원들은 대부분 천주교도를 탄압했지만 선교사나 내지인 천주교도와 친분이 있던 사람 중에는 이들을 묵인하는 '제3의 관계'를 선택한 자들도 있었다. 건륭제는 천주교 탄압자였으나 한편으로는 화이론에 입각하여 '파격적 은혜'를 베풀어 천주교가 존속할 수 있도록 숨통을 열어주는 '제3의 관계'도 맺었다. '제3의 관계'는 특히 북경의 공동체에 큰 영향을 미쳤는데 이 공동체는 다른 지역 공동체에 비교하면 좀 더 안전하게 존속했다. 북경 공동체의 선교사들은 건륭제의 '파격적 은혜'에 의지하여 중국 천주교 공동체 전체의 보호자 역할을 감당했다.

제2편 제2장은 건륭 49년(1784)에서 51년(1786)에 걸친 이른바 '건륭대교안(乾隆大敎案)'에 대한 사례 연구이다. 본 교안을 '건륭대교안'이라거나 18세기 최대교안이라고 부르는 까닭은 체포된 천주교도가 사백여 명, 선교사가 열여덟명으로 그 수가 가장 많았으며 체포된 사람들의 지역 분포도 가장 광범위하여 전국 11개 성(省)에 걸쳐 있었기 때문이었다. 그러나 이 책에서 주목하고자 하는 바는 교안의 규모가 아니라 교안의 특징이다. 이 교안을 분석하여 건륭 연간의 관료 부패나 제도적 결함으로 인한 천주교도 체포 작업의 비효율성, 세계 백은 유통망을 통한 백은의 중국 유입과 내지에서의 지출, 인구 이동을 통한 천주교의 전파, 비교도 이웃이나 친척들의 천주교도와의 공존, 천주교도와 선교사를 처벌하는 청조 사법 체계의 작동 실태, 화이론에 입각한 '파격적 은혜'를 베풀고 한편으로 지방의 총독과 순무들과 소통하면서 교안을 처리하는 건륭제의 모습을 확인했다.[10)]

제3편에서는 가경 연간의 시대적 특성을 분석하여 건륭 연간의 그것과 비교했다.

제3편 제1장에서는 탄압과 '파격적 은혜'라는 양면 전략을 구사하던 건륭 연간과는 달리 황제와 관원들이 법과 제도라든가 유교 이념을 동원하여 천주교를 일방적으로 탄압하거나 비판하던 가경 연간의 금교(禁敎) 양상을 분석했다. 그러기 위해 북경 천주당을 외부로부터 고립시키는 서양당관리장정(西洋堂管理章程), 내지인은 물론 만주 기인 천주교도의 처벌을 법제화한 천주교치죄전조(天主敎治罪專條), 부하 기인들의 천주교 신봉을 단속하지 못한 팔기 관원을 엄벌하는 실찰팔기각관처벌조례(失察八旗各官處罰條例)를 제정하거나 세분화했던 목적과 배경을 분석했다. 그리고 성리학의 입장뿐만 아니라 고증학의 방법론까지 동원한 관원들의 천주교 비판론은 물론 그들만큼 체계적이지는 않으나 전제권력과 만주인의 지배를 유지하기 위해 천주교 교리나 설화를 망령스럽다거나 삼강오륜을 어긴 패륜으로 몰아가는 가경제의 비판을 살펴보았다.

　　제3편 제2장에서는 강희 말년의 전례논쟁에서는 크게 문제 삼지 않았던 다양한 중국 전통에 대해 이후의 천주교회는 어떤 입장이었는지를 뒤프레스 사천 대목구장이 제정한 가경 8년(1803)의 천주교령을 통해 분석했다. 뒤프레스 대목구장은 중국 전통을 근원적으로 부정하는 교령을 제정했다. 그의 태도는 전례논쟁에서 중국 전통을 부정하던 선교사들의 입장보다 훨씬 강경했고 부정의 영역도 더욱 광범위했다. 그는 이기론(理氣論)에 근거한 유교 이념과 유일신에 기초한 천주교리는 평행선을 달릴 뿐 결코 접점을 찾을 수 없다고 생각했다. 천주교 측의 교리 우선 방침과 가경제의 처벌 강화 노선 때문에 건륭 연간에 있었던 '제3의 관계'는 사실상 설 자리를 잃게 되었다.

　　건륭제는 천주교를 탄압했으나 한편으로는 측근에서 봉사하는 선교사들의 포교나 부동산 소유와 같은 불법 행위를 눈감아 주는 '파격적 은혜'도 베풀었다. 건륭제가 스스로 '시은격외'·'법외지인'·'법외시은' 등으로 언급한 '파격적 은혜'는 아들 가경제 시대에는 물론이고 아버지 옹정제 시대에도 베풀어 진 적이 없었다. 할아버지 강희제나 증조할아버지 순치제도 선교사들에게 호의를 베풀었지만 그것을 '파격적 은혜'라고 칭하지는 않았다. 건륭 연간에 나타난 중국 천주교의 특징은 대부분 건륭제의 '파격적 은혜'에서 비롯되었다고 해도 과언이 아니다.

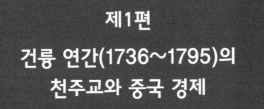

제1편
건륭 연간(1736~1795)의
천주교와 중국 경제

제1장

중국 선교와 백은 유통

1. 세계 백은의 중국 유입과 선교 자금

1497년 포르투갈 리스본에서 출항한 바스코 다 가마는 희망봉을 돌아 이듬해 인도 캘리컷에 도착하여 유럽과 인도 사이의 항로를 개척했다. 그 항로를 이용하여 유럽 상선들은 동방 무역에 나섰다. 포르투갈 인들은 1511년 동남아 향료무역의 한 거점이었던 말라카를 점거하였고 1517년에는 광동성 광주에 진출하여 무역했다. 1557년에는 마카오를 점령하고 명조와 교섭하여 아시아 무역의 주요 거점으로 삼았다. 스페인에서 파견한 마젤란은 1521년 필리핀에 도착했고 1571년 마닐라는 스페인 세력에 점령되었다. 스페인은 중국과 직접 무역하려 했으나 명조에 거부당했다. 그러자 복건 상인들이 생사, 비단, 도자기 등을 화물선에 싣고 마닐라로 와서 신대륙 백은으로 주조한 스페인 은화와 바꾸어 중국으로 돌아갔다. 17세기 동인도 회사를 설립한 영국은 18세기 초 본격적으로 대중국 무역에 뛰어들어 모직물, 흑연, 후추, 단향(檀香), 소목(蘇木), 백은 등을 광주로 가져와 중국 물산과 교역했다. 17세기 동인도회사를 설립한 프랑스도 18세기에 광주로 와서 은화, 유향, 후추 등을 중국 물품과 교역했다. 네덜란드, 덴마크, 프로이센, 스웨덴, 미국 상선들도 광주로 와서 무역하였는데 백은을 가져와서 차,

도자기, 비단 등의 중국 상품을 사갔다.[1]

신대륙에서 채굴된 백은이 중국으로 얼마나 유입했는가를 추산하는 문제에 대해서는 연구자의 입장에 따라 차이가 있다. 이들의 견해를 종합해보면 17세기와 18세기에 아메리카에서 각각 3만 7천 톤과 7만 5천 톤의 백은이 채굴되어 그 중 2만 7천 톤과 5만 4천 톤의 백은이 유럽으로 유입되었다. 유럽으로 흘러들어간 백은의 절반가량인 3만 9천 톤은 다시 아시아 교역에 사용되었다. 세분하면 17세기에 1만 3천 톤, 18세기에 2만 6천 톤에 달하는 백은이 지출되었는데 그 대부분이 중국으로 흘러들어갔다. 또 적게는 3천 톤에서 1만 톤 많게는 2만 5천톤의 백은이 아메리카에서 태평양을 건너 아시아로 유입되었는데 이 백은의 종착지도 대부분 중국이었다. 일본에서 생산된 9천 톤 이상의 백은도 중국으로 유입했다. 동남아시아나 중앙아시아에서 흘러들어간 백은과 중국에서 자체적으로 생산한 백은까지 합하면 17, 18세기 동안 중국에는 6만 톤가량의 백은이 유입되었다. 이 수량은 같은 기간 동안 전 세계에서 생산된 백은 12만 톤의 절반에 상당한다.[2]

이처럼 막대한 양의 백은이 중국으로 흘러들어가게 된 데는 그럴만한 까닭이 있었다. 그 원인은 우선 백은에 대한 중국의 거대한 수요에서 찾을 수 있다. 중국에서는 명초에 사용하던 지폐인 보초(寶鈔)의 가치가 폭락하여 명 중기에 이를 대신할 화폐가 필요했고 부역 징수 방식이 은납화하면서 농민까지도 납세를 위해 백은이 필요했으며, 상품화폐 경제의 발달로 고액 화폐인 백은 수요가 증가했다. 유럽에서도 신대륙에서 확보한 백은을 중국으로 가져갈 수밖에 없었던 사정이 있었다. 동남아시아의 토산물을 중국에 중계 무역하는 경우를 제외한다면 궁극적으로 중국산 물품들과 교환할만한 유럽의 상품이 거의 없었다. 또한 백은은 유럽에서보다 중국에서 더 높은 가치로 거래되었으므로 유럽 상인들은 백은으로 사들인 중국 상품을 자국 시장에서 판매하면 많은 이익을 얻을 수 있었다.[3]

백은이 많이 유입되자 중국에서는 사회와 경제 방면에 중대한 변화가 일어났다. 상업과 수공업이 발전하면서 도시도 번성했다. 식량과 토지, 주택 등을 구입하는데 점점 더 많은 백은이 필요하여 개인의 화폐 의존도가 점차 높아졌다. 일조편법이 시행되어 대부분의 세역(稅役)이 은납화되었다. 지역사회에서도 백은이 많이 유입되는 곳에서는 경제가 활성화하고 도시화가 급격히 진행된 반면 백은 유입이 감소한 곳은 경제가 침체했다.[4] 백은의 영향력은 개인과 사회에 있어서뿐만 아니라 선교나 선교사들의 삶에까지 확대되었다. 선교사들의 활동 공간인 중국 사회와 선교 대상인 내지인들의 삶이 백은의 영향을 점점 더 많이 받았기 때문이었다. 선교사들은 화폐이자 선교 자금인 백은을 손에 넣기 위해 무척 애를 썼다.[5]

중국 내지의 선교사들이 백은을 입수하는 데 가장 선호했던 방식은 토지, 가옥, 점포 등 부동산을 구입하여 소작료와 임대료를 받는 것이었다. 선교사들이 부동산 임대를 통한 선교 자금 확보 방식을 선호했지만 현실적으로 이 방법은 청조가 천주교당의 존재를 용인한 북경에서만 활용할 수 있었다. 다른 지방에서는 옹정 연간에 청조가 강제로 천주당 건물을 철거하거나 개인에게 팔거나, 사창(社倉)이나 서원(書院) 같은 공공건물 혹은 천후궁(天后宮), 관제묘(關帝廟) 등의 묘우(廟宇)로 용도를 변경시켜버려서 천주교당 건물이나 교당 소유 부동산이 없어졌기 때문이다.[6]

이리하여 내지에 (불법적으로) 잠복하던 선교사들은 선교 자금인 백은을 자급자족할 수 없게 되었다. 선교지로 들어갈 때 소지한 백은을 다 사용하면 부득이하게 외부에서 선교 자금을 지원받아야 하는 처지가 되었다. 선교사들이 유럽에서 마카오로 보내온 백은을 전달받은 정황은 〈표 1-1〉과 같다.

〈표 1-1〉은 건륭 연간 내지에 숨어서 천주교를 포교하다가 체포된 선교사들이 청조 관원의 심문을 받으면서 진술한 내용을 토대로 작성한 것이다. 따라서 전례논쟁 이전에 활동하던 선교사들의 백은 수취 정황에 대해서는 어떤 정보도 담고 있지 않다. 또 청조 관원에 체포되지 않았던 선교사들이나, 체포된 선교사라도 백은과 관련한 진술이 없는 경우에는 이들이 백은을

<表 1-1> 건룡 연간 내지에서 활동하다 체포된 선교사들의 백은 수취 정황

번호	날짜*	선교사 이름	선교지	받은 액수	받은 기간	보낸 사람	전달자	발송지/수취지	문건번호**
1	건룡 11년 5월 28일	산쯔	복건 복안현	매년 150냥	입국 이래	서양 국왕#	복건인 무상우	마카오/복안	58
2	건룡 11년 5월 28일	알레베르	복건 복안현	매년 100냥	입국 이래	서양 국왕#	복건인 무상우	마카오/복안	58
3	건룡 11년 5월 28일	세라노	복건 복안현	매년 80냥	입국 이래	서양 국왕#	복건인 무상우	마카오/복안	58
4	건룡 19년 5월 24일	아라우조/비에가스	강소 상숙현·소문현	건룡 17년 입국시 500냥 휴대+2차례 도합 500냥	건룡 18, 19년 사이에 2번	입국시 휴대한 백은은 집안에서 가져온 것. 2차례 송금자는 마카오 천주당 회장	상인 심마두	마카오/상숙·소문	120
5	건룡 24년 10월 8일/25년 5월 22일	산토스	복건 소무현	서양은화 100원	건룡 24년 한 차례	마카오 서양회장	고시몬이 마카오 출발 후 강서 감주에서 사시몬에게 줌. 사시몬이 최종 전달	마카오/소무	124, 126
6	건룡 49년 9월 5일	사싸리 등 네 명	광주에서 서안으로 가다 호북성 양양에서 체포	고평 원사은 155.6냥 휴대	목적지인 서안으로 잠입하다가 체포되어 실제 선교는 못함				176, 177
7	건룡 49년 11월 11일	매그니	산서 강주/섬서 서안부·위남현등지	서양은화 250원. 노쇠해 주교직 사임한 후에는 절반으로 감액	건룡 27~49년 사이에 매년	로마 교황	처음에는 광동 천주교인이 담당. 체포되기 전 10여 년간은 산서 상인 진록이 전달	마카오/산서·섬서. 혹은 마카오/북경 천주당·산서·섬서	253
8	건룡 50년 2월 7일	마르탱	사천 성도부 일대	사천으로 갈 때 300냥 휴대+건룡 41년 200냥	필요시 받아옴		건룡 41년 사천상인 장만효. 이후 호광상인 유내사	광동 마카오/사천 성도부	240, 331
9	건룡 50년 3월 17일	사크레멘토	강서 만안현·여릉현	본국에서 서양은화 80원 지참. 강서에 도착한 후 서양은화 430원	건룡 36년 강서에 도착 후 4차례 받음	마카오의 서양인 선교사 산토스 및 팔라우	강서인 주유임·유청화·유림계	마카오/강서	352

비고 : ① 날짜(*)는 관련 내용을 담은 주접의 작성일. ② 서양 국왕(#)은 청조 관원이 선교사를 심문한 후에 스스로 돈을 보낸 주체로 지목한 것임. ③ 문건번호(**)는 『청중전기서양천주교재화활동당안사료』(이하 『천주교재화활동당안』으로 약칭) 제1책 및 제2책에 수록된 당안의 문건번호임. 5와 9의 산토스는 동일 인물로 복건에서 선교하던 중에 체포당해 건룡 25년 추방되자 마카오에 거주하며 선교활동을 지원.

얼마나 수취했는지 파악할 수 없다. 〈표 1-1〉에 제시된 아홉 사례는 청대 내지에서 백은을 조달받으면서 활동했던 많은 선교사들 가운데 극히 일부의 정황만을 담고 있다.

〈표 1-1〉을 살펴보면 내지의 선교사들이 확보한 백은의 출처는 마카오에서 내지로 잠입해들어 갈 때 휴대한 백은과 내지에 잠입한 후에 마카오에서 조달받은 백은으로 나뉨을 알 수 있다. 전자에 속하는 사례는 예수회 선교사들인 아라우조(José de Araújo. 張若瑟)와 비에가스(Manuel de Viegas. 劉馬諾)가 백은 500냥을 갖고 강소(江蘇)로, 프랜시스회 선교사들인 사싸리(Giovanni da Sassari. 吧咖哩唉) 등 네 명이 백은 155.6냥을 가지고 섬서(陝西)로, 파리외방선교회 소속의 마르탱(Jean Didier de Saint Martin. 馮若望)이 300냥을 지니고 사천(四川)으로, 프랜시스회 소속의 사크레멘토(Manuel de1 Santisimo Sacramento. 李瑪諾)가 번은(番銀) 즉 서양 은화 80원(圓)을 지참하여 강서(江西)로 간 것이다. 이를 한 사람 당 계산하면 선교사들은 평균하여 각각 백은 128냥(사크레멘토의 番銀 80圓은 백은 72냥으로 절산. 이하 계산에서도 같은 비율로 절산)가량을 지참하고 내지로 잠입했다.

이처럼 선교사는 백은을 소지하고 각자의 선교지로 잠입했다. 이들이 서양 은화를 가지고 선교지로 간 까닭은 현지에서 사용할 수 있었기 때문이다. 서양 은화는 크기와 모양, 무게와 순도 등이 규격화되었다고 여겨져서 내지인들에게 크게 환영받았는데 중국으로 유입한 서양 은화에는 다량의 스페인 은화가 포함되어 있었다.[7] 스페인 출신인 사크레멘토가 서양 은화를 휴대한 까닭은 이런 배경에서였다. 중국에서 서양 은화가 대거 유통되자 광동의 공행(公行)들은 건륭 연간에 서양 은화와 중국 백은(庫平紋銀) 간의 교환비율을 100 : 90으로 정했다.[8] 스페인 은화가 중국의 내지에서 직접 유통되기도 하고 중국의 대외무역 상인들이 서양 은화와 중국 백은 사이의 교환비율을 고시하기도 한 것은 당시 중국이 세계 백은 유통망에 깊숙이 편입되었음을 의미한다.

〈사진 1〉 8레알 은화 전면(저자 촬영)　　　〈사진 2〉 8레알 은화 후면(저자 촬영)

　선교사들이 내지에 잠입한 이후에 받는 선교 자금 지원액에는 차이가
있었다. 그렇게 된 근본 원인은 그들이 천주교 위계 상 차지하는 지위의
고하 때문이었다. 선교사 가운데 가장 많은 액수인 서양 은화 250원(圓)을
매년 지원받은 매그니(Francesco Maria Magni. 呢嗎 方濟格)는 건륭 42년
(1777) 54세가 될 때까지 섬서에서 사도적 대목(司徒的 代牧. vicar apostolic)으
로 활동했다.9) 그가 노쇠하여 건륭 43년(1778)에 사도적 대목의 자리를
산서(山西)의 사코니(Antonio Maria Sacconi. 安多呢. 康安多)에게 물려준
후에 지원받은 서양 은화의 액수는 절반으로 줄었다.10)
　지원받은 백은의 구체적인 액수를 〈표 1-1〉의 일련번호 순서대로 열거하
면 매년 80냥, 매년 100냥, 매년 150냥, 한 차례 250냥(두 차례 500냥),
한 차례 서양 은화 100원, 매년 서양 은화 250원, 한 차례 200냥, 한 차례
서양 은화 107.5원(네 차례 430원)이었다. 이는 다시 매년 정기적으로 받은
네 사례(일련번호 1·2·3·7)와 부정기적으로 받은 네 사례(일련번호4·5·8·9)
로 구분할 수 있다. 전자에 속하는 네 명의 선교사는 매년 정기적으로
평균 백은 139냥가량을 지원받았으며 후자에 속하는 선교사들은 부정기적
으로 한 차례에 평균 백은 159냥가량을 지원받았다. 부정기적이든 정기적이

든 선교사들은 내지에 잠입하여 활동하면서 한 번에 평균 백은 140~160냥가량을 지원받은 셈이다. 이 액수를 선교사들이 내지로 처음 잠입해 들어갈 때 지참했던 백은의 평균 액수인 128냥과 비교해 보면 크게 차이가 나지 않는다.

따라서 건륭 연간에 중국으로 와서 활동한 선교사들은 내지에 최초로 잠입하는 경우든 잠입한 이후에 매년 정기적으로 지원을 받든 혹은 부정기적으로 지원받든 간에 지참하거나 지원받는 액수는 한 사람당 한 차례에 평균 백은 130~160냥가량이었다고 할 수 있다. 이 액수는 부동산 수입이 없이 서양의 송금에만 의지하여 생활하던 북경 서당의 선교사들이 매년 지원받던 백은 140냥과는 거의 일치한다. 반면 부동산 임대 수입이 있던 북경 남당과 북당, 동당에서 활동하던 선교사들이 한 사람당 매년 확보한 선교 활동비 백은 5~6백냥에 비교하면 1/4가량에 불과했다.

이처럼 선교 자금을 지원받은 내지의 선교사들은 한번에 백은 130~160냥가량을 지원받았다. 지원 기간은 1년을 단위로 하는 경우와 부정기적인 경우가 각각 절반씩이었다. 전자의 경우에 속하는 선교사들은 1년을 단위로 백은 130~160냥 규모의 선교사업(물론 여기에는 생활 자금도 포함되어 있다)을 계획하고 추진할 수 있었지만 정해진 기간 안에 나름의 성과를 올려야 한다는 압박에서 벗어나기 어려웠다.[11] 반면 후자의 경우에 속하는 선교사들은 시간의 구속에서 벗어나 좀 더 자유롭게 백은 130~160냥 규모의 선교사업을 추진할 수 있었다. 금교 정책이 고수되면서 천주교도나 선교사에 대한 단속과 탄압이 불시에 행해졌으므로 선교사업의 일관성이나 지속성, 예측 가능성은 낮을 수밖에 없었다. 따라서 선교 자금이 부정기적으로 지원되는 상황은 선교사의 생활이나 선교사업에 불안을 조성하는 부작용을 야기했지만 한편으로는 금교 상황에 좀 더 유연하게 대처할 수 있는 긍정적인 효과도 가져왔다.

그런데 이런 선교 자금은 〈표 1-1〉에서 나타난 바와 같이 로마교황이나 서양의 국왕 혹은 선교사의 가족, 마카오의 천주교계를 이끌던 예수회 회장이 보내주었다. 또한 선교사가 속한 본국의 교회 신도들이 공개적으로 연보(捐補)하거나 친우가 모아서 매년 마카오로 전해 주었다.[12] 이들이 송금하는 선교 자금은 본국이나 로마 교황청 당국의 사정에 따라 혹은 선박의 항해 사정, 후원자들의 모금 상황 등에 따라서 끊기거나 불규칙적으로 전달되기도 했다. 그래서 내지의 선교사들 중에는 제 때에 선교 자금을 전달받지 못해 곤경에 빠지는 자도 나타났다. 프랜시스회 선교사 라그히(Antonio Laghi, 梅功)는 강희 연간에 섬서 서안으로 가서 천주교당을 짓고 포교하였으나 선교 자금을 제대로 지원받지 못했다. 어쩔 수 없이 그는 주변의 천주교도에게서 백은 300냥을 빌려서 썼다. 옹정 연간에 퇴거 명령이 내리자 마카오로 돌아가야 했는데 빚을 갚을 길이 없었다. 그는 백은 300냥을 갚는 대신 채권자에게 천주당 건물을 넘겨주고 떠났다.[13]

경제적 궁핍함에 시달릴 위험이 있음에도 불구하고 1578년에서 1740년 사이에 463명의 예수회 선교사가 상선을 타고 포르투갈 리스본을 출발하여 마카오에 도착하였으며 1744년과 1745년에만 프랜시스회 선교사 아흔 명과 어거스틴회 선교사 서른 명이 마카오를 거쳐서 중국에 도착했다.[14]

선교사들이 금전 상의 이익을 얻으려고 무역하러 오는 유럽의 상선을 타고 마카오나 광주와 같은 중국 항구로 건너온 사실은 세상(俗)에 의지하는 성(聖=종교)의 속성을 상징적으로 보여준다. 중국에 도착한 선교사들은 성스러운 선교를 위해 다시 한번 세상에 의지해야 했다. 그들이 마카오로 전해진 선교 자금을 내지의 선교지에서 입수하려면 내지인 장거리 교역 상인의 도움을 받아야 했다.

2. 장거리 교역 상인의 마카오 행과 백은 중계

마카오와 광주는 국제 무역항이었다. 특히 광주는 건륭 22년(1757) 이후
청조의 대외무역 독점 항구로 부상하면서 각국 상인과 물자가 집산했다.
광주의 대외무역이 활발해지자 이곳으로 향하는 장거리 교역 상인들의
발걸음도 잦아졌다. 거대 상방(商幇)인 휘주·산서·섬서·광동·복건·강서·산
동·영파·동정·용유 상인 등 이른바 10대 장거리 교역 상인집단[15]과 그들의
명성에는 못 미치지만 각 지역을 누비던 유력한 지역 상인집단[16]들은 대외무
역에 참여하려고 광주를 찾았다. 대외무역 독점권을 부여받은 광동 십삼행
은 부지런히 이들을 중계하면서 차, 생사, 견직물, 도자기, 토포(土布), 설탕
등 국내의 물자는 해외로 수출하고 모직물, 면화, 백은, 시계, 안경 등
해외의 물자는 국내로 반입했다.[17]

광주의 외항인 마카오의 대외무역은 청조의 대외 정책에 많은 영향을
받았다.[18] 건륭 22년(1757) 청조는 서양인이 매년 10월에서 이듬해 3월까지
만 광주 상관에서 무역하도록 허락하고 나머지 기간은 마카오에서 머물도록
명령했다. 서양 상인들은 마카오에서도 무역했다.[19]

마카오는 대외무역항으로뿐만 아니라 천주교가 중국으로 전파되는 문호
로서도 기능했다. 예수회에서 중국으로 포교하러 가는 소속 선교사 모두에
게 마카오에서 중국의 언어와 경전 그리고 예의와 풍속을 익히도록 요구했기
때문이었다. 1594년 마카오에서 개교한 성바울 학원은 이들을 훈련하는
교육기관이었다.[20] 이 학원은 1762년에 폐교될 때까지 중국으로 가는 선교
사들에게 어문학과 예술(중국어·라틴어·수사학·음악 등), 철학(철학·신
학), 자연과학(수학·천문역학·물리학·의약 등)을 교육시켰다.[21] 또한 중국
내지에서 활동하던 선교사들에 대한 선교 자금 지원 역시 마카오에서 이루어
졌다. 중국 천주교도들이 서양 선교사를 내지로 초빙하려 하거나 내지의
선교사들에게 선교 자금을 전해주려면 마카오를 방문해야 했다.

〈지도 1〉 청대 마카오 지도(「正面澳門圖」, 印光任·張汝霖, 『澳門記略』, 乾隆西阪草堂刻本)

　　그런 목적으로 마카오를 방문하는 대부분의 중국 천주교도들은 사실상 장거리 교역 상인이었다. 〈표 1-1〉에서 중국 천주교도가 선교 자금을 마카오에서 수령하여 내지의 선교사에게 전달한 사례는 8건이다. 그 가운데 상인이 전달한 것으로 밝혀진 경우는 3건이다. 나머지 5건의 경우에도 신분이 분명히 밝혀지지는 않았지만 상인이 전달하였을 가능성이 높다. 성(省)의 경계를 넘나들며 마카오의 서양인과 접촉하여 잠복한 선교사에게 백은을 전달하는 임무를 맡을 적임자는 상인 특히 전국적인 시장망을 오가며 활동하던 장거리 교역 상인이었기 때문이다. 하지만 이 5건의 자금 조달에 관여한 천주교도들의 신분을 입증할 자료가 없으므로 선교 자금의 전달자가 상인으로 분명히 밝혀진 3건의 사례에 대해서만 살펴보자.

　　우선 천주교도이자 상인 심마두(沈馬竇)의 활동을 살펴보면 그는 강소 남경(江寧) 출신으로 광동, 소주(蘇州) 등지에서 장사했다. 그는 비단의 주산지인 남경 출신이었고 활동 무대였던 소주 일대도 생사(生絲)와 비단의

〈사진 3〉 마카오 성바울 성당(저자 촬영)

주요 산지였다. 비단과 생사는 광주에서 해외로 수출되는 주력 상품이었다.[22] 광주에서 소주를 비롯한 강남으로 유입하는 물품에는 광동잡화나 약재라든가 수입한 양화(洋貨)들이 포함되었다.[23] 심마두는 강소 소주—강서—광동 광주로 이어지는 교역로를 왕래한 상인이었으므로 아마도 이런 상품들을 거래했을 것이다.

상인이자 천주교도였던 심마두는 건륭 초 마카오로 건너가서 성바울 학원에서 교육받았다. 당시 이 학원에서는 서양인 선교사를 훈련시켰고 또 내지에서 온 천주교도들을 서양인 선교사들과 비슷한 수준으로 교육시키고 신부로 서품(敍品)하여 선교를 돕게 했다.[24] 심마두는 신학 교육을 받는 한편으로 포르투갈어도 배워서 통역할 수 있었다.[25] 내지에 숨어서 활동하던 서양인 선교사의 눈에는 성바울 학원에서의 수학 경험과 포르투갈어 구사 능력 그리고 상인으로서 활동력까지 갖춘 심마두가 마카오로 가서 선교 자금을 받아오는 일을 감당할 수 있는 적임자로 비쳤다.

건륭 17년(1752) 마카오에서 강소성 송강부(松江府)의 천주교도 집으로 잠입하여 소주부 상숙현·소문현 일대에서 포교한 선교사 아라우조와 비에가스는 1년가량 지났을 무렵에 지참했던 백은 500냥을 거의 다 썼다. 건륭 18년(1753) 아라우조는 소주부 일대에서 장사하던 심마두를 불러서 마카오 예수회 회장에게 편지를 전하게 했다. 마카오 예수회 회장은 백은 100냥을 주면서 아라우조에게 전해달라고 부탁했다. 같은 해 심마두는 다시 마카오를 다녀왔다. 그해 9월에 마카오 예수회 회장이 백은 400냥을 건네주며 비에가스에게 전달해달라고 부탁했기 때문이었다. 심마두는 백은을 중계하는 수고비 겸 여비로 백은 20냥을 받았다.26)

호광 상인 유내사(劉內斯)와 사천 상인 장만효(張萬效)는 사천의 선교사 마르탱에게 선교 자금을 전달했다. 유내사는 호북 마성현(麻城縣) 출신의 천주교도이자 상인이었는데 사천으로 가서 장사했다. 그는 건륭 46년(1781) 성도부에서 대대로 천주교를 신봉하던 황정단(黃廷端)에게 천주교 교리서인 『요리(要理)』를 판매했다.27) 『요리』는 천주교의 기초적인 교리를 해설한 책이었다. 금교 조치가 취해지긴 했지만 천주교도들이 존재하는 한 교리서에 대한 수요는 늘 있었고 공급도 꾸준했다. 옹정 연간(1723~1735)에도 북경의 시장에서는 천주교 서적이 거래되고 있었다.28) 건륭 37년(1772)에는 사천의 동남부 변경인 부주(涪州)와 팽수현(彭水縣)에 거주하던 천주교도 두 사람이 남쪽의 귀주 사남부(思南府) 무천현(婺川縣) 천주교도 집을 방문하고 갓 인쇄한 목판본 『벽망(闢妄)』, 『교요서론(敎要序論)』, 『만물진원(萬物眞元)』 등의 천주교 서적을 나누어 주었다.29) 가경 연간(1796~1820)에도 북경의 천주교당이나 순천부(順天府) 일대의 책방에서는 천주교 서적을 간행하고 몰래 유통시켰다.30) 또 마테오 리치의 『천주실의』라든가 페르비스트의 『교요서론』과 같은 천주교 교리서들은 『사고전서』에 포함될 정도로 이미 학문적 접근의 대상이 되어 천주교도뿐만 아니라 천주교를 믿지 않는 중국과 조선의 지식인들에게도 보급되었다. 언해본은 조선의 여성이나 서민들에게

까지도 영향을 미쳤다.[31]

　호광 상인 유내사는 사천 성도부 일대에서 활동하던 마르탱의 부탁을 받고 수시로 마카오로 가서 백은을 받아왔다. 마르탱이 사천 서부지방인 아주부(雅州府) 천전주(天全州)에서 청조의 지방관에게 체포되던 건륭 50년(1785) 정월 무렵에도 유내사는 마르탱의 부탁을 받고 백은을 받아오려 마카오로 갔다. 애초에 마르탱이 건륭 38년(1773)에 변발하고 내지인 복장으로 바꾸어 사천으로 잠입했을 때는 성도에서 광동을 오가던 장거리 교역 상인 겸 천주교도 장만종(張萬鍾)의 인도를 받았다. 성도로 온 후에 마르탱과 장만종은 함께 살면서 성도부 일대의 비현(郫縣), 숭녕현(崇寧縣), 온강현(溫江縣), 금당현(金堂縣) 등지에서 분주하게 포교했다. 마르탱은 잠입 당시에 지참한 백은 300냥이 바닥을 보이기 시작하던 건륭 41년(1776) 가을에 포교 활동으로 분주한 장만종 대신에 동생 장만효에게 마카오로 가서 백은을 받아오게 했다. 그리고 내지로 들어오려는 선교사가 있으면 데리고 오라고 부탁했다. 장만효도 사천과 광동을 왕래하는 장거리 교역 상인이었다. 그는 마카오에 도착하여 백은 200냥을 받았고 또 마르탱과 친분이 있던 프랑스인 선교사 뒤프레스(Gabriel Taurin Dufresse. 李多林. 都費斯. 徐德新. 훗날의 사천 대목구장)를 사천으로 인도해 왔다. 이후 장만효도 뒤프레스의 선교 활동을 돕는데 바빴으므로 건륭 42년(1777)부터 마르탱은 항상 호광 상인 겸 천주교도인 유내사를 마카오로 보내 백은을 받아오게 했다.[32]

　사천 성도와 광동 광주를 왕래하는 상인들을 모아서 장거리 교역에 종사하던 장만종·장만효 등이 어떤 상품을 거래하였는지 구체적으로 알기 어렵다. 다만 청 중후기에 사천에서 광동으로 팔려간 주요 상품에는 금, 황동, 철, 주석, 사향, 약재 등이 있었고 광주에서 사천으로 유입한 주요 상품으로 면포, 칠기, 안경 등이 있었으므로[33] 이들의 취급 품목도 여기에서 크게 벗어나지 않았을 것이다. 건륭 후반기 사천으로 잠입하여 활동하던 선교사 마르탱은 천주교 서적 등을 판매하던 호광 상인, 광동과 사천을 오가며 장거리 교역에 종사하던 사천 상인의 도움으로 마카오에서 선교 자금인 백은을 지원받을 수 있었다.

천주교도 겸 산서 상인 진록(秦祿. 秦베드로) 역시 중국 내지에서 잠복하여 활동하던 선교사에게 백은을 계속 전달해주었다. 그는 건륭 27년(1762) 서안으로 잠입하여 23년간 섬서에서 천주교를 전파한 이탈리아 출신의 프랜시스회 선교사 매그니의 부탁을 받고 1770년대에서 1780년대 중반까지 매년 마카오로 가서 로마 교황이 보내준 서양 은화 250원³⁴⁾을 받아 전해주었다.³⁵⁾

선교 자금을 수령하러 마카오로 간 장거리 교역 상인들은 그곳의 여덟 군데 성당 가운데 해당 선교사가 포교하는 성(省)을 집중적으로 지원하는 성당으로 가서 백은을 수령했다. 예컨대 복건을 담당하는 천주당은 도미니크당(多明我堂), 직례(直隷)를 담당하는 성당은 삼파당(三巴堂. 성바울 성당)이었다. 서양의 국왕이나 선교 기관에서 지원하는 선교 자금들은 먼저 루손(呂宋)으로 운반되었는데 그곳의 천주교 회장직을 맡은 선교사는 그 자금을 다시 마카오의 각 천주교당으로 보냈다. 건륭 초년 마카오의 도미니크당으로 가서 여러 차례 백은을 받아온 복건인 천주교도에 따르면 '해마다 마카오로 가서 백은을 받아올 때 북경, 강서, 하남, 섬서 등 각 처에서 온 사람들을 보았는데 이들은 모두 책을 바치고 백은을 수령했다'. 그가 말한 책이란 천주교에 입교한 자들에게 세례를 주고 난 후 그들의 이름을 서양어로 기록한 견진록(堅振錄)이었다. 이 책은 천주교를 지원하는 서양의 국왕이나 로마 교황 등에게 선교 실적을 보고하는 자료로 작성되었다. 또한 내지의 선교사들에게 선교 자금인 백은을 얼마나 지급할 것인가를 가늠하는 근거로도 활용되었다.³⁶⁾

이처럼 내지에서 잠복하여 활동하던 선교사들은 주로 천주교도 겸 장거리 교역 상인들에 의지하여 마카오에서 선교 자금을 받아왔다. 장거리 교역 상인들은 일상적으로 왕래하던 장거리 교역망을 적절히 활용하여 선교 자금을 중계할 수 있었다. 선교사들로서는 장거리 교역 상인들이 품은 신앙심이라는 성스러운 요소를 인정한 위에 그들이 갖춘 원거리 여행에 대한 지식과 경험, 관원과 포역들의 불시 단속에서 빠져나갈 수 있는 위기 대응 능력, 백은을 소지하더라도 의심을 받지 않는 상인이라는 직업 등 여러 가지 세속적 요소들을 충분히 활용하고자 했다.

반면에 장거리 교역 상인들로서는 천주교도로서 선교 자금을 받아서 선교사에게 전달하는 자체가 성스러운 사업에 동참하는 일일 뿐만 아니라 생업에 종사하러가는 길에 선교 자금을 수취할 수 있다는 편리함도 있었고, 선교 자금을 전달하는 수고와 위험에 대한 대가를 보상받을 수 있다는 세속적인 동기도 충분히 만족시킬 수 있었으므로 선교사의 요구에 응했다.

3. 선교사의 백은 지출과 선교 활동

선교사들의 백은 지출 항목 가운데 품삯은 비교적 높은 비중을 차지했다. 품삯에는 일회성 품삯과 매달 혹은 매년 단위로 일정하게 지출하는 고정 품삯이 있었다. 일회성 품삯 가운데 중요한 것은 선교사들이 내지로 잠입할 때 자신들을 목적지로 안전하게 호송할 사람들을 고용한 대가로 지불한 백은이었다.

일회성 품삯의 지출 정황은 건륭 49년(1784)에 사싸리 등 네 명의 프랜시스회 선교사들이 광동 광주에서 섬서 서안으로 잠입하려 했던 사건을 통해 비교적 자세히 알 수 있다. 이 사건으로 후술하는 '건륭대교안'이 발생하게 되었는데 여기서는 선교사의 백은 지출과 관련한 사항만을 언급한다. 채(蔡)베드로 신부는 이들의 서안행(西安行)을 총괄 지휘하면서 선교사 호송에 필요한 사람들을 고용했다. 가장 먼저 고용한 사람은 광동 악창현(樂昌縣)의 천주교도 사베드로(謝惠昌)였다. 채베드로는 그에게 사싸리 일행의 북상을 도와주면 서양 은화 10원(圓)을 주겠다고 제안했다. 채베드로와 함께 호남 상담현 일대를 다니며 광동산 물품을 팔던 광동 고요현(高要縣) 출신의 상인 사록무(謝祿茂)는 대가를 받지 않고 도와주었다.[37) 채베드로는 윤3월 말에 자신을 보좌하던 천주교도 장영신(張永信)을 사록무에게 보냈다. 장영신과 사록무는 함께 호남 상담현으로 가서 사싸리 일행을 태우고 갈 배를 물색했다.

사록무는 광동산 물품을 팔러 상담현으로 다닐 때 자주 방문했던 고객이자 천주교도 유회천(劉繪川)에게 가서 자초지종을 알렸다. 유회천은 고공(雇工) 으로 품을 팔아서 연명하던 집안 아저씨 유십칠(劉十七)을 소개시켜 주었다. 이웃 천주교도 유성전(劉盛傳)도 백은을 얻으려고 함께 가기를 자청했다. 유십칠과 유성전은 배를 타고 가는 동안 사싸리 일행에게 밥을 지어 주면서 배를 갈아타기로 한 장소인 호북 번성(樊城)까지 동행하기로 약속했다.

유십칠은 배를 물색하는 일을 도와주었다. 사록무와 장영신, 유십칠은 상향현(湘鄉縣)의 천주교도인 뱃사공 용(龍)씨 부자의 배 두 척을 빌릴 수 있었다. 용씨 부자는 호북성 번성까지 가는 배삯으로 백은 40냥과 동전 15천문(千文)을 받았다.[38) 선교사 네 명과 총괄 지휘자 채베드로의 대리인 겸 통역 호북인 장영신, 요리사 겸 허드레일꾼 호남인 유성전과 유십칠, 광동인 사베드로, 호남인 유바울, 용국진 부자 등 모두 열한 명으로 구성된 일행은 두 척의 배에 나누어 타고 6월 중순에 광동 광주를 출발했다. 사싸리 일행이 탄 배는 광서(廣西)를 통과하여 6월 말에는 호남 형주(衡州)에 도착했다. 거기서 사베드로는 선교사들이 건네준 품삯 원사은(元絲銀)[39) 9정(錠) 즉 9냥을 받고 귀가했다.[40) 북상을 계속한 배는 7월 초에 호북 번성에 도착했다. 이튿날 저녁 선교사가 품삯으로 백은 8냥 4전(錢)을 저울로 달아 장영신을 통해 유십칠과 유성전에게 절반씩 나눠주었다. 백은을 받은 두 사람은 호남 상담현으로 돌아갔다.[41) 선교사들의 요구로 계획을 바꾼 용국진 부자와 남은 사람들은 계속 배를 타고 북상했다. 7월 중순 한수(漢水)를 거슬러 올라가던 일행은 서양인을 태운 배를 보았다는 뱃사람들의 신고를 받고 출동한 호북 양양현의 포역(捕役)에게 체포되었다.[42]

　사싸리 일행의 서안행에 지출된 백은은 뱃사공 용국진 부자의 배 두 척에 대한 임대료와 품삯 백은 40냥 및 동전 15천문, 호남 형주(衡州)까지 호송한 사베드로의 품삯 원사은 9정(냥), 번성까지 함께한 유십칠과 유성전 의 품삯 각각 백은 4냥 2전씩으로 합계 백은 57냥 4전, 동전 15천문이다. 동전 1천문을 백은 1냥으로 환산하면 동전 15천문은 백은 15냥가량에 상당한 다. 따라서 지출한 돈을 모두 백은으로 환산한 총액은 70냥가량이다.

　사싸리 일행이 백은을 지출하는 과정에서 주목되는 점은 동승한 사람들 사이에도 지급한 품삯에 차이가 있다는 사실이다. 밥을 짓고 만찬을 만들어 준 유십칠과 유성전의 품삯은 각각 백은 4냥 2전씩이었다. 반면에 사베드로 는 원사은 9정(냥)을 받았다. 유십칠과 유성전은 호남 상담에서부터 배를 타고 광동 광주로 와서 사싸리 일행을 태우고 북상하여 호북 번성까지 스무날가량을 갔지만 사베드로는 그 여정의 절반에도 훨씬 못 미치는 거리 즉 광주에서 호남 형주까지 동행했지만 품삯은 유씨들에 비해 두 배가량이었 다. 품삯 결정 기준은 함께한 노정이나 시간의 길이가 아니라 호송단에서 맡았던 임무의 중요도였다. 평소에 고공(雇工)으로 지내던 유십칠은 일이 없어서 놀고 있었으므로 고공의 품삯 정도를 받으면 만족했을 터이다. 그가 배에 탄 선교사들을 위해 끼니를 제공한 대가로 받은 백은 4냥 2전은 아마도 그가 받던 고공의 품삯 수준 이상이었을 것이다.[43] 동승하기를 자청했던 유성전의 입장도 유십칠과 다르지 않았다.

　두 사람에 비해서 두 배가량의 품삯을 받은 사베드로의 역할은 두 가지였 다. 하나는 사싸리 일행이 섬서 서안에서 생활하는데 필요한 물건을 광주의 시장에서 구입해 주는 일이었다. 선교사 일행은 광동 광주 시장에서 사베드 로가 사준 백은 무게를 다는 저울, 모자, 면포로 만든 윗도리, 삼베로 만든 윗도리, 삼베 적삼, 여름용 바지, 수건, 신발, 부채, 숫돌 등 많은 일상용품들을 소지하고 서안으로 갔다.[44] 선교사들이 지닌 백은을 화폐로 유통하면서 그들이 필요로 하는 물품들을 판매하는 시장이 선교사들의 내지 잠입과 선교 활동을 뒷받침해주었다. 사베드로의 다른 역할은 광동이나 광서에서 운항 도중에 사고가 발생하면 이를 수습하는 일이었다. 탑승자 가운데 그를 제외하고는 모두 호남, 호북 출신이었다. 따라서 광동, 광서 지방에서 문제가 발생하면 광동어라는 장벽 때문에 이들이 나서서 해결하기가 어려웠다. 일행이 탄 배가 호남의 첫 기착지였던 형주에 도착하자마자 즉시로 사베드로가 하선한 사실에서도 이런 정황을 짐작할 수 있다. 따라서 사베드로의 품삯은 광주 시장에서 선교사들에게 필요한 물건을 구입해 준 심부름꾼으로서의 역할 그리고 광동, 광서 지방에서 혹시 있을지도 모를 잠재적 위험을 수습하는 해결사 역할에 대한 대가라고 할 수 있다.

뱃사공 용국진 부자는 탑승자 가운데 가장 액수가 많은 백은 55냥가량(백은 40냥과 동전 15천문)을 받았다. 여기에는 배 임대료와 사공의 품삯이 모두 포함되어 있었다. 부자 각각의 품삯은 최소한 사베드로의 품삯 원사은 9정(냥)과 같거나 그보다 많았을 것이다. 운항하는 내내 배와 승객의 안전을 책임지는 두 사람의 역할은 사베드로보다 더 중요했기 때문이다.

이처럼 사싸리 일행은 동행해준 사람들이 담당한 역할에 따라서 품삯을 다르게 지불했다. 역할의 경중에 대한 일차적인 판단 기준은 선교사들을 목적지까지 안전하게 보내는데 얼마나 중요한 일인가 하는 점이었다. 동시에 비숙련 노동과 숙련 노동의 구별에 따른 임금 수준 차이도 반영되어 있다. 물론 품삯은 중국에 막 도착하여 물정에 어두웠던 선교사들 스스로 결정한 것은 아니었다. 사베드로가 자신의 품삯을 선교사들과 흥정하기도 전에 채베드로가 미리 그에게 품삯을 제시한 사실에서도 알 수 있듯이 일행의 품삯은 서안행의 총괄 지휘자였던 채베드로가 결정했다. 채베드로는 중국 노동시장의 임금 수준을 기준으로 품삯을 정했고 선교사들은 그의 결정을 따르고 있었다.

하지만 선교사 일행이 백은을 지출하는 과정에서 수동적인 자세로 일관한 것만은 아니었다. 선교사들은 백은의 무게를 다는 저울을 광주 시장에서 구입하고 백은을 품삯으로 지급할 때는 실제로 그 저울을 사용했다. 유십칠과 유성전에게 품삯을 줄 때 1냥짜리 원사은 하나를 2전씩 자르고 정확하게 무게를 달아서 지급했다. 선교사 일행은 또 서양 은화와 중국의 고평(庫平) 원사은과의 교환 비율에 따라서 서양 은화를 원사은으로 절산한 후에 품삯을 지급했다. 원래 채베드로는 사베드로에게 품삯으로 번은(서양 은화) 10원으로 지불하겠다고 약속했다. 하지만 형주에서 사베드로가 자신의 임무를 마치고 하선할 때 선교사들은 그에게 원사은 9정 즉 원사은 9냥을 주었다. 얼핏 보면 품삯 액수가 달라진 것 같지만 당시 시평번은(市平番銀)과 고평문은(庫平紋銀)의 절산 비율 100 : 90을 적용하면 실제로는 양자가 같은 금액이었다. 서안으로 향하던 선교사 일행은 북상 노정 가운데 의식적이든 무의식적이든 중국의 백은 유통 관행을 따랐다.

사싸리 일행이 서안행을 위해 지출한 백은 70냥가량은 내지의 선교사 한 사람이 한번에 지참하거나 지원받는 백은 130~160냥의 절반에 상당하는 액수로 결코 적은 돈이 아니었다. 물론 사싸리의 일행이 선교사 네 명으로 구성되었으므로 이 금액을 1인당으로 계산하면 백은 18냥가량에 불과하다고도 생각할 수 있다. 하지만 사싸리 일행이 지출했던 백은 가운데는 고정비에 해당하는 부분이 있었으므로 한 사람이 북상한다고 해서 경비가 1/4로 줄어드는 것은 아니었다. 선교사 한 사람이 북상하더라도 고정비용에 해당하는 배 한척 임대료와 사공의 품삯 그리고 호송하는 인원 한, 두 명의 품삯에 상당하는 백은 30냥 정도는 필요했다.

건륭 49년(1784) 1월 중순에서 3월말에 걸쳐 광동 광주에서 두 명의 선교사를 수로와 육로로 산동 등현(藤縣)까지 호송해준 천주교도 주도마(周多默)가 받은 사례는 화변은(花邊銀)[45] 23원(圓)이었다. 선교사들을 내지로 잠입시키기 위해 빌린 배 임대료와 사공 품삯, 가마 임대료와 가마꾼들의 품삯, 주도마의 품삯 화변은 23원을 합하면 산동행을 위해서는 적어도 백은 50냥(배 임대료와 사공의 품삯 20냥. 가마 두 대 임대료와 가마꾼들의 품삯 10냥)가량은 지출했을 것이다. 그리고 이 경우에는 한 사람의 선교사만 북상한다고 가정해도 배 한 척과 사공, 가마 하나와 가마꾼, 그리고 인도자 주도마가 필요했으므로 그 비용으로 백은 45냥가량은 필요했을 것이다. 따라서 지역이나 소요 시간, 위험요소 등과 같은 여러 변수가 있겠지만 대체로 선교사 한 사람이 내지로 잠입하는데 백은 30~45냥가량은 필요로 했다고 추산된다. 선교사 한 사람이 지원받는 백은 130~160냥의 1/5~1/3가량이 내지 잠입을 위한 일회성 비용으로 지출되는 셈이다. 이 비용이 내지에서 잠복하여 활동하면서 지원받는 선교 자금에서 지출되는 것이라면 선교 활동을 꽤나 위축시킬 수도 있을 규모의 액수이다. 하지만 이 비용은 잠입 시에 선교사들이 스스로 지참한 금액에서 지출되는 것인 만큼 선교 활동에 영향을 줄 정도는 아니었다.

선교사가 선교지에 잠입한 후에는 고정적인 품삯과 그 밖의 비용을 지출했다. 선교사는 선교 자금의 일부를 선교지에서 의복과 식사를 해결하고 집세를 내는 데 지출했다. 이는 생활비에 속한다. 그리고 공개적으로 대외 활동을 할 수 없었으므로 곁에서 두고 부리는 사람들에게 품삯을 지불하는 데도 지출했다. 이는 고정 인건비에 속한다.[46]

건륭 17년(1752) 2월부터 2년여 동안 강소 상숙현(常熟縣)·소문현(昭文縣) 일대에서 포교한 예수회 선교사 아라우조의 백은 씀씀이는 생활비와 인건비로 구성되는 선교사들의 백은 지출 내역을 가늠할 수 있게 해준다. 그가 지출한 생활비 가운데 추적할 수 있는 항목은 집세이다. 그는 측근인 천주교도 왕흠일(汪欽一)의 소개를 받아 건륭 17년(1752), 18년(1753) 두 해 동안 상숙현의 어느 천주교도의 집 일부를 빌려서 거주했다. 그의 처소는 주인의 거처와는 격리된 곳이며 바깥과도 완전히 차단된 공간이었다. 이 처소를 빌려서 사용하는 대가로 아라우조는 주인인 천주교도에게 2년 동안 모두 백은 30냥을 지불했다. 또 그가 지출한 고정 인건비인 품삯은 매년 백은 14냥이었다. 그는 자신의 요리사이자 선교 활동을 대신하던 측근 왕흠일에게 매년 백은 6냥의 품삯을 주었다. 상숙현 출신으로 건륭 19년(1754) 당시 57세의 노인이었던 왕흠일은 서양말을 대략 알아 아라우조와 의사를 소통할 수 있었으므로 선교 활동을 대신해 줄 수 있었다. 그는 열명 이상의 소주(蘇州) 사람들에게 천주교의 도리를 전했다. 왕흠일의 소개로 아라우조는 소문현의 천주교도 추한삼(鄒漢三)을 곁에서 시중드는 사람으로 부리면서 포교 활동에도 참여시켰다. 추한삼은 왕흠일에게서 건네받은 재단(齋單)을 사람들에게 나누어주면서 포교 활동에 동참했다. 아라우조는 추한삼에게 매년 백은 8냥을 품삯으로 주었다.[47]

이처럼 아라우조의 지출 가운데 구체적으로 확인되는 항목은 매년 집세 백은 15냥, 측근의 품삯 백은 14냥 합계 백은 29냥이었다. 마카오에 가서 선교 자금을 받아서 전달해주는 심부름꾼에 대한 수고비 1회당 백은 10냥을 포함하면 매년 지출은 백은 39냥이었다. 하지만 여기에는 식비나 의복비, 그리고 풍토가 달라서 자주 걸리는 질병의 치료비와 같이 생활비에서 비중이 높은 항목은 포함되지 않았다. 선교사 한 사람이 한차례에 평균 백은 130~160냥가량을 받았던 사실을 떠올리면 선교사의 선교 활동비는 백은 100냥을 넘지 않았을 것이다. 백은 100냥은 내지에서 잠복하여 활동한 선교사들이 순수한 선교비로서 지출할 수 있는 최대치인 셈이다. 순수 선교비 백은 100냥을 확보하는데 소요된 최단 시간은 1년이며 길어질 경우 3~4년이 걸릴 수도 있었다(〈표 1-1〉의 9번 사례 참조).

그러면 선교사들은 내지에서 1년에 100냥가량의 백은을 가지고 어떤 선교 활동을 펼칠 수 있었을까? 청조의 금교 정책이 펼쳐질 때 선교사들은 선교사업 자체를 비밀에 부쳤으므로 이런 의문은 당시 선교 활동 실상을 파헤치는 중요한 관건임에도 불구하고 직접적으로 답변하기 곤란하다. 그러나 금교 조치가 취해지기 이전 시기 즉 순치 연간에서 강희 중반기까지 내지에서 비교적 자유롭게 활동했던 선교사들의 선교 활동 면면은 살펴볼수 있다.

벨기에 출신의 예수회 선교사 루즈몽(Franciscus de Rougemont. 魯日滿. 1624~1676)의 라틴어 회계장부(그 가운데 일부는 포르투갈어, 중국어, 벨기에에서 사용하는 플레밍어로 씌어짐)는 청초 지방에 거주하던 선교사들의 활동상을 자세하게 전해주고 있다. 그는 순치 16년(1659) 중국으로 건너와 강희 15년(1676) 강소 태창주(太倉州)에서 사망할 때까지 주로 소주, 상숙, 태창, 송강(松江), 항주 등 강남 지역에서 활동했다.[48] 그의 장부에는 1674년 10월(양력)부터 1676년 4월까지 자신의 수입과 지출, 이와 관련한 활동 내역이 비교적 자세히 기록되어 있다. 특히 7월과 11월을 제외한 열 달간의 씀씀이가 기록된 1675년 치의 장부에 따르면 그는 이 해 열 달 동안 155.355냥의 백은과 45,853문의 동전(당시 은전비가로 환산하면 백은 18.3412냥)을 지출하였는데 이를 백은으로 환산하면 그의 총지출은 173.6962냥에 달했다. 이 수치는 열 달 간의 지출액임에도 불구하고 본서에서 추산한 건륭 연간 내지의 선교사들이 1년간 지출한 백은 130~160냥에 비해 14~44냥가량이 더 많다. 1년으로 환산하면 루즈몽의 1675년 연간 지출 총액은 208.4354냥으로 추산된다. 이 액수는 건륭 연간에 내지 선교사들이 1년 동안 지출한 백은에 비해 50~80냥가량이 더 많다. 강희 초년과 건륭 연간의 물가 상승을 고려하면 실질적인 화폐가치의 차이는 더욱 벌어진다. 따라서 선교 자금의 액수 면에서 볼 때 건륭 연간 내지에 잠복한 선교사들의 평균적인 선교 활동이 루즈몽의 활동 영역이나 규모를 초월하기는 극히 어려웠다고 판단된다. 루즈몽의 주요 지출항목을 정리하면 〈표 1-2〉와 같다.

〈표 1-2〉에 따르면 루즈몽은 백은 31냥(18.33퍼센트)가량을 지출한 천주교 서적 인쇄에 가장 많은 선교 자금을 투입했다. 인쇄비용에는 용지 대금과 초록공(抄錄工), 각자공(刻字工), 인서공(印書工), 장정공(裝訂工) 등 제책 기술자의 품삯이 포함되었다. 루즈몽은 선교사 아담 샬이 저술한 『주제군징(主制

<표 1-2> 예수회 선교사 루즈몽의 1675년 10개월간 주요 지출항목

지출항목	천주교리서 제작	미사활동	노비(路費)	음식	그림	구제	의복	건물수리
액수(兩)	31.8404	16.6080	11.8602	9.9956	9.6220	9.3340	9.0790	7.8820
백분비(%)	18.33	9.56	6.82	5.75	5.53	5.37	5.22	4.53
지출항목	대차(貸借)	상여(賞與)	예물	여비(旅費)	난방	허드레품삯	기타	총액
액수(兩)	5.4200	5.1260	3.5200	2.7700	2.3848	1.2268	47.0274	173.6962
백분비(%)	3.12	2.95	2.02	1.59	1.88	0.96	20.08	100

근거 : 高華士 著, 趙殿紅 譯, 『淸初耶蘇會士魯日滿-常熟賑本及靈修筆記硏究』, p.502. 표7-1.

群徵)』, 절강 은현(鄞縣)의 거인(擧人) 출신 천주교도 주종원(朱宗元)이 저술한
『파미론(破謎論)』 등의 천주교 관련 서적을 판목에 새겨 인쇄한 후에 배포했
다.[49] 또 1675년의 일인지는 분명하지 않으나 루즈몽 스스로도 천주교
교리서인 『성교요리(聖敎要理)』를 저술하고 간행하였으며 『요리육단(要理六
端)』과 『요경육단(要經六端)』을 토대로 한 『교요육단(敎要六端)』도 저술하여
출간했다.[50] 두 번째로 많은 비용은 미사활동에 지출했는데 특히 미사를
집전하는데 필요한 양초를 구입하는 데 대부분의 돈을 지출했다. 그 밖에
수로로 거미줄같이 연결된 소주, 송강, 상숙, 태창, 항주 등지에 배를 타고
다니며 포교하느라 지출한 노비(路費), 예수상이나 성모를 그린 성화를
구입하거나 혹은 직접 판각하여 찍어내는 데 지출한 그림 비용도 있었다.
나머지 항목들 역시 포교 활동에 직접 혹은 간접으로 관련되는 비용이거나,
일상생활을 영위하는 데 지출한 생계비이다.

　루즈몽의 선교 활동들 가운데는 건륭 연간 내지에 잠복하던 선교사들은
행하기 어려운 요소가 포함되어 있었다. 그것은 지출항목 가운데 가장
액수가 많았던 교리서 인쇄와 배포 작업이었다. 금교 조치로 포교의 자유가
박탈된 상황에서 선교사 개인이 각종 인쇄 기술자들을 모아 책을 인쇄하기란
사실상 불가능했다. 이런 정황은 내지의 선교사들 가운데 천주교 관련
서적을 인쇄하다가 청조 당국에 체포된 사례가 한 건도 없었던 사실에서도
짐작할 수 있다. 금교 조치 이후 내지에 잠복한 선교사들은 결코 풍족하지

않은 자금을 지원받는데다가 청조의 감시까지 더해지자 자의(비용 문제)반
타의(청조의 감시)반으로 선교 활동 비용 가운데 가장 많은 액수를 차지하던
천주교 교리서의 간행과 배포를 중단하게 되었다.

비교적 자유롭게 활동할 수 있을 뿐 아니라 선교 자금도 풍부하게 확보했
던 북경 천주교당의 선교사들은 천주교 교리서 간행과 보급 사업을 지속할
수 있었다. 1인당 매년 백은 5~6백냥을 선교비로 사용하고도 돈이 남았던
북경의 천주교 남당, 북당, 동당의 선교사들은 지방의 선교사들이 감당하기
어려울 정도로 비용이 많이 지출되는 선교 사업들을 추진할 수 있었다.
북경의 천주당에서 글자를 새기는 기술자(刻工)를 모집하고 판목을 사고
글자를 새겨서 천주교 관련 서적들을 간행한 것이 그 대표적인 사례이다.[51]
빈민 구제와 같이 많은 비용을 계속 지출하는 사업들도 추진할 수 있었다.
물론 천주교 서적의 간행과 배포는 청조의 눈길을 피해서 은밀하게 이루어졌
고 빈민 구제는 대부분 청조의 묵인 하에 진행되었다.

반면에 지방에서 잠복한 선교사들은 점차 자금이 적게 들어가는 방식으로
선교 사업을 꾸렸다. 사천에 잠입한 파리외방선교회 출신 선교사들이 내지
인 사제 육성 사업에 착수한 동기 중에는 비용 절감 문제도 포함되었다.
선교사들이 내지인 신부들을 양성하여 포교 활동을 위임하면 이들은 서양인
선교사들에 비해 저렴한 비용으로 안전하게 내지인 천주교도들의 신앙생활
을 지도할 수 있었기 때문이었다.[52]

이처럼 선교 자금의 많고 적음 때문에 선교사들은 북경과 지방에서 서로
다른 방식으로 천주교 포교 사업을 펼치게 되었다. 선교사들은 선교 자금을
풍부하게 확보한 북경에서는 비용이 많이 들고 가시적인 성과를 낼 수
있는 사업에 치중했다. 반면 그러지 못한 지방에서는 비용을 절감하는
절약형 선교 활동에 주력했다. 백은의 많고 적음은 선교사업의 규모와
성격에 지역적 차이가 생기도록 만들었던 것이다.

제2장
북경 천주교 북당의 경제 기반

1. 가경 20년(1815) 북경 천주교 북당의 부동산 목록

가경 후반기에 청조는 북경 거주 선교사들의 행동을 철저히 감시하여 천주교 포교 행위를 근절시키고 금령을 어기는 자들을 본국으로 추방하고 궁정에 봉사하러 오겠다는 서양인들의 북경 진입도 거절했다. 서양식 초상화나 각종 기물에 그다지 관심이 없었던 가경제는 흠천감에서 천문 역법에 종사하는 최소한의 서양인들을 제외하고 나머지 인원은 본국으로 돌려보냈다.

선교사 추방의 발단은 가경 9년(1804) 북경 천주당 선교사의 부탁을 받은 천주교도 진요한(陳若望)이 산동성의 교세분할도를 마카오로 반출하려다 발각된 사건이었다.[1] 청조는 가경 10년(1805)부터 선교사들이 북경으로 오는 것을 허락하지 않았다. 가경 16년(1811)에는 북경 거주 선교사 열한 명 가운데 네 명을 마카오를 통해 본국으로 돌려보냈다. 추방의 구실은 그들이 천문이나 산법(算法)에 정통하지 못하고 서양 그림 그리기, 시계 수리 등의 잡기에만 능하므로 굳이 북경 거주를 허용할 필요가 없다는 것이었다. 그 후 북경에는 일곱 명의 선교사만 남게 되었다. 그들은 흠천감 감정(監正) 한 명, 감부(監副) 두 명, 내각(內閣)에서 번역에 종사하는 자 한 명(라미오), 연로하여 귀국할 수 없는 자 두 명, 가경 9년(1804)에 북경에 온 산법 전문가

한 명(피레스. Gaetano Pires-Pereira. 畢學源)이었다.[2]

남겨진 일곱 명 가운데 한 사람이었던 북당의 프랑스 출신 견사회(遣士會) 선교사 라미오(Louis François Lamiot. 南彌德)는 가경 25년(1820)에 마카오로 추방되었다. 원래 1791년(건륭 56년) 프랑스에서 떠나올 때 라미오는 같은 프랑스 출신 견사회 선교사 끌레(Jean François Régis Clet. 劉方濟) 및 다른 선교사 한 명과 동행했다. 마카오에 상륙한 후 라미오는 북경으로 가서 내각의 번역가로 활동하고 나머지 두 사람은 호북 곡성현(穀城縣)으로 잠입하여 포교하면서 라미오와 편지를 주고받았다. 청조는 호북 곡성현과 하남 남양현(南陽縣) 등지를 오가며 포교하던 끌레를 가경 24년(1819)에 체포하고 심문하여 라미오의 연루 사실을 알게 되었다.[3] 북경에 있던 라미오는 호북 무창부로 압송당해 끌레 등과 대질 심문을 받은 후에 혐의가 인정되어 마카오로 추방당했다.[4]

이때 라미오는 홀로 북당의 재산을 관리하며 내각의 번역가로 활동하였으므로 그가 추방당하자 북당 재산을 관리할 사람이 없어졌다. 청조에서는 북당의 재산 규모를 파악하기 위해 라미오에게 목록을 만들도록 요구했다. 1820년 라미오는 추방된 마카오에서 북당 소유의 토지와 점포·주택 목록과 의복, 서양 그림, 서양책 등의 목록을 작성했다.

라미오는 목록을 마카오의 포르투갈인 이사관(理事官. procurador)에게 제출하고 이사관은 그 목록을 향산현 지현에게 넘겼다. 마카오를 관할하는 중국 측 지방관인 향산현 지현은 라미오가 제출한 목록 원본에 따라 작성한 일종의 공증 목록을 양광 총독과 월해관 감독에게 제출했다. 공증 목록에는 향산현의 인장이 찍혀 있었다. 양광 총독과 월해관 감독은 향산현에서 제출한 공증 목록을 검토한 후에 향산현 지현을 통해 마카오의 이사관에게 넘겨주었다. 그리고 라미오에게 주택과 토지, 집기 등의 목록이 현황과 일치하는지 그 재산을 북경의 누구에게 대신 처리해주도록 부탁하려 하는지 대답하라고 요구했다. 이사관에게서 건네받은 공증 목록을 검토한 라미오는 다음과 같이 답변했다.

　　많은 중요한 물건들 가운데 목록에 한꺼번에 분명히 기록하지 못한 것이 있습니다. ① 목록에는 매달 받는 임대료 액수가 부족하게 기록되어 있는데 (부족한 액수는) 북경에 있는 북당의 임대료 징수 장부를 조사하면 (알 수 있습니다.) ② 서양 그림, 시계, 천문기구 등은 왜 목록에서 누락되었는지 까닭을 모르겠습니다. 라미오는 사실대로 아뢸 수밖에 없습니다. ③ 이 산업과 기물들은 본국(프랑스) 나라 금고에서 내려준 탕은(帑銀)으로 구입한 것으로 오랫동안 수입과 지출을 기록한 문건을 만들어 본국에 보냈으니 조금의 착오라도 허용될 수 없습니다. 라미오는 광동에 도착한 이후에 현재의 실정을 이미 본국 국왕께 아뢰었습니다. ④ 현재 북경 남당에 서양인 히베이루(José Ribeiro-Nunes. 李拱宸) 등이 있습니다. 청하오니 그들에게 잠시 북당 건물을 지키게 하고 산업을 보살피게 하는 것이 타당할 것입니다. 현재 북경에는 관리할 프랑스인이 없으므로 관리서양당사무대신(管理西洋堂事務大臣)[5]께 청하오니 파격적인 은혜를 베푸셔서(格外施恩) 남당의 서양인 히베이루 등에게 잠시 관리를 맡기는 것을 허락해 주십시오. ⑤ 본국 국왕의 편지가 오기를 기다렸다가 어떻게 처리할 것인지 다시 아뢰겠습니다.[6](번호와 괄호 안은 저자)

　　라미오의 대답은 이렇게 요약할 수 있다. ① 매월 받는 점포와 주택 임대료라고 목록에 기록된 액수는 실제보다 적다. 북당에 있는 집세 장부(房租賬簿)를 조사하면 정확한 액수를 알 수 있다. ② 서양 그림, 시계, 천문기구 등은 목록에서 빠져 있다. ③ 산업은 본국(프랑스) 나라 금고에서 내려준 탕은(帑銀)으로 샀고 목록을 만들어 본국에 보냈다. ④ 남당의 서양인(포르투갈 견사회 소속 선교사) 히베이루에게 북당 건물과 재산을 보살피게 해 달라. ⑤ 본국 국왕의 처리 방침이 담긴 편지를 받으면 다시 연락하겠다.

라미오가 점포와 주택 임대료 액수가 실제보다 적게 기록되었다고 언급했는데 이 말이 사실이라면 북당의 경제 기반이 북경의 상업 발전에 의존했던 사실이 한층 분명해진다. 서양 그림, 시계, 천문기구 등이 값나갈 만한 물품들이 공증 목록에서 누락된 사실은 지방관의 부패상을 드러내는 증거라 해도 무방하다.

향산현 지현이 작성한 공증 목록은 포르투갈 동파탑당안관(東波塔檔案館, Arquivo Nacional Torre do Tombo)에 남아 있다. 이 목록은『포르투갈동파탑당안관소장 청대마카오중문당안휘편(葡萄牙東波塔檔案館所藏 淸代澳門中文檔案彙編)』하책(下冊)(마카오기금회, 1999)에「향산현지현모발라미오소관북당방지조은전의물수목책(香山縣知縣某發南彌德所管北堂房地租銀錢衣物數目冊)」이란 제목으로 수록되어 있다. 향산현 지현이 작성한 공증 목록은 ② 부분만을 제외하면 라미오가 작성한 원본 목록과 일치한다고 판단되므로 이하에서는 특별히 두 목록을 구분하지 않으며 목록은 라미오가 작성한 것으로 간주한다. 다만 현실적으로 라미오의 원본 목록은 확인할 수 없어 여기서는 편의상 향산현 지현이 발급한 공증 목록을 자료로 활용한다. 이 자료는 지금까지 확인된 청대 북경 천주당의 재산 목록 가운데 가장 상세하다.

이 자료는 목록의 특성상 간단명료하게 기록되어 있다. 라미오가 작성한 토지 목록에는 토지 위치가 ○○현 ○○촌으로 기록되어 있고 소작인은 대표자 한 명의 이름만 적혀 있다. 매년 얼마의 소작료를 동전으로 받는지도 기록되어 있다. 토지 면적은 현(縣) 단위에서만 제시되어 있고 촌(村) 단위까지는 기록하지 않았다. 점포는 매달 임대료를 받는 날짜별로 분류하여 기록했다. 같은 날짜에 임대료를 받는 점포 명(점포 이름에서 취급 품목을 알 수 있는 경우와 그렇지 않은 경우가 섞여 있다)과, 임대료 액수를 기록했다. 주택은 임대료를 받는 날짜별로 기록했는데 점포와 구분하지 않고 섞어서 기록했다. 세입자의 성(姓)을 기록하고 임대료를 동전으로 얼마나 받았는가를 기록했다.

2. 토지 소유와 소작료

라미오가 작성한 북당의 토지와 소작료를 정리하면 〈표 1-3〉과 같다.

북당에서 소유한 토지는 직례 순천부 고안현(固安縣), 패주(覇州), 창평주(昌平州), 완평현(宛平縣)과 보정부(保定府) 신성현(新城縣) 일대에 분포해 있었다. 이들 토지(63경 6무)는 밭(地) 43경 6무(78퍼센트)와 황무지 20경(32퍼센트)으로 구성된다. 황무지는 모두가 북경의 부곽현인 완평현에 위치해

〈지도 2〉 고안현 위치도(咸豐 『固安縣志』, 「星野圖」)

있었다. 그 황무지는 인근 마을의 이름이 '북경 근교의 갈대밭'(葦甸)이라 불리는 것으로 보아 갈대밭이었던 듯하다. 물이 잘 흐르지 않고 고여 있는 습지나 강가 등지에서 잘 자라는 갈대는 북경에 공급되는 땔감 중 하나였다.[7] 갈대밭(황무지)의 단위면적당 임대료가 밭의 소작료에 못 미치는 것으로 보아 갈대 연료의 수익률은 밭작물 재배 수익보다는 낮았던 것 같다. 하지만 연료가 부족했던 북경에서 갈대는 겨울철에 늘 안정적인 수요를 확보하고 있었다. 북당에서 쓸모없는 듯한 황무지 갈대밭을 20경이나 소유하고 임대한 까닭은 북경이라는 거대한 연료 소비 시장을 겨냥한 것으로 보인다.

밭은 총면적의 80퍼센트인 34경 43무가 순천부 고안현에 위치했다. 그 다음으로는 순천부 완평현 4경(9.3퍼센트), 순천부 창평주 3경 2무(7퍼센트), 보정부 신성현 1경 20무(2.8퍼센트), 순천부 패주 41무(0.9퍼센트)의 순서이다. 대부분의 밭이 위치한 고안현의 마을들은 〈표 1-3〉에 제시된 대로 모두 열다섯 곳이다. 마을들은 강희 53년(1714)에 간행된 『고안현지』에 기재된 '오래된 마을'과 함풍 9년(1859)에 간행된 『고안현지』에 비로소 등장하는 '새로운 마을'로 나눌 수 있다. 두 연도 사이인 145년간에는 『고안현지』 편찬 작업이 이루어지지 않았기 때문에 마을의 출현 시기를 더 이상 자세하게 추적하기는 어렵다. 1714년의 『고안현지』에는 〈표 1-3〉의 열다섯 개 마을 가운데 여섯 개의 '오래된 마을' 곧 저림촌(楮林村)(1-1), 도원촌(桃園村)(1-3), 외하촌(外河村)(1-8), 임성촌(臨城村)(1-10)[8], 독류촌(獨流村)(1-13), 대팽촌(大彭村)(1-14)만 기재되어 있다. 반면에 곡가촌(谷家村)(1-2), 굴가영(屈家營)(1-4), 강가무(康家務)(1-5), 한가장(韓家莊)(1-6), 예상장(禮上莊)(1-7), 석가무(石家務)(1-9), 상공장(相公莊)(1-11), 백가촌(白家村)(1-15) 등 여덟 개 '새로운 마을'은 1859년의 『고안현지』에 새로 등장한다. 과촌(菓村)(1-12)은 두 지방지에서 모두 확인할 수 없었다.

그런데 〈표 1-3〉의 소작료를 계산해 보면 북당이 고안현에 소유한 밭의 절반가량은 '새로운 마을'에 위치해 있다. '새로운 마을'의 출현은 강희 말의 전례논쟁 무렵부터 옹정, 건륭, 가경, 도광, 함풍 초년까지의 어느 시점에 이뤄졌는데 이때는 청조가 정책적으로 천주교를 탄압하던 시기와 겹친다. 북당에서 구입한 고안현 토지의 절반가량이 '새로운 마을'에 위치했던 사실은 그 토지의 구입 시기가 청조가 금교 정책을 펼칠 때였을 가능성이 있음을 시사한다.

물론 '새로운 마을'에 위치한 북당의 토지가 모두 금교 시기에 구입되었다고 단언할 수는 없다. 왜냐하면 북당이 완공되던 1703년 무렵에 구입한 황무지 주변에 훗날 '새로운 마을'이 들어서면서 황무지가 그 마을에 속한 토지로 변했을 가능성도 배제할 수 없기 때문이다. 그런데 여기서 관심은 '새로운 마을'의 모든 토지가 아니라 단 한 곳의 토지만이라도 금교 시기에 구입했을 가능성에 대해 쏠린다. 만일 그렇다면 북당은 청조가 금교 정책을 펼치던 때에 오히려 고안현의 토지를 구입하는 역설적인 행보를 취한 것으로 이해할 수 있기 때문이다. 토지를 구입하려면 토지 소유자의 땅 팔기와 서양인들을 관리하는 총관내무부대신(總管內務府大臣)의 승인은 물론 최종적으로 황제의 윤허가 있어야 한다. 옹정제는 북경을 제외한 천주교당을 몰수하여 철폐하거나 용도를 변경하고 건륭제는 수시로 천주교를 탄압하여 선교사들과 내지인 천주교도들을 박해한 실정을 감안하면 북당의 역설적 행보가 과연 사실일까 하는 의심을 지울 수 없다.

그러나 건륭 연간 북당의 선교사 벤타퐁(Jean Mathieu Tournu de Ventavon, 汪達洪)은 이런 역설적 행보가 실제로 있었다고 분명히 지적하고 있다. 그는 건륭 45년(1780) 12월에 서양인 관련 사무를 총괄하는 총관내무부대신에게 보낸 문서에서 "서양인은 북경성 안과 밖에 점포와 주택, 토지를 가지고 있는데 이것은 황제께서 상으로 하사하시거나 서양인이 매입하여 양렴(養廉)으로 삼는 것을 허락하신 것입니다"[9]고 했다. 그의 말에 따르면 황제는 북당을 비롯한 북경의 다른 천주교당의 토지나 점포, 주택을 하사하거나 선교사 스스로 구입하는 것을 윤허했다. 다만 고안현에서는 황제가 토지를 하사한 사실이 확인되지 않으므로 구입한 것으로 판단한다. 건륭제는 자신을 위해 그림이나 건축, 천문 관측, 수학, 의학 등 각종 기예로 봉사하는 선교사들이 체류비를 마련하려고 부동산을 취득하는 일을 허용했다. 흠천감과 같은 관료 기구에서 근무하는 경우를 제외하고는 서양인들은 청조로부터 녹봉을 받지 않았으므로 생계비를 자체 조달해야 했기 때문이었다. 획득한 부동산의 용도가 생계비 조달과 직결된 것임은 양렴이라는 명칭에서 분명히 드러난다.

〈표 1-3〉에 따르면 양렴으로 마련한 고안현의 밭(地)에서 북당은 매년

소작료 경전(京錢) 2,067적(吊)을 받았다. 그런데 여기서 주의할 점은 소작료로 받은 화폐가 첫 번째 마을인 저림촌(1-1)에서는 전(錢)이었고 두 번째 마을인 곡가촌(1-2)에서부터 열다섯 번째 마을인 백가촌(1-15)까지 열네 마을에서는 경전(京錢)이었다는 사실이다. 기왕의 연구에 따르면 경전은 청대에서 민국 연간까지 북경 및 주변 지역의 민간에서 관습적으로 사용했는데 그 가치는 제전의 절반에 불과했다고 한다.[10]

하지만 실제로 〈표 1-3〉의 소작료 액수를 살펴보면 라미오는 경전과 제전의 가치를 같은 것으로 산정했다. 라미오는 고안현 저림촌의 소작료는 ① (제)전 517적(吊) 754문(文)으로 나머지 열네 개 마을의 소작료는 모두 합해서 ② 경전 1,549적 614문이라고 기록했다. 그리고 ①과 ②를 합하여 매년 소작인들이 지불해야 할 소작료 총액(統共應交租)은 ③ 경전 2,067적이라고 기재했다. 만약 기왕의 연구에서 지적된 것처럼 경전이 제전 가치의 절반이라면 라미오는 ①을 경전으로 환산할 때 (제)전 517적 754문×2 = 경전 1,035적 508문으로 계산해야 했고 따라서 ①과 ②의 합은 ③이 아니라 그보다 518적 122문이 더 많은 경전 2,585적 122문으로 계산해야 했다.

그러나 라미오는 ①과 ②의 합은 ③이라고 기록했다. 이 계산은 제전과 경전의 가치를 동등하다고 전제하고 합할 때 성립하지만 여기서도 따져보아야 할 점이 있다. ①과 ②를 등가로 하여 합산하면 정확하게 합계는 ③이 아니라 ③+368문이 된다. 적(吊)아래 단위를 계산의 편의상 떼어버린 것처럼 보이지만 〈표 1-3〉에서 라미오는 순천부 패주, 창평주, 완평현 등지의 소작료를 기록할 때 적의 아래 단위인 문까지를 정확하게 기록하고 있다. 따라서 라미오가 ①과 ②의 합을 ③+368문이 아니라 ③으로 기록한 것은 계산의 편의를 위해서 문 단위를 떼어 버린 것이 아니라 경전과 (제)전의 교환 비율을 따져서 경전으로 표기한 수치라고 이해하는 것이 타당하다. 그가 제전 517적 754문을 경전 517적 386문으로 환산하여 ③으로 계산한 방식을 감안하면 제전 1,000문은 경전 999.3문에 상당하여 실제로는 등가로 평가한 셈이다.

물론 고안현의 소작료를 북당에서 모두 수익으로 확보한 것은 아니다. '부(賦. 토지세)는 조(租. 소작료)에서 나온다'는 징세 방침에 따라 지주는 소작인에게서 받은 소작료에서 토지세를 떼어내어 관청에 납부해야 했다. 따라서 북당은 고안현의 소작인들에게서 받은 소작료에서 고안현에 지정은으로 납부하고 남은 돈을 자신의 수익으로 삼았다. 고안현에서는 토질(생산력)에 따른 등급 구분을 하지 않고 밭에 대해 일률적으로 1무(畝)당 지정은으로 백은 0.0319392872냥11)을 징세했다. 〈표 1-3〉에 따라 계산해보면 북당은 고안현의 토지에서 1무당 경전 600.348533문을 소작료로 받았다. 1무당 경전 600문에서 백은 0.0319냥을 뺀 나머지가 1무당 수익이다. 백은과 경전의 교환 비율이 1(냥) : 1000(문), 1 : 1500, 1 : 2000일 때를 가정하면 1무당 수익은 각각 경전 568문, 552문, 536문이다. 그런데 1816년에서 1820년까지 북경의 은전비가는 각각 1 : 1124, 1118, 1110, 1178, 1154로 나타난다.12) 5년 평균치는 1 : 1137이었는데 이 은전비가의 기준이 경전이라고 가정해보자. 그러면 1무당 수익은 경전 600.348533문 – 경전 36.2703문(0.0319×1137) =경전 564.078233문이다.

북당은 고안현의 토지를 소작하는 소작인들에게서 매년 소작료로 경전 2,067적을 받았는데 이는 당시 은전비가 1 : 1137을 반영하면 백은 1,818냥에 상당하는 액수이다. 북당은 소작료 총액 백은 1,818냥에서 110냥(소작료의 6퍼센트가량)의 지정은을 고안현 아문에 납세하고 나머지 매년 1,708냥가량의 수익을 얻었을 것이다.

그러면 북당은 이러한 수익을 몇 명가량의 소작인들에게서 얻은 것일까? 〈표 1-3〉에서 독류촌(1-13)에서 홀로 북당의 밭(地)을 소작하던 장옥(張玉)은 매년 소작료로 경전 20적 350문을 지불했고 대팽촌(1-14)에서 혼자 북당의 밭을 소작하던 정자중(程自重)은 매년 소작료로 경전 10적 400문을 지불했다. 다른 마을들과는 달리 두 마을에서 한명씩의 소작인을 둔 까닭은 토지가 넓지 않았기 때문이었을 것이다. 대체로 소작인 한 명은 매년 경전 10적에서 20적가량의 소작료를 지불하는 땅을 소작했다. 이를 기준으로 계산하면 북당은 고안현에서 백 명에서 이백 명가량의 소작인을 두고 있었을 것이다. 1인당 소작료를 토지 면적으로 환산하면 16무에서 33무(1.666무/적)가량이다.

고안현의 소작지 16무 내지 33무가 갖는 경제적 의미를 직접적으로 밝히기는 어렵지만 고안현과 같이 직례에 속한 보정부 망도현(望都縣)의 사례에서 얼마간의 암시를 받을 수 있다. 광서 연간(1875~1909)에 망도현 60개 자연 촌락의 토지 점유 정황을 조사한 통계에 따르면 해당 현의 자작농 1호당 경작지는 밭 50무가량이었다. 빈궁농민 대부분은 10무 이하의 토지를 소유했고 일부는 20~30무를 소유하고 있었다.[13] 20~30무를 소유한 빈궁농민이 16무에서 33무를 소작한다면 대체로 자작농에 버금가는 토지를 경작할 수 있지만 10무 이하를 소유한 빈궁농민이라면 이보다 더 넓은 땅을 빌려야 자작농의 경작 면적에 도달할 수 있었다. 망도현의 정황을 고안현에 그대로 적용할 수는 없겠지만 고안현에서도 10무 이하의 토지를 소유한 빈궁농민이라면 16~33무를 소작해서는 자립 재생산이 어려웠다고 보인다. 16~33무를 빌린다면 적어도 20~30무를 소유해야 자작농만큼 경지를 확보할 수 있었다. 하지만 소작농이 자작농과 비슷한 면적의 토지를 경작하더라도 지주에게 소작료를 지불해야 하므로 자립 재생산은 어려울 수밖에 없었다. 이런 사정을 고려하면 고안현의 농민 가운데 1, 2백 명에 달하는 사람들이 자신의 생계 중 많은 부분을 부재지주인 북당에서 빌린 소작지에 의존하고 있었던 셈이다.

그러면 북당과 고안현의 소작농은 오로지 지주와 소작농이라는 경제적인 관계에만 머물렀을까? 양자의 관계를 짐작할 수 있게 해주는 사례가 있다. 가경 16년(1811) 순천부 대흥현 입대촌(立岱村)에 위치한 북경 천주당 동당의 토지를 소작하던 장종무(張宗武)의 집에서 십자가와 천주교 경권(經卷)과 의복, 모자 등이 발견되었다. 관원의 심문을 받은 장종무는 자신은 천주교도가 아니며 십자가와 천주교의 경권, 옷, 모자 등은 소작료를 받으러 오는

천주교당(東堂) 사람들이 사용하는 물건이라고 진술했다.[14] 그가 천주교도
가 아니라면 동당에서 온 사람들이 소작농 가운데 하필이면 그의 집에
십자가와 천주교 예복을 놓아두었을 리가 없다. 설사 장종무가 천주교도가
아니라할지라도 동당의 사람들이 소작료를 받으러 오거나 다른 용무로
와서 마을에서 천주교 성사를 집전했음을 알 수 있다. 그런데 입대촌뿐만
아니라 동당의 토지와 주택이 있던 대흥현 아방촌(鵝房村), 완평현 위전촌(葦
甸村) 등지에서는 모두 십자가와 천주교 경권이 발견되었다.[15] 완평현 위전
촌은 〈표 1-3〉에서 제시했듯이 북당 소유의 토지가 있던 마을이다. 이곳에서
도 천주교 관련 물품들이 발견되었으므로 북당 사람들도 이곳의 소작인들이
나 주민들에게 천주교를 전파하였을 것임을 짐작할 수 있다. 다만 동당의
소작인들은 청조의 감시망에 걸려 포교의 흔적이 사료로 남았고 북당의
소작인들은 그러지 않아서 명시적인 자료가 남아 있지 않은 차이가 있을
따름이다. 북당도 동당처럼 그들의 토지를 소작하던 농민들과 지주와 소작
농이라는 경제적 유대 관계를 넘어서서 천주교를 매개로 한 신앙적 유대
관계도 맺고 있었을 것으로 짐작된다.

3. 주택·점포 소유와 임대료

북당에서 북경에 소유한 주택·점포와 매달 임대료를 정리하면 〈표 1-4〉와
같다. 북당은 〈표 1-4〉에 따르면 북경에 119곳의 점포와 10채의 주택을
소유하면서 매달 점포 임대료로 백은 185냥 9전과 동전 514천 800문, 주택
임대료로 동전 28천 400문을 받았다. 소작료를 경전(京錢)과 제전(制錢)으로
받은 것과는 달리 임대료는 제전과 백은으로 징수하고 있다. 일년 분 임대료
를 계산해 보면 점포 임대료는 백은 2,230냥 8전과 동전 6,177천 600문
그리고 주택 임대료는 340천 800문이었다. 점포와 주택의 연간 임대료를

백은으로 계산하려면 앞에서 구한 1816년에서 1820년 사이의 평균 은전비가 1 : 1137을 적용해야 한다. 이 비가는 경전 기준으로 가정한 것이지만 앞에서 경전과 제전의 가치를 등가로 산정했으므로 은전비가는 변함없이 1 : 1137로 적용할 수 있다.

은전비가 1 : 1137을 적용하여 점포와 주택의 연간 임대료를 백은으로 계산하면 임대료 총액은 7,964냥이다. 그 가운데 점포 임대료는 96.2퍼센트인 7,664냥, 주택 임대료는 3.8퍼센트인 300냥이다. 점포 임대료는 주택 임대료의 25배이다. 또 점포 1호당 평균 임대료는 64.4냥이며, 주택 1호당 평균 임대료는 30냥이다. 1호당 평균 임대료는 점포가 주택의 2배가량이다.

아마도 이런 극단적인 쏠림 현상이 나타난 까닭은 주택 임대 수익률과 무관하지 않은 것 같다. 〈표 1-4〉에 제시된 주택들 가운데 가경 25년(1820) 당시의 가격을 알 수 있는 것은 없다. 따라서 정확한 주택 임대 수익률을 계산하기란 불가능하지만 이론상으로 가능한 주택 최고 임대 수익률을 계산해 볼 수는 있다. 주택 가격은 가경 25년(1820)이 아니라 강희 46년(1707)의 수치를 알 수 있다. 당시 북당 선교사 파르냉(Dominique Parrenin, 巴多明)이 백은 1,100냥을 주고 외성에 위치한 20칸짜리 주택을 샀기 때문이다.(자세한 사정은 후술). 일단 구입한 부동산을 선교사들이 다시 매각하는 일은 거의 없었으므로 이 집은 아마도 〈표 1-4〉의 주택 가운데 어느 하나일 것이다. 이 집의 매달 임대료가 〈표 1-4〉에서 가장 높은 6,500문(102번 장씨의 임대 주택)이라면 이 집의 연간 최고 임대 수익률을 구하는 계산식은 (6,500문×12개월÷1,100냥)×100이다. 여기에 앞에서 구한 은전비가 1 : 1137을 적용하면 20칸짜리 주택의 연간 최고 임대 수익률은 6.2퍼센트이다. 그런데 강희 46년(1707)에서 가경 25년(1820)까지 113년 사이에 주택 가격이 1.5배(1,650냥)가 되었다면 최고 임대 수익률은 4.2퍼센트, 2배(2,200냥)가 되었다면 최고 임대 수익률은 3.1퍼센트로 하락한다. 주택 가격이 2.5배(2,750냥)가 되었다면 최고 임대 수익률은 2.5퍼센트로, 3배(3,300냥)가 되었다면 최고 임대 수익률은 2.1퍼센트로 하락한다. 또 20칸짜리 주택의 한 달 임대료가 6,500문에 미치지 못할 경우 최고 임대 수익률은 더 하락한다. 만일 북당에서 이 정도의 최고 임대 수익률에 만족했다면 주택 보유 수량을 늘이고 3.8퍼센트에 불과한 임대료 비중도 확대했을 것이다.

한편으로 점포에 주목하면 상세(商稅)는 점포의 소유자가 아니라 영업 허가를 받은 상인이 부담했다.[16] 청조는 점포 소유자와 영업하는 상인이 일치하는 경우에는 소유자이자 상인에게서 상세를 징수했지만 상인이 점포를 임대하여 영업하는 경우에는 상인에게서 상세를 받았다.[17] 순천부에서는 순치 연간(1644~1661) 주택에 세금을 징수하지 않았다.[18] 이런 관행은 광서 말년에 청조가 의화단 운동 배상금을 열강에 지불하기 위해 주택에 세금을 부과할 때까지 유지되었다.[19] 따라서 〈표 1-4〉의 주택과 점포 임대료는 전액 북당 소유로 귀속되었다고 해도 무방하다. 은전비가 1 : 1137을 적용하여 1820년 북경 천주당 북당 소유의 점포와 주택의 연간 임대료를 모두 백은으로 계산하면 7,964냥이다.

또, 〈표 1-3〉에 따르면 북당은 매년 순천부 패주의 소작료 경전 24적 200문, 순천부 창평주의 소작료 경전 212적 400문, 순천부 완평현의 소작료 경전 400적, 보정부 신성현(新城縣)의 소작료 경전 55적 200문, 총액 691적 800문을 징수했다. 여기에는 은전비가 1137을 반영하여 계산하면 4개 주현의 소작료 총액은 백은 608.4냥이고 여기서 지정은을 뺀 액수가 순수입에 해당한다. 순천부 고안현의 지정은이 소작료의 6퍼센트였음을 감안한다면 같은 순천부의 2개 주 1개 현 그리고 인접한 보정부 1개 현의 지정은은 아무리 많아도 백은 100냥(소작료 대비 16퍼센트)을 넘지 않았을 것이다. 북당은 고안현을 제외한 2개 주 2개 현의 소유지에서 매년 백은 500냥 이상의 수입을 얻을 것으로 짐작된다.

그러므로 북당이 1820년 무렵에 부동산을 통해서 매년 얻었던 수입은 ① 고안현에서 소유한 토지의 순소작료(소작료에서 세금을 뺀 액수) 백은

1,708냥(16.8퍼센트)가량 ② 북경의 점포와 주택의 임대료로 백은 7,964냥
(78.3퍼센트)가량 ③ 순천부 패주, 창평주, 완평현 그리고 보정부 신성현에
소유한 토지의 순소작료 백은 500냥(4.9퍼센트)가량으로 모두 합하면 백은
1만냥(10,172냥)가량이다. 북당의 부동산 수입 가운데 점포 임대료가 전체의
75퍼센트를 차지하고 있다. 북당의 선교사들은 전국적 교역망의 최상층에
위치한 상업 도시 북경의 속성에 의지하여 부동산 가운데 특히 점포를
집중적으로 사들이고 임대료를 받아서 경제적 기반으로 삼았다.

　그러면 북당은 적지 않은 임대료를 매달 어떻게 징수하였을까? 〈표
1-4〉에 따르면 북당의 임대료 징수 일자는 매달 1일, 4일, 5일, 6일, 8일,
10일, 16일, 20일, 28일, 29일, 날짜미상(99번)으로 매달 임대료 징수에
열흘 이상을 소모했다. 그런데 임대료 징수 129건의 분포 일자는 매달
1일에 1건, 4일에 1건, 5일에 1건, 6일에 36건, 8일에 2건, 10일에 1건,
16일에 37건, 20일에 37건, 28일에 5건, 29일에 7건, 날짜 미상이 1건이다.
그 가운데 6일(36건), 16일(37건), 20일(37건)의 징수 건수가 110건으로
전체 징수 건수 129건의 85퍼센트를 차지한다. 이처럼 사흘에 징수 건수가
집중된 까닭은 북당에서는 가급적이면 짧은 날짜 안에 신속하게 임대료
징수를 마무리하기를 원했기 때문이었을 것이다.

　〈표 1-4〉에 따르면 현실에서는 36건이나 37건이 하루에 징수했던 최대
건수였고 하루에 한 건을 징수하는 경우도 있어 하루 임대료 징수 건수에
상당한 편차가 있었다. 이러한 현상은 세 가지 변수 즉 북당에서 징수인을
하루에 몇 명이나 동원할 수 있는지, 점포와 주택들이 북당에서 공간적으로
얼마나 떨어진 곳에 위치하는지, 그리고 세입자들의 사정은 어떤지가 참작
된 결과일 것이다.

　북당에서는 선교사가 세입자나 소작농에게 직접 가서 임대료나 소작료를
징수하지 않고 내지인 대리인들에게 징수를 맡겼다.[20] 북당뿐만 아니라
부동산을 소유했던 남당이나 동당에서도 간접 징수 방식을 채택했다. 북경

천주당에서는 여러 가지 목적으로 내지인 천주교도들을 일꾼(傭工)으로 고용했다. 청조에서는 이들을 천주당에서 서양인에게 노동력을 제공하는 자들로만 두루뭉술하게 파악하고 있었고 구체적으로 무슨 일을 하는지는 알지 못한 채 합법적인 존재로 인정하고 있었다.[21] 이들의 활동은 청조의 법령 테두리를 넘어서는 것과 테두리 내의 것으로 구분할 수 있다. 전자에는 천주교 포교에 종사하는 내지인 교리교사의 역할이나 내지의 서양인 선교사들이 본국이나 교황청으로 보내는 편지들을 몰래 광주나 마카오의 선교사에게 전달하는 심부름꾼의 역할 등이 있었다. 후자에는 천주교당의 선교사들에게 식사를 제공하는 요리사의 역할이나 선교사들이 청조에 상소문을 작성하여 제출할 때 문장 작성을 도와주는 서기의 역할, 교당 소유의 부동산을 임대한 소작인이나 세입자들에게서 소작료나 임대료를 대리 징수하는 역할 등이 있었다.[22]

당시 북당에 이런 징수인이 몇 명이나 있었는지 구체적으로 알 수가 없다. 하루에 한 건을 징수하는 경우에는 한 사람이 처리할 수 있지만 하루에 36, 37건을 징수하면서 세입자들의 근황을 묻고 영수증을 발급하고 동전과 은으로 징수한 임대료를 운반하여 교당으로 돌아와서 장부를 정리하는 일은 적어도 두 사람 이상이 담당해야 했다.

그리고 같은 날에 임대료를 징수하는 점포들은 다른 날에 임대료를 징수하는 점포들보다 공간적으로 서로 가까운 거리에 위치해 있었다고 이해하는 것이 합리적이다. 북당에서 소유한 점포는 원칙적으로 팔기가 거주하는 북경 내성(內城)이 아니라 한인의 거주구역인 외성(外城)에 위치하고 있었다. 청대 북경 외성의 가장 번화한 상업 지구이자 최대 시장 밀집 지역은 정양문(正陽門) 일대였다. 대책란(大柵欄), 주보시(珠寶市), 서하연(西河沿), 유리창(琉璃廠) 일대에는 아름답고 휘황찬란하게 꾸민 금은방과 비단가게, 차엽포(茶葉鋪), 신발가게 등이 즐비했고 등롱을 매단 정육점, 주점, 식당 등 갖가지 점포들이 밀집해 있었다.[23] 그 밖에 선무문(宣武門), 숭문문(崇文門), 채시구

(菜市口) 일대도 번화한 지역이었다. 북당의 점포들은 정양문 일대를 비롯하여 외성 도처에 산재했다. 외성에 있던 점포들과는 달리 북당은 북경 내성에 있었으므로 징수인의 동선을 단축하는 일은 임대료 징수 시간을 줄이는 데 무척 중요했다. 6일(36건), 16일(37건), 20일(37건)에 각각 임대료를 징수한 대상은 거의 모두 점포였다. 이들 점포가 북경 외성의 어디에 존재하였는지 그 장소를 구체적으로 지목할 수는 없다. 하지만 북경은 상업이 번성한 대도시로서 점포가 가로를 따라서 밀집해 있었으므로 북당에서는 하루 동안에 여러 점포들에서 임대료를 징수할 수 있었다.

반면에 주택 세입자에 대해서는 효율성과는 거리가 먼 징수 방식이 적용되었다. 이들에게는 대부분 1일(1건), 4일(1건), 5일(1건), 10일(1건)에 각각 단독으로 임대료를 징수했다. 그러면 북당은 왜 하루에 징수하는 주택 임대료 건수를 한 건이나 그보다 약간 많은 수준으로 제한했을까? 각각의 주택이 너무 떨어져 있어서 시간상으로 하루에 한두 집만 임대료를 징수할 수 있었기 때문이었을까? 북경 외성이 넓은 것은 사실이지만 주택이 동서나 남북으로 서로 멀리 떨어져 있더라도 하루에 두 곳 이상의 임대료를 받지 못할 정도로 넓지는 않다. 원래 주택 임대 날짜가 그렇게 분포했기 때문이라고 생각할 수도 있으나 효율성을 추구한다면 4일, 5일, 6일, 8일의 징수일은 얼마든지 어느 한 날로 통합할 수가 있다.

그럼에도 불구하고 북당에서 하루에 한 건 정도만 주택 임대료를 징수한 데는 까닭이 있었을 것이다. 저자는 그 까닭을 북당에서 주택 임대료 징수와 천주교 포교 활동과 관련시켜 진행하였을 가능성에서 찾고 싶다. 선교사들은 천주교 금교를 명령한 황제에게도 두려워하지 않고 기회가 있으며 천주교 교리를 설명했다.[24] 천주교 포교는 그들의 모든 생활 영역에서 추구되었고 북경의 주택 임대에도 이러한 지향성이 반영되었을 것으로 짐작된다.

대문만 걸어 잠그면 외부와 완전히 차단되는 북경의 주택들은 비밀리에 천주교를 포교하거나 성사(聖事)를 집전하는 데 안성맞춤의 장소였다. 실제로 천주교 금교 조치가 취해진 건륭 연간(1736~1795)에도 북경과 주변지역에서 천주교가 확산되어 세례를 받고 천주교에 입교하는 사람들이 끊이지 않았던 이유도 비밀리에 행해진 포교 활동에서 찾을 수 있다. 반면 하루종일 손님들이나 거래처의 상인들이 드나들어 번잡하고 공개된 북경의 점포들은 세입자가 천주교도이든 아니든 포교 활동을 하기에는 적합하지 않은 장소였다. 따라서 북당은 점포에 대해서는 하루에 최대한 여러 건을 징수하고, 주택에 대해서는 하루에 한 건 정도의 임대료 징수에 나서게 되었을 것이다.

실제로 북경에는 북당이 관할하는 지하 예배 처소가 곳곳에 있었다. 내지인 천주교도들이 여기에 모여 미사를 드렸는데 북당에서 세놓은 주택들은 조건만 맞으면 포교 거점이나 지하 예배 처소로서 충분히 활용될 수 있었을 것이다. 지하 예배 처소에는 선교사나 내지인 신부가 와서 미사를 집전했다. 북당의 선교사는 1750년 9월 30일(양력)부터 1751년 10월 19일(양력)까지 약 1년 동안 미사에 참여한 5,200명에게 영성체를 행했다. 또 어른 아흔두 명과 천주교도 자녀 서른 명과 비교도 자녀 중 버려졌거나 죽기 직전의 아이들 2,423명에게 세례를 주었다. 같은 기간 동안 내지인 신부는 북당 관할 하의 현(縣)들을 여러 번 순회하면서 2,006명에게 영성체를, 성인 아흔한 명과 천주교도의 자녀 열여덟 명에게 세례를 주었다. 남당과 동당은 돌보는 천주교도 수가 북당보다 더 많았고 포교 활동도 더 활발했다.[25]

한편 점포들은 북당이 전국적 상품 교역망과 연결되었음을 알려준다. 〈표 1-4〉에 따르면 북당에서 소유한 점포의 업종은 밝혀지지 않은 것을 제외하면 모두 30종류이고 점포의 호수는 58호이다. 58호 가운데 북당에 임대료를 매달 백은으로 납부한 점포가 17퍼센트인 10호이고 83퍼센트인 48호는 동전으로 납부하여 절대 다수가 동전으로 임대료를 납부하였음을 확인할 수 있다. 동전으로 임대료를 납부한 점포들은 일용품을 취급했다. 특이한 사실은 차, 담배, 면포, 가죽 등을 판매하던 점포들은 임대료를 백은으로 지불하던 곳과 동전으로 지불하던 곳이 섞여 있다는 점이다. 아마도 이들 점포는 외지의 객상들에게서 이들 물품을 대량으로 구입할 때는 백은으로 그리고 소비자들에게 소액으로 판매할 때는 동전을 주로 사용하였으므로 이런 현상이 나타난 것 같다.

58호의 점포 업종을 열거하면 방앗간 6호(제분소 1호 포함), 찻집·모자가게 각각 5호, 담배포·면포가게·고깃집·석탄포 각각 3호, 신발·가죽·두부·삼거웃·천막 가게 각각 2호이다. 나머지 점포는 각각 1호씩으로 과자·쌀·말안장·수레·일륜차·장롱·음식·꽈배기·주석제품·옷·가마·떡·저울·만두·석회·과일·가위·이발을 취급했다. 점포에서 취급한 품목은 성격 상 차, 담배 등 소수의 기호품과 다수의 생활필수품으로 나뉜다. 또한 상품의 운송 거리를 기준으로 하면 몇 개의 성(省)을 거쳐서 오는 장거리 교역품과 북경이나 인접한 지역에서 오는 단거리 교역품으로 나뉜다.

북당은 북경으로 운송한 장거리 교역 상품을 취급하는 점포들을 통하여 전국적 상품 교역망과 연결되었다. 물론 그 연결은 직접적인 것이 아니라 세입자와 그 점포를 매개로 한 간접적인 연결이었다. 찻집(茶舖)은 차를 마시고 담소하거나 연극을 보거나 하는 휴식과 오락 위주의 차관(茶館)과 찻잎을 판매하는 차포(茶鋪)로 나뉘는데 〈표 1-4〉에서는 양자를 구분하고 있지는 않다. 찻집은 장거리 교역을 통해서 운송된 복건, 절강, 안휘 등지에서 생산된 찻잎을 팔거나 뜨거운 물을 부어 차로 팔았다. 복건, 광동 등지에서 운반해온 담배나 산동 등지에서 운반해온 면포도 북경에서 널리 팔렸다.

북당은 북경 외성(外城)에 소유한 여러 점포들을 일용품이나 기호품을 취급하는 상인들에게 임대하고 매달 임대료를 받았다. 그런 과정에서 북당은 임대한 점포의 상인들을 통해 북경 주변의 상품 유통망은 물론 전국적인 장거리 교역망과 간접적으로 연결될 수 있었다. 〈표 1-4〉가 전해주는 북당과 세입자들과의 관계는 부동산 임대차를 매개로 한 경제적 관계이다.

그러나 북당이 천주교 포교를 목표로 하는 강력한 종교적 동기를 가진 천주교당이라는 사실을 염두에 두면 좀 다른 관계를 살펴볼 수 있다. 북당의 점포 세입자가 천주교도이고 그들과 거래하는 객상이 천주교도라면 이들의 종교적 지향성은 북당과 일치한다. 즉 북당의 점포 세입자들이나 그들과 거래하는 객상들은 더 이상 경제적인 이익만을 추구하는 '세속적' 존재에 머물지 않고 천주교 포교를 지향하는 '성스러운' 천주교도로서도 존재한다. 청조의 탄압과 위협이 일상적으로 가해짐에도 불구하고 천주교를 매개로 하여 북당과 점포 세입자, 객상은 강력한 종교적 동질감을 갖고 있었다. 경제적 동기에서 출발한 삼자 관계가 필요한 경우에 천주교의 포교를 추구하는 종교적 관계로 전환될 수 있는 가능성은 여기서 찾을 수 있다.

장거리 교역 상품을 취급하는 점포의 세입자가 천주교도이고 그들에게 상품을 공급하는 외래 객상 역시 천주교도라면 북당에서는 세입자나 객상과 접촉하여 천주교 포교와 관련한 일들을 비밀리에 추진할 가능성도 배제할 수 없다. 북당은 광동의 약재포와 북경의 담배포를 오가던 천주교도이자 산서 상인 진록을 통해서 광주의 선교사는 물론 섬서성 서안부의 내지 천주교도들과도 연락하고 있었기 때문이다.[26]

4. 불법 부동산의 적법성 확보와 건륭제의 '파격적 은혜'

북당은 북경 내성 안 중해(中海)의 서쪽 잠지구(蠶池口)에 위치하여 잠지구 성당으로도 불렸다. 북당 설립 계기는 강희제의 질병 치료와 관련이 있다. 강희 32년(1693) 황제가 말라리아에 감염되었는데 중국의 약재로는 도무지 치료할 수가 없었다. 소식을 들은 프랑스 예수회 선교사 부베(Joachim Bouvet, 白晉)와 제르비용(Jean François Gerbillon, 張誠)이 금계랍(키니네)를 건네주었고 강희제는 이 약을 복용하고 건강을 회복했다. 강희제는 감사의 표시로 두 선교사에게 거처할 집을 주고 또 잠지구의 땅도 하사했다.

강희 39년(1700)에는 잠지구의 땅에 천주당을 짓도록 허가하고 백은 수만 냥의 건축비를 하사했다. 강희 42년(1703)에 천주당 건물이 완공되자 강희제는 친필로 만유진원(萬有眞元)이라고 쓴 편액을 내렸다.[27]

1685년에 부베와 제르비용을 중국으로 파견했던 루이 14세[28]는 북당에 성배를 비롯하여 성례에 필요한 기물들을 보내고 프랑스의 기금들을 풀어서 선교 비용을 풍족하게 지원했다.[29] 루이 15세(재위 1715년~1774년) 시절에는 북당에 거주하는 프랑스 선교사 한 사람당 매년 1만 2천 프랑의 선교비를 지원하였고 루이 16세(재위 1774년~1792년)도 그와 같거나 더 많은 액수를 지원했다.[30]

강희제가 하사한 토지 및 건축비와 루이 14, 15, 16세가 지원한 선교비가 북당의 물질적 토대였다. 이런 까닭으로 예수회 해산 명령이 전해진 1774년에 교황청 소속 포교성성에서 북경 교당의 재산을 장악하려하자 북당 선교사들이 북당의 자산은 원래 프랑스 국왕과 중국 황제(강희제)의 하사품이라며 강력하게 반발했다.[31] 1820년 북당 부동산 목록을 작성한 북당의 프랑스 출신 견사회 선교사 라미오도 북경 천주당을 관할하는 책임자인 관리서양당 사무대신에게 '본국인(프랑스인)이 처음에 중국으로 와서 일을 시작했을 때에 본국 국왕이 나라 금고에서 백은을 내어주어 교당을 짓고 재산을 마련했습니다'고 하거나[32] '이 재산들은 본국의 나라 금고에서 내준 백은으로 산 것으로 분명한 목록을 만들어 본국에 보냈습니다[33]고 말했다. 북당의 부동산 구입 자금은 대부분 프랑스 국왕이 보낸 자금이었다.

부동산 구입 과정에 대해서는 단편적인 자료들을 통하여 극히 일부분만을 알 수 있을 뿐이다. 강희 말년에 북당에서는 북경 외성의 주택을 매입했다가 소유권 분쟁에 휩싸인 적이 있었다. 부동산 소유권을 법적으로 보장받으려면 법으로 규정한 절차에 따라서 부동산을 취득해야 했다. 토지나 주택을 매매할 때 청조가 매수자에게 준수하도록 요구한 절차는 두 가지였다. 하나는 매매계약서를 지방관에게 제출하고 관인을 찍도록 한 것이다(紅契).

이 절차를 거쳐야 관아에서는 거래세를 징수할 수 있었다. 다른 하나는 관아에 소유자가 바뀌었다는 사실을 신고하도록 요구했다. 그래야 관아에서 관련문서를 정리하고 납세 주체가 누구인지 파악할 수 있었기 때문이다. 『청률』에 따르면 매수자는 이 절차를 모두 준수해야 소유권의 합법성을 인정받을 수 있었고 반대로 이 절차 중 하나라도 누락시키면 태형이나 장형에 처해지고 해당 재산을 몰수당하는 엄벌에 처해졌다.34)

이런 절차를 준수하면 청조는 북당에서 취득한 부동산의 소유권을 공식적으로 인정해 주었다. 강희 47년(1708) 윤3월에 북당의 프랑스 출신 예수회 선교사 파르냉이 제기한 주택의 소유권 문제에 대한 처리 방식이 그러했다. 파르냉은 총관내무부대신(당시는 관리서양당사무대신을 겸직)에게 상신하는 문서(呈文)를 보내 자신이 합법적으로 취득한 주택에 대한 관의 몰수 조치를 철회해달라고 호소했다. 사건의 발단은 파르냉이 강희 46년(1707) 6월에 중개인의 중계와 증인의 보증을 받고서 백은 1,100냥으로 김조각(金照珏)의 20칸 주택을 산 것이었다. 이 집은 한인들의 거주구역으로 지정된 외성의 서쪽 구역인 북성 일남방(北城 日南坊)35)에 위치했다. 파르냉은 집을 사고 관할 관청인 대흥현에 거래세를 납부하고 관인이 찍힌 매매계약문서(紅契)를 갖게 되었다. 그런데 그 후에 매도자인 김조각과 그의 숙부 김경연 사이에 분쟁이 일어나 법정에서 서로 다투었다. 소송이 일어나자 완평현 지현은 강희 47년(1708) 윤3월에 파르냉이 김조각에게서 산 집을 봉인하여 몰수하고 김조각이 받은 주택 매각 대금도 빼앗았다. 완평현 지현이 이렇게 처리한 까닭은 분명하지 않으나 그는 김조각에게 주택 소유권이 없다고 판단했다. 조카와 숙부 간 분쟁 원인은 언급되지 않았지만 추측해 보자면 그 집은 김조각의 할아버지이자 김경연의 아버지가 물려 준 유산인데 장손인 김조각이 숙부의 동의 없이 팔았거나 동의를 받았더라도 매각 대금에서 숙부 몫을 떼어주지 않았던 것 같다.

완평현에 집을 몰수당한 파르냉은 총관내무부대신에게 "제가 집을 산 것이 먼저이고 김조각이 소송한 것은 그 후이므로 제가 산 집과 김조각 사건과는 무관합니다. 몰수한 집은 김조각의 것이 아니고 제 것인데 왜 몰수합니까? 저는 지금 집도 백은도 모두 없어졌으나 억울함을 호소할 곳이 없습니다. 법령에서도 결코 이미 산 집을 몰수하는 경우는 없습니다. 대신께서 사실을 철저히 조사한 후에 집을 저에게 돌려주시기를 간청합니다."고 호소했다. 총관내무부대신은 진상을 조사하여 파르냉의 말이 모두 사실인 것을 확인한 후에 본 사건의 최종결정권자인 형부에 공문을 보내 전례(『청률례』)에 따르면 파르냉에게 집을 돌려주는 것이 이치에 합당하다는 의견을 제출했다.[36] 총관내무부대신이 『청률례』를 검토하여 의견을 제시하였으므로 형부에서도 파르냉에게 집을 돌려주도록 결정하였을 것이다.

옹정 연간(1723~1735)은 청조가 각지의 천주교당을 철폐하거나 몰수하여 다른 용도로 전용하면서 본격적으로 천주교를 탄압했던 시기로 잘 알려져 있다. 그런데 의외로 옹정 원년(1723) 9월에 북경 천주교 서당의 이탈리아 출신 견사회 선교사 페드리니(Teodorico Pedrini, 德里格)는 북경 내성 서직문 내대가(西直門 內大街)에 있던 정황기 한군 6품 관원의 73칸짜리 주택을 구팔색은(九八色銀) 1,850냥에 샀다. 이 매매계약은 매도인이 추후에 판 주택을 매수인에게서 무를 수 없다는 의미의 '영원위업(永遠爲業)'이라는 글귀가 포함된 절매(絶賣)였다. 해당 좌령(佐領)과 발십고(撥什庫)가 보증인이 되어 매매계약 문서에 서명하고 수결(手決)했다. 매수인이 선교사라는 점을 제외하면 청조에서 요구한 절차를 모두 지킨 적법한 매매계약 문서처럼 보이지만 사실은 관인(官印)을 찍지 않은 백계(白契)였다.[37] 백계는 강희 연간에 기인들이 기지와 기방(旗房)을 거래하면서 유행하던 계약 문서였다. 거래 자체가 불법이었으므로 홍계를 만들 수가 없었는데 페드리니의 백계도 그런 흐름 속에서 만들어진 것으로 보인다.[38]

그런데 이 백계로 매입한 주택은 아무 탈 없이 서당의 소유가 되었다. 그러다가 가경16년(1811) 청조가 서당의 이탈리아 출신 성요한세례자회 선교사 콘포르티(Emanuele Conforti. 高臨淵) 등이 쓸모가 없다며 귀국시켰는데 이때 선교사들이 서당의 재산을 청산하는 작업의 일환으로 이 백계를 관리서양당사무대신에게 제출했다. 서당은 다른 세 채의 주택을 더 갖고 있었지만 가경 16년(1811) 당시에 이미 계약문서가 없어진 상태였으므로 위치나 규모를 알 수가 없다. 서당의 주택 네 채는 북당이나 남당, 동당이 가졌던 부동산에 비하면 없는 것이나 마찬가지였다. 천주교

立賣房契正黃旗漢軍李佐領下鷹上六品官李敫德同子李景永今因急用將自
己住房一所共計七十三間灰棚在內土木相連坐落西直門內大街賣到
德里格等名下當日講明價值足九八色錢法平共交兌銀壹千捌百伍拾兩整
自賣之後任憑改造永遠為業如有滿漢親族人等爭競俱係賣主與
中保人一面承管不與買主相干此係兩家情愿各無返悔立此賣契永
遠存照

外原契參張

雍正元年玖月　初四

保官本佐領李景綱房撥什庫
日立賣契李敫德
徐北保十
劉
李文耀
夏文燿

〈문서 1〉 옹정 원년(1723)에 작성된 북경 천주교 서당의 주택 매입 계약서. 관인을 찍지 않은 백계.(『淸中前期西洋天主敎在華活動檔案史料』 第3冊, p.942. 문건번호 473.)

를 강력히 탄압하던 옹정 연간(1723~1735) 서당에서 북경 내성의 기방을 불법 매입하고서도 아무 탈이 나지 않았던 것은 옹정제의 천주교 탄압이 외견상 철저한 듯하지만 실제로는 상당한 한계를 갖고 있었다는 사실을 드러내준다.

그러나 북경 천주당의 불법적인 부동산 거래가 늘 무사히 넘어가지는 않았다. 건륭 15년(1750) 청조의 대신들은 카스틸리오네(Giuseppe Castiglione. 郞世寧) 등 북경 천주당 선교사들이 금령을 어기고 기인들의 기지를 저당

잡았으므로(典) 이들을 처벌해야 한다고 상소했다. 상소문을 읽고 선교사들의 불법 기지 매입 행위의 전모를 파악한 건륭제는 다음과 같이 처분하도록 명령했다.

민인(民人)들이 사사로이 기지를 저당 잡는 것(典)은 예(例)를 정하여 매우 엄하게 금지하라고 여러 차례 명령했다. 그러나 카스틸리오네 등은 멀리 서양에서 온 사람들이므로 내지의 금례(禁例)에 대해서 원래 지켜서 행하라고 널리 명령을 내리지 않았고 또 그들이 수도에 거주하면서 이를 의지하여 살아가는 밑천으로 삼고 있

⟨사진 4⟩ 은시랑세녕등가기지비(恩施郞世寧等價旗地碑)(저자 촬영). 건륭제가 카스틸리오네 등 선교사의 불법적 기지 매입에 대해 예외적으로 합법성을 인정해 준 비석.

음을 헤아려서 예(例)가 정해진 후에 돈을 주고 저당 잡은(典) 모든 기지에 대하여 은혜를 베풀어 처벌하는 것을 철회하라. 예가 정해지기 이전에 저당 잡은(典) 땅도 역시 똑같이 원래 주인이 값을 치르고 되돌려 받지(回贖) 않도록 하라. 이것은 먼 곳에서 온 사람에게 짐이 베푸는 파격적인 은혜(施恩格外)이다.39)

건륭제가 말한 저당 잡는 것(典)이란 주인(채무자)이 돈을 빌리고 전주(典主. 채권자)에게 기지 사용권과 경제적 수익권을 양도하되 계약 기간이 만료되면 빌린 돈을 갚고 토지를 돌려받는 방식의 거래를 말한다. 계약 기간이 한정되어 있어서 형식적으로는 원주인이 토지를 돌려받을 수 있는 것처럼 보인다. 그런데 실제로는 계약 기간이 짧아도 30~40년이고 길면 100년이나 되기에 원주인은 토지에서 유리되는 경우가 많았으며 빌린 돈을 상환하지 못하고 결국에는 토지를 매매하는 사례도 드물지 않았다. 명목상 저당 잡는 것이라고는 해도 사실상 매매한 것이나 마찬가지였다.[40]

건륭제는 즉각 위 내용을 어필(御筆)로 써서 비석에 새기게 했다. 그리고 비석을 기지가 위치하던 완평현 노구교(蘆溝橋) 인근에 세워 놓음으로써 선교사들이 저당 잡은 기지의 사용권과 경제적 수익권을 인정한다는 사실을 주민과 지방관, 기인들에게 알렸다. 선교사들의 입장에서는 대단한 전화위복이었다. 이 내용은 상유로 작성되었고 실록에도 기재되어 있는데 두 문건의 내용은 비문보다 좀더 상세하다. 상유와 실록은 비문에서 생략된 부분 즉, 서양인들이 추후에도 또 기지를 사사로이 저당을 잡아 사들이면(典買) 예에 따라 처벌하겠다는 것, 기지를 매각한 채영복 등과 본 사건을 살펴서 제대로 처리하지 못한(失察) 해당 관원들에 대한 처벌을 면제한다는 것, 카스틸리오네 등이 저당 잡은 영정하(永定河) 주변의 하천부지에 대한 권리도 인정한다는 내용 등을 담고 있다.[41]

사건의 발단은 카스틸리오네 등이 기지를 저당 잡은 것이었다. 그런데 건륭제는 세 가지 근거를 언급하면서 남당의 카스틸리오네는 물론 북당과 동당 등 선교사 전체가 당시까지 체결한 기지의 저당에 대해 예외적으로 적법성을 부여했다. 세 가지 근거란 ① 그들이 멀리서 온 서양인(西洋遠人)이며 ② 기지를 살아가는 밑천으로 삼고 있어서 ③ '파격적인 은혜(施恩格外)'를 베풀 필요가 있다는 점이었다. 여기에는 천하에 군림하는 황제로서 바다를 건너온 서양의 이인(夷人)을 최대한 포용, 회유하겠다는 화이론의 입장이 깔려 있음은 물론이다. 세 근거는 가경 연간(1796~1820)에도 북경 천주교당의 재산을 지켜주는 요인으로 작용하게 된다.

선교사들이 기지를 저당 잡은 까닭은 의도적이라기보다는 북경 주위에 기지가 민지(民地)보다 압도적으로 많이 분포해 있었기 때문이었을 것이다. 북경을 감싼 순천부는 토지의 92퍼센트가, 비석이 세워졌던 노구교 일대를 포함하는 완평현은 토지의 92.1퍼센트가, 북당 소유 토지 대부분이 위치한 고안현은 토지의 92.7퍼센트가 기지였다.[42] 북경 주변 토지 전부가 기지라고 해도 과언이 아닌 상황에서 카스틸리오네가 속한 남당뿐 아니라 북당이든 동당이든 이들이 북경 인근에서 토지를 구입할 때 기지를 완전히 배제하기란 대단히 어려웠다. 건륭제의 합법화 조치 대상에 북당에서 계약했던 기지도 포함되었으리라고 추정하는 까닭은 그 때문이다.

그런데 가경 연간(1796~1820)에 내지인뿐만 아니라 팔기 기인들도 천주교를 신봉하고 있음을 알게 된 청조는 북경 천주당 출입자들을 감시하고 천주교도들에 대한 처벌을 강화하면서 천주교에 대한 강경책을 펼치게 되었다.[43] 이런 분위기 속에서 앞에서 언급했듯이 가경 16년(1811) 동당의 토지와 주택이 위치한 대흥현 아방촌, 입대촌, 완평현 위전촌에서 십자가와 천주교 경권이 발견되었다. 진상을 조사하던 형부에서는 서양인들이 내지인들과 접촉하는 것을 완전히 차단하기 위해서 천주당에서 소유한 토지와 주택들을 모두 팔고 대금을 서양인들에게 돌려주어 생계비로 쓰게 하자고 상주했다.

형부의 주장에 대해 북경 천주교당 사무를 총괄하던 관리서양당사무대신은 다음과 같은 내용의 주접을 올려 반대했다. "그들(서양인)은 이전부터 은상(恩賞)으로 받은 것이나 스스로 구입한 주택과 토지에서 매년 조(租. 소작료와 주택 임대료)를 받아서 궁정에서 봉사하며 생활하는 데 필요한 씀씀이를 보충했습니다. 원래 각 천주당의 항산(恒産)은 수도에 거주하는 서양인 등이 모두 이를 밑천으로 삼아 먹고 산 것은 유래가 이미 오래되었습니다. 이제 그들이 내지의 민인과 왕래하는 것을 염려하여 모두 팔도록 명령하면 그 돈을 다 써버리고 토지와 주택도 없는 날이 끝내 다가와서 다시 그것을 설치하도록 허락하거나 장차 그들의 씀씀이가 충분하지 않게 될까 염려됩니다. 오히려 (이런 일은) 우리 황상(가경제)께서 멀리서 온 사람(遠人)들을 한없이 사랑하시고 은혜를 베푸시는 지극한 뜻을 우러러 살피는 것이 아닙니다."[44] 대신에 순천부에서 소작료와 임대료를 때에 맞춰 징수하여 관리서양당사무대신에게 건네주면 관리서양당사무대신은 그 돈을 천주당 서양인에게 지불하여 생계비로 쓰게 하자고 제안했다. 가경제는 논의한 대로 시행하라고 명령했다.[45] 그러나 1820년 라미오가 작성한 문서에는 북당의 부동산 목록과 소작료 액수, 임대료 액수와 징수 일자만 기록되어 있을 뿐 순천부에서 소작료와 임대료를 대리 징수해주고 있다고 언급한 내용은 없다. 동당이나 남당도 북당 못지않게 많은 부동산을 소유하고 있었으므로 순천부에서 임대료와 소작료를 일일이 징수하기란 여간 곤란한 일이 아니었을 것이다. 번거로움도 문제였지만 대리 징수에 참여할 많은 서리와 아역 때문에 발생할 폐단도 만만치 않았기 때문이다. 조정에서는 시행하는 것으로 논의했으나 아마도 실무담당 기관인 순천부에서 예상되는 문제점을 지적하여 시행하지 않았거나 혹은 단기간 시행하다가 갖가지 문제가 발생하여 곧 중단한 것 같다.

관리서양당사무대신이 북경 천주당의 토지와 주택을 팔아서 없애자는 형부의 주장을 반대하는 근거는 ① 가경제가 멀리서 온 사람들을 ② 한없이 사랑하고 은혜를 베푸는 지극한 뜻을 갖고 있으며 ③ 천주당의 항산(토지와 주택)은 수도의 서양인들이 먹고사는 밑천이라는 세 가지였다. 건륭제가 선교사들의 기지 계약을 인정하면서 언급했던 세 가지 근거가 가경 연간에 관리서양당사무대신이 북경 천주당의 토지와 주택·점포 소유를 계속 허용하자고 주장하는 근거로서 다시 제시되고 있다.

북당의 서양인들은 생계비를 마련하기 위해 일반 민인(民人)의 토지와

<표 1-3> 북당 소유 토지와 소작료

번호	소재지	마을 이름	소작인 이름	소작료 액수
1-1	순천부 고안현	저림촌	양제덕 등	매년 조(租) 전(錢) 517적(吊) 754문(文)
1-2	고안현	곡가촌	곡전원 등	매년 조 경전(京錢)100적 310문
1-3	고안현	도원촌	석정백 등	매년 조 경전 52적 400문
1-4	고안현	굴가영	□유동 등	매년 조 경전 303적 764문
1-5	고안현	강가무	한영무 등	매년 조 경전 116적 950문
1-6	고안현	한가장	풍가문 등	매년 조 경전 290적 520문
1-7	고안현	예상장	양유청 등	매년 조 경전 164적 950문
1-8	고안현	외하촌	이한량 등	매년 조 경전 78적 240문
1-9	고안현	석가무	이복록 등	매년 조 경전 156적 230문
1-10	고안현	임성촌	양정간 등	매년 조 경전 177적
1-11	고안현	상공장	장견화 등	매년 조 경전 16적 600문
1-12	고안현	과촌	주정원 등	매년 조 경전 41적 600문
1-13	고안현	독류촌	장옥	매년 조 경전 20적 350문
1-14	고안현	대팽촌	정자중	매년 조 경전 10적 400문
1-15	고안현	백가촌	이근인	매년 조 경전 20적 300문
소계	고안현 소속 저림촌 등 합계 지(地) 34경(頃) 43무(畝) 곡전원 등 소작, 매년 조(租) 경전(京錢) 2,067적(전 517적 754문+경전 1,549적 614문)			
2	순천부 패주	송촌	장붕구 등	매년 조 경전 24적 200문
소계	패주 송촌 지(地) 41무 장붕구 등 소작 매년 조 경전 24적 200문			
3	순천부 창평주	이발자	전대 등	매년 조 경전 212적 400문
소계	창평주 이발자 지(地) 3경 2무 전대 등 소작 매년 조 경전 212적 400문			
4	순천부 완평현	위전촌 등	이지 등	매년 조 경전 400적
소계	완평현 위전촌 등 숙지(熟地) 4경 황지(荒地) 20경 석와방(石瓦房) 30여칸 이지 등 소작 매년 조 경전 400적			
5	보정부 신성현	차촌	이대관 등	매년 조 경전 55적 200문
소계	신성현 차촌 지(地) 1경 20무 이대관 등 소작 매년 조 경전 55적 200문			
합계	지(地) 43경 6무+황지(荒地) 20경+석와방 30여칸. 매년 소작료(및 석와방 임대료) 전 517적 754문+경전 2,241적 414문.			

근거 : 「香山縣知縣某發南彌德所管北堂房地租銀錢衣物數目冊」(대략 嘉慶25년, 1820), 劉芳 輯·章文鈐校, 『葡萄牙東波塔檔案館所藏 淸代澳門中文檔案彙編』(下冊), 澳門基金會, 1999, pp.556-559. 문건번호 1098.

주택·점포를 구입하였고 강희 연간(1662~1722)에는 이를 합법적인 거래로 인정받았다. 옹정 연간(1723~1735)에는 서당에서 기방을 불법 매입했으나 이 사실을 은폐하는 데 성공했다. 건륭 연간에 북경 천주당의 선교사들은 기지를 불법으로 저당 잡았다가 탄로 났지만 건륭제의 특별 조치로 적법성을 인정받았다. 가경 연간에는 천주당 소유의 부동산을 다 팔게 하자는 주장이 있었지만 건륭제처럼 소유를 계속 허용하자는 견해가 가경제의 지지를 받았다.

　북당(을 비롯한 남당, 동당)이 부동산을 축적할 수 있도록 결정적인 도움을 준 사람은 '파격적인 은혜'를 베푼 건륭제였다. 그러나 그가 한편에서는 천주교를 혹독하게 탄압하던 인물이라는 사실은 북경의 천주당이나 천주교도들이 마주했던 청대의 현실이 얼마나 미묘했던가를 상징적으로 보여준다.

〈표 1-4〉 북당 소유 주택·점포와 매달 임대료

1차 조사분 99가(家)					
번호	임대료 징수날짜	점포명	업종	임대료	비고
1	매달 초6일(이하 날짜 같음)	만향재(萬香齋)		백은(銀) 4냥(兩) □전(錢)	
2		광태호(廣太號)		백은 12냥 5전	
3		원창호(元昌號)		백은 9냥	
4		동흥호(同興號)		백은 8냥	
5		태산호(太山號)		백은 3냥 5전	
6		발발포(餑餑舖)	과자	백은 3냥 6전	
7		난릉거(蘭陵居)		백은 3냥 6전	
8		전의포포(全義布舖)	면포	백은 3냥 5전	
9		광신호(廣信號)		백은 4냥 5전	이상 9가(家) 합계 백은 56냥 5전
10		장성모점(長盛帽店)	모자	전(錢) 5,700문(文)	
11		공성주방(恭姓住房)	주택	전 2,000문	
12		영풍관(永豊館)		전 3,400문	
13		천증관(天增館)		전 2,200문	
14		명삼원(明三元)		전 2,000문	
15		양육포(羊肉舖)	양고기	전 1,900문	
16		건취차포(乾聚茶舖)	차	전 5,520문	
17		정흥매포(正興煤舖)	석탄	전 10,500문	
18		장순모점(長順帽店)	모자	전 5,300문	
19		서의삼원(西義三元)		전 4,000문	
20		관륭혜포(廣隆鞋舖)	신발	전 8,400문	
21		무성미국(茂盛米局)	쌀	전 6,500문	

22		붕포(棚舖)	천막	전 3,600문	
23		길순모포(吉順帽舖)	모자	전 3,000문	
24		공합녕(公合寧)		전 4,500문	
25		마방(磨房)	제분소	전 6,000문	
26		천흥거포(天興車舖)	수레	전 6,700문	
27		만순매포(萬順煤舖)	석탄	전 4,800문	
28		상태호(祥太號)		전 3,400문	
29		원흥호(源興號)		전 3,000문	
30		궤상포(櫃箱舖)	장롱	전 6,250문	
31		소반포(小飯舖)	음식점	전 4,000문	
32		덕륭매포(德隆煤舖)	석탄	전 6,600문	이상 23가 전 109천 270문
33	매달 16일(이하 날짜 같음)	만창석포(萬昌錫舖)	주석제품	백은 9냥	
34		덕태피국(德太皮局)	가죽	백은 5냥	
35		태화루(太華樓)		백은 5냥 6전	
36		이지식(李志寔)		백은 11냥	
37		풍성포포(豊成布舖)	면포	백은 6냥 5전	
38		풍승루(豊升樓)		백은 7냥 3전	
39		영무호(永茂號)		백은 10냥	이상 7가 백은 54냥 4전
40		두부방(豆腐房)	두부	전 6,000문	
41		덕흥호(復興號)		전 2,700문	
42		만흥피국(萬興皮局)	가죽	전 3,500문	
43		취원호(聚元號)		전 3,500문	
44		천덕호(天德號)		전 8,000문	
45		등자포(戥子舖)	저울	전 5,000문	
46		취의혜포(聚義鞋舖)	신발	전 5,000문	
47		증식포(蒸食舖)	만두	전 3,300문	
48		항성호(恆盛號)		전 50문	
49		난형재(蘭馨齋)		전 3,000문	
50		취성호(聚盛號)		전 8,500문	
51		부흥재(復興齋)		전 4,000문	
52		사성회포(史姓灰舖)	석회	전 2,300문	
53		영상과국(永祥果局)	과일	전 23,000문	
54		계압국(鷄鴨局)	닭과 오리	전 2,500문	
55		충립재(忠立齋)		전 15,000문	이상 16가 전 100천 3백문
56	매달 20일(이하 날짜 같음)	사합관(四合館)		백은 4냥	
57		상태연포(祥太烟舖)	담배	백은 3냥	

58		신성차점(新盛茶店)	차	백은 5냥 5전	
59		부륭호(富隆號)		백은 11냥 6전	
60		대무차포(大茂茶舖)	차	백은 7냥	
61		육합호(六合號)		백은 9냥	
62		천성호(天盛號)		백은 2냥	
63		합순호(合順號)		백은 4냥 1전	
64		광취호(廣聚號)		백은 5냥	
65		대흥차점(大興茶店)	차	백은 4냥 5전	
66		상태호(常太號)		백은 4냥	
67		홍태호(洪太號)		백은 4냥	
68		안첩포(鞍粘舖)	말안장	백은 5냥	
69		삼화호(三和號)		백은 3냥	이상 14가 백은 17냥 7전
70		일간루(一間樓)		전 4,500문	
71		두부방(豆腐房)	두부	전 4,500문	
72		서흥호(瑞興號)		전 6,200문	
73		광풍호(廣豊號)		전 20,000문	
74		영성호(永盛號)		전 3,800문	
75		육포(肉舖)	고기	전 1,100문	
76		전방(碾房)	(연자)방아간	전 2,400문	
77		마가차관(馬家茶館)	차	전 1,800문	
78		순성호(順成號)		전 2,500문	
79		부흥매포(復興煤舖)	석탄	전 3,700문	
80		흥태포포(興太布舖)	면포	전 12,000문	
81		만승재(萬陞齋)		전 15,000문	
82		소거포(小車舖)	일륜차	전 2,000문	
83		광익호(廣益號)		전 12,000문	
84		통순창(通順廠)		전 8,000문	
85		영화호(永和號)		전 5,000문	
86		복륭연포(福隆烟舖)	담배	전 7,350문	
87		보안당(保安堂)		전 11,000문	
88		문미호(聞美號)		전 4,000문	
89		미대방(米碓房)	(디딜)방아간	전 3,900문	
90		포주관(浦州館)		전 12,000문	
91		마화포(蔴花舖)	꽈배기	전 1,750문	
92		쌍흥재(雙興齋)		전 3.500문	이상 23가 전 145천 400문
93	매달 29일(이하 날짜 같음)	광유호(廣裕號)		백은 3냥 3전	
94		천순모포(天順帽舖)	모자	전 5,000문	
95		협태호(協太號)		전 6,000문	

96		산하점(山河店)		전 26,000문	
97		덕양모포(德祥帽舖)	모자	전 5,600문	
98		동성재(同盛齋)		전 2,630문	이상 6가 백은 3냥 3전, 전 45천 230문
99	매달	해전하처(海甸下處)		전 40,000여 문	이상 ?가 전 40여 천문
소계	이상 31가 응수방조은(應收房租銀) 185냥 9전. 68가 응수방조전(應收房租錢) 440천 200문				
2차 조사분 30가*					
번호	임대료 징수날짜	점포명	업종	임대료	비고
100	매달 초1일	요성주방(姚姓住房)	주택	전 1,000문	1가 전 1,000문
101	매달 초4일	고성주방(高姓住房)	주택	전 4,000문	1가 전 4,000문
102	매달 초5일	장성주방(張姓住房)	주택	전 6,500문	1가 전 6,500문
103	매달 초6일(이 하 날짜같음)	공덕대방(公德碓房)	방아간	전 4,000문	
104		덕성주방(德姓住房)	주택	전 3,500문	
105		장성부장(張姓住房)	주택	전 4,200문	
106		영흥마도포(永興蔴刀舖)	삼거웃	전 4,500문	이상 4가 전 16천 200문
107	매달 초8일(이 하 날짜 같음)	강성주방(姜姓住房)	주택	전 2,100문	
108		체두포(剃頭舖)	이발	전 500문	이상 2가 전 2,600 문
109	매달 초10일	하성주방(何姓住房)	주택	전 1,600문	1가 전 1천 600문
110	매달 16일(이하 날짜 같음)	마도포(蔴刀舖)	삼거웃	전 5,000문	
111		천화호(天和號)		전 3,300문	
112		전자포(剪子舖)	가위	전 2,100문	
113		석원호(席源號)		전 4,500문	
114		패금재(佩錦齋)		전 3,600문	
115		패금재(佩錦齋)		전 7,500문	
116		의화호(義和號)		전 4,000문	
117		성의포(成衣舖)	옷	전 4,000문	
118		생생대방(生生碓房)	방아간	전 4,400문	
119		만순연포(萬順烟舖)	담배	전 1,500문	
120		이성주방(李姓住居)	주택	전 2,100문	
121		만순타교포(萬順駝轎舖)	혼례용가마	전 7,000문	
122		소붕포(小棚舖)	천막	전 1,200문	
123		정원재(正元齋)		전 3,600문	이상 14가 전 53천 800문

124	매월 28일(이하 날짜 같음)	윤성주방(尹姓住房)	주택	전 1,400문	
125		흥륭호(興隆號)		전 2,000문	
126		소병포(燒餠舖)	떡	전 2,000문	
127		미대방(米碓房)	방아간	전 3,000문	
128		보원호(寶源號)		전 3,900문	이상 5가 전 12천 300문
129	매월 29일	경운재(慶雲齋)		전 5,000문	1가 전 5,000문
소계	이상 30가 전 103천문				
	31가 방조은(房租銀) 185냥 9전 및 98가 방조전(房租錢) 543천 200문				

* 원래 자료에는 2차 조사 대상이 31家라고 되어 있으나 실제 제시된 사례는 30家여서 30家로 수정했다. 한 사례가 누락된 것인지 혹은 원래 30家인데 착각하여 31家로 기록한 것인지는 알 수 없다.

근거 : 「香山縣知縣某發南彌德所管北堂房地租銀錢衣物數目冊」(대략 嘉慶25년, 1820), 劉芳 輯·章文欽校, 『葡萄牙東波塔檔案館所藏 淸代澳門中文檔案彙編』(下冊), 澳門基金會, 1999, pp.556-559. 문건번호 1098.

제3장
사천 천주교도의 경제 활동과 존재 양상

1. 호광 천주교도의 농업을 통한 사천 이주

청대 사천으로 향했던 인구 이동 현상을 기록한 지방지, 문집, 당안 등에는 호광인, 섬서인, 광동인, 복건인, 귀주인 등 각 성(省) 출신 주민들의 이주 사실만 언급하고 있을 뿐 그들이 천주교도인지 아닌지에 대해서는 언급하지 않았다. 따라서 천주교도들의 사천 이주에 대해서는 천주교 측의 문건에 의존하여 파악할 수밖에 없다. 천주교 측 관련 문건으로는 『성교입천기(聖敎入川記)』[1]가 있다. 여기에는 사천 서주부(敍州府)·동천부 안악현(潼川府 安岳縣)·중경부(重慶府)·수정부(綏定府)·기주부(夔州府) 등 주로 사천 동부 지역으로 유입했던 천주교도의 이주 실태가 비교적 자세하게 기록되어 있다. 『성교입천기』의 내용에 근거하여 청대 천주교도 가문의 사천 유입 정황을 정리하면 〈표 1-5〉와 같다.

〈표 1-5〉에 따르면 청대 사천 천주교도 가문들의 원적지 분포는 호광(호북·호남) 8, 사천 5, 강서 3, 복건 2, 광동 1, 귀주 1, 절강 1, 북경 1, 불명 38건이다. 표본의 규모가 작기는 하지만 호광의 천주교도 이주 사례가 가장 많이 나타나는 것은 청대에 사천으로 유입한 이주민 가운데 호광인이 가장 많았던 정황과 일치한다. 또 강서 출신의 천주교도가 복건이나 광동

〈표 1-5〉 청대 각 지역 천주교도 가문의 사천 동부 지역 이주 정황

원적 및 기타 / 이주지	원적지										이주 시기				입교 시기			
	호광	강서	복건	광동	사천	귀주	절강	북경	불명	소계	강희	건륭	토착	불명	이주전	이주후	토착	불명
동천부 안악현	1					1			1	3	2			1				3
공주									1	1				1				1
서주부		1							1	2	1			1	1			1
중경부	2	2			1				2	7	1	1	1	4	2	1	1	3
중경부 파현									5	5		2		3	2			3
중경부 강진현			1						2	3	1			2	1			2
중경부 영천현								1	5	6	1			5	1			5
중경부 영창현									2	2				2				2
중경부 대족현									2	2				2				2
중경부 벽산현									1	1				1				1
중경부 동량현			1		2				2	5	1		2	2	1		2	2
중경부 장수현	1				1		1			3		1		2	1		1	1
중경부 기강현									1	1				1				1
중경부 합주	2									2	1			1	1	1		
중경부 부주									1	1				1				1
수정부			1						2	3				3				3
수정부 거현									6	6				6				6
기주부 무산현									2	2				2				2
기주부 만현									1	1				1				1
충주 양산현	2									2		1		1	1			1
유양주 팽수현					1				1	2			1	1			1	1
합계	8	3	2	1	5	1	1	1	38	60	8	4	5	43	11	2	5	42

출신보다 많게 나타나는 것도 청대 강서인의 사천 이주가 복건인, 광동인에 비해 많았던 정황을 반영한 것이다. 토착인 천주교도가 적지 않게 확인되는 점 역시 당시의 실정을 잘 반영하고 있다.

그러나 섬서 출신의 천주교도가 전혀 포착되지 않는 점은 이 자료의 한계라 할 수 있다. 청대 섬서인들은 사천과 인접했다는 지리적 요인 때문에 사천 북부 지방으로 많이 이주했다.[2] 『성교입천기』는 주로 사천 동부 지방의 이주 정황을 반영했으므로 섬서 출신 천주교도들의 유입 정황은 반영하지 못했다.

전체 사례 가운데 절반이 넘는 38개 성씨의 원적지를 알 수 없다는 점도 이 자료의 한계이다. 원적지 불명자의 대부분은 천주교계 내에서 활동한 정황이 그다지 뚜렷하지 않아서 거주지만이 간략하게 언급되어 있다. 다만 원적지는 알 수 없더라도 포교 활동에 활발하게 참여했던 세 성씨에 대해서는 비교적 상세하게 행적을 기록했다. 영천현(永川縣)의 담가(譚家)와 왕가(王家)는 각각 세 사람의 신부를 배출했고 팽(彭)씨 수재(秀才=生員)는 포교에 헌신하여 대족현(大足縣)과 영창현(榮昌縣)까지 활동 영역을 넓혔다. 팽씨 수재는 건륭 45년(1780) 대족현의 장가(蔣家), 이가(李家), 황가(黃家)를 입교시켰으며 영창현 하포장(河包場)에 거주하는 당성(唐姓)도 5~6년 동안 끈질기게 찾아간 끝에 천주교에 입문시켰다.[3]

이런 한계가 있으나 〈표 1-5〉에 근거하여 표본의 수가 상대적으로 많은 호광 출신 천주교도, 강서 출신 천주교도의 이주와 정착 사례를 그리고 토착인 천주교도들의 활동 사례를 분석해 보도록 하겠다.

청초 호광에서 천주교가 활발하게 전파되었던 지역은 성(省)의 수도였던 무창(武昌)이었다. 그 까닭은 현지의 재정 지원, 청조 관원의 보호, 선교사의 포교 노력이 삼위일체로 작용하였기 때문이었다. 명 말의 고위관료이자 천주교도였던 서광계의 손녀 허태부인(許太婦人)이 순치 18년(1661) 무창에 천주교당을 건설하고 선교사의 처소도 마련해 주었다. 그녀의 아들이자 호광의 고위 관료였던 허찬증(許纘曾)은 스스로 선교사를 보호했지만 호광의 관원들에게도 선교사의 신변을 안전하게 지켜주도록 부탁했다. 이들 모자와 협력한 프랑스 출신의 예수회 선교사 자께 모뗄(Jacques Motel. 穆迪我)이 포교 활동에 전념하자 강희 4년(1665) 무렵 무창에는 2,200여 명의 천주교도가 출현했고 성의 최고위 무관인 총병(總兵)조차도 천주교에 입교했다.[4] 자께 모뗄은 강희 31년(1692) 사망할 때까지 호북성 일대에서 포교했고 예수회 소속의 다른 선교사들도 호북 황주부(黃州府), 덕안부(德安府), 형주부(荊州府), 사시(沙市) 등지에서 활동하여 천주교도들의 수를 늘렸다.[5]

호광의 황주부는 명대 이래 개발이 상당히 진척되어 인구가 많아지고 사회 모순이 심화되면서 호광에서 사천으로 향하는 이주민을 가장 많이 배출한 지역이었다. 호광의 다른 지역에서도 신사(紳士)와 세호(勢豪)들이 토지를 겸병하고 세역 부담을 회피하는 현상이 만연했다. 가난한 농민들 가운데는 법으로 규정된 것보다 더 많은 세역(稅役)을 부담해야 하는 상황이 지속되자 이를 견디지 못하고 사천으로 이주하는 사람들이 늘어났다.[6] 천주교도들 역시 이런 어려움에서 벗어나고자 이주 물결에 합류했다.

호광 출신 천주교도들은 다른 지역 출신 천주교도에 비해 사천의 많은 지역에 분포했다. 호광은 사천과 지리적으로 인접했으므로 이들의 이주 시기도 빨랐다. 〈표 1-5〉에 따르면 호광 출신 천주교도들은 동천부 안악현, 중경부와 예하의 장수현, 합주, 충주 양산현 등지로 이주하여 정착했다. 흩어져 있는 이 지역들을 연결했던 것은 장강, 가릉강, 부강(涪江) 등 사천의 수계(水系)였다. 호광에서 장강 수로를 서쪽으로 거슬러 올라오면 먼저 충주 양산현에 도착한다. 장강을 계속 거슬러 올라가면 중경부 장수현에 닿으며 더 거슬러 올라가면 장강과 가릉강의 합류처인 중경부에 닿는다. 중경부에서 가릉강을 거슬러 북서쪽으로 올라가면 부강·가릉강·거강이 합해지는 합주에 닿고 합주에서 부강을 타고 거슬러 올라가면 동천부 안악현에 이른다. 장강과 가릉강, 부강, 거강(渠江) 등을 포함하는 사천 수계의 중심지는 중경이었다. 화물과 승객을 실어 나르는 선박들이 각 수계를 자주 왕래하였으며 이 선박들은 호광으로까지 진출했다.[7]

건륭 43년(1778) 호남 상담현의 천주교도이자 뱃사공인 용국진은 사천 의빈(宜賓)에서 호북 의창(宜昌)에 걸쳐 있는 천강(川江. 장강 상류의 일부분)에서 화물과 승객을 실어 나르면서 생계를 꾸렸다. 그러던 어느 날 승객인 광동 출신 천주교도에게서 『일과(日課)』, 『요리(要理)』 등의 천주교 관련 서적을 건네받았다.[8] 호광의 천주교도가 천강에서 손님과 화물을 실어 나르는 뱃사람으로 활동한 정황으로 보아 사천과 호광을 연결하는 장강

〈사진 5〉 중경 호광 회관(何智亞, 『重慶湖廣會館』, 重慶出版社, 2006, pp.268-269)

수로에는 평소에 많은 호광인과 화물이 오갔음을 알 수 있다. 그 가운데 사천으로 이주하는 호광 출신의 천주교도들이 포함되어 있었다.

호광 출신의 천주교도들 가운데는 사천에서 주인이 없이 버려진 땅(무주 황전)을 차지하여 정착한 자들이 많았다. 청조는 명말청초의 동란으로 황폐해진 사천을 짧은 시일 내에 복구하기 위해 강희 29년(1690) 이주민들이 무주황전을 개간하면 그 땅의 소유권을 인정했다.[9] 세역을 부담하는 자에 대해서는 자제들이 사천에서 학교 입학시험이나 과거에 응시하는 것을 허락했다.[10] 전국적으로도 개간지의 과세를 유예했다.[11] 무주황전을 차지 하는 일은 청대 사천으로 이주한 사람들의 가장 큰 바람이었다. 호광 출신 천주교도들에게도 무주황전은 사천에서 성공적으로 정착하는 데 필요한 경제적 기반이었다. 강희 39년(1700) 이전 호광에서 동천부 안악현으로 이주한 천주교도 황씨(黃氏) 가문은 무주황전에 말뚝을 박아서 자기 소유로 삼았고 그 땅을 경제적 기반으로 삼아 정착했다. 지주로 성장한 이들 집안은 신부(神父)를 배출했다.[12] 강희 연간 호광에서 이주해온 천주교도 노가(盧家)

는 중경부 합주에서 무주황전을 차지하고 정착했다. 노가는 건륭·가경 연간의 천주교 탄압에도 굴복하지 않았으며 1900년대까지 7대에 걸쳐 천주교를 신봉했다.[13) 하가(夏家)들도 강희 연간 무렵에 호광에서 중경부 합주로 이주하여 무주황전을 차지하면서 정착에 성공했다. 하가 일족 한 사람은 건륭 연간에 감숙으로 장사하러 갔다가 거기서 귀양살이하는 천주교도의 전도를 받고 천주교를 신봉했다. 귀향한 후 그가 집안사람들에게 포교하자 1760년 무렵부터 온 집안이 천주교를 믿게 되었다.[14)

호광 출신 천주교도 가운데 강희 연간에 이주한 앞의 세 집안은 농촌이나 도시의 변두리에서 무주황전을 차지하고 농업에 종사하면서 성공적으로 정착했다. 이들이 무주황전을 얼마나 넓게 차지하였는지 분명히 알기는 어렵다. 다만 호광 출신 이주민들은 일찍이 사천으로 이주해 왔으므로 드넓은 무주황전을 차지한 경우가 많았다. 강희 연간 기주부 운양현(夔州府雲陽縣)에서는 호광 이주민들이 방십리(方十里), 방백리(方百里)에 달하는 무주황전을 차지했다고 일컬어질 정도였다.[15) 강희 20년(1681) 무렵 성도부 한주(漢州)로 이주한 호광 무강주(武岡州) 출신의 이주민은 500무(畝)의 무주황전을 차지했다.[16) 주민이 거의 없어서 중경부 합주에 병합된 옛 정원현(定遠縣) 일대에서는 강희 28년(1689) 호광인을 비롯한 이주민들에게 무(畝) 단위가 아니라 장(場), 패(壩), 리(里)를 통째로 한 집안에 나누어 주었다.[17) 호광 출신 천주교도 역시 이들과 비슷하게 방십리, 방백리, 500무, 장·패·리 단위의 드넓은 토지를 확보하였을 것이다. 이들은 사천 토착인의 조방적 농업기술 보다 선진적인 호광의 농업기술 곧 노동력과 비료를 집중적으로 투입하는 집약농업 기술을 적용하여 농사를 지으면서 지주나 자작농으로 성장했다.

물론 호광 출신 이주민들이 모두 무주황전을 차지하지는 못했다. 늦게 사천으로 유입한 사람들은 차지할 땅이 없었다. 지역 차이가 있지만 빠른 곳은 이미 강희 초년에 무주황전이 없어져 버렸다.[18) 무주황전을 차지하였으나 시비를 걸어오는 토착인과의 분쟁이나 소송에서 패하기도 했다.[19] 횡포를 부리는 신사들에게 애써 개간한 토지를 빼앗기는 경우도 드물지 않았다.[20] 무주황전을 차지하는 행운을 만나지 못한 이주민 가운데 그나마 형편이 나은 사람들은 남의 토지를 사거나 소작하거나 혹은 상업이나 수공업에 종사했다. 처지가 여의치 않은 사람들은 용공(傭工)으로 품을 팔아 살아가기도 하고 폭력을 행사하며 불법을 저지르는 무뢰(無賴)로서 삶을 꾸리기도 했다.

호광 출신 천주교도 가운데에도 상업이나 수공업에 종사한 사람들이 드물지 않았다. 이들은 사천의 교역 중심지인 중경에 정착했다. 호광에서 중경으로 이주한 동가(소家)는 성내에서 기방(機房)을 열고 비단을 짜서 재물을 많이 모았고 자손들도 번성했다.[21] 사천이 청대 비단의 주산지 중 한 곳에 속하기는 했지만 비단 직조 기술자가 흔하지 않았고 또 비단 직조는 당시 최고급 기술로서 쉽게 습득할 수 없었다. 동가가 호광에서부터 비단 직조에 종사했는지 혹은 사천에서 처음으로 기방을 경영하게 되었는지 전후 사정을 분명히 알기 어렵다. 동가와는 달리 강희 연간 호광에서 중경으로 이주한 천주교도 장성(張姓)에게서는 비단 직조에 종사하게 된 경위를 확인할 수 있다. 비단 직조 기술이 있는 집안과의 혼인이 결정적인 계기였다. 장성의 아들이 비단 직조 기술이 있는 나성(羅姓) 천주교도 집안의 딸과 혼인하여 그 기술을 습득했다. 그 후 장성 집안은 대대로 비단 직조에 종사하여 도광 연간(1821~1850)에는 큰 부자가 되었다.[22] 두 집안은 천주교라는 공동의 신앙과 혼인을 바탕으로 고급 기술인 비단 직조술을 전수하고 습득함으로써 함께 번성했다. 천주교도들은 동향관계나 혈연, 혼인을 매개로 상부상조하던 비교도 이주민에[23] 비하여 공동의 신앙이라는 또 하나의 강력한 결속력을 갖추고 있었던 셈이다.

정착에 성공한 호광 출신 천주교도들은 내지인 신부나 선교사들의 포교에 협력하는 조력자로서 활동했다. 중경의 동가는 조력자 역할에 충실했다.

건륭 연간에 장 마르탱 모예(Jean Martin Moye) 신부는 동가의 집에 머물며 중경 일대의 천주교도들을 보살폈다. 가경 연간에는 사천 부대목구장이던 피에르 트랑상(Pierre Trenchant, 黃伯祿) 주교가 이 집에 머물며 교무를 처리했고 마지막에는 거기서 병사했다.[24] 중경부 합주의 노가(盧家) 역시 옹정 연간(1723~1735)에 성도부 금당현(金堂縣)과 동천부 안악현 등지를 거점으로 삼아 포교하던 독일 출신의 견사회 선교사 뮐레너 주교(Jean Müllener, 穆天尺) 가 순회 방문할 때면 항상 자신의 집을 주교의 처소로 제공했다. 호광 출신 천주교도들이 자신들의 거처를 선교사의 은밀한 활동 거점으로 제공한 까닭은 집안에 넓은 후원이라든가 은신처로 사용하기에 적합한 공간과 시설을 갖추고 있어서 타인의 시선을 피할 수 있었기 때문이었다.

호광 출신 천주교도들은 다른 성 출신보다 사천에서 농업으로 정착하고 성장한 사례가 많았다. 이들은 대체로 무주황전을 차지하는 행운을 붙잡았 으므로 지주로 성장할 기회도 많았다. 반면 그러지 못한 자들은 상업이나 수공업에 종사하여 정착에 성공하는 경우도 있었다. 상업이나 수공업에 종사한 호광 출신의 천주교도들은 혼인이라는 '우연한' 계기를 통해 그 분야에 종사하게 되는 경우가 있었다. 이런 경향은 후술하는 바처럼 강서 출신의 천주교도들이 자신의 고향에서 익숙하게 보아오던 상업이나 수공업 분야에 '의도적'으로 투신한 것과는 양상이 다르다. 이런 차이가 나타난 까닭은 호광의 경우는 주로 농업 이민이, 강서의 경우는 대체로 상업 이민이 주류를 이루었기 때문이었다.

2. 강서 천주교도의 상업과 수공업을 통한 사천 이주

명 말 강서성 천주교 중심지는 성의 수도인 남창(南昌)이었다. 이곳에서는 명 만력 23년(1595) 이래 3년에 걸쳐 이탈리아 출신의 예수회 선교사 마테오 리치가 거주하며 왕족이나 신사들과 교제하여 천주교 포교의 기반을 닦았다. 리치가 북경으로 떠난 후에는 포르투갈 출신의 예수회 선교사 소에이로 (Giovanni Soeiro. 蘇如望)가 그의 뒤를 이어 포교했다. 만력 35년(1607) 소에이로가 결핵으로 사망한 후에는 포르투갈 출신의 예수회 선교사 디아스 (Emanuele Dias. 李瑪諾)가 선교 사업을 계승하여 극소수의 서민과 신사를 천주교도로 개종시켰으나 생원이 중심이 된 신사층의 격렬한 저항에 부딪혀 남창교안(南昌敎案)이 발생하기도 했다.[25]

청초에는 강서 각지로 천주교가 확산되었다. 확산 과정에서 도움을 주었던 사람 가운데 이채로운 인물은 청 황실의 외척이자 실세였던 퉁궈치(佟國器)였다. 그는 청군의 남방 정복에 참여하면서 각처에서 선교사들을 보호하고 천주교당을 수리했다. 그는 순치 12년(1655)에 남감순무(南贛巡撫)로 부임하여 감주(贛州), 길안(吉安), 건창(建昌) 등지의 교당을 수리하고 천주교 서적을 간행하고 보급하여 동란기에 강서성 천주교의 보호자이자 후원자 역할을 감당했다.[26] 선교사와 퉁궈치의 활동에 힘입어 강희 3년(1664) 강서 각지의 천주교도는 남창 1,000명, 건창 500명, 길안 200명, 감주 2,200명, 정주(汀州) 800명에 달했다.[27] 선교사들은 강희 39년(1700)에 강서성을 남창, 건창, 감주, 요주(饒州), 무주(撫州), 구강(九江)의 6대 구역으로 나누어 포교했다. 이들의 포교 활동 덕분에 강희 40년(1701) 말 강서에 도착한 세 명의 이탈리아 선교사는 불과 여섯 달 만에 감주 일대에서 새로운 천주교도 110명을 얻을 수 있었다.[28]

그런데 강서성의 임강, 길안, 건창, 무주 등 4부(府)는 남창부와 더불어 천주교도들의 활동이 왕성한 지역이었는데 한편으로는 높은 인구 압력이나 호광과 비슷한 사회 모순 때문에 외지로 인구가 많이 빠져나갔다.[29] 청대 강서에서 사천으로 이주한 천주교도 가운데는 무주황전을 차지한 사례는 확인되지 않는다. 대신에 이들이 약방나 비단포를 경영하거나 탄광이나 소금 상점을 운영하는 상인으로서 교역이 활발하고 시장이 밀집한 도시

지역에서 거주하고 활동했던 사실은 확인된다.

강서 출신 천주교도 가운데 여(呂)씨 가문은 비교적 이른 시기인 강희 말년에 사천 서주부(敍州府)로 이주했다. 여씨들의 고향은 강서 임강부였다. 임강부에 속한 청강현 장수진(清江縣 樟樹鎮)은 중국 10대 약재시장 혹은 2대 약재시장 가운데 하나로 일컬어졌다. 명말청초 장수진에는 200여 호(戶)의 약재상들이 활동하였고 주민 12,000여 명 가운데 30퍼센트 이상이 약재 산업에 종사했다.[30] 임강부 출신의 천주교도 여씨가 사천의 유명한 약재시장 중 한 곳인 사천 서주부(敍州府)[31]에서 약방을 개업하고 정착하였던 까닭은 약재시장이 번성했던 고향에서 약재라든가 약재업 관련 지식과 경험을 축적했기 때문이었다. 여씨 집안의 한 사람은 건륭 연간(1736~1795) 서주부 천주교우회 회장으로 활동했다.[32]

고향에서부터 천주교를 신봉했던 여씨와는 달리 중경에 정착한 강서 출신의 이(李)씨 집안은 사천으로 이주한 후인 건륭 40년(1775)부터 천주교를 신봉했다. 그 까닭은 천주교도인 나(羅)씨 집안과 혼인 관계를 맺었기 때문이었다. 하지만 이씨 집안에서 천주교를 수용하는 데는 큰 진통이 뒤따랐다. 외지에서 관원으로 활동하던 두 사람이 퇴직하고 돌아와 집안에 천주교도가 있다는 소식을 듣고 진노했기 때문이었다. 두 사람은 중경 일대에서 천주교를 탄압하려 했으나 집안사람들의 간곡한 만류로 마음을 바꾸어 결국에는 천주교를 받아들였다. 이씨들은 부유하여 3곳의 비단가게를 소유하고 경영했다. 이들은 비단가게의 수입으로 자선을 베풀었는데 특히 고아와 가난한 아이들을 많이 돌보았다. 이씨 집안의 어느 의원은 가난한 병자들에게서 진찰료를 받지 않았다. 이씨들은 천주교도로서 신앙 활동에도 힘을 쏟아 집안에서 두 사람의 신부를 배출했다. 가경 연간(1796~1820)에는 중경 천주교우회 회장으로 활동하던 집안사람이 순교했고 비단가게와 저택은 몰수당했다.[33]

강서 서주부 고안현(瑞州府 高安縣)에서 건륭 연간에 중경으로 홀로 이주한 고봉영(高鳳榮)도 사천에 정착한 후 천주교를 신봉했다. 처음에는 질 좋은 석탄이 많이 매장되어 있던 중경 강북청(江北廳)의 동양진(東陽鎭)에 살면서 탄광을 열어 생계를 꾸렸다. 건륭 연간에 중경 일대의 산림 남벌로 인한 땔감 감소와 석탄 수요 증가로 인해 탄광업은 전도가 유망한 신흥산업으로 대두했고 탄광 경영자들은 큰 재산을 모으기도 했다.[34] 고봉영의 고향인 고안현은 일찍이 남조(南朝)시대에도 채탄했으며 청대에는 석탄을 연료로 사용했다.[35]

채탄업에 대한 고향에서의 견문이나 경험이 고봉영으로 하여금 이주지인 중경에서도 채탄업에 종사하게 했을 것이다. 채탄업에 종사하려면 탄광을 빌리거나 매입하고 광부들을 고용하는 데 상당한 자금이 필요했다. 따라서 이주 직후부터 탄광을 경영한 고봉영은 아마도 많은 자금을 지참하고 중경으로 유입한 강서 상인(江西商人)이었을 것으로 짐작된다. 고봉영은 같은 동양진에서 거주하던 천주교도 이(李)씨와 왕래하다가 천주교를 신봉하게 되었고 그 집안의 여자와 혼인했다. 혼인 후 고봉영은 중경부 성안으로 이사하고 소금 판매로 업종을 바꾸어 재산을 축적했다.[36] 고봉영은 천주교도로서 대외적인 활동을 하기보다는 집안에서 아들들과 며느리들에게 천주교 신앙을 전수하는 데 힘썼다. 그는 천주교도로서는 평범하고 조용한 일생을 보냈지만 채탄업과 소금 판매업이라는 전혀 다른 업종에서 잇달아 성공을 거두면서 상인으로서는 상당한 수완을 발휘했다.

정착에 성공한 강서 출신 천주교도들도 호광 출신의 천주교도처럼 선교사들에게 많은 도움을 주었다. 중경의 이씨들은 중경부 성안에 저택을 마련하고 그 일부를 천주교도들이 미사를 드리고 경전을 낭송하는 경당(經堂)으로 사용했다. 이 경당은 중경으로 온 선교사들의 처소로도 사용되었다. 뒤프레스 대목구장은 가경 7년(1802) 이후 중경을 중심으로 포교 활동을 펼칠 때 수년간 이 경당을 이용했다. 그 후에도 사천 동부 지역의 교무를 관리하던 선교사들이 여기서 머물렀다. 소규모 천주교당인 경당은 예배 처소이자 선교사의 은신처로서 내지인 천주교도와 선교사의 만남과 미사, 포교와 같은 신앙 활동이 이루어진 곳이었다.[37] 강서 출신 천주교도가 선교사를 보호하고 협력하던 모습은 호광 출신의 천주교도의 생활상과 다를 바가 없었다.

그러나 강서 출신 천주교도들의 생활방식은 호광 출신 천주교도들의 그것과 세 가지 다른 점이 있었다. 첫째는 이주지에서 정착할 때 종사하는 분야가 대부분은 고향에서 이미 친숙하게 접하던 상업이나 수공업 분야라는 점이다. 약방을 경영한 서주부의 여씨, 탄광업에 종사한 중경 강북청의 고봉영의 사례에서 이런 경향을 확인할 수 있다. 둘째는 강서 출신 천주교도들이 각지의 천주교우회 회장으로서 지역 천주교도들의 지도자 역할을 하는 경우가 많다는 점이다. 서주부와 중경 교우회장이 모두 강서 출신 천주교도였다는 사실이 이를 뒷받침한다. 셋째는 지역의 공익사업이나 자선 활동에 강서 출신 천주교도들이 적극 참여했다는 점이다. 중경 이씨 집안이 좋은 사례이다.

강서 출신 천주교도들의 이런 특징은 명청시대 상인들의 보편적인 행동 방식이라 할 수 있다. 상인들은 외지로 진출할 때 우선 고향에서 익숙했던 품목들을 취급했고 성공한 후에는 업종을 다각화했다. 강서 출신 천주교도들이 고향에서 견문했던 업종에 종사했던 움직임도 상인들의 이러한 행동 방식에 따른 것이었다. 또, 명청시대에 성공한 각 지역의 상인들은 순수한 동기에서든 혹은 반대급부를 노리려는 의도에서건 간에 공익사업이나 자선 사업에 적극적으로 참여했다. 강서 출신 천주교도들의 공익이나 자선 사업 참여는 천주교도로서 마땅히 살아야 할 삶을 실천하는 측면도 있겠지만 그 위에 상인으로서(한편으로 중경 이씨들은 신사가문으로서) 공익사업에 참여한 측면도 있다.[38] 그리고 이들이 천주교도들을 아우르고 선교사들과의 관계를 지속해야 하는 각 지역 천주교우회의 회장직을 수행한 배경도 평소 폭넓은 대인관계를 맺으면서 장사했던 상인들의 행동 방식과 관련지을

수 있다. 강서 출신 천주교도들의 이런 행동 방식은 그들 대부분이 강서
상인이었음을 의미한다.

3. 토착인 천주교도의 사천 내 확산

　토착인들은 명말청초의 동란으로 많이 사망했으나 한편으로 피난했다가
동란이 끝나면서 고향으로 돌아온 사람들도 많았다. 이들 중에는 자기
토지를 되찾는 것으로 그치지 않고 무주황전도 차지하면서 지주로 성장하고
자손들 가운데 신사를 배출하면서 지배층으로 성장한 사람들이 많았다.
강희, 옹정, 건륭 연간까지 사천 각지에서 토착인들은 지배층을 형성하고
이주민들을 압도하면서 지역사회의 질서를 주도해 나갔다.[39]
　회귀한 토착인 가운데에는 천주교도도 포함되어 있었다. 명 말 사천에
천주교를 최초로 전한 인물은 이탈리아 출신의 예수회 선교사 불리오
(Ludovicus Buglio. 利類思)와 포르투갈 출신의 예수회 선교사 마갈렌스
(Gabriel Magallaens. 安文思)였다. 불리오와 마갈렌스는 숭정 15년(1642)
성도에 도착하여 포교했다. 그러다가 장헌충군에 사로잡혔고 순치 3년
(1646)에는 장헌충군을 공격한 청군에게 붙잡혔다가 북경으로 보내져 그곳
에서 활동했다. 두 선교사의 포교 활동은 훗날 성과를 거두어 강희 2년(1663)
성도에는 300여 명의 천주교도가 모이는 경당(經堂)이 출현했다.[40]
　그러나 〈표 1-5〉에 제시된 토착인 천주교도들은 모두 사천 동부의 중경부
일대에서 거주하였으므로 불리오나 마갈렌스의 포교와는 그다지 관련이
없었다. 이 지역은 이탈리아 출신의 예수회 선교사 끌로드 모뗄(Claude
Motel. 穆格我. 자께 모뗄의 동생)과 순치 연간(1644~1661) 초에 호광 무창에
서 근무지를 옮겨와서 그의 포교 활동을 적극적으로 도왔던 천동도대(川東道
台) 허찬증과 모친 허태부인의 영향을 받은 곳이었다.

〈표 1-5〉에 따르면 토착인 천주교도들이 가장 활발하게 활동한 지역은 중경부 동량현(銅梁縣)이었다. 동량현에서는 명말청초 동란기를 거치면서 주민들이 죽거나 흩어져 강희 초년 지방관이 토착인의 회귀를 촉구하고 이주민 초치에 적극 나섰다. 토착인과 이주민들은 무주황전을 차지하였는데 관아에서는 그들이 차지한 토지의 소유권을 철저하게 보장해주었다.[41] 이런 정책은 효과를 거두었다. 인구와 경작지가 절대적으로 부족하여 강희 원년(1662) 합주에 병합되었던 동량현은 강희 60년(1721)에 다시 설치되었다. 동량현은 토질이 척박하였으며 제방과 저수지가 모자라 가뭄과 홍수가 비교적 잦았다. 그러나 청초에서 건륭 연간까지에는 인구가 적고 세금도 가벼웠으므로 주민들의 생활은 여유가 있었다.[42]

농촌인 동량현에서 천주교를 가장 먼저 믿은 집안은 윤가(尹家)였다. 이들은 동량현 아문에서 남쪽 90리에 윤씨 집안의 시장(尹家市)[43]을 개설했다. 윤씨 집안의 시장이라는 이름은 시장을 개설할 때 필요한 부지와 시설들을 윤씨들이 제공하고 시장에서 발생하는 수익도 대부분 이들이 차지했음을 시사한다. 동시에 윤씨 집안이 동량현에서 영향력 있는 가문이었다는 사실을 의미하기도 한다.[44] 집안의 어른인 윤베드로는 강희 52년(1713)에 밀레너 주교에게서 동량현 천주교우회 회장으로 임명받아 활동했다.[45]

동량현의 또 다른 유력 토착인 천주교도 집안으로는 유가(劉家)를 들수 있다. 이들은 순치 연간이나 강희 초년부터 천주교를 신봉했다. 유씨 집안에서는 건륭 연간에 형제 신부를 배출했다. 할아버지의 신앙을 물려받은 이들은 옹정 연간에 밀레너 주교의 문하생으로 지내다가 열 살 무렵인 건륭 초년에 아버지의 명령에 따라 광동 광주로 갔다. 마카오를 거쳐 나폴리로 간 형제는 15, 6년간 서양의 언어를 익히고 신학을 공부했다. 건륭 17년(1752)에 신부의 직임을 받고 고향으로 돌아왔는데 형인 노유필약(老劉必約)은 호광의 교무를, 동생 유필약은 섬서의 교무를 관장했다. 동생 유필약은 처음에는 섬서 경양현(涇陽縣)에서 약방을 열었다가 곧 성의 수도인 서안으로 이사하여 30여 년간 섬서에서 교무를 처리하고 선교사와 협력했다.46) 형제가 나폴리로 가서 장기간 체류하면서 신학을 배워 내지인으로서는 최고 수준의 신학 지식을 습득한 신부가 되었다는 점, 귀국 후에 각각 호광과 섬서의 교무를 책임졌다는 점, 장기간 선교사와 협력 관계를 유지했다는 점에서 토착인 천주교도 유씨 집안은 청 중기 사천 천주교계에서 가장 유력한 존재였다.

동량현 유가들은 종족 구성원이 늘어나자 인근의 다른 곳으로 이주했다. 동량현 유가의 지파들은 강희 40년(1701) 무렵 장강에 인접한 중경부 장수현 파두만(長壽縣 巴豆灣)으로 이주했다. 이주한 지파들 가운데 한 지파는 강희 말년에 다시 장수현 편암자(偏岩子)로 이주했다. 파두만이나 편암자는 『장수현지(長壽縣志)』에 지명도 수록되지 않을 정도의 변두리였다. 강희 연간 장수현에서는 농민들이 넓은 경작지에 파종한 후에는 곡식이 스스로 자라도록 내버려 두는 조방농업에 종사하고 있었다.47) 이런 상황에서 굳이 유가가 장수현에서도 변두리인 파두만이나 편암자로 이주한 목적은 토지를 넉넉하게 마련하기 위함이었을 것임은 충분히 짐작할 수 있다.48)

동량현의 유가가 좀 더 나은 생활환경을 찾아서 이주한 사례에 속한다면 동량현의 과부인 송유씨(宋劉氏)는 천주교 신앙을 지키려고 중경으로 이주했다. 천주교도였던 동량현의 송씨가 일찍 죽자 그의 아내 송유씨는 시댁 식구들에게서 천주교 신앙을 버리라는 압박을 받았다. 송유씨가 저항하자 뭇 친족들은 그녀를 따돌렸다. 친족들의 압박과 위협을 견디지 못한 그녀는 건륭 29년(1764) 어린 아들과 딸을 데리고 동량현에서 중경으로 이주했다.

그 후 송유씨가 어떻게 신앙을 지켰는지는 분명하지 않으나 그녀의 아들과 딸의 행적은 분명하게 전해진다. 아들은 중경 천주교우회 회장으로 활동하다가 체포되어 가경 24년(1819) 감옥에서 순교했다. 딸 나송(羅宋)씨는 중경에서 전포(錢鋪)를 경영하면서 백은과 동전을 태환하던 천주교도 나씨(羅氏) 집안으로 시집갔는데 귀주로 가서 두 차례 포교했다.49) 송유씨의 아들과 딸은 순교하거나 귀주에까지 가서 포교함으로써 청 중기 사천 천주교계에서 명망 높은 인물로 등장했다.

나송씨보다 일찍이 귀주로 가서 포교한 상인 겸 토착인 천주교도도 있었다. 강희 40년(1701) 무렵 수산현(秀山縣)에서 팽수현(彭水縣)으로 이주하고 부주와 팽수현을 왕래하는 상인으로 활동한 양스데반(楊斯德望)이 그런 사람이었다. 그는 부주와 팽수현을 오가며 장사하는 틈틈이 포교도 겸하여 많은 이들이 천주교 신앙을 받아들이게 했다.[50] 뮐레너 주교는 그에게 강희 59년(1720) 팽수현과 경계를 접하고 있던 귀주 무천현(婺川縣)으로 가서 포교하라고 명령했다. 그는 건륭 19년(1754) 사망할 때까지 팽수현과 무천현을 오가는 상인으로 활동하며 포교했다.[51]

나송씨나 양스데반과 같은 상인 겸 토착인 천주교도들은 신앙심 이외에 상인으로서 다양한 사람들을 대해본 풍부한 경험과 비상시의 대응 능력을 인정받아 이웃한 귀주성으로 파송을 받아 포교했다. 두 사람의 사례에서 상인 겸 천주교도들은 마카오에서 선교자금을 받아 내지의 선교사에게 전달해주던 경제적 역할뿐만 아니라 다른 성으로 진출하여 포교했던 종교적 역할도 감당하고 있었음을 확인할 수 있다.

4. 지역사회 속 천주교도의 존재 양상

주민들의 입장에서 보면 천주교도들은 평상시에는 마을 공동체에서 같이 살아가는 평범한 이웃이었다. 이들은 함께 농사짓는 농민으로 혹은 이웃한 수공업자나 상인으로 크고 작은 일을 함께 겪으며 살았다. 인구가 격감하고 주인이 없는 토지들이 많아 이주민이든 토착인이든 생활 여건이 비교적 여유로웠던 순치, 강희 연간의 사천 사회에서는 천주교도들과 비교도들 사이에 종교 문제로 인한 갈등은 두드러지지 않았다.

천주교도가 사천에서 일상생활을 하면서 포교도 병행하던 정황은 천주교가 갓 전파되었던 명 말부터 확인된다. 숭정 15년(1642), 16년(1643) 무렵 동천부(潼川府) 안악현의 천주교도로서 대장장이이자 상인이었던 황달척(黃達陟)은 추수 때를 전후하여 북쪽으로 이웃한 수녕현으로 가서 낫이나 칼 등의 철기를 팔면서 주민 석종우(席宗友)에게 천주교 입교를 권유했다. 석종우는 천주교에 입문하고 스스로 이웃에게 천주교의 도리를 전파하여 신도 수를 크게 늘렸다.[52] 황달척은 또 추수 때에 안악현과 동쪽으로 이웃한 동남현(潼南縣)으로도 가서 낫이나 벌목용 칼을 팔면서 손님들에게 천주교의 도리를 전파했다. 황광순(黃光順)은 그의 권유에 따라서 온 가족과 더불어 천주교에 입문하여 동남현 최초의 신자가 되었다.[53] 청대 천주교의 확산과 전파에는 성(省)의 경계를 넘어서 활동하던 장거리 교역 상인뿐만 아니라 황달척처럼 이웃 현(縣)을 왕래하며 상품을 판매하던 지역 소상인들의 역할도 중요했음을 알 수 있다.

지방관들도 강희 말년의 전례논쟁이 발생하기 이전까지는 천주교가 탄압의 대상이 아니었으므로 적극적으로 단속하지 않았다. 사천에서는 오히려 천주교 포교에 협조하는 관원이나 신사층도 드물지 않았다. 앞에서 언급한 허찬증이 대표적인 인물이다. 그는 강희 원년(1662) 섬서 한중(漢中)에서 사천 중경으로 건너온 예수회 선교사 끌로드 모뗄에게 자신의 관서(官署) 일부를 처소로 제공하였고 천주교당도 마련해주었다. 허찬증의 적극적인 지원에 힘입어 끌로드 모뗄은 7, 8개월 만에 중경 일대에서 170여 명에게 세례를 베풀었다. 사천 북부의 보녕부(保寧府)로 가서도 천주교를 전파했다. 이때 보녕부 일대의 현임 지현(知縣)과 전임 지현 여러 명, 그리고 많은 생원들이 세례를 받고 천주교도가 되었다. 특히 남강현(南江縣) 지현은 자신은 물론 온 가족이 세례를 받고 천주교를 적극적으로 전파했다. 강희 3년(1664)에 끌로드 모뗄은 새로운 천주교도 150여 명에게 세례를 주었는데 이들 대부분은 남강현 지현이 전도한 사람들이었다.[54] 청초 사천의 지방관이나 신사(특히 생원)들이 천주교에 귀의하고 포교에 협력했던 움직임은 명 말 마테오 리치의 선교에 협력했던 관료 서광계, 이지조의 경우와 비슷하다. 마테오 리치는 관원이나 신사층을 주된 포교 대상으로 삼는 선교 전략을 추진했는데 끌로드 모뗄도 이런 노선을 자기 선교 전략의 일부로 활용했다.

대체로 순치, 강희 연간까지 경제적으로 사천의 물질적 생활 여건에 여유가 있고 정치적으로 천주교가 금압의 대상이 아니었던 시기에는 천주교도와 비교도들의 사이에 종교적 갈등이나 지방관들의 천주교도에 대한 탄압이 두드러지지 않았다.

그러나 이런 분위기는 옹정·건륭 연간에 들어와 천주교 탄압이 강화되면서 점차 변화했다. 지방관 가운데에는 천주교도들의 뇌물을 받고 가볍게 처벌하거나 아예 처벌하지 않는 사람도 있었다.55) 서리와 같은 측근의 수하들이 천주교를 신봉했다는 혐의로 체포되어 오면 훈방하기도 했다.56) 심지어는 신부와 개인적으로 교제하여 친분을 쌓거나 말을 선물하는 지방관도 있었다.57) 금교 상황임에도 불구하고 이처럼 지방관이 천주교도들의 활동을 묵인하던 '제3의 관계'에 대해서는 뒤에서 자세히 언급하도록 한다(제2편 제1장 제1절). 하지만 지방관 대부분은 조정의 지침에 따라 천주교도를 색출하고 처벌했다.

지역주민들의 천주교 인식이 부정적으로 바뀐 사실은 중경부 강진현(江津縣)에서 분명하게 드러난다. 직례 순천부 완평현 출신의 곡요한(谷耀文 혹은 若翰. 1701~1763. 1734년 사제 서품) 신부는 옹정 13년(1735)부터 건륭 11년(1746)까지 10여 년 동안 사천 동부 지방 강진현에서 교무를 관장했다. 당시 강진현의 경당(經堂)은 사천 동부 지방 천주교 중심지 중의 하나였다. 축일(祝日) 때마다 강진현은 물론이고 인접한 중경, 영천현, 동량현, 합주, 부주 등지에서 천주교도 400여 명이 경당으로 모여들어 생황, 퉁소 등의 악기를 불며 며칠 동안 시끌벅적하게 지냈다.58) 건륭 초년까지 사천의 천주교도들이 공개적으로 천주교의 축일을 기념한 까닭은 신앙 활동을 감추지 않던 순치, 강희 연간의 관행을 답습했기 때문이었다. 강진현 일대의 천주교도들이 청조의 탄압을 미처 겪어보지 못했기 때문이기도 했다.

그러나 강진현에서 천주교도들이 떠들썩하게 축일을 기념하던 움직임을 곱지 않은 시선으로 바라보는 이웃들이 있었다. 이들은 천주교도들을 탄압하는 데 앞장섰다. 강진현의 어느 보갑을 이끌던 보장(保長)과 이웃들이 그런 사람들이었다. 이들은 강진현 지현의 허락을 받고 건륭 11년(1746) 5월 하순 어느 날 새벽에 현 아문의 포역(捕役)과 병사 서른세 명 그리고 보갑 소속의 지린(地鄰) 20여 명과 함께 백련교도들의 모반 정황을 수색한다면서 강진현 천주교 지도자 낙유상(駱有祥)의 집을 급습했다.[59] 포역과 병사들은 낙유상의 집 대문을 부수고 들어가 남녀를 불문하고 때리고 집안을 샅샅이 뒤졌으나 백련교 관련 증거는 찾지 못했다. 이들은 집주인인 낙유상과 곡요한 신부를 체포하여 강진현 아문으로 압송했다. 지현은 이들을 심문하고 강진현의 천주교도는 누구인지 그리고 천주교리는 어떠하며 예수는 누구인지에 관해 상세하게 질문했다.

강진현 지현은 심문을 마친 후 체포된 이들이 백련교도가 아닌 천주교도라는 결론을 내렸다. 그리고 이들을 석방하면서 보장과 지린에게 백련교도가 아니라는 연대보증을 서도록 요구했다. 그들이 머뭇거리자 지현은 자신이 직접 보증하겠다며 그들을 압박했다. 보장과 지린은 마지못해 보증을 섰는데 지린 두 사람은 지현에게 이렇게 말했다. "낙씨 집안은 원래 선량하며 부지런히 농사짓는 집입니다. 대대로 천주교를 신봉하였으며 결코 도적이나 사교(邪教)를 신봉하는 자들이 아닙니다. 저희들은 그들과 20여 년을 이웃으로 함께 살아왔습니다. 그들을 잘 알고 있습니다. 감히 보증합니다." 보장도 같은 내용으로 진술했다.[60] 보장과 지린의 보증을 받은 후 지현은 천주교도들을 석방하면서,[61] 신앙을 버리겠다는 서약서를 작성하라고 강요했다.[62]

평소 지린은 낙유상의 이웃으로 이십여 년 동안 생활하면서 낙씨가 천주교도이지 백련교도가 아니라는 사실을 익히 알고 있었다. 지린을 통솔하던 보장 역시 이 사실을 잘 알고 있었다. 평소에 보장과 지린은 낙씨들이 천주교도라는 이유로 탄압하지 않고 마을에서 함께 살아가는 '제3의 관계'를 선택했다. 그러다가 백련교도를 색출하라는 지현의 명령이 떨어지자 보장은 이들이 백련교도라며 무고해 버렸다.

이처럼 청대 지방행정의 말단 기구인 보장이나 향약이 주변 사람들을 지방관에게 무고하던 행위는 드물지 않았다. 보장이나 향약은 이갑(里甲) 내 주민들의 공적인 천거나 전임자들의 개인적 천거를 받고 지방관으로부터 임명을 받은 지역의 유력자들이었다. 이들은 이갑 내 주민의 여론을 지방관에게 전달하기도 하고 납세 독촉이라든가 분쟁 조정 따위의 다양한 공무를 수행했다. 이들은 공무 수행을 빙자하여 평소 눈에 거슬리던 자들에게 다양한 방식으로 보복을 가했다.[63]

보장이 낙씨 집안은 천주교도인 줄 뻔히 알면서도 백련교도라며 모함한 처사도 평소 낙가에게 앙심을 품고 있다가 보복한 행위였다. 천주교는 법률상 사교(邪敎)로 분류되지는 않았으므로 대부분의 경우 천주교도가 신앙을 고집하여 가장 무겁게 처벌을 받더라도 신강(新疆) 유배형에 처해졌다. 신앙을 포기한다면 곤장을 맞고 석방되었다. 반면에 법률상 사교로 지목된 백련교를 신봉하면 우두머리는 교수(혹은 교감후)형에 처해지고 추종자는 장(杖) 100대와 삼천리 유배형에 처해졌다.[64] 백련교도에 대한 처벌이 천주교도에 대한 처벌보다 훨씬 가혹했다.

그렇지만 낙가와 보장 간에 구체적으로 어떤 갈등이 빚어졌는지 분명하지 않다. 다만 낙가는 강희 말년 광동에서 출발하여 강서를 거쳐 옹정 원년(1723) 강진현으로 이주해 온 천주교도였는데 만만치 않은 경제적, 사회적 실력을 길러[65] 평소 보장에게 고분고분하게 굴지만은 않았던 것 같다. 이런 분위기는 낙가가 석방된 후에 보장을 무뢰(豪棍)로 낙인찍고 공무 수행을 구실로 불공정 행위를 저질렀다면서 강진현에 고소한 점, 그리고 낙가들이 주민을 모아 여론을 유리하게 조성한 후에 보장에게 이번 처사를 해명하도록 압력을 행사하였던 점, 궁지에 몰린 보장이 낙가를 백련교도라고 관아에 보고한 자는 자신이 아니라며 발뺌한 점 등으로 미루어 보면 충분히 짐작할 수 있다.[66] 토착인 보장은 이십여 년 전에 광동에서 이주해온 천주교도 낙가가 재산을 모으고 주위의 신망을 얻으면서 자신에게 고분고분하지 않아 평소에 벼르고 있었고 낙가의 이웃인 지린들도 같은 심정이었던 것 같다. 천주교도인 낙가를 백련교도라며 무고한 사건이 발생한 배경에는 경제적으로나 사회적으로 실력을 갖춘 이주민 천주교도들에 대한 비교도 이웃들의 시기와 질투의 감정이 깔려 있었다.

비교도 이웃들의 악감정이 싹튼 데는 천주교도들의 특이한 가치관이나 생활 태도도 한몫했다. 중경부 장수현 편암자 지방의 천주교도 유씨(劉氏)들과 이웃 간에 발생한 기우제 사건은 그런 사례이다. 건륭 말년 심한 가뭄이 들자 편암자의 촌장은 하늘에 기우제를 지내야 한다며 주민들에게서 비용을 추렴했다. 유씨들은 천주교리를 내세우며 비용 갹출을 거절했다. 그러자 지금까지 그들의 천주교 신앙을 묵인하고 공존하던 관계를 유지해오던 마을 사람들은 격분하여 유씨들 때문에 하늘이 분노하여 비를 내려주지 않는다고 비난했다. 팽팽한 긴장감이 맴돌았으나 우여곡절 끝에 양측은 천주교도들이 기도하여 사흘 내에 비가 내리면 비교도들이 천주교를 믿기로 합의했다. 천주교도들이 기도를 시작하자 곧 밤새도록 장대비가 쏟아졌고 말라붙었던 샘에서도 다시 물이 솟아났다. 비교도 이웃들은 약속한 대로 천주교를 신봉하고 민간신앙을 버렸다.[67] 하지만 이런 극적인 반전이 일어나는 경우는 매우 드물었다. 대부분 경우 천주교도와 비교도의 가치관과 생활방식 상 간극은 메워질 수가 없었고 계기만 주어지면 양자가 충돌할 가능성은 언제나 잠재해 있었다.

잠재적 불씨가 큰불로 번지게 된 결정적인 계기는 가경 백련교 반란이었다. 백련교 반란은 사천의 사회불안을 증폭시키는 동시에 주민들의 의식을 변화시켰다. 백련교 반란의 직접적인 영향권 내에 있던 파산노림(巴山老林)

을 비롯한 가릉강 동쪽 지역 주민 가운데 반란 때문에 식량과 재물을 약탈당하거나 집이 불태워지는 등 갖가지 피해를 입은 사람은 말할 것도 없고 생명을 잃은 자도 부지기수였다. 전선의 후방이었던 성도나 중경 등지의 주민들은 청군(淸軍)과 향용(鄕勇)을 지원하기 위한 갖가지 전쟁물자와 비용을 조달하느라 여념이 없었다. 9년에 걸친 백련교 반란의 여파로 사천에는 백은 유통 확산, 지역방어 체계의 변경과 같은 경제적, 군사적 변화가 나타났다.[68] 동시에 주민들 사이에 백련교에 대한 적대감이 뿌리내리게 되었다. 특히 백련교 반란의 주전장이었던 파산노림 지대의 주민들은 백련교를 박멸 대상으로 인식하게 되었다.

파산노림 속의 거현(渠縣)에서 가경 연간 천주교 박해 사건이 발생한 까닭도 주민들 사이에 널리 퍼진 백련교에 대한 부정적 인식과 천주교가 백련교와 동류(同類)라는 오해 때문이었다. 거현에 천주교가 최초로 전해진 때는 건륭 55년(1790) 무렵으로 이때는 가경 백련교 반란이 발발하기 직전이었다. 거현에 최초로 천주교를 유입시킨 사람은 중경을 오가며 장사하던 이 고장 출신의 상인 동조귀(董朝貴)였다. 그는 중경의 잡화상에게서 전도를 받고 천주교를 신봉하게 되었다. 거현으로 귀가한 후에 그는 민간신앙의 우상들과 천지군친사(天地君親師) 위패를 불태우고 친족과 지인들에게 천주교의 도리를 설파했다. 그의 포교 활동으로 친족인 동씨들은 물론 지인인 유가(劉家), 진가(陳家) 등이 천주교를 신봉하게 되었다. 거현의 천주교도는 점점 늘어나 가경 15년(1810)에는 1,500여 명에 달했다.

천주교도들의 수가 늘어나자 비교도 이웃들은 천주교도들이 모반(謀叛)을 꾀한다며 가경 15년(1810) 거현 아문에 고소했다. 주동자는 거현의 차역(差役) 하귀(何貴)라는 사람이었다. 그는 천주교도가 백련교의 무리와 동류라고 무고했다. 유언비어가 퍼지자 비교도 주민들은 천주교도들이 백련교도들처럼 반란을 일으켜 자신들을 죽일까봐 두려워했다. 비교도들은 백련교란 때 거현의 산속에 건설했던 보채(堡寨)를 다시 수리하여 피난처를 마련해

놓을 정도로 전전긍긍했다. 두려움을 견디지 못한 비교도 주민들은 선제공격에 나서 천주교도를 구타하고 양식을 약탈하며 가옥을 불태웠다. 이들은 천주교도들의 아내나 딸, 여성 천주교도들을 폭행하고 강간했다. 거현 지현은 비교도 주민들의 폭동을 묵인했다. 천주교도들은 큰 피해를 당했지만 오히려 반역도의 누명을 썼다면서 성도의 총독 아문으로 가서 고소했다. 사천 총독은 천주교도를 구타하고 재산을 약탈하거나 방화한 비교도들의 죄는 추궁하지 않고 오히려 피해를 당한 천주교도들이 금령을 어겼다며 처벌했다.[69]

가경 백련교 반란이라는 재앙이 휩쓸고 지나간 지 얼마 지나지 않은 시점에서 거현 주민들은 천주교도를 적대시하고 직접 공격했다. 직접적인 공격은 강진현 주민들이 국가권력에 의존하여 천주교도를 공격했던 방식과는 확연히 달랐다. 거현 주민들이 천주교도들에게 직접 폭력을 행사하고 약탈과 방화를 저지른 까닭은 이들이 백련교도들과 함께 반란을 도모한다는 소문 때문이었다. 비교도가 보기에는 백련교 교리와 천주교 교리에 비슷한 면도 있었다. 백련교의 무생노모(無生老母)나 천주교의 상제(上帝)는 이름은 서로 달랐으나 각각의 교리에서 만물의 창조자이자 구세주로 인식되었으므로 양자가 혼동될 여지는 있었다.[70] 교리를 착각한 때문이든 주동자의 선동 때문이든 백련교 반란으로 심각한 인적, 물적 피해를 당했던 기억이 생생한 거현 주민들은 다시 재난이 덮치는 것을 막아야 한다는 일념에서 백련교도나 다름없다고 생각한 천주교도를 공격했다. 가경 백련교 반란은 파산노림 지역에서 비교도들이 천주교도에게 집단 폭력을 행사하게 만든 결정적 계기로 작용했다.

그러나 비교도와 천주교도의 관계는 탄압과 수난의 관계로만 파악하기 어려운 면이 있다. 얼핏 보기에는 탄압과 수난이 양자 관계의 전부인 것 같지만 앞에서 단편적으로 언급했듯이 실상을 살펴보면 공존을 도모하는 '제3의 관계'도 유지되고 있었다.

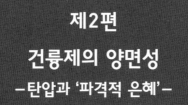

제2편

건륭제의 양면성

– 탄압과 '파격적 은혜' –

제1장

건륭 연간 천주교 탄압의 실제와 천주교 공동체

1. 천주교 탄압의 실제

1) 친척·이웃의 공존과 탄압

천주교도들과 일상생활을 함께하던 비교도들은 친척(가족)이라는 혈연으로 연결되었거나 같은 마을의 이웃이라는 지연으로 맺어져 있었다. 친척이 같은 마을에서 살면 이웃이기도 했다. 천주교도와 비교도인 친척·이웃 사이의 평상시 관계는 공존하는 것이었고 탄압은 특수한 여건 때문에 간헐적으로 발생한 행위였다.

천주교도와 비교도 친척(가족) 사이에 분쟁이 발생하게 되는 흔한 원인 중 하나는 재산 다툼이었다. 건륭 27년(1762)에 호북성의 한 병사는 과부 형수가 자신의 재산을 탈취했다고 관아에 소송을 걸고 그녀가 천주교도임을 폭로했다. 형수가 천주교도임을 알고 있던 병사는 형의 생전에는 우애를 손상시키면서까지 형수를 고발하지는 않았다. 형도 형수를 눈감아주고 있었으므로 형의 가족과 공존하는 길을 선택했다. 그러나 형이 죽자 과부 형수의 재산이 탐났고 그녀가 천주교도임을 폭로하면 승소하리라고 기대했다. 재산이 탐난 친척들이 음모를 꾸며 과부를 억지로 자결시키거나 개가시키고 그녀의 재산을 차지하던 악습은 명청시대에 널리 유행했는데,[1] 병사도 그런 분위기 속에서 과부 형수의 재산을 노리고 소송했다.[2]

친척이나 가족 사이에 천주교 신앙을 둘러싼 분쟁이 일어나는 또 다른 이유로 제례 의식을 들 수 있다. 로마 교황청에서 마테오 리치의 적응주의 선교정책을 부정한 이래 천주교도들은 우상 숭배 행위로 낙인찍힌 조상 제례를 거부해야 했으므로 천주교도와 비신자 가족(친척) 사이에는 제례를 둘러싸고 갈등이 끊이지 않았다. 건륭 13년(1748) 사천 성도부 화양현 황씨 집안에서 발생한 갈등의 원인도 여기서 찾을 수 있다. 집안의 맏아들이 죽자 과부가 된 그의 아내와 아들들은 죽은 사람의 위패를 모시라는 친척들의 요구를 거부하다가 집안에서 쫓겨났다. 이 집안의 셋째 아들이 죽었을 때도 친척들은 남겨진 그의 아내와 아들들이 천주교도라며 집에서 쫓아냈다.[3] 고인이 된 맏아들과 셋째 아들이 천주교도인지 아닌지는 알 수 없으나 가족이나 친척들이 적어도 남편들의 생전에는 천주교도인 아내와 아들들의 신앙을 묵인한 채로 공존해 왔던 사실은 확인할 수 있다.

혈연 공동체를 벗어나서 지역 공동체로 시선을 돌려보면 농촌의 천주교도와 비교도는 같은 촌락의 구성원이었다. 이들은 공동체의 성원으로서 농사를 위한 관개나 배수 작업에 협력하였으며 길흉사에 기쁨과 슬픔을 나누었다. 또한 보갑 조직의 성원으로서 외적을 방어하고 질서를 유지하는 일에 동참했다.[4] 평상시라면 양자는 이웃으로 공존했다.

양자 관계가 공존에서 탄압으로 전환하는 주요한 계기는 촌락 공동체에서 신봉해오던 민간신앙 때문이었다. 건륭 초년인 1730년대 말 호북 곡성현의 어느 마을에 심한 가뭄이 들어 종자를 뿌릴 수 없었다. 비교도들은 천주교도인 촌장의 집으로 찾아가서 비를 내리게 하려면 부처의 출순(出巡) 의례를 거행해야 하니 경비를 찬조해달라고 요구했다. 마을 행사의 경비 부담은 촌락 공동체 성원의 의무였고 촌장은 이런 일에 솔선수범할 것으로 기대되었다.[5] 비교도 주민들은 촌장이 천주교도라는 사실을 알면서도 평소 그에게 묵묵히 협력했으나 촌장은 부처가 우상이라며 요구를 거절했다. 격분한 비교도 주민들은 무리를 지어 곡성현 아문으로 몰려가서 지방관에게 촌장이 천주교도라며 고소했다. 곡성현 지현은 촌장을 체포하여 고문하고 직책을 박탈했다.[6]

천주교도들의 주변에는 이웃 종교인 불교의 승려들도 있었다. 이 종교적 이웃은 평소 천주교도의 협력자가 아니라 경쟁자이자 적대자였지만 이들도 자신들이 알고 있는 천주교도를 이유 없이 고발하지는 않았다. 건륭 34년 (1769) 호북성의 한 승려는 천주교도 가정에서 어떤 '사기 행각'을 벌이다가 발각되어 망신당했다. 분노한 승려는 관아에 소송했으나 패소하자 다시 그들이 천주교도라며 고소했다. 이번에는 승려가 승소하여 그에게 망신을 주었던 가족을 비롯하여 천주교도 30여 명이 체포되었다. 그중 두 명은 호북성의 수도 무창부로 압송되어 다섯 달 동안 투옥당했다.[7] 천주교도가 망신을 주지 않았다면 승려는 그들이 천주교도임을 알았지만 고소하지 않았을 것이다. 승려도 평소에는 문제의 천주교도와 공존했지만 참을 수 없는 모욕을 당했다고 생각하자 태도를 바꾸었다.

친척이든 이웃이든 천주교도와의 공존 관계를 깨뜨리고 탄압에 나설 때 비교도들이 동원하던 궁극의 방법은 소송이었다. 명청시대는 소송이 빈발하여 소송을 좋아하거나(好訟) 끝까지 고집스럽게 소송하는(健訟) 풍조가 유행하고 소송사회라는 말조차 생겨났다.[8] 소송이 빈번하게 발생한 계기는 적극적으로는 소송을 거는 당사자가 이득을 챙기기 위해서였고 소극적으로는 억울함을 풀기 위해서였다. 비교도가 천주교도에게 소송을 걸었던 이유도 마찬가지였다. 비교도들은 이득을 챙기거나 분노를 해소하기 위해 천주교도에게 소송을 걸었다. 하지만 소송을 하려면 아문의 지방관은 물론이고 서리나 아역, 송사(訟師)에게까지 이런저런 명목으로 재물을 갈취 당할지도 모를 위험이나 아문을 오가는데 드는 수고와 시간과 비용을 감당할 각오가 되어 있어야 했다. 소송 후에는 피고인 천주교도와의 관계가 이웃이 아니라 적대자로 변하는 불편함도 견뎌야 했다. 인간관계를 중시하는 사회 분위기 속에서 혈연이나 지연으로 얽힌 관계를 파탄내기란 주저되는 일일 수밖에 없었다. 이런저런 정황을 따져보면 비교도의 입장에서는 이득이 매우 크거나 억울함과 분노가 극에 달한 상태가 아니라면 천주교도에게 소송을 걸기가 쉬운 일이 아니었다. 그들도 웬만하면 천주교도들과 싫든 좋든 혈연·지연 공동체 속에서 공존의 관계를 유지하는 것이 나았다. 겉으로 보기에 천주교도나 천주교 공동체가 항상 친척과 이웃의 탄압대상이 되었던 것 같지만 실제로는 양자가 공존하는 '제3의 관계'를 맺고 있는 경우가 적지 않았다.

2) 관원의 탄압과 묵인

청대 관료 세계에서 천주교 탄압을 주도한 존재는 형부와 지방관이었다. 형부는 범죄자들에게 형벌을 가하는 최고 관료기구였으므로 금령을 어긴 천주교도를 처벌하는 것이 자신의 소관업무였다. 형부는 판례에 따라서 처벌 수위를 논의하여 황제에게 상주하고 윤허를 얻어 형벌을 집행하기도 하고 천주교에 대한 포고문을 작성하여 공포하기도 했다. 형벌과 포고문 내용은 관보(官報)인 저보(邸報)를 통해 전국 각지로 유포되었다. 지방관들은 저보를 필사한 천주교 금지 포고문을 관할 구역 곳곳에 붙이고 천주교도들을 단속했다. 황제는 탄압을 중지하고 싶은 의사가 있을 때조차도 형부의 결정 사항을 대부분 승인했다.[9] 황제가 형부의 결정을 마음대로 뒤집는다면 법 집행의 일관성을 유지하기 어렵고 형부의 위신도 추락할 수밖에 없었다. 형부의 권위 실추로 빚어지는 사법 체계의 혼란은 황제 자신의 권력 기반을 훼손할 수 있었다.

지방관은 지위 고하를 막론하고 금령에 따라서 천주교 탄압에 나섰다. 최고위 지방관인 순무가 관여한 천주교 탄압 사건은 건륭 11년(1746) 스페인 출신의 도미니크회 선교사들이 포교하던 복건 복안현(福安縣)에서 발생한 교안이다. 사건은 천주교도가 이웃의 뇌물 요구를 거절하면서 시작되었다. 복안현 목양(穆洋)마을의 어느 문인은 복녕진 유격(遊擊)의 막료이자 친구였다. 문인은 도미니크회 선교사 산쯔(Pierre Martyr Sanz. 白多祿) 신부가 세들어 살던 목양 마을의 셋집 주인이자 천주교도에게 묵인하는 대가로 돈을 요구했으나 거절당했다. 앙심을 품은 문인은 셋집 주인이자 천주교도가 산쯔 신부를 숨겨준 정황은 물론이고 복안현에 있던 다른 선교사들의 거처라든가 동정녀의 숫자, 도미니크회에 가입한 천주교도의 수 등을 복녕진 유격에게 샅샅이 밀고해버렸다. 목양 마을의 문인은 평소 복안현 천주교도의 사정을 훤하게 알고 있었음에도 즉각 고발하지 않고 묵인하면서 이웃과 공존했다. 묵인 대가로 돈을 요구하다 거절당하자 그때에야 비로소 상관에게 밀고하여 탄압에 나섰다.

유격은 자신과 사이가 나쁜 복안현 지현 대신에 복녕부 지부에게 이 사실을 직접 알렸다. 복녕부 지부는 복건 순무에게 보고했다. 복건 순무는 휘하의 수비를 복안현으로 파견하여 남녀 천주교도 서른네 명과 선교사 다섯 명을 체포했다. 체포된 천주교도에는 감생, 무생원 등 생원이 여섯 명이나 포함되어 있었다.[10] 사안을 보고받은 건륭제는 다음과 같이 처리하라고 명령했다. "천주교는 서양 국가들의 종교로서 근래 소란을 피우는 대승교(大乘敎) 등과는 다르고 또 어리석은 백성들이 천주교를 믿었다고 국법으로 옭아매는 것은 멀리서 온 사람들을 어루만져 편안하게 하는 도리(撫綏遠人之義)와 서로 맞지 않다. 해당 순무는 사로잡아 놓은 이인(夷人)들을 마카오로 압송하여 기한을 정해 배에 태워서 귀국시키도록 하라. 내지인은 중범자로서 뉘우치지 않는 자는 율(律)에 따라 처벌하고 무지하여 유혹을 받아 따른 자들은 그 정도에 따라 곤장을 치고 석방하라."[11] 화이론에 입각하여 서양원인(西洋遠人) 즉 이인을 관대하게 처리하라는 건륭제의 명령이었다.

그러나 복건 순무는 '만일 지금 천주교도를 없애지 않으면 무리가 날로 늘어나서 우환이 차마 말로 다하지 못할 지경에 이를 것'이라며 율에 따라서 강력하게 처벌하도록 주청했다.[12] 건륭제는 형부, 도찰원, 대리시로 구성된 삼법사(三法司)에서 본건을 재심하도록 명령했다. 삼법사에서는 산쯔 신부를 즉각 참수형, 나머지 네 명의 선교사를 참감후형에 처해야 한다는 주접을 올렸고 건륭제는 그렇게 처리하라고 윤허했다.[13]

공개 절차를 밟으면서 교안을 처리하는 관료들은 지위 고하를 막론하고 대개 복건 순무처럼 강경한 처벌을 주장했다. 관료가 이미 법률로 금지한 천주교에 대해 강경 탄압을 주장하는 것은 정치적 부담이 전혀 없고 오히려 자신이 법률을 철저히 집행하고 있다는 인상을 황제에게 심어줄 수 있었기 때문이었다. 건륭제도 강경책을 주장하는 복건 순무 주학건의 주접에 '율에 비추어 결정하는 것이 마땅하다'[14]는 주비를 달아서 그의 의견을 수용했다. 그 후 불과 두 달여 만에 주학건은 강남하도총독(江南河道總督)으로 승진했다.[15] 주학건의 다른 치적도 고려했겠지만 만일 건륭제가 그의 강경책을 흡족해하지 않았다면 북경의 경제적 생명줄을 쥔 관직을 그에게 맡기지 않았을 것이다.

지방관이 천주교 탄압에 나서는 계기는 다양했다. 우선 지방관은 천주교도들이 자신의 지배 행위에 협력하기를 거부하면 탄압했다. 건륭 43년(1778) 직례 패주(覇州)에서 발생한 사건이 그러했다. 패주 지주(知州)는 관할 구역 내에 있는 주민들에게 사묘(寺廟)를 중건하는 비용을 부담시켰고 섭가장(葉家莊)의 천주교도들에게도 그러했다. 지주가 직접 나서서 비용을 갹출하라고 요구한 것으로 보아 그 사묘는 패주 성의 수호신을 모시는 성황묘였을 것으로 짐작된다.[16] 지방관이 공공사업에 착수했을 때는 신사층을 비롯하여 전 주민들이 조금씩 재물을 모아 협조하는 것이 명청시대 지역사회의 관행이자 불문율이었다.[17] 그러나 천주교도들은 우상의 신전을 중건하는 일에 참여할 수 없다며 이런 관행을 거부하고 대신에 도로나 교량 등 우상과 관계없는 공공시설의 건설비나 수리비를 내겠다고 제안했다. 분노한 지주는 사묘 중수 비용 갹출을 거부한 섭가장의 천주교도 20여 명을 체포하여 투옥했다. 지주는 이들에게 서양인의 종교를 신봉하는 것은 치욕이라고 꾸짖었다. 천주교도들이 반박하자 지방관은 발끈하여 입을 때리고 협곤(夾棍)으로 다리를 옥죄고 곤장을 쳤다.[18]

지방관은 주민들로부터 신고가 들어왔을 때도 단속하고 탄압했다. 파리 외방선교회 출신 글라요(M. Glayot, 艾若望) 신부는 건륭 34년(1769) 사천 영창현(榮昌縣)에서 포교하다가 주민들의 신고로 체포당했다. 지현이 부재 중이어서 그를 보좌하던 현승(縣丞)이 심문했다. 당시 전국적으로 백련교를 비롯한 여러 민간신앙의 종파가 탄압을 받았고 사천에서도 백련교도들이 체포되었다. 현승은 압수한 제례복이나 미사용 집기, 천주교 서적들을 보고 글라요 신부가 요사한 술법을 부리는 백련교도라고 오해했다. 현승은 미사를 드릴 때 입는 흰 제례복은 '황포(黃袍)'이고, 미사용 제대(祭臺)의 앞부분은 '어좌(御座)'의 장식물이며, 성찬용 빵을 굽는 틀은 동전 주조용 기계이고, 천주교 서적은 무서(巫書)라고 생각했다. 그리고 상관인 중경부 도대(道台)에게 영창현에 서양인 두목이 이끄는 백련교도들이 있으니 이들을 체포할 군대를 파견해 주도록 요청했다.[19]

조정에서 전국의 지방관들에게 천주교를 단속하라고 명령하면 지방관이 그 지시에 따라서 탄압하는 경우도 있었다. 그럴 때는 내지에서는 물론이고 마카오에서조차도 탄압이 행해졌다. 마카오는 포르투갈 통치 하에 있었지만 향산현에서도 관할하고 있었기 때문이었다. 복안현에 수천 명의 천주교도가 있다는 사실에 놀란 청조는 전국에 천주교도를 단속하라고 명령했다. 광동 순무로부터 명령을 받은 향산현 지현은 건륭 12년(1747) 성탄절 전야에 마카오로 가서 내지인 천주교도들에게 세례를 주는 소교당의 문을 닫으라고 요구했다. 그는 이 소교당은 내지인이 건축한 것이므로 관할권이 청조에 있고 폐쇄 요구는 정당하다고 주장했다. 그때 마카오에 거주하던 열다섯 명의 서양인 신부들이 향산현 지현을 방문하며 교당은 내지인이 아니라 포르투갈인의 것이라며 소유권을 입증하는 문서를 제시했다. 그러나 향산현 지현은 막무가내로 교당 열쇠를 찾아서 문을 잠그겠다고 고집했다. 열쇠를 관장하던 예수회 신부는 머리를 내놓을지언정 열쇠는 줄 수 없다며 저항했다. 지현은 신부의 강경한 태도에 놀라고 마카오의 천주교도들이 폭동을 일으킬까 두려워 교당 문에 사용을 금지한다는 포고문만 붙이고 향산현으로 황급히 돌아갔다.[20]

이처럼 지방관들은 공익 추구 활동에 협조하지 않거나 주민이나 하급관료 들로부터 신고를 받거나 상부에서부터 명령이 내려오면 천주교 탄압에 나섰다. 지방관은 자신이 담당한 천주교 탄압사건이 상급 기관에 보고되어 공개 처리 수순을 밟는 순간부터 강경 처리 방침을 고수했다. 온건하게 수습하려면 상부에 보고하지 않고 스스로 사안을 매듭지어야 했다. 하지만 온건한 처리 때문에 훗날 천주교를 제대로 단속하지 않았다며 처벌받을 위험성이 전혀 없지는 않았으므로 지방관 대부분은 강경하게 탄압했다. 또한 주자학을 신봉하는 관원들은 사상적으로도 천주교리를 수용할 수가 없었다. 그럼에도 불구하고 천주교를 묵인하는 '제3의 관계'를 택한 관원이 있다면 그들은 대부분 천주교와 특별한 인연을 맺었던 사람들이었다. 물론 특별한 인연이 아니더라도 천주교를 묵인하는 '제3의 길'을 택한 지방관이 없지는 않았다.[21]

사천 총독 문수(文綬)는 특별한 인연 때문에 천주교를 묵인하는 '제3의 관계'를 택했던 관원 중 하나였다. 그는 건륭 42년(1777) 앞에서 언급한 글라요 신부를 석방했다. 글라요 신부는 사천성에서 8년 동안 투옥되어 살해 위협에 시달리고 있었다. 사천 총독이 글라요 신부를 석방한 까닭은 흠천감 감정(재임 1774~1781)이자 포르투갈 출신 예수회 선교사 로사(Félix da Rocha, 傅作霖) 신부의 석방 요청 때문이었다. 사천 총독은 로사 신부에게 이런 기회에 친구를 도울 수 있다니 매우 기쁘다면서 글라요 신부를 석방하도록 부하 관원에게 명령했다. 중경부 영창현 감옥에 갇혀 고초를 겪고 있던 글라요 신부는 석방되어 로사 신부의 주선으로 몰래 북경으로 갔다.

　사천 총독이 로사 신부와 교분을 쌓고 친구가 된 까닭은 로사 신부가 건륭제로부터 서북, 서남 지역의 측량과 지도제작을 명받고 흠차대신 자격으로 여러 차례 활동했기 때문이었다. 그는 준가르 반란을 평정한 건륭 21년(1756)에는 이리 지방으로 파견되어 측량하고 지도를 제작했으며 회부(回部)를 정복한 건륭 24년(1759)에는 신강으로 파견되어 측량 사업과 지도 제작을 담당했다. 대소금천 공격을 마무리해가던 건륭 39년(1774)에는 금천 지역 측량 사업과 지도 제작 임무를 띠고 파견되었다.[22] 건륭 42년(1777)에도 같은 임무를 수행하기 위해 금천으로 파견되었다.[23] 로사 신부가 글라요 신부의 석방을 사천 총독에게 요청한 때는 금천 지역으로 파견된 건륭 42년(1777)이었다. 로사 신부는 흠차대신의 자격으로 파견될 때마다 해당 지역 고관들로부터 극진한 대접을 받았다. 건륭 39년(1774) 금천으로 파견되었을 때는 청군 최고사령관이자 군기대신 아구이(阿桂)로부터 정중한 대우를 받았고[24] 건륭 42년(1777)에는 사천 총독 문수로부터 성도에서 극진한 대접을 받았다. 이때 로사 신부는 사천 총독에게 글라요 신부의 석방을 요청하여 승락을 받아냈다.[25] 글라요 신부의 천주교 전파와 투옥 사실은 청조에 보고되지 않았던 사안이었으므로 사천 총독이 자신의 재량으로 선교사를 석방할 수 있었다.

　직례 총독 이위(李衛)도 천주교를 묵인하는 '제3의 관계'를 택했던 고위 지방관이었다. 그는 건륭 2년(1737)에 조정의 지시로 전국적인 천주교 탄압이 가해졌을 때 동참하지 않고 침묵을 지킴으로써 천주교와 '제3의 관계'를 맺었다. 천주교도도 아닌 이위가 황제가 거주하는 북경의 턱밑에서 이런 대담한 조치를 취한 까닭도 선교사와의 특별한 인연 때문이었다. 포르투갈 출신 예수회 선교사 페레이라(André Pereira. 徐懋德) 신부는 옹정제 시절부터 황제의 심복이었던 이위와 잘 알고 지냈다. 옹정제는 선교사들을 싫어했지만 페레이라 신부만큼은 총애했다. 그가 중국의 학술에 밝았고 중국어에도 능통했으며 성품이 온화했기 때문이었다. 청의 왕공들 중에도 그를 정중하게 예우하는 사람들이 있었고 조정 대신들 가운데도 때때로 그에게 자문을 구하는 자가 있었다.[26] 옹정제의 총애를 받던 두 사람은 돈독한 관계를 맺었는데 건륭 2년(1737) 전국적으로 천주교 박해가 가해지자 페레이라 신부는 직례 총독에게 천주교도를 학대하지 말아 달라고 요청했다. 총독은 자신의 관할 구역 안에서는 절대로 종교문제 때문에 천주교도들을 불안하게 만들지 않겠노라고 약속했다. 그 후 총독은 천주교도를 색출하여 처벌하자는 주접을 올리지 않았을 뿐만 아니라 천주교도를 탄압하자고 주장하는 직례 지방관 열일곱 명의 의견을 일체 묵살했다.[27]

이처럼 사천 총독이나 직례 총독이 투옥된 선교사를 석방하거나 천주교 탄압에 동참하지 않음으로써 천주교를 묵인하는 '제3의 관계'를 선택한 까닭은 그들이 북경 궁정에서 황제를 위해 봉사하던 선교사들과 친분을 쌓았기 때문이었다. 황제 측근에서 봉사하던 선교사들은 내지인 천주교도와 지방에서 몰래 포교하는 선교사 그리고 천주교 공동체가 존속할 수 있도록 보호하는 일에 최선을 다했다. 그렇게 하는 효율적인 한 가지 방법은 청조 고관들과 두터운 친분을 맺어서 그들이 천주교를 탄압하지 않고 묵인하는 '제3의 관계'를 선택하게 하는 것이었다.

3) 건륭제의 금령(禁令)과 '파격적 은혜'

건륭제는 천주교를 탄압하는 금령의 최종 공포자이고 집행자였다. 선교사들은 이구동성으로 건륭제가 박해자라고 지목했다. 서양인들 중에는 박해를 일삼는 이교도 군주에게 그림을 그려주고 측근들에게 물리학, 수학, 천문학을 강의하러 가는 것이 과연 망망대해를 건너갈 만큼 가치가 있는 일인가 하고 반문하는 사람들도 있었다.[28] 서양인의 눈에는 항상 천주교를 박해하는 이교도였지만 건륭제는 천주교 금령을 초월하는 사면권을 갖고 있었고 이따금 그 권한을 행사하기도 했다. 사면권을 행사할 때 그는 '파격적 은혜'를 베푼다고 자부했다.

박해자 건륭제의 모습은 앞서 언급한 건륭 11년(1746)의 복건 복안현 교안을 처리하는 과정에서 전형적으로 드러난다. 복건 순무가 주접을 올리자 건륭제는 건륭 11년(1746) 6월 말 천주교는 좌도(左道)로서 풍속에 해로우며 포교한 선교사나 내지인 천주교도는 법에 따라서 처벌해야 하고 지방관들은 충심으로 단속하라는 내용의 상유를 내렸다.[29]

그러나 한편으로 건륭제는 선교사를 비호하기도 했다. 천주교를 철저하게 단속하라고 전국의 관원들에게 명령한 건륭제는 한 달가량이 지난 건륭 11년(1746) 8월 초에는 정반대로 명령했다. 포교한 선교사를 처벌해달라는 지방관의 의견을 묵살하고 그를 치죄하지 말라고 지시한 것이다.

복안 교안으로 촉발된 건륭제의 천주교 단속 명령을 수행하던 중에 직례 총독 나수투(那蘇圖)는 자신이 관할하는 보정부 청원현(保定府 淸苑縣) 주민 가운데 북경 천주교당의 부성(傅姓), 장성(張姓), 대성(戴姓) 서양인에게서 천주교를 학습하여 입교하고 경문(經文), 염주, 십자가 등을 받은 사람이 있다는 사실을 알게 되었다. 직례 총독은 이들을 처벌하고 천주교 기물을 불태워 없앤 후에 순천부 부윤에게 공문을 보내 서양인들의 신원을 밝혀내라고 지시했다. 순천부윤은 조사 후 총독에게 회신하고 황제에게도 보고하는 주접을 올렸다. 건륭 11년(1746) 8월에 올린 주접에서 그는 장성(Antonio de Magalhães. 張安多. 포르투갈 출신의 예수회 선교사)과 대성(Ignatius Kögler. 戴進賢. 독일 출신의 예수회 선교사)은 이미 사망했다. 북경 천주당의 서양인 부성 즉 포르투갈 출신 예수회 선교사 로사(Félix da Rocha. 傅作霖) 신부는 살아 있고 천주교 물품을 배포했다고 시인하였으므로 어떻게 치죄할지 지침을 내려달라고 주청했다.[30] 순천부윤의 주접을 읽은 건륭제는 그날에 즉각 답변하여 로사 신부는 치죄를 면제하고 나머지는 논의한 대로 처리하라고 명령했다.[31]

내지인에게 천주교를 포교한 로사 신부를 치죄하지 말라는 건륭제의 명령은 한 달여 전에 내렸던 자신의 상유를 스스로 부인한 행위였다. 복안 교안에 연루된 선교사 다섯 명이 모두 참수형을 선고받았던 사실을 감안하면 로사 신부에 대한 건륭제의 사면은 '파격적 은혜'였다. 건륭제가 왜 복안에서 포교한 선교사들은 극형에 처하고 직례에서 천주교를 포교한 로사 신부에게는 관용을 베풀었는지 그 이유를 직접 밝힌 적은 없다. 그러나 황제는 전자는 내지에 불법적으로 숨어들어 포교한 범죄자들이고 후자는 합법적인 승인을 얻고 궁정에서 봉사하는 심복으로 인식하고 있었다. 황제는 측근에서 봉사하던 선교사들이 설령 불법 행위를 저지르더라도 철저하게 보호했다.

북경 천주당 선교사들의 포교 행위가 적발되자 사건이 확대되는 것을 막고자 건륭제가 도중에 덮어버린 사례가 또 있다. 건륭 39년(1774)에 만주에서 몇 명의 천주교인들이 체포되었다. 만주의 관원들은 북경에서 아주 멀리 떨어진 곳에 어떻게 천주교도가 있을 수 있는지 의아해하며 심문했다. 두려움에 떨던 천주교도들은 북경 천주교당의 선교사가 내지인 전도자를 파견하여 매년 자신들에게 교리를 강해하고 인도해 준다고 자백했다. 내지인 전도자 여섯 명의 이름과 별명까지도 실토했다. 만주의 지방관은 신속하게 황제에게 이 사건을 보고했다. 승덕 피서산장에 머물던 건륭제는 주접을 읽은 후에 '읽었다'(覽)라고만 써서 간단한 일을 큰 사건으로 확대하지 말라는 의도를 내비쳤다. 그럼에도 형부 관원 몇 명이 북경 천주교당으로 가서 거명된 여섯 명의 내지인 전도자를 체포하려 했다. 선교사들은 마침 교당에 있던 한 명을 즉각 도주시켰다. 허탕을 친 관원들은 그들과 성씨가 같은 두 명의 신입 천주교도와 천주교당에서 허드렛일을 하던 한 명의 심부름꾼을 체포하여 하옥시켰다. 형부에서는 그런 정황을 주접으로 보고했다. 주접을 읽은 건륭제가 '추궁하지 말라'(免究)고 명령하자 투옥된 세 사람은 석방되었고 사건은 완전히 종결되었다.[32]

건륭제는 측근에서 봉사하던 선교사들의 다른 중대 불법 행위에 '파격적 은혜'를 베풀기도 했다. 건륭 15년(1750)에는 카스틸리오네를 비롯한 북경 천주당의 선교사들이 예금(例禁)을 어기고 기지(旗地)를 불법적으로 저당 잡은 행위를 처벌하지 않고 오히려 합법화 시켜주었다.(제1편 제2장 참조)

건륭 39년(1774)에 황제는 북경 천주교 남당이 화재로 소실되자 재건 비용을 꾸어줌으로써 북경 천주당의 선교사들에게 은혜를 베풀었다. 당시 동방에서 가장 아름답고 웅장한 교당이라고 칭해지던 남당은 건륭 39년(1774) 겨울에 불타버렸다. 이튿날 소식을 들은 황제는 즉각 남당의 중건을 허락하고 선교사들에게 백은 1만냥을 빌려주었다. 교당이 완공되자 건륭제는 어필로 쓴 대련(對聯)을 하사했다.[33]

뿐만 아니라 건륭제는 자신의 초상화를 그렸던 카스틸리오네와 식켈파르트(Ignace Sikelpart, 艾啓蒙)가 각각 일흔이 되었을 때 성대한 생일 선물을 하사하기도 했다. 식켈파르트의 일흔 번째 생일인 건륭 42년(1777) 8월 20일(양력 1777년 9월 21일)에 황제는 여섯 필의 최상품 비단, 긴 옷(袍) 한 벌, 커다란 마노 목걸이, 그 밖의 여러 가지 선물, 어필로 쓴 생일 축하 글귀를 사방이 트인 가마에 실어서 남당의 식켈파르트 신부에게 보냈다. 생일 축하 행렬은 피리를 불고 북을 치는 스물네 명의 악대와 그 뒤를 따르는 네 명의 말 탄 관원, 여덟 명의 가마꾼이 드는 가마, 의례를 주재하는 관원, 환관으로 구성되었다. 악기 소리가 사방으로 울려 퍼지고 황제의 하사품이 도로를 지나자 구경꾼들이 구름처럼 몰려들었다. 북경의 선교사들은 행렬을 맞이하기 위해 모두 남당으로 모였다. 그들은 황제를 알현하듯이 조복(朝服)을 입고 무릎을 꿇고 있다가 행렬이 도착하자 모두 가마에 삼궤구고례를 행했다. 수행했던 태감은 황제가 베풀어 준 은혜는 1백만 냥의 은자를 주더라도 살 수 없다며 건륭제의 '파격적 은혜'를 강조했다.[34]

건륭제는 내지인의 천주교 신봉과 포교, 지방에 숨어있던 선교사들의 포교 활동을 금령을 내려 탄압하고 측근에서 봉사하던 선교사들은 보호하는 이중적인 태도를 견지했다. 그리고 북경의 천주당 안에서는 선교사들이 미사를 비롯한 종교 의례를 거행할 수 있도록 허락했다. '파격적 은혜'를 입었던 북경의 선교사들은 건륭제가 천주교를 탄압하고 내지인 천주교도와 지방에서 잠복하여 활동하는 선교사들을 박해하는 현실을 떠올리며 황제의 보호는 무척 애매하여 믿을 수가 없다고 불만을 토로했다.35) 하지만 실제로는 건륭제의 자칭 '파격적 은혜'는 '건륭대교안'에서처럼 가끔씩 지방에 잠복해서 포교하다 체포된 선교사들에게도 베풀어졌다.(제2편 제2장 제5절 참조)

북경 천주당의 선교사들은 건륭제의 '파격적 은혜' 속에서 비교적 자유롭게 포교 활동에 종사할 수 있었을 뿐만 아니라 천주당 공간 내에서는 종교적 자유를 누렸다. 건륭제는 천주교 탄압자였지만 한편으로는 측근의 선교사들에게 '파격적 은혜'를 베풀면서 천주교와 '제3의 관계'를 맺었다.

2. 천주교 공동체의 존재 양상

1) 북경 공동체

수도 북경의 천주교 공동체는 북경 천주당을 중심으로 유지되었다. 건륭 연간 남당, 북당, 동당 등 천주교당에 머문 예수회 선교사는 적으면 10여 명 많으면 20여 명에 달했다.36) 사제와 서민들뿐만 아니라 명 말 이래 천주교를 줄곧 신봉해온 집안의 후손, 황실 종친, 만주족과 한족 관원, 환관 등 다양한 배경의 사람들도 북경 천주교 공동체를 구성했다.37) 이들은 북경 천주교 공동체의 활동을 암암리에 지원하는 소중한 인적 자산이었다. 건륭 6년(1741) 북경에는 5, 6백 명의 천주교도가 있었고 직례에는 5만 명가량의 천주교도가 있었다.38)

북경 천주교 공동체는 인근 지역이나 다른 성(省)에서 온 천주교도를 영접하여 접대할 뿐만 아니라 이들에게 교리를 교육시켰다. 교리 교육은 북경 천주교당에서 행해졌다. 교육의 종류는 두 가지였는데 하나는 내지인 사제 양성 교육으로서 소수의 사람들이 몇 년에 걸쳐서 과정을 이수했다. 내지인 사제 육성은 선교사들이 담당했는데 중도탈락자도 적지 않게 발생했다. 다른 하나는 신자들이 성사에 잘 참여하고 교황청의 지침에 복종하도록 가르치는 평신도 교육이었다. 평신도 교육은 교당에 소속된 내지인 교리교사들이 담당했다. 평신도 교육생의 숫자가 사제 교육생보다 훨씬 많았다. 부유한 천주교도들은 교육생들의 과정 이수가 순조롭도록 물질적으로 지원하기도 했다.39)

북경 천주교 공동체의 선교사들은 북경 일대 천주교도의 신앙생활을 돌보는 일에 힘썼지만 한편으로 교안이 발생하여 지방의 천주교도나 내지인 사제, 선교사들이 고초를 겪을 때 역량을 최대한 동원하여 그들을 돕고 보호하는 일에도 힘썼다.40) 북경 천주교 공동체의 가장 큰 특징은 전국에 분포한 천주교 공동체들의 보호자 역할을 감당했다는 점이었다.

북경 천주교 공동체를 이채롭게 만든 존재는 흠천감 천주교 공동체였다.41) 백오십 명가량의 흠천감 근무자 가운데에는 한인들이 가장 많았고 만주인·몽골인도 있었다. 이들을 대상으로 흠천감 감정(監正)이자 독일 출신의 예수회 선교사 할러슈타인(August von Hallerstein, 劉松齡) 신부가 꾸준히 포교하자 천주교도가 점차 늘어났다. 이런 정황을 눈여겨보고 있던 만주인 흠천감 감정은 흠천감의 천주교도 색출 작업에 나섰다. 그는 스물두 명의 만주인과 한인 흠천감 관원들이 천주교를 신봉하고 있다는 사실을 밝혀내었다. 그는 흠천감에 천주교가 퍼진 원인은 지방의 각 성(省)에서는 천주교도를 추적하여 재판하고 처벌하지만 북경에서는 오히려 그런 움직임이 없기 때문이라고 주장했다. 그가 올린 주접을 읽은 건륭제는 형부에서 논의하라고 명령했다.

형부에서는 예부와 이부의 관원과 회동하여 흠천감의 천주교 신봉 혐의자들을 심문했다. 풍파가 몰아치자 감정 할러슈타인 신부는 총관내무부대신 푸헝(傅恒)에게 찾아가서 사태를 원만히 무마해 달라고 하소연했다. 동시에 고발자인 만주인 감정에게는 뇌물을 듬뿍 주었다. 형부에서는 천주교 신앙을 포기하기를 거부한 일곱 명만을 파면하고 신앙을 포기하기로 서약한 열다섯 명은 장 1백을 치고 관직에 복귀시켰다. 그리고 흠천감에 천주교를 포교한 주인공인 할러슈타인 신부는 건륭제로부터 처벌을 면제받는 '파격적 은혜'를 입었다.[42]

흠천감 천주교 공동체는 같은 관료기구에 근무하는 인원들로만 구성된 직장 천주교 공동체이자 만주인과 한인이 함께 신앙생활을 했던 다민족 천주교 공동체였다.[43] 북경 천주교 공동체는 선교사들의 지속적인 포교와 사목활동, 천주교도들의 종교적 열정, 그리고 건륭제가 측근의 선교사들에게 베푼 '파격적 은혜'라는 '제3의 관계'를 통해 유지될 수 있었다.

2) 호북 곡성현 마반산 공동체

호북성 서북부에 위치한 양양부 곡성현(襄陽府 穀城縣) 마반산(磨盤山 일명 木盤山) 천주교 공동체는 양양부 일대의 천주교도들이 탄압을 피해서 인적이 드문 산골짜기로 집단 이주하면서 형성되었다. 해발 8백여 미터의 험준한 마반산은 곡성현성 서쪽 7, 8십리 즈음에 위치했다. 명 말 장헌충이 곡성현 일대로 침입하여 주민들을 도륙하자,[44] 그 후 백년 가까이 사람이 발길이 끊긴 황무지가 곡성현 변두리에 남아 있었다. 옹정 연간에 들어와 천주교 탄압이 심해지자 양양부의 천주교 지도자가 마반산의 토지를 사서 가난한 천주교도들에게 나눠주면서 입산이 시작되었다.[45] 마침 이 무렵 호북 일대에 옥수수가 재배되기 시작하여,[46] 마반산 천주교 공동체 건설을 뒷받침해준 주요한 식량 자원으로 활용되었다.

양양부 천주교도들의 움직임을 보고받은 북경의 프랑스 출신 예수회 회장 파르냉 신부는 마반산 천주교 공동체를 확장하기 위한 토지 매입 임무를 양양부의 천주교도 생원에게 맡겼다. 생원은 석 달 후에 자신의 명의로 산지를 매입하고 관인(官印)이 찍힌 토지 매매계약서(紅契)를 작성했다. 그는 두 산 사이의 골짜기를 샀는데 그곳은 앞에서 말한 양양부 천주교 지도자가 매수했던 산골짜기와 붙어 있었다.

천주교도들은 마반산 속에서 곤궁하게 지냈는데 그들의 가난한 생활 모습은 청대 사천, 섬서, 호북 삼성교계 산악지역에서 힘들게 살아가던 주민들의 삶과 같았다. 천주교 공동체를 이루고 살았다는 종교적 특징을 제외한다면 이들은 열악한 산간지역에서 힘들게 노동하며 근근이 살아가는 가난한 사람들일 따름이었다.[47) 입산 초기에는 숲이 우거진 토지에 파종을 하기 위해 나무를 잘라내고 불을 질러야 했다. 산비탈의 경작지 개간 작업은 개인이 아니라 공동 노동으로 진척시켰다. 높고 비탈진 산간 지대에서는 가축을 이용하여 농사지을 수 없었으므로 천주교도들은 고통스럽게 완력으로 일을 해야 했다.[48) 시냇가에 접한 극히 일부 지역에서는 벼를 재배했지만 수확량은 평야지대와 비교할 수 없을 정도로 적었다. 산비탈에서 재배한 옥수수, 보리, 콩 등의 수확량도 적어서 생활하는 데 무척 어려움을 겪었다. 부족한 식량을 보충하기 위해 나무뿌리나 풀, 고사리 등을 햇볕에 말려서 맷돌로 갈아서 멀건 죽을 쑤어서 먹었다. 또 숲속에 많이 살고 있던 곰, 사슴, 노루나 꿩과 메추라기를 잡아먹기도 했다. 숲에는 호랑이도 많아서 산길을 가다가 호랑이에게 물려서 죽임을 당하는 사람들도 있었다. 천주교도들은 눈으로 뒤덮인 산속에서 볏짚으로 겨우 지붕을 덮은 움막(棚)을 거처로 삼아 춥고 긴 겨울을 힘겹게 났다.[49)

열악한 환경에 아랑곳하지 않고 북경의 파르냉 신부는 마반산에 천주교 공동체를 건설하기 위해 노력했다. 노련한 교리교사 한 사람을 파견하여 신앙생활을 지도하고 토지를 공평하게 분배하고 공동체의 규칙을 제정하게 하여 노동과 신앙에 질서가 생기게 했다. 공동체 규모가 점차 커지면서 천주교도 가운데 몇 명이 교리교사의 인도를 받고 공동체 지도자로 육성되었다. 천주교도의 숫자가 더욱 늘어나자 옹정 9년(1731)에 프랑스 출신 예수회 선교사 라브(P. Joseph Labbe. 脣孟德) 신부가 상주하면서 신앙생활을 지도했다. 그는 마반산 천주교 공동체를 여덟 개 구역으로 나누고 구역마다 교리교사를 두어 신앙생활을 지도하게 했다. 마을에 천주교당을 지어 예배처소이자 천주교도들의 자녀를 교육시키는 학교로 활용했다. 일년 후에 라브 신부가 떠나고 건륭 5년(1740)에 프랑스 출신 예수회 선교사 노이비알레 (Neuviale. 紐若翰) 신부가 와서 상주하며 교당에서 설교하고 성사를 거행했다. 천주교도들은 『일과(日課)』를 사용하면서 매일 저녁 천주교당에 모여서 공동으로 기도 경문을 외웠다.[50] 라브 신부가 활동했을 때 마반산 천주교 공동체의 구성원은 6백여 명에 달했다.[51]

마반산 천주교 공동체는 종교적 계기뿐만 아니라 청대 호북성 산악 지역 개발이라는 사회적, 경제적 흐름 속에서 출현했다. 천주교도들은 열악한 환경 속에서 분배받은 토지를 공동 노동으로 개간하여 생활했고 선교사와 내지인 교리교사의 지도로 공동체를 꾸려갔다. 생산력은 낮았지만 자신의 토지를 경작하여 살아갈 수 있었고 청조의 감시와 탄압도 도시나 농촌에 비해 느슨했다.[52]

3) 강서 경덕진 공동체

자기의 도시인 경덕진 천주교 공동체를 구성했던 사람들은 대부분 수공업자(窯戶)와 노동자였다.[53] 그들은 신체가 건강하여 일할 수 있을 때는 하루하루 먹고 살 수 있었지만 병에 걸리거나 실직하게 되면 곧 영락하여 처량한 신세가 되었다. 대부분은 가난한 이주민이었으며 실직하면 생계를 꾸리려 해도 속수무책이었다. 사방에서 모여든 가난한 노동자들이 돌아갈 곳도 의지할 곳도 없이 늙고 병들어 죽어가자 경덕진의 신사와 상인들은 의관(義

棺), 의총(義冢)을 마련하여 장례를 치러주었다.[54]

경덕진 천주교 공동체에서도 가난한 천주교도들의 장례를 치러주었다. 어느 외지인 천주교도 청년 노동자가 악성 질병에 걸리자 천주교도 가정에서 집으로 들여 간호했다. 환자는 강희 53년(1714) 섣달그믐에 사망했다. 경덕진의 비교도들은 섣달그믐에는 외부인을 집안으로 들여서 접대하지 않았으며 가장 가까운 친척에게 조차도 그러했다. 외부인은 새해에 집안으로 내려오는 복을 가지고 가버리므로 집주인에게 흉한 일이 생긴다고 염려하던 미신 때문이었다. 하지만 천주교도 가정은 개의치 않고 매장지를 구해서 섣달그믐에 사망한 외지인 청년의 시신을 묻어주었다.[55]

경덕진의 노동자나 수공업자 대부분이 그러했듯이 천주교도들도 가난에 시달렸다. 천주교도 부모들 중에는 극심한 가난 때문에 비교도에게 자녀를 팔아버리는 사람도 있었다. 가난한 부모가 입을 덜기 위해 자녀를 파는 일은 드물지 않았는데 경덕진의 가난한 천주교도들도 그런 관습에서 벗어날 수가 없었다. 이런 비참한 일이 알려지면 경덕진 천주교 공동체에서는 팔린 자녀의 몸값으로 지불할 돈을 모으기 위해 갹출하곤 했다.[56]

해외로 나갔다가 귀국한 상인들은 경덕진 천주교 공동체에 악영향을 미쳤다. 경덕진 자기 상인들 가운데 동남아시아의 마닐라나, 바타비아 등지로 진출했다가 돌아온 사람들이 있었다. 당시 마닐라는 스페인의 식민지였고 바타비아는 네덜란드 식민지였는데 전자에서는 천주교가, 후자에서는 개신교가 신봉되고 있었다.[57] 귀국한 경덕진 상인들은 해외에서 천주교의 종교 활동 양상을 직접 보았다면서 천주교도들이 병자들의 눈을 파낸다거나 비밀리에 폭동을 획책한다거나 청나라를 탈취하려고 획책한다거나 하는 유언비어를 퍼뜨렸다. 천주교는 저급한 종교로서 비밀집회에서 남녀가 뒤섞여 지낸다는 유언비어도 퍼뜨렸다. 선교사들은 위조 은화를 만드는 비결을 잘 알고 있고 위조한 돈을 뿌려서 신도들을 산다는 거짓말도 했다. 심지어는 이제 막 천주교를 신봉하게 된 친구들을 직접 찾아가서 천주교를 비방하는 말을 서슴지 않고 늘어놓는 자들도 있었다. 마닐라에서 돌아온 어느 상인은 친구 집에 우상 대신 예수상이 있는 것을 보고 그 상은 원숭이요 정(猴精)으로서 천당을 휘젓고 다니다가 쫓겨난 자라고 속였다. 바타비아에 서 돌아온 상인은 새로 천주교를 믿게 된 사람에게 유럽인들은 영혼의 활기가 부족하므로 세례라는 마법을 통해 중국인의 영혼을 빨아들인다고 말했다.[58] 갖가지 흉흉한 소문들이 경덕진에 널리 퍼져 천주교 공동체의 확장을 가로막았다.

내지에서 활동하던 경덕진 상인들도 천주교 공동체에 영향을 미쳤다. 어느 부유한 경덕진 상인은 자신의 회계 장부를 관리하던 조카가 천주교를 신봉하고 세례를 받자 즉시로 그를 집안에서 내쫓았다. 조카는 생활비가 적게 드는 시골로 아내와 아이들을 데리고 이사했으나 극도의 가난에 시달렸 다. 그의 궁핍을 본 숙부는 혈육의 정을 끊지 못해 그에게 다시 회계 장부 관리를 맡겼다.[59]

경덕진 천주교 공동체는 명청시대의 전국 각처에 중소도시가 우후죽순처 럼 발생하고 성장하는 사회경제적 흐름 속에서 출현했다. 경덕진 천주교 공동체의 주된 구성원인 요호(窯戶)와 노동자들은 대부분 타향에서 유입한 이주민이었다.[60] 이들은 낮은 임금으로 물가가 높은 경덕진에서 가난하고 힘겹게 살아갔다.[61] 강서성에서 포교하던 선교사들은 가끔씩 경덕진을 순회하였고 내지인 사제나 평신도 출신 지도자가 천주교 공동체를 이끌었다. 이들은 경덕진 천주교 공동체의 가난한 이주민 구성원들의 생활을 돕기 위해 상호부조를 실천했다.

4) 광동 광주 공동체

광동 광주 공동체의 특성은 광주가 유일한 대외무역항이라는 사실에서 찾을 수 있다. 광주는 건륭 22년(1757)에 일구통상(一口通商) 정책이 시행되면서 청조의 유일한 대외무역항이 되었다. 광주에는 '선교지상주의' 가치관으로 무장한 선교사들이 청조의 금교 정책에 아랑곳하지 않고 계속 유입했다. 이들을 적당한 기회를 잡으면 내지 각처로 숨어 들어가 포교했는데 광주 천주교 공동체는 이들의 내지 잠입을 적극적으로 도와주었다.

광주 천주교 공동체의 그런 움직임은 건륭 49년(1784) 이탈리아 출신의 두 선교사 비아기니(Atho Biagini. 吧咘哩啞嗄)와 카발리(Crescentien Cavalli. 吧哩嘰哩唑)가 산동으로 잠입하는 일을 지원했던 사례에서 확인할 수 있다. 선교사 파견의 주모자는 광주의 선교사 토레(로마당가)였다. 토레의 지시를 받은 주도마(周多默)는 건륭 49년(1784) 정월 초 천주교도인 광동 조양현(朝陽縣) 출신의 진성(陳姓)이 새해 인사를 오자 그에게 제안했다. 산동 사람 소성(邵姓)과 이성(李姓)이 선교사 토레의 처소에 있는데 그들과 함께 최근 광주로 온 선교사 두 사람을 산동으로 호송해주면 사례하겠다고. 제안을 받아들인 진성은 이틀 후에 주도마의 안내로 토레의 '이관(夷館)'에서 비아기니와 카발리를 만났다. 주도마는 이들과 서양말로 의논한 후 진성에게 일을 마치면 사례비로 서양 은화(花邊銀) 20원을 주기로 약속하고 착수금으로 3원을 주었다. 선교사 호송단 일행은 선교사 두 명, 광동의 주도마와 진성, 산동의 소성과 이성으로 꾸려졌다. 선교를 목적으로 하는 선교사와 이에 공감하는 광동인과 광동에서 활동하는 강서인, 산동인 천주교도가 동향의식(의 최대 범위가 되는 성의 경계)을 넘어서서 연합한 것이다.

호송단 일행은 안전을 확보하기 위해 역할을 분담했다. 산동인 소성과 이성은 먼저 광동의 최북단이자 강서 대유현(大庾縣)과 접한 남웅주(南雄州)로 출발했다. 남웅주에서는 배에서 내려 육로로 가야 했으므로 소성과 이성이 먼저 가서 사전 준비를 했다. 광동의 사정에 밝은 주도마와 진성은 정월 13일에 두 서양인과 함께 배에 덮개를 덮고 출발했다. 뱃사공 역시 천주교도였다. 배는 광주의 북강(北江)을 거슬러 올라가 소주부(韶州府)의 동강(東江)으로 진입하여 2월초에 남웅주 남웅하(南雄河)에 정박했다. 여기서 주도마는 뭍에 올라 소성과 이성을 만나 그들이 물색해 놓은 가마를 빌리고 가마꾼을 고용하여 강서의 관문인 대유령을 넘었다. 광동 남웅주와 강서 대유현은 광동과 강서를 연결하는 번잡한 교역로상에 위치했다. 청 후기에는 매년 2천만 냥가량의 찻잎과 절강 호주부의 명주실(湖絲), 도자기와 소금이 대유령(大庾嶺)을 넘어서 광주를 통해 외국으로 수출되었다. 화물을 운반하기 위해 수 많은 짐꾼들이 대유령을 왕래했고 호송단 일행은 그들 틈에 끼어 강서로 들어갔다.[62]

대유령을 무사히 넘어가자 인도자 주도마는 강서 남안(南安)까지 일행을 전송한 후 광동으로 돌아갔다. 토레나 주도마는 발각되면 호송단 모두가 심각한 위험에 직면할 나머지 여정을 맡길 만큼 진성을 깊이 신뢰했다. 물론 천주교 공동체 구성원의 상호신뢰가 순전히 신앙적 동기에만 근거하지 않았음은 진성이 이번 일로 서양 은화 20원이라는 적지 않은 보수를 받은 사실에서 알 수 있다. 산동인 이성과 소성도 임무를 마친 후 품삯과 여비 명목으로 백은과 동전을 받았다. 대가를 받긴 했지만 육로로 서양인을 호송하는 작업은 무척 위험하고 두려운 일이었다. 30여 세의 뚱뚱하고 덥수룩한 이성은 노상에서 일행과 대화할 때조차도 혹시나 동향인이 자기 목소리를 알아들을까봐 두려워하면서 목소리를 낮추었고 심지어 여자 목소리를 흉내 내기조차 했다.[63]

주도마가 광주로 돌아가자 남은 일행은 강서 남안에서 배 대신 작은 수레를 구해 구강(九江)에 도착했다. 구강에서는 나귀를 구해 타고 3월말에 산동 남부 연주부 등현(兗州府 藤縣)에 도착했다. 광동에서 강서 남단까지는 수로를 이용했지만, 강서에 진입한 후 산동까지는 감강(贛江), 파양호, 장강, 대운하로 연결되는 수로를 이용하지 않았다. 편리하고 신속한 수로 이용을 가로막은 가장 큰 장애물은 세관(稅關)이었다. 당시 강서 구강, 강소 양주(揚州), 회안(淮安) 등지에는 세관이 설치되어 통행세를 징수하고 있었다. 세관 관원이나 서리 등은 항상 횡포를 부리고 선박에 올라 화물을 검색하고 탑승자의 신원을 확인했다.[64] 수로를 이용하면 금전상의 손해를 입는 것은 물론 자칫하면 선교사조차 발각될 위험성이 높았던 것이다. 일정도 길어지고 불편하지만 안전을 확보하기 위한 고육지책으로 육로를 택할 수밖에 없었다. 두 달 보름가량 걸려 산동의 목적지 등현(藤縣)에 이르자 진성은 이성과 소성에게 대가를 지불하고 귀로에 올라 4월 말 광주에 도착했다. 그리고 토레의 처소로 가서 선교사를 무사히 산동까지 호송했다고 보고했다.[65]

이리하여 광동 광주 천주교도와 산동 천주교도가 연합하여 추진했던 선교사 비아기니와 카발리 호송작업은 무사히 끝났다. 서양인의 이목구비는 내지인과 현격하게 다르므로 아무리 철저하게 위장을 하더라도 누군가 노상에서 그들을 주의해서 보았다면 이상한 점을 발견할 수 있었을 것이다. 하지만 아무도 관아에 신고하지 않았고 관원들도 수색에 나서지 않았다. 드넓은 중국 땅에서 청조가 항상 금교 정책을 완벽하게 집행할 수는 없다는 사실이 이번 선교사 호송 사건을 통해 확인되었다.

3. 천주교 공동체를 지탱한 내부 요소

1) 천주교도의 신앙생활

청대 천주교도들의 신앙생활은 같은 시대 유럽 천주교도들의 그것을 모범으로 삼고 있었지만 현실에서는 청조의 탄압 때문에 신앙생활의 많은 부분이 간소화하거나 생략되었다. 신앙생활의 큰 테두리와 세부 지침은 교황청이나 선교회에서 지시하였고 선교사들은 이에 따라 천주교도들의 신앙생활을 지도하고 보살폈다. 천주교도들이 집안에서 행하던 신앙생활은 조상의 위패를 철거하고 매일 『일과(日課)』를 준행하는 방식으로 진행되었

〈사진 6〉 북경 천주교 북당(저자 촬영)

다. 가족 가운데 비교도가 있으면 천주교도 스스로 이들에게 포교하거나 내지인 사제 또는 교리교사나 선교사에게 교리 설명과 포교를 부탁했다.[66] 집 밖에서 행하던 신앙생활의 핵심은 천주교당에 출석하는 일이었다. 북경처럼 선교사나 내지인 사제가 상주하는 지역의 천주교도들은 교당이나 소규모의 집회소에서 주일 미사나 축일 기념 미사를 드렸다. 그러나 상주하지 않는 지역의 천주교도들은 선교사나 내지인 사제가 순회 방문했을 때 집회소로 이용되는 천주교도의 집에 모여서 미사를 드렸다.

천주교도들은 교당 내에서 각자의 재능과 관심에 따라서 수회(修會) 조직에 참여했다. 이에 관해서는 1760년에서 1780년까지 북경에서 활동했던 프랑스 출신의 예수회 선교사 씨보(Pierre Martial Cibot, 韓國英) 신부가 써놓은 자세한 기록이 남아 있다.[67] 그에 따르면 18세기 후반 북경 천주교 북당 천주교도들의 신앙생활 모습은 다음과 같았다.

천주교도들은 갓 입교한 새 신자를 제외하면 대부분 수회에 가입하여 활동했다. 북당의 수회에는 우선 성체수회(聖體修會)가 있었다. 성체수회는 아이들을 교화하여 세례를 받게 하고 가난한 자와 병든 자를 돌보았다. 또한 종교적 열정이 없는 자를 격려하여 독실한 사람으로 만들고 나쁜 짓을 한 사람을 참회하게 하였으며 비교도들에게 천주교리를 가르쳐 천주교도로 변화시키는 일을 담당했다. 다음으로 악사수회(樂師修會)가 있었다. 이 수회는 절기의 경축 활동에서 성악과 교향악을 담당했다. 황실 출신의 세 사람과 여러 명의 관원 그리고 많은 평범한 신도들이 이 수회의 구성원이었다. 서민들은 생업을 꾸리면서도 짬을 내어 와서 찬송가를 연습하고 합창했다. 미사봉사수회는 약 마흔 명의 회원으로 구성되었는데 다른 수회와는 달리 회원을 선발했다. 이 수회에 속한 사람들은 종교 의례에서 선교사나 내지인 사제를 돕는 보조자로 활동했기 때문이었다.[68] 다음으로 교육수회가 있었다. 이 수회는 신입 천주교도나 천주교도의 자녀들이나 비교도를 교육하는 조직으로 세분되었다. 첫 번째 조직의 회원은 성품이 나약하거나 생활이 절제되지 않아서 신앙이 굳세지 않은 사람들을 교육했다. 두 번째 조직의 회원은 매 주일 천주교도 자녀들을 교당으로 데리고 와서 교리를 교육했다. 세 번째 조직의 회원은 비교도들에게 천주교리를 교육한 후에 천주교를 받아들이게 했다.[69]

대외봉사 기관으로는 자선조직인 선회(善會)가 있었다. 선회의 회원은 병자와 임종 직전의 환자를 위로하고 돌보았다. 당시 민간이나 관에서도 선회나 선당을 조직하여 양로원이나 고아원을 운영하고 빈민이나 기근 만난 사람들을 구제했다.[70] 북경에서는 어린아이들이 많이 버려졌는데 교리교사들은 선회 회원들의 도움을 받아 매년 2천 명가량의 버려진 아동들을 구조했다.[71]

북당에서 건륭 연간에 드려진 예수성체절(耶蘇聖體節)과 성탄절 미사에 대한 상세한 기록도 남아 있다. 예수성체절은 북당 안의 작은 교당에서 거행되었다. 이 경축 절기를 지내기 위해 어떤 신도는 50~60리외(lieue,

〈사진 7〉 만주족 황후 복장의 성모와 황제 복장의 〈사진 8〉 한족 황후 복장의 성모와 황제 복장의
아기 예수. 북경 천주교 북당 소재(저자 촬영)　 아기 예수. 북경 천주교 북당 소재(저자 촬영)

1리외는 대략 4킬로미터) 떨어진 곳에서 찾아왔다. 농민들은 장거리 여행
비용을 마련하기 위해 한 달 전부터 먹을 것과 입을 것을 줄였다. 절기는
8일 동안 거행되었는데 경축일 첫날인 목요일 오후 2시경에 천주교도들과
선교사들이 교당에 모였다. 저녁 무렵에는 기존 신자는 물론 새 신자도
고해성사에 참여했다. 밤이 되자 외지에서 온 신도들은 교당 안에서 머물고
북경 성안에 사는 신자들은 귀가하거나 뜰에 쳐진 장막에서 밤을 보냈다.[72]
다음날 새벽 3시 30분에 고해성사가 다시 시작되었다. 새벽 4시에는 성가곡
을 연주하며 첫 번째 미사를 드렸고 성체를 전시할 때는 성경을 낭송했다.
6시에는 두 번째 미사를 드렸고 이어서 세 번째 미사를 드렸다. 세 번째
미사는 1시간 30분 동안 진행되었고 성체 강복(降福)으로 마무리되었다.
　미사가 끝나자 성체 행진이 시작되었다. 대열의 맨 앞에는 십자가가
섰다. 다음에는 성경을 노래하는 네 명의 어린아이. 악사와 성심수회 회원

그리고 성체와 성체를 호송하는 신부와 보조 사제가 서고 마지막으로 선교사가 섰다. 성체는 손에 큰 초를 들고 꿇어앉은 수회 성원 사이를 통과하였고 일반 신도들은 수회 성원 뒤에 꿇어앉았다.[73] 성경 낭독, 분향, 기도가 끝나자 선교사가 신자들을 축복했다.[74]

한편 건륭 34년(1769) 북당의 성탄절 기념 미사에 대한 기록도 남아 있다. 당시 미사는 성내 곳곳에 천주교도의 자수를 촉구하고 그렇지 않으면 엄중하게 처벌할 것이라는 방문이 붙여진 가운데 진행되었다. 천주교도들은 당국을 자극하지 않기 위해 그리고 북당 선교사들의 근심을 덜어주기 위해 조용한 분위기에서 성탄 미사를 드렸다. 천주교도들은 성탄 전야에 거리의 담장 문이 아직 닫히지 않았을 때 조심스레 교당으로 모여들었다. 그들 대부분은 북경 성내에 거주하는 사람들이었으나 어떤 이들은 먼 산골에서 오기도 했다. 매서운 추위를 뚫고 80리외(lieue)의 먼 거리를 산을 넘고 물을 건너서 온 일흔이 넘은 노인도 있었다. 성탄 전야 밤 12시 환하게 밝힌 교당에서 찬양과 반주가 은은하게 퍼져나가는 가운데 성탄 미사가 드려졌다.[75]

건륭제는 선교사들이 북경의 천주교당 안에서 자신들의 방식대로 신앙생활을 하는 것은 허용하였으므로 교당 내에서는 축일 미사나 성탄 미사를 드릴 수가 있었다. 다만 내지인들에 대해서는 청조의 법률을 준수하도록 요구했으므로 그들이 체포되면 평소 신앙생활 정도와 전향 여부를 따져 형벌을 가했다.[76] 그러나 건륭제는 내지인 천주교도들이 북경 천주교당을 조심스레 드나드는 것만큼은 묵인했고 이런 분위기 속에서 만주인 관원조차도 자유롭게 출입했다.[77] 천주교 탄압을 지속했으나 건륭제는 북경 천주교당 만은 예외로 하는 '파격적 은혜'를 베풀었는데 천주교도들은 그런 극히 제한된 묵인과 허용이라는 '제3의 관계' 속에서 신앙생활을 이어갈 수 있었다.[78]

천주교도들은 교당에서 미사를 드렸을 뿐만 아니라 공동체 내에서 혹은 개인적으로 천주교 관련 서적들을 학습하면서 신앙생활을 이어 나갔다.

서적 상인들은 여러 가지 악조건 속에서도 천주교 관련 서적들을 천주교도들에게 판매했다.[79] 책을 사기가 어려워 남의 책을 빌리는 경우도 드물지 않았다. 건륭 49년(1784)에 호남 상담현에서 체포된 장명문(張明文. 바울), 장광제(張光第. 야곱) 부자는 51건의 천주교 관련 문서와 서적을 같은 현에 거주하던 세 명의 천주교도들에게서 빌려 읽고 집안에 보관했다가 발각되었다. 장씨 부자의 집에서 발견된 서적은 ① 성경에 관한 것 ② 교리에 관한 것 ③ 미사에 관한 것 ④ 조직에 관한 것 ⑤『일과』등이었는데 대부분은 ①, ②, ⑤의 범주에 속했다.[80] 건륭 49년(1784) 9월에 체포된 호남 상담현의 천주교도 여섯 명과 상향현의 천주교도 한 명, 호북 양양현의 천주교도 한 명의 집에서는 대부분 한두 권의 천주교 관련 서적이 발견되었다. 예수의 초상화나 예수가 매달린 구리 십자가 등이 발견되기도 했다. 주목할만한 사실은 이들 8가구 중 6가구에서『일과』가 발견되었다는 점이다.[81] 상담현 장씨 부자의 집에서도『일과』가 다수 발견되었다. 당시 천주교도들이 가장 널리 소지한 신앙생활 지침서는『일과』였던 것이다.

『일과』에는 여러 종류가 있었는데 최초의『일과』는 명 만력 30년(1602) 이탈리아 출신 예수회 선교사 롱고바르디(Nicolas Longobardi. 龍華民)가 출판한 천주교 기도서인『성교일과(聖敎日課)』였다. 청대는 물론 1950년대 까지도 널리 사용된 이 책자는 천주경(주기도문), 성모경, 회죄경, 신경(사도 신경), 십계 등을 포함한 천주교 교리 부분과 미사에 사용하는 23개의 기도문으로 구성되어 있다.『일과』에는 신앙고백을 통한 구원의 도리와 기도를 골간으로 하는 청대 천주교도들의 신앙생활 지향성이 고스란히 담겨있다. 금교 정책하에서 당시의 천주교도들은 혼자 자신의 처소에서 또는 공동체의 구성원들과 소규모로 비밀리에 모여『일과』를 활용하여 신앙을 이어갔다.

그러나『일과』의 심각한 약점은 성경이나 천주교 교리를 자세히 담고 있지 못하다는 점이었다. 초보 신자들은『일과』만으로도 신앙생활을 꾸려나

가기에 족했으나 성숙한 신자나 지식인들의 지적 욕구를 충족시키기 위해서는 성경 내용이나 교리를 자세하게 풀이한 천주교 관련 서적이 필요했다. 상담현 장씨 부자가 소지했던 천주교 서적 가운데 성경이나 교리에 관련된 것이 『일과』 다음으로 많은 이유는 그 때문이었다.

천주교도들이 소지했던 서적들 중 『사자경(四字經)』은 성경의 내용을 비교적 자세하게 언급한 대표적인 책이며, 『척죄정규경(滌罪正規經)』은 죄를 회개하고 용서받는 도리를 설파한 대표적인 책이었다. 두 책은 서양에서 온 공자(孔子)라고 불릴 정도로 유학에 대한 해박한 지식을 갖추고 명말청초에 활동했던 이탈리아 출신 예수회 선교사 알레니(Giulio Aleni. 艾儒略)가 저술했다. 『사자경』은 구약성경 부분은 창세기의 내용을, 신약성경 부분은 네 복음서와 요한계시록의 내용을 집중적으로 소개했다.[82] 『사자경』은 내지인 천주교도들이 기억하기 편리하도록 네 글자씩 짝을 맞추어 성경 내용을 소개했다. 『척죄정규경』은 인간이 죄를 씻고 천주에게 용서를 받는 방법 즉 성찰, 통회, 고해, 보속(補贖)을 소개했다. 그리고 일상생활 속에서 범할 수 있는 죄들을 아주 세세하게 열거하고 선행을 통해 죄를 씻고 공을 쌓는 방법도 자세하게 소개했다.[83] 『척죄정규경』은 무척 상세해서 분량이 성경을 소개한 『사자경』에 비해 세 배가 넘는다.

두 책자의 저자 알레니는 중국의 천주교도들에게 성경의 내용을 소개하고 전달하는 것 이외에 특히 일상생활 중의 사소한 죄악을 경계하라고 강조했다. 『척죄정규경』은 천주교도들에게 이웃, 타인과의 마찰과 분쟁을 지양하고 평화롭게 공존하도록 촉구했다. 이런 내용은 원래 명말청초에 천주교를 적극적으로 확산시키려는 의도에서 작성한 것이지만 금교 정책이 고수되는 상황에서 천주교도들이 이웃과 더불어 화목하게 살아가는데 필요한 지혜를 제공하기도 했다. 명말청초에 저술된 『척죄정규경』이 청대 중엽까지도 전승, 유포되면서 식자층 천주교도들에게 꾸준히 읽혔던 주요한 원인도 여기서 찾을 수 있다. 선교사들이 청조 관원에 체포당해 심문당할 때 천주교는 착한 일 하기를 권한다고 진술한 것은 이런 측면을 강조한 것이다. 또한 건륭제가 '건륭대교안'을 처리할 때 종신금고형에 처해진 열두 명의 선교사들을 석방하면서 이들의 '뜻이 선교하는 데 불과했고 다른 불법한 일은 없었다'[84]고 언급한 것 역시 이런 측면을 인정한 셈이었다.

2) 선교사의 순회와 사목 활동

강희 35년(1696) 로마 교황은 중국에 열두 교구를 설치하고 교무를 처리하는 기본 단위로 삼았다.[85] 이론적으로 주교는 교구에서 자신을 보좌하는 선교사와 내지인 신부들의 도움을 받았지만 현실적으로는 모든 교구에 주교가 머물지는 못했다. 내지에서 활동한 선교사들에게는 교구의 하부단위로서 관할 구역이 할당되어 있었는데 그 공간 범위가 제각각이었다. 선교지의 실정에 맞추어 몇 개의 현(縣)을 담당하는 사람이 있고 몇 개의 부(府)를 담당하는 사람이 있었다.

관할하는 공간 범위는 서로 달랐으나 선교사들이 관할 구역을 순회하면서 펼친 사목 활동의 내용은 같았다. 그것은 포교하거나 미사를 드리거나, 세례, 영성체, 고해 등의 성사를 집전하거나 배교자들을 책망하고 신앙 회복을 독려하는 일 등이었다. 넓은 관할 구역을 순회한 사람으로는 건륭 연간에 호북에서 활동한 프랑스 출신 예수회 선교사 가드(Gad. 嘉類思) 신부가 있었다. 그는 자신의 관할 구역인 호북성 양양부, 호북성 안륙부, 호북성 면양주(沔陽州)를 청조의 감시망을 피해서 순회하고 포교한 정황을 비교적 자세히 언급해 놓았다.[86]

건륭 8년(1743) 7월(양력)에 그는 호북성 양양부의 남쪽 지방에서 배를 타고 한수를 거슬러 북상하면서 번성(樊城)으로 가던 도중 큰비가 내리자 의성현(宜城縣) 항구에서 이틀을 머물렀다. 동승했던 내지인 교리교사는 그사이에 폭우를 뚫고 항구 근처에 사는 친구를 찾아가서 천주교리를 전했다. 교리교사가 돌아와서 친구가 호감을 표시했다고 말하자 가드 신부는 그를 통해 천주교리서를 보내주었다. 친구는 천주교리서를 읽고 교리교사의 해설도 귀담아 듣다가 마침내 온 가족과 함께 천주교에 입교하려했다. 가드 신부는 기도서와 세례 문답서를 주면서 읽어보기를 권하고 원래 목적지 인 번성으로 떠나갔다. 번성의 천주교도를 보살피고 돌아오는 길에 의성현 의 포교 대상자 집에 들른 가드 신부는 신앙 상태를 점검하고 먼저 부친과 아들에게 세례를 주었다. 천주교도가 되고 싶지 않다고 저항하던 할머니와 며느리는 교리교사의 간곡한 권유와 설득으로 신앙을 받아들였다. 가드 신부는 건륭 8년(1743) 하반기에 세 번이나 이 집을 방문하여 나머지 가족 일곱 명에게 모두 세례를 주었다. 이들이 세례받던 날 가장의 조카인 생원이 찾아와 천주교를 비난하고 교리교사와 논쟁을 벌이다가 격분하여 그를 때리려고 하자 집안사람들이 나서서 제지했다. 그 후 집안사람들은 열 명의 가족이 있는 이웃을 가드 신부에게 소개했는데 이들도 천주교리를 학습하고 세례를 받았다. 가드 신부와 내지인 교리교사의 포교 활동으로 두 가정으로 이루어진 새로운 천주교도 집회소가 호북성 양양부 의성현에서 출범했다.[87]

가드 신부는 양양부 남쪽의 안륙부 풍락하(豐樂河) 천주교도 집회소도 순시했다. 그는 풍락하에서 부모와 두 명의 청년으로 구성된 일가족 네 명에게 세례를 주었다. 맏아들은 세례를 받은 지 사십일 후에 죽었다. 가드 신부는 죽은 청년의 모친에게 유교 예식이 아니라 천주교 예식에 따라 장례를 치르도록 권유했고 그녀는 신부의 권유를 받아들였다. 풍락하 를 떠난 가드 신부는 여섯 해 전에 천주교를 받아들인 가정이 있는 산속의 천주교도 집회소를 방문하여 열여덟 명에게 세례를 주었다. 안륙부 다보만 (多寶灣)에도 천주교도 집회소가 하나 있었다. 집회소는 깊은 산중에 있어서 건륭 8년(1743)까지는 여기저기 흩어진 네다섯 가구의 천주교도 가정만이 출석했으나 일 년 후에는 스무 가정이 출석하게 되었다. 가드 신부는 이곳을 두 차례 순시하여 백여 명에게 세례를 주었다.[88] 다보만을 떠난 후에 큰 바람이 불어서 한 항구에 이틀을 머물렀다. 그 사이에 이웃 배에 있던 여자 천주교도에게 성사를 베풀었다. 그녀는 열 일고여덟 살 때 비교도 가정으로 시집가서 쉰네 살이 되던 당시까지 신앙생활을 하지 못한 채 고립되어 있었다. 우연히 자신의 배 인근에 가드 신부가 있다는 사실을 알고 찾아가서 그에게 고해했다.[89] 이상은 모두 건륭 8년(1743) 한 해 동안의 순회 상황이었다.

면양주의 경우 세 해 동안의 순회 기록이 남아 있는데 가드 신부는 건륭 7년(1742)에 면양주의 한 천주교도 집회소에서 동행하던 교리교사의 가족 아홉 명을 입교시켰다. 그리고 거기서 좀 떨어진 곳에 살던 다른 가족 다섯 명에게도 세례를 주었다. 건륭 8년(1743)에는 열네 명으로 구성된 가족의 가장과 모친, 아내, 딸, 손자에게 세례를 주었다. 다음 해에는 맏아들과 넷째 아들에게도 세례를 베풀었다. 그 집의 가장은 마을에서 정직하고 청렴하다는 명성이 있던 유력 인사였다. 가장은 천주교 신앙을 받아들인 후에 집안에서 애지중지하며 모시던 구리 부처상을 녹여 없앴다. 건륭 9년(1744) 동안 가드 신부는 호북의 양양부, 안륙부, 면양주 일대를 순회하면서 백칠십 명의 성인을 포함하여 모두 삼백예순여덟 명에게 세례를 주었다. 이들 외에 세례를 받고 곧 사망한 비교도 성인이나 아동은 마흔두 명이었다. 이 일대의 천주교도는 모두 삼천여 명에 달했다.[90]

가드 신부의 행적에서 잘 드러나지는 않지만 일반적으로 선교사가 청조의 단속을 피해서 천주교 집회소 한 곳을 방문하면 그 집회소에 소속된 원근 각처의 천주교도들이 집회소로 모여들었다. 모여든 천주교도들에 대해 선교사는 동반한 교리교사나 내지인 신부의 도움을 받아서 고해성사와 영성체를 행하고 미사를 드렸으며 죽음을 눈앞에 둔 사람들에게는 임종성사를 베풀었다. 그리고 새로 입교하는 성인과 아이들에게는 교리를 교육시킨 후에 신앙상태를 확인하고 세례를 주었다. 며칠간 분주하게 보낸 선교사는 한 집회소에서 임무를 마무리하면 다음 집회소를 순회하기 위해 걸어서 혹은 배를 타고 떠나갔다. 각 집회소가 처한 지리적 환경이나 천주교도의 숫자, 선교사 상시 거주지에서의 거리 등이 모두 달라서 어떤 집회소에는 일년에 몇 번씩 방문하기도 하지만 어떤 집회소에는 몇 년 만에 겨우 한번 방문하기도 했다.

집회소의 규모와 성격은 획일적이지 않고 현지 상황에 따라 다양했다. 호북성 마반산 천주교 공동체처럼 청조의 간섭으로부터 비교적 자유로운 신앙생활을 할 수 있어서 천주교당을 세울 수 있는 곳에서는 교당이 곧 집회소로 활용되었다. 청조의 감시로부터 자유로울 수 없는 대부분 경우에는 천주교도의 집이 곧 집회소로 활용되었다. 천주교도의 집 가운데서도 높은 담장과 대문, 후원과 같은 독립된 공간이 갖춰져 있어서 외부의 감시로부터 안전한 저택들이 집회소로 많이 활용되었다. 내지인 사제들이 가옥을 구입하여 살면서 자신의 처소를 집회소로 활용하는 경우도 있었다.

파리외방선교회에서 천주교 포교를 독점하던 사천의 정황도 별로 다를 바가 없었다. 이곳에서는 한 사람도 남지 않고 철수해 버린 서양인 선교사들을 대리하여 내지인 이안덕 신부가 건륭 10년대에서 20년대 18년에 걸쳐 교구를 관할한 적이 있었다. 서양인 선교사의 대리로 활동한 만큼 그의 활동 양상은 서양인 선교사의 그것과 크게 다르지 않았다. 이안덕 신부는 사천 전 지역을 관할했는데 여기서는 건륭 12년(1747) 12월 사천 교구의 중심인 성도현과 화양현 일대를 순회했던 활동을 그가 남긴 라틴어 기록을 통해 살펴보기로 한다.[91]

12월 초하루에 이안덕 신부는 성도부 성도현의 고루가(鼓樓街. Kou-leou-kiay)에 있는 처소에서 나와서 또 다른 처소가 있는 팡칭가(Fang-tching-kiay)로 돌아갔다. 두 처소는 천주교도들의 집회소로 활용되고 있었다. 그리고 야오처파(Yao-tseu-pa)의 천주교도들을 방문하고 그곳의 천주교도들과 함께 시간을 보내면서 교무를 처리했다. 성도를 방문했던 천주교도인 요세푸스 저우(Josephus Zeou)를 중경부로 돌려보내면서 그의 편에 안악현, 합주, 중경부, 강진현, 충주 그리고 부주(涪州) 지역의 천주교도들에게 보내는 편지를 보냈다. 그 편지 속에서 이안덕 신부는 그곳의 천주교도들을 격려했다. 만일 천주교도 가운데 누군가가 미신의 상징인 위패를 지금까지 집에서 보존하고 있다면 지체하지 말고 그것을 빼앗으라고.

이튿날인 12월 초이틀에는 성도 성에서 동쪽으로 70리가량 떨어진 로가포(Lo-kia-po)의 집회소로 갔다. 그곳은 행정구역상으로 화양현에 속했다. 화양현은 성도현과 함께 성도부의 부곽현을 이루었던 사천의 중심지였다. 자신의 또 다른 거주지이자 집회소로 활용되던 이곳에서 이안덕 신부는 열흘 동안 머무르면서 천주교인들을 모아서 성사를 집전했다. 두 명의 소년에게 세례를 주었고 스물두 명의 고해를 받았고 열네 명에게 영성체를 주었다. 그리고 네 가정으로부터 천지군친사(天地君親師) 위패를 빼앗고 대신에 하나님을 의미하는 천지인물진주(天地人物眞主) 패를 세우게 했다. 그리고 늙은 시몬 칭(Simon Tching)에게 종부성사와 영성체를 베풀었다.

12월 11일에는 로가포를 떠나 리가구(Ly-kia-keou) 골짜기로 가서 천주교에 갓 입문한 새 신자 다비드 히아(David Hia)의 집에서 나흘간 손님으로 접대를 받으면서 머물렀다. 여기서는 다비드 히아의 집이 집회소로 활용되었다. 이 집회소에 머무는 동안 이안덕 신부는 네 명의 소년들에게 세례를 주고 일곱 명에게 고해성사를 베풀고 다섯 명에게 영성체를 주었다.

12월 15일에는 리가구를 떠나 칭가구(Tching-kia-keou)로 가서 그곳의 천주교도 도미니쿠스 가오(Dominicus Kao)의 집에 머물면서 집회소로 활용하였다. 이안덕 신부는 거기서 어린아이 한 명에게 세례를 주고 서른두 명에게 고해성사를 베풀고 그 가운데 열 명에게 성체성사에 참여하는 것을 허락했다. 그리고 그곳에서 거행된 바나바 히앙(Barnaba Hiang)의 결혼을 주례하고 축복했다.

12월 19일에는 이 마을에서 배교한 히아킨투스 가오(Hiacyntus Kao),

스테파누스 리(Stephanus Ly), 에우스타치우스 거우(Eustachius Gheou)와 마테우스 양(Matthaeus Yang)을 꾸짖고 제재를 가했다. 배교자들은 지난해에 화양현과 간주(簡州)의 아문에서 천주교를 신봉하지 않겠노라고 전향서를 썼다. 농부 에우스타치우스 거우는 비교도 지주 집에 살면서 지주의 토지를 소작하기로 하고 임대료를 지불했다. 그리고 그는 천지군친사라는 미신 위패를 부수면 지주를 성나게 할까 염려하여 그렇게 하지 않고 무기력하게 굽실거렸는데 이 사실을 고해성사에서 인정했다. 그러나 그는 후회하여 미신 위패를 부수고 대신에 천주교의 성화가 그려진 패를 세워 자신의 과오를 속죄했다.

12월 25일에는 칭가구(Tching Kia-keou)를 떠나서 화양현의 로가포로 되돌아갔다. 거기서 이안덕 신부는 병에 걸린 루오비쿠스 로(Luovicus Lo)에게 성사를 베풀고 두 사람의 고해성사를 받고 그들에게 성체성사를 베풀었다.

이듬해인 건륭 13년(1748) 1월 초나흘에는 화양현의 로가포를 출발하여 성도로 돌아갔다. 성도에서 머물면서 이안덕 신부는 광동 마카오에서 출발하여 12월 20일에 성도에 도착해 있던 천주교도 야코부스 왕(Jacobus Ouang)을 만났다.[92]

건륭 12년(1747) 12월 한 달 간 이안덕 신부는 성도현의 처소에서 출발하여 주로 화양현의 집회소를 순회하고 다시 성도현의 처소로 돌아왔다. 순회하는 동안에 이안덕 신부는 각종 성사를 집전했으며 배교자들을 징계하고 다시 신앙의 길로 돌아오라고 권면했다.

청조의 탄압에서 비롯된 천주교도들의 배교는 사천만의 문제는 아니었다. 천주교도에 대한 단속과 체포가 진행되면 전국적으로 배교자들이 속출했다. 각지의 선교사들은 관아의 핍박에 못 견뎌서 배교한 사람들을 징계하여 천주교 공동체에서 축출하는 원칙을 고수하면서도 그 가운데 참회하는 자는 천주교 공동체의 일원으로 다시 받아들였다.[93] 물론 혹독한 고문을 당하면서도 신앙을 포기하지 않은 자들도 있었다. 이들 가운데는 변방으로 유배를 당하는 자들도 있었고 처벌을 받고 석방되는 자들도 있었다. 석방된 천주교도들을 보살피고 격려하는 일에 선교사가 적극적으로 나섰다.[94]

건륭 연간 서양인 신부들은 직접 가기가 여의치 않은 곳에는 내지인 신부에게 순회를 위임했다. 섬서 한중부 성고현 출신의 신부 유시몬(劉西滿)은 열두 살 때 이탈리아로 건너가 16년간 신학을 익힌 후 신부로 서품받고 귀향했다. 유시몬은 한중부 동쪽의 성고현, 남정현(南鄭縣), 양현(洋縣) 일대에 흩어진 20여 천주교도 가정을 방문하여 교리를 강해하고 성사를 베풀었다. 이곳은 비교적 평탄한 길로 연결되어 있었고 한수와 지류를 이용하여 수로로 이동하는 일도 가능했기 때문이다.[95] 그는 서양인 선교사의 부탁을 받고 이 지역을 순회하면서 포교 자금으로 서양 은화 40~50원을 예닐곱 차례 지원받았다.[96]

선교사들의 순회 사목 활동 그리고 그들이 접근하기 어려운 곳을 순회하면서 천주교도들의 신앙을 지도하고 성사를 집전하던 내지인 사제들의 순회 활동은 천주교 공동체를 내부에서 지탱하는 원동력이었다.

제2장
'건륭대교안'(1784~1786)과 건륭제

1. '선교 지상주의'와 금교(禁敎) 정책의 충돌

'건륭대교안'은 건륭 49년(1784) 8월 9일 호광 총독 터청어(特成額)가 건륭제에게 호북 양양현에서 선교사 네 명과 내지인 천주교도 세 명을 체포했다는 내용의 보고를 올리면서 시작되었다. 광동성 광주에서 출발한 선교사 네 명과 이들을 배에 태우고 간 내지인 천주교도이자 뱃사공 용(龍)씨 부자, 번성(樊城)의 선박업자 유종선(劉宗善)은 7월 13일 양양현에서 체포되었다. 이곳은 얼마 전까지 회교도들의 소요사태가 발생했던 섬서, 감숙 지역과 가까워 그들이 유입할까봐 초소를 지어놓고 경계하던 곳이었다. 일행을 체포한 자들은 포역(捕役) 유이표(劉二彪) 등 네 명과 병역(兵役)을 사칭한 무뢰 세 명이었다. 유이표는 7월 11일에 친구이자 뱃사공인 유현종(劉顯宗)에게 갔다가 그의 아들로부터 7월 10일 한수(漢水)에서 서양인을 태운 배를 보았다는 말을 들었다. 포역 유이표는 유현종의 아들 등 여섯 명과 함께 칼과 쇠자(鐵尺)를 갖고 배에 올라 탑승자들을 체포하고 서양인 선교사의 내지 잠입을 주도한 채베드로의 편지 한 통과 서양 경전, 신상(神像), 통공연령(通功煉靈)이라 쓰인 종이 등을 압수했다.

체포된 선교사와 천주교도들은 양양현 아문으로 압송당했다. 지현과

羅瑪當家現發四位鐸德往陝傳教委晚在廣
東辦人送至湘潭暫住另酌人再辦前往樊城
直走西安但念走旱路比走水路更難非得一
二江湖練達之士難以承辦左右思維惟台臺
府上晚爺最為合式敢懇為天主分上暫拋
離家務信到日即便束裝就道建立聖功免致
四鐸懸望不勝厚幸所有領受隆情容晚再來
貴地日面謝恭候閤府寵福金安耑此上李大
爺二爺二位文几鐸末蔡伯多祿字拜

〈문서 2〉 채베드로 신부의 편지. 청조 관원이 베껴 쓴 것.(『淸中前期
西洋天主敎在華活動檔案史料』第1冊, p.346. 문건번호 166)

전사(典史)는 선교사와
는 의사를 소통할 수 없
었으나 내지인 천주교
도들을 심문하면서 포
역과 무뢰들이 배에 있
던 원사은 140~50냥과
구리 십자가, 성화 등을
강탈한 사실을 알게 되
었다.[1] 또 이들이 강탈
하느라 소란을 피우는
틈을 타서 인도자이자
통역 장영신(張永信)이
도주했다는 사실도 알

았다. 지현과 전사는 강탈 사실을 알아냈으면서도 감독 소홀을 문책당할까
두려워 총독에게 보고하지 않았다. 체포된 일행은 호북성 수도인 무창부로
압송되어 다시 심문받았는데 이때 내지인 천주교도들이 백은과 물건을
강탈당했다고 진술했다. 호광 총독이 양양현 지현과 전사에게 사실 확인을
요구하자 이들은 마지못해 강탈 사실은 인정했으나 액수는 줄여서 보고했
다.[2] 그러는 사이에 강탈자 일곱 명은 도주했는데 그 가운데 일부는 두
달가량 지난 후 하남에서 체포되었다.[3] 양양현 지현과 전사는 허위보고
사실이 발각되어 파면당했다.[4] 이처럼 교안 초기에 양양현에서 잇달아
발생한 포역과 무뢰의 강탈과 도주, 통역의 체포 실패, 지현과 전사의
허위보고는 건륭 후반기 지방행정 기구에 만연했던 부패와 무능의 단면을
보여주는 일련의 사건들이었다.

　그러나 건륭제는 이번 교안이 지방행정 기구의 무능과 부패를 폭로하는
사건으로 변질되는 것을 바라지는 않았으므로 지현과 전사를 파면하는

선에서 관련자 문책을 마무리했다. 이번 사태의 본질은 어디까지나 교안이라는 인식 때문이었다. 호광 총독은 선교사들을 심문했으나 여전히 의사가 소통되지 않았다. 통역 문제는 교안을 처리하는 내내 청조에는 장애물로 선교사들에게는 방어벽으로 작용했다. 심문에 실패한 호광 총독은 서양 천주교는 사교(邪敎)는 아니지만 내지로 잠입하여 사람들을 선동하고 유혹하므로 금령에 크게 저촉된다고 보고했다. 동시에 그는 편지를 쓴 채(蔡)베드로 및 편지에 등장하는 이(李)씨들과 도주한 통역 장영신을 체포하라고 호북, 호남의 문무 지방관들에게 명령했다. 그리고 긴급 공문(飛咨)을 양광 총독과 광동 순무에게 보내 선교사 토레를 조사하도록 요청하고 섬감 총독과 섬서 순무에게도 이번 사안을 공동으로 조사하자고 제안했다.[5]

도주한 통역 장영신의 상자 안에 있던 편지의 발신자는 채베드로이고 수신자는 이대(李大)와 이이(李二)였다. 탁말(鐸末)로 자신을 소개한 채베드로는 신부였다. 그의 편지 내용은 다음과 같았다.

토레(로마당가)께서 지금 네 분의 (서양인) 신부들을 섬서로 보내 선교하게 하려는데 (그들을) 호남 상담현에서 섬서로 보내는 일을 이대 님(爺), 이이 님의 조카인 이만(晩)께 맡기려 합니다. 광동에서 사람을 구해서 상담현으로 보내고 거기서 잠시 머물렀다가 다시 사람을 구해서 호북 번성(樊城)으로 갔다가 바로 섬서 서안으로 가는 것이 좋겠습니다. 그러나 생각해보면 육로로 가기란 수로로 가는 것보다 훨씬 어려우니 강과 호수에 익숙한 한 두 사람을 구하지 못하면 가기가 어렵습니다. 좌우를 살펴보니 귀 집안의 (이)만 님이 가장 적합하다고 여겨집니다. 간절히 바라건대 천주를 위하여 잠시 집안일을 내려놓게 하고 편지가 도착하는 날 즉시 짐을 꾸려서 길을 나서게 하여 성스러운 공을 세우고 네 분의 신부들께서 간절히 바라는 바를 이루어 주시면 그 다행스러움을 이루다 말할 수 없을 것입니다. ……이대 님, 이이 님 두 분께 올립니다. 신부의 말석(鐸末) 채베드로 올림.[6]

채베드로의 편지는 천주교도들의 선교에 대한 관념을 분명하게 드러낸다. 편지에 따르면 선교란 내지인 신자들에게는 천주를 위하는 일로서, 집안일에 우선하며, 즉각 동참해야 하고, 성스러운 공을 세우는 일이었다. 선교사들에게는 간절히 바라는 일이었다. 채베드로의 편지에는 내지인 천주교도나 선교사가 품은 '선교지상주의' 사고방식이 분명히 드러나 있다.

이런 가치관은 천주교 신앙의 근거인 성경에 연원을 두고 있다. 즉 예수의 지상명령으로 일컬어지는 "그러므로 너희는 가서 모든 민족을 제자로 삼아 아버지와 아들과 성령의 이름으로 세례를 베풀고 내가 너희에게 분부한 모든 것을 가르쳐 지키게 하라"(마태복음28 : 19-20)는 성경구절에 근거한 것이다. 성경을 진리로 믿는 천주교도로서는 '선교지상주의' 가치관을 추구하는 것은 당연한 일이었다. 종교개혁 운동으로 교세가 위축된 천주교 측에서 선교지를 개척하여 교세를 확장하려 한 현실적인 동기도 '선교지상주의' 가치관을 행동에 옮기도록 자극했다.[7] 이것이 교안을 발생시키는 중요한 하나의 요인이었다. 유럽 상인들이 상선에 선교사를 태워주었을 뿐만 아니라 선교 자금인 서양 은화를 계속 전달해주었으므로 '선교지상주의' 가치관은 중국에서 행동으로 옮겨질 수 있었다.

채베드로의 편지는 천주교 신봉 금지 명령을 내린 청조에는 세 가지 측면에서 큰 충격을 안겨 주었다. 첫째는 광주 상관에 거주하면서 청조의 허락을 얻어서 북경의 선교사들과 본국 간의 서신 왕래 업무를 담당하던 토레(로마당가)가 법령을 어기고 섬서 서안으로 선교사를 잠입시키려 했다는 점이었다. 둘째는 내지인 천주교도들도 로마당가와 결탁하여 선교사의 잠입을 적극적으로 돕고 있다는 점이었다. 셋째는 광동 광주에서 호북 양양현에 이르는 동안 연도의 감시체계가 전혀 작동하지 않았다는 점이었다. 요컨대 청조는 천주교 금령이 현실에서는 잘 지켜지지 않는다는 사실을 이 편지로써 분명히 인식하게 되었다.

호광 총독의 8월 9일자 보고와 채베드로의 편지 사본을 읽은 건륭제는 문제를 진단하고 그것을 해결하는 데 필요하다고 생각하는 조치들을 취했다. 그는 8월 20일에 최초로 내린 교안 관련 상유(上諭)에서 네 가지 사항을 집중적으로 언급했다.

(가) 토레는 총독과 순무에게 아뢰지도 않고 문득 사람을 사사로이 내지로 보내 편지를 부치고 선교하게 하여 법령을 심각하게 범하였다. (양광 총독) 쉬창(舒常), (광동 순무) 손사의(孫士毅)에게 명하노니 서양인 토레를 광동성의 수도인 광주로 불러서 대면하여 엄하게 다음과 같이 신칙(申飭)하라. '…… 이전에 북경으로 오기를 원했던 자들은 모두 지방관에게 알리고 그 후에 북경으로 보냈다. 어찌 사사로이 사람과 서찰을 멀리 떨어진 성(省)으로 보내서 선교하게 하는 이치가 있겠는가? (이는) 특히 이치에 맞지 않다.' 죄를 논의하여 상주하라.

(나) 쉬창과 손사의는 해당 성의 총독과 순무로서 어찌 토레가 사사로이 여러 사람을 보내 (천주교) 경권(經卷) 등을 휴대하게 하고 내지로 잠입하여 선교하도록 내버려 두고 기미를 포착하여 살피지 않았는가? …… (호광 총독) 터청어에게 명하노니 현재 체포된 서양인에게 광동에서 호광으로 올 때 어디를 통과하였는지 자세히 심문하라. 그런 연후에 이들을 살피고 체포하지 못한 지방관들을 조사하여 탄핵 상소를 올려라. 서신을 보낸 채베드로는 …… 반드시 지금도 (호남) 상담현에 있을 것이다. 터청어에게 명하노니 호남 각 급 지방관들을 엄히 신칙하여 이 범인을 체포하는 데 힘쓰게 하라.

(다) 그리고 편지를 보낸 범인들과 (도주한) 통역은 함께 체포하여 (전말을) 철저히 파헤치도록 하라. …… (섬감 총독) 푸캉안(福康安)과 (섬서 순무) 필원(畢沅)에게 명하노니 현재 이성(李姓)이 혹시 서안에 있는지 속하들을 엄히 신칙하여 조사하고 체포에 힘쓰게 하라. 또 토레가 섬서로 선교하러 보내려 했던 자가 누구인지 밝혀내고 그 이름대로 모두 체포하라.

(라) 서양인들은 이전부터 회인(回人)들과 같은 종교에 속한다고 한다. 서양
　　인들이 반역한 회인이 소란을 피운다는 소식을 들었으므로 사람을
　　섬서로 보내 몰래 결탁하려 한 것일까 염려스러우나 반드시 그렇다고
　　단정할 수는 없다. 푸캉안과 필원은 이를 염두에 두면서 조용히 조사하고
　　방비하라. 이 상유를 육백 리 파발을 띄워 알려라.8)(괄호 및 가·나·다·라
　　는 저자)

　　상유의 내용을 한마디로 요약하면 금교 정책의 고수이다. 건륭제는 금교
정책을 지속하는 정당성을 선교사와 천주교도들의 불법에서 찾았다. 건륭제
에게 천주교 선교란 법령을 심각하게 범하는 범죄행위이며(가), 선교 참여자
는 범죄자이고(나, 다), 천주교 자체는 변강의 안정을 해칠 수도 있는 잠재적
위협세력(라)이었다.
　　금교 정책 고수를 천명한 건륭제의 상유는 관료들에게 네 가지 사항을
명령했다. (가)에서는 양광 총독과 광동 순무에게 금령을 어긴 선교사
토레를 문죄하도록 지시했다. 토레는 내지로 선교사를 잠입시켜 청조가
정한 공식적인 절차를 무시했고, 금지된 천주교를 전파하려 했다는 두
측면에서 청조 금령(禁令)을 어겼기 때문이었다. 토레에 대한 문죄는 내지로
잠입한 선교사들과 내지인 천주교도를 대대적으로 색출하고 처벌하는 탄압
의 전주곡이었다. (나)에서는 선교사를 색출해내지 못한 지방관의 처벌을
천명했다. 총독과 순무에 대한 질책은 물론이고 광동에서 호남, 호북으로
이어지는 선교사들의 이동 노선을 확인하여 연도의 지방관들을 처벌하겠다
는 의사를 밝혔다. (다)에서는 내지인 관련자는 물론 섬서로 가려고한
선교사의 신상과 이름을 파악하고 체포하도록 독려했다. (라)에서는 회교도
와 천주교도와의 결탁 가능성을 헤아려 보도록 섬감 총독과 섬서 순무에게
명령했다. 천주교도가 이슬람교도와 결탁하여 서북지역의 안정을 위협할지
도 모른다는 건륭제의 우려가 교안 처리 방향에 영향을 미치고 있었다는

사실을 알 수 있다.[9]

상유에서 확인되는 건륭제의 네 가지 문제 인식과 조치 가운데 (라)를 제외한 나머지 세 가지는 채베드로의 편지에서 드러난 세 가지 문제에 대한 대응책이라고 해도 과언이 아닐 정도이다. 이 상유는 선교사와 내지인 신자의 색출과 처벌, 이들에 대한 감시를 소홀히 한 지방관 처벌이라는 본 교안의 처리 방침에 관한 포괄적인 처리 지침이었다.

요컨대 천주교도들의 '선교지상주의'는 공격적 성향을 내포하고 있다는 점에서 창에 비유될 수 있으며 건륭제와 관료들의 금교 정책은 방어적 성격을 띠고 있다는 점에서 방패에 비유될 수 있다. 교안이란 바로 이 창과 방패가 맞부딪혀 빚어내는 갈등이었다. 이번 충돌은 '건륭대교안'이라 불릴 정도로 강력했다.

2. 주모자 체포와 심문

호광 총독이 보낸 8월 9일자 상주문, 건륭제가 내린 8월 20일자 상유를 받아본 호남, 호북, 광동, 섬서의 지방관들은 진상 파악과 관련자 체포 및 심문 작업에 착수했다. 호남 상담현 지현은 유진우(劉振宇), 유회천(劉繪川), 유십칠(劉十七), 유성전(劉盛傳)을 체포했다. 무릉현 지현은 이대, 이이, 이만을 체포했다. 이들을 심문하자 유회천은 복건 사람 채베드로의 본명은 채명고(蔡鳴皐)이며 건륭 40년(1775) 이후 상담으로 와서 광동산 물품을 판매하였는데 광동 광주성 안에 산다는 말을 들은 적이 있다고 진술했다. 유십칠은 서안에 거주하는 진성(秦姓)과 초성(焦姓)도 선교사들의 서안 잠입 사건에 깊숙이 관여했다는 말을 도주한 통역 장영신에게서 들었다고 진술했다. 호광 총독은 주모자인 채베드로가 여전히 상담에 잠복하는지 수색하도록 휘하 문무관원에게 명령했다.[10] 또 광동 순무에게는 서양인 심문에 활용할 통역을 보내달라고, 섬서 순무에게는 진성과 초성의 신상을 철저히 조사해 달라고 공문을 보냈다.[11]

호광 총독의 긴급 공문을 받아본 광동 순무는 휘하의 광주부에 관련자를 조사하라고 지시했다. 광주부 지부는 광주에서 활동하던 내지인 신부 애구삼(艾球三)을 체포하여 심문했다. 애구삼은 주모자인 채베드로의 신상과 행적을 더욱 구체적으로 증언했다. 채베드로는 복건 용계현(龍溪縣) 사람이며 광주에 있는 백금관(白衿觀)의 약방에서 의원 노릇을 했다고 진술했다. 광주부 지부는 백금관과 그의 동생을 체포하여 심문했다. 이들은 4월 초순에 호광에서 온 채베드로가 토레의 처소로 가서 서양인 네 사람을 데리고 호광으로 돌아갔는데 이때 사(謝)베드로와 사록무도 동행했다고 실토했다. 토레의 처소에서 심부름꾼 노릇을 하던 광동 순덕현(順德縣) 사람 채아망(蔡亞望)의 진술도 이와 같았다.

광주부 지부는 숙박시설인 헐가(歇家)의 기록을 통해서도 사베드로와 사록무의 신상을 파악하려 했다.[12] 숙박업소에 머물 때 주인은 투숙객의 성명과 나이, 본적은 물론 얼굴 특징, 신분, 직업, 화물과 수레 유무, 동행인수, 행선지를 적은 숙박인 명부를 해당 주현(州縣)의 아문에 보내도록 규정되어 있었기 때문이었다.[13] 하지만 실제로 사베드로가 광주의 헐가에서 숙박했을 가능성은 낮아 보인다.[14] 동행인 채베드로가 광주에서 의원 노릇을 한 적이 있어 숙소를 구하기가 어렵지 않은 데다 선교사의 서안 잠입을 도우려 최대한 자신들의 신상을 노출하지 않으려 했을 것이기 때문이다.

사베드로는 본적지인 광동 악창현에서 체포되어 광주로 압송당해 심문받았다. 이때 그는 섬서 서안의 진베드로와 초성이 천주당을 수리하고 선교사를 초빙하려 했다고 진술했다.[15] 선교사의 내지 잠입이 진베드로와 초성의 요청에서 비롯되었음을 밝힌 것이다. 호광 총독의 요청을 받은 섬서 순무는 수하 관료들에게 두 사람의 신상을 파악하라고 명령했다. 섬서 서안부 장안현(長安縣) 지현은 출타한 장안현 주민 초진강(焦振綱) 대신 아들을 심문했다. 아들은 집안에서 천주교를 신봉한 지는 5, 6대가 지났고 십자가는 있으나 경권은 없으며 경권 구절만 구전하여 매일 아침저녁으로 암송했다고 진술했다. 또 부친은 대황(大黄)을 판매하는 상인이라고 밝혔다. 부친은 천주교도인 산서 기현(祁縣) 사람 진록(秦祿) 즉 진베드로와 밑천을 모아서 광동을 왕래하며 장사하는데 잡화포를 경영하는 또 다른 상인 세 사람과 함께 8월 28일 물건을 사기 위해 광동으로 떠났다고 진술했다.[16] 이 진술로 천주교도 초진강과 진록은 광동과 섬서를 오가며 대황과 광동산 물품을 판매하는 산섬 상인(山陝商人)이었음이 밝혀졌다. 섬서 순무는 휘하 관원들에게 긴급 공문을 보내 초진강과 진록을 체포하게 하고 산서 순무에게도 긴급 공문을 보내 산서에 있는 진록의 집을 수색하도록 요청했다.

호광 총독은 광동에서 파견한 통역 두 사람을 대동하고 선교사들을 심문했지만 결과는 실망스러웠다. 통역들이 '서양언어'만 알 뿐 이탈리아 출신인 선교사들의 말은 거의 알아듣지 못했기 때문이었다. 통역들은 체포된 네 명의 선교사 가운데 한 사람인 사싸리의 말만 겨우 몇 마디씩 알아들었을 뿐이었다. 원래 이들은 상관에서 서양인의 말을 통역하던 자들이었다.[17] 광동 순무는 물론이고 통역 자신들조차도 서양인의 말을 알아듣는데 아무런 문제가 없으리라고 자신했지만 예측은 빗나갔다. 정황을 보고를 받은 건륭제는 광동 순무에게 "어찌하여 물어보지도 않고 통역들을 황급하게 보내서 말이 통하지 않아 심문하고 진술받는 일을 하지 못하게 하는가!'라고 질책했다. 그리고 이탈리아 언어를 잘 아는 통역 한두 명을 속히 북경으로 보내라고 명령했다.[18]

선교사들과는 의사소통이 이뤄지지 않았으므로 호광 총독은 어쩔 수 없이 내지인 천주교도들을 집중적으로 심문할 수밖에 없었다. 그들의 진술과 광동에서 보내온 정보를 토대로 청조에서는 토레, 채베드로, 초진강과 진록을 선교사의 서안 잠입 사건 주모자로 지목하고 이들을 체포하여 심문했다.

1) 선교사 토레(羅瑪當家)

주모자 네 사람 가운데 광주의 선교사 토레(Francesco Giuseppe della Torre. 哆囉)[19]가 가장 먼저 체포되어 심문받았다. 토레가 로마(羅瑪) 교황청과 관련된 일을 처리하였으므로 내지인들은 그를 로마당가(羅瑪當家)라고 불렀다. 토레가 담당한 일은 유럽과 궁정에서 봉사하는 북경 주재 선교사들 사이에서 서신을 중개하는 것이었다. 토레는 건륭제의 승인을 얻어 건륭 46년(1781)부터 광주의 공행인 동문행(同文行) 반진승(潘振承)의 건물에 세를 들어 살았다. 그가 광주에서 선교사의 편지를 중개하는 업무는 합법적이었지만 선교사의 내지 파견을 획책한 것은 청조의 금령에 저촉되는 행위였다. 불법 행위에 연대책임을 져야 했던 임대인 반진승은 이번 사건이 탄로나기 전에 토레를 찾아가 광주를 떠나라고 요구한 적이 있었다.[20]

반진승의 말을 무시한 채 광주에 머물던 토레는 결국 체포되어 광동순무의 심문을 받았다. 왜 내지로 선교사를 불법 잠입시켰느냐는 추궁에 토레는 "천조의 금령을 몰랐고 선교란 다만 사람에게 착한 일 하기를 권하는 것이므로 그들(=진록 즉 진베드로와 초진강)을 영접하여 (서양인) 네 사람을 맡겼으며 다른 불법이나 소란을 피운 적은 없습니다"[21]고 말했다. 선행을 권하는 선교는 불법 행위가 아니라는 그의 진술은 '선교지상주의'의 또 다른 표현 방식이었다. 금령은 몰랐다고 하면서도 자신의 집에 머물다간 네 명의 서양인을 선교사라고 칭하지는 않았다. 혐의를 부인하면 사태가 곧 잠잠해지리라 판단한 것이다.

원칙적으로는 금교 정책을 철저하게 집행하라고 명령한 건륭제도 토레의 처리에 대해서는 상당히 모호한 입장을 취했다. 9월 28일자 상유에서 건륭제는 토레의 선교사 서신 왕래 업무를 박탈하는 것으로 그에 대한 처벌을 마무리 지으려 했다. 건륭제는 토레의 본국 이탈리아는 무역을 개시한 이래 과실을 범하지 않았으므로 법에 따르면 토레를 신강(新疆)으로 유배시

켜야 하지만 용서하여 본국에서 징계하도록 허락한다는 입장을 밝혔다.[22]
10월 2일자 상유에서도 "토레가 내지 주민들의 요청 소식을 듣고 서양인을
보낸 것은 심각하게 법을 어긴 것이다. 이전에는 그가 보잘 것 없는 서양인이
어서 처벌하지 않았다. 지금도 벌을 내리지는 말라고 논의했다. 다만 서양
선박을 통해 오가는 서신들을 예전처럼 (그에게) 관리하게 허락하지는
않을 것이다"[23]고 토레를 처벌하지 않는다는 입장을 재차 확인했다. 교안에
연루된 다른 선교사나 내지인 천주교도를 놓치지 말고 체포, 심문하라는
명령을 내린 건륭제가 정작 주모자의 한 사람인 토레에 대해서는 이상하리만
치 관대한 처분을 내렸다.

토레에 대한 처분이 지나치게 관대하다고 생각했지만 그런 느낌을 드러내
놓고 표현할 수 없었던 광동 순무는 일단 건륭제의 지시에 따라 토레를
본국으로 송환하기 위해 마카오로 압송할 채비를 차렸다. 그리고 광동
순무는 서양인의 서신 왕래는 행상(行商)도 수시로 관여하므로 토레가 맡았
던 직책을 폐지하고 광주에서 서양인을 추방하자는 강경 대책을 담은 주접
(奏摺)을 올렸다. 건륭제는 외이(外夷)들을 광주에서 추방하면 그들은 마카오
에서 무역하고 서신을 왕래할 터이므로 추방은 오히려 외이 통제 수단을
잃는 결과를 낳을 것이라며 그의 의견을 받아들이지 않았다.[24]

광동 순무는 마카오로 압송하려던 토레를 다시 소환하여 심문했다. 섬서
순무가 섬서에 잠복하던 선교사를 체포하여 토레가 직례, 산서 등지에
선교사를 파견한 일에 연루되었다는 새로운 사실을 알아냈다고 통보해왔기
때문이었다. 또 호광 총독과 섬서 순무가 각각 광동으로 공문을 보내 토레와
관련이 있는 열 명의 선교사 명단을 통보해왔으므로 재심문이 불가피해진
까닭도 있었다.[25] 12월 초에 행해진 토레에 대한 재심문에는 광동 순무와
양광 총독, 사도(司道)들이 참여했다. 토레와 심문관 사이에 팽팽한 신경전이
펼쳐졌다. 심문의 초점은 토레가 내지로 몇 명의 선교사를 보냈느냐 하는
점이었다. 토레는 이미 호광에서 체포된 네 명 이외에 건륭 48년(1783)

3월에 오토(Padre Atho. 吧咖哩啞嘍)와 크리스티앙(Padre Crescentien. 吧咖哩嘰哩咃)이 산동으로, 9월에 페레티(Giacomo Ferretti. 吧咖哩佛咧咃. 王亞各比)가 호광으로, 델퐁(Joseph Delpon. 吧咖哩呋晒[26])이 사천으로, 12월에 미구엘(Francisco de San Miguel. 咈嘀嘶哣噶)이 강서로 갈 때 자신의 집에서 묵어갔다는 사실을 자백했다. 다만 그들은 자신의 집에 묵어간 것일 뿐이며 자신에게는 선교사를 파견할 권한이 없다고 진술했다.

저는 이곳에서 서신을 관리할 뿐이며 사람들에게 각처로 가게 해서 선교하게 하지는 못합니다. 왜냐하면 서양의 천주교 수장인 포프(교황. pope. 吧吼)가 사람을 파송하여 선교하게 하기 때문입니다. 파송된 사람은 모두 저의 거처로 왕래합니다. 우리 서양인은 선교를 선행으로 여깁니다. 다른 의도는 없습니다. 황제께 이런 사실을 아뢰지 않은 것은 저의 죄이니 은혜를 베풀어 주시기 바랍니다.[27]

비록 선교사 파견에 대해서는 부인했지만 토레는 내지에 잠입시키려 한 혐의를 최초로 시인하고 관용을 베풀어 주도록 호소했다. 꼬치꼬치 심문한 광동 순무와 양광 총독, 사도들이 올린 개가였다. 부분적인 개가에도 불구하고 심문관들은 핵심 쟁점에서는 진실을 명쾌하게 밝혀내지 못했다. 섬서에서 체포된 선교사 매그니[28]는 각 성(省)으로 선교하러 간 자가 열 명이라고 진술한 데 반해 토레는 계속 아홉 명이라고 완강하게 주장했기 때문이었다.

제가 언급한 서양인의 이름은 모두 서양어이고 매그니가 언급한 이름은 하나도 서양어가 아니어서 진술을 통역하는 사람이 중국어(土音)로 옮길 때 착오를 범한 듯 합니다. 직례로 간 두 사람 즉, 한스러무(漢色勒木)와 올해에 북경으로 간 안스모(安色麽 즉 顏詩莫)는 소리가 비슷하지만 같은 한 사람이며 또 아토우다두오(阿頭大多)와 금년에 북경으로 보낸 아류라오두오(阿流勝多 즉 德天賜)는 소리가 비슷하지만 같은 한 사람입니다. 두 사람이 모두 현재 북경에 있으니 조사해보시면 알 것입니다.[29]

어거스티노(德天賜)는 화가로서 마거리타(顔詩莫)는 외과의사로서 궁정에서 봉사하려고 합법적으로 광주에서 북경으로 간 선교사들이었다.[30] 따라서 토레가 그들의 이름을 언급하더라도 안위에 문제될 것은 없었다. 어거스티노의 원래 이름은 아데오다토 다 산토 어거스티노(Adeodato da Santo Agostino)인데 덕천사라는 이름 이외에 Adeodato의 음역으로도 불렸다.(阿頭大多, 阿流勝多, 啞丟搭哆) 마거리타의 원래 이름은 안셀모 다 산타 마거리타(Anselmo da Santa Margherita)였는데 그 역시 Anselmo의 음역으로도 불렸다.(顔時莫, 閻詩莫, 暗薩爾摸, 安色麼, 漢色勒木) 이처럼 서양 이름 하나에 중국식 이름이 여러 개 붙여지는 실정이었으므로 서양 이름을 중국어로 잘못 옮기면서 아홉 명이 열 명으로 되었다는 토레의 주장에 청조의 관원들은 적절하게 반론할 수 없었다. 또 매그니는 토레와 늘 서신을 왕래했다고 진술한데 반해 토레는 매그니와는 전혀 아는 바도 없고 서신 왕래도 하지 않았다고 부인했다. 토레는 한 사람의 선교사라도 더 보호하기 위해 그리고 선교의 실상이 드러나 더 많은 관련자들이 체포되는 것을 막기 위해 서양인 이름의 한역(漢譯) 문제를 방패삼아 실상을 축소하려 했다. 교안이 발생하기 이전에 토레가 매그니에게 보낸 편지에는 각 지역으로 파견한 선교사 열 명의 이름이 하나하나 언급되어 있었다.[31] 서양인들의 복잡한 이름을 중국어로 옮기면서 발생하는 문제점에 대한 토레의 장황하고도 그럴싸한 해명을 듣고 난 광동의 심문관들은 마침내 사람 수에 차이가 나는 이유를 모르겠다며 캐묻기를 포기했다. 그리고 형부에서 토레, 매그니, 사싸리 세 사람을 대질하여 심문하라며 토레를 북경으로 압송해버렸다.[32] 사실 서양인 이름에 대한 한역은 원칙이 없이 경우에 따라 이름 일부를 옮기거나, 뜻으로 옮기거나, 전혀 다른 이름으로 옮기거나, 심지어 한 사람에게 여러 이름을 붙이는 등 제각각이었다. 따라서 서양 이름과 한역 이름의 연관성을 파악하기란 극히 어렵고 까다로운 일이었다.[33] 하지만 핵심 쟁점의 규명을 포기한 것은 심문관으로서의 자질이 부족하다는 사실을 스스로 인정한 것이나 다름없었다.

토레의 형부 압송 건을 보고하려고 양광 총독과 광동 순무가 연명으로 올린 주접을 읽은 건륭제는 "채베드로는 어찌하여 아직도 체포하지 못했는가? 나머지는 모두 자질구레한 일일 뿐이다"[34]는 답변(硃批)을 달았다. 건륭제는 총독과 순무가 토레의 자백을 받아내지 못한 작은 무능을 눈감아준 대신 주모자 채베드로를 체포하지 못한 더 큰 무능을 질타했다.

총독과 순무, 사도(司道)들은 표면상으로 부지런히 주접을 올려 진척 상황을 보고했다. 동시에 관련자들의 색출과 심문에 진력하여 금교 정책을 충실하게 집행하는 듯했다. 하지만 실제로는 주모자를 체포하고서도 연막전술에 휘말려 중대한 의문점에 대한 진실 규명을 포기해 버렸다.

2) 내지인 신부 채베드로

관료들의 무능과 부패는 또 다른 주모자인 채베드로를 추적하는 과정에서도 드러났다. 교안 발생 초기인 8, 9월에 관원들은 호남 상담현에서 체포된 천주교도들로부터 채베드로가 복건 용계현(龍溪縣) 사람이며 본명은 채명고(蔡鳴皐)라는 진술을 확보했다. 민절(閩浙) 총독과 복건 순무는 용계현 지현에게 병역(兵役)을 동원하여 철저히 조사하도록 지시했다. 지현은 10월 초 용계현뿐만 아니라 광동과 인접한 지역도 수색했으나 채명고를 찾아내지 못했다. 특히 용계현에서는 채성(蔡姓)들을 한 가구씩 세밀하게 조사했으나 채명고는 고사하고 그의 친족조차 찾지 못했다.[35] 채명고의 본적이 용계현이라면 그의 신상명세는 용계현 보갑책에 기록되어 있어야 했다. 채성을 한 가구씩 조사했다는 것은 보갑제에 근거하여 수사했다는 의미이지만, 그의 자취를 찾아내지 못했다면 채명고는 용계현 사람이 아니거나 건륭 22년(1757)에 전국적으로 반포된 새로운 보갑조례(保甲條例)에 따라서 작성한 보갑책이 정확하지 못하거나 둘 중 하나였다. 민절 총독과 복건 순무는 이런 문제점을 지적하면서 수사망을 다른 지방으로까지 확대하도록 요청해야 했지만 그렇게 하지 않았다. 채명고가 본적지로 숨어들어오면 즉각 체포하겠다고만 보고했다.

답답해진 건륭제가 광동과의 교계(交界) 지역을 수색하여 채베드로를 속히 체포하라고 명령하자 복건 순무는 자신이 황명(皇命)에 따라 얼마나 부지런하게 임무를 수행하고 있는지를 상세하게 보고하는 주접을 올렸다. 광동 지방관들이 제공해준 정보를 활용하면서 신속하게 수색에 임했다는 내용이었다. 11월 초순 광동의 관원들은 복건 용계현 영두촌(嶺兜村)에 나이, 생김새, 주소가 모두 채베드로 임에 분명한 자가 있으니 쉽게 체포할 수 있을 것이라는 정보를 복건 측에 전달했다. 복건 순무는 용계현 지현에게 다시 병역을 동원하여 수색하라고 명령했다. 지현은 급히 영두촌을 덮쳤다. 채성 백여 가구, 남녀 오백여 명이 사는 마을에서 나이와 생김새가 채명고와 비슷한 자가 있는지 일일이 조사했으나 찾아내지는 못했다. 주민들은 자기 마을에 채명고는 물론 천주교도도 없다고 극구 부인했다. 지현은 용계현 내에서 영두사(嶺兜社)로 불리는 다른 두 마을도 수색했지만 채명고를 찾아내지 못했다. 이번에도 복건 순무는 부끄럽고 송구스러움을 이길 수 없다며 사죄한 뒤 현상금도 걸고 인력을 증원하여 철저하게 수색하겠다고 다짐했다.[36]

관원들은 교안이 발생한 지 석 달이 지나도록 주모자의 한 사람인 채베드로를 체포하기는커녕 종적도 제대로 찾지 못했다. 이웃 성(省)과 협조체계를 구축한다면서 한편에서는 부정확한 정보를 제공하고 다른 편에서는 정보의 진위도 확인하지 않은 채 인력을 동원하여 수색했지만 성과를 거두지 못했다.

채베드로의 본적지라고 지목된 마을을 수색해도 그를 체포하지 못하자 건륭제는 12월 말 호광 총독을 재촉했다. 채베드로가 본적지인 복건에도 없고 광동에 돌아가지도 않았으니 반드시 호광에 숨었을 것이라며 속히 체포하라고 다그쳤다. 사실 독촉 명령이 하달되기 전 호광 총독은 도주했다가 자수한 통역 장영신에게서 채베드로가 호북 파동현(巴東縣)에 일시 거주했던 사실을 알아냈다.[37] 파동현 천주교도들을 체포하여 심문하자 이렇게 진술했다. 십여 년 전에 복건 사람 채구사(蔡九思)가 호북성 파동현으로 이사 와서 논을 사고 농사를 지으며 살다가 건륭 46년(1781) 본적지로 돌아갔다. 아우 채여상(蔡如詳) 즉 채베드로가 파동으로 와서 살면서 소작료를 대신 받았는데 이웃들과 사이가 좋았다. 채베드로는 파동현에서 할아버지와 아버지 때부터 천주교를 신봉해오던 교도 여덟 명을 지도했다. 형인 채구사가 병사했다면서 건륭 48년(1783) 5월 토지를 팔아 복건으로 돌아간 후로는 다시 만나지 못했다. 그가 어디에 있는지 어떻게 서양인을 인도했는지는 모른다.

파동현 천주교도들의 진술을 접한 호광 총독은 부하 관원들을 평민처럼 변장시키고 이미 체포해 둔 천주교도는 물론 밀정까지 고용해서 몰래 복건, 광동으로 보내면서 채베드로의 행방을 추적하여 체포하라고 지시했다. 그러나 이렇다 할 성과를 올리지 못하자 보고하기를 망설였다. 건륭제의 독촉 상유가 하달되자 호광 총독은 그때에야 마지못해 파동현에서 알아낸 채베드로의 행적과 복건, 광동 일대에 대한 수색 결과를 보고했다.[38]

파동현은 사천에서 흘러온 장강이 호북을 통과하는 첫 관문이자 사천과 호북 간의 교류가 활발한 곳이었다. 채구사가 이곳에 토지를 사서 십 년가량 농사지은 것은 복건인의 사천 이주 물결과 관련이 있다. 명말청초의 동란기를 거치면서 심각한 인적, 물적 피해를 당해 주인 없는 토지가 널려 있던 사천으로 토착인이 회귀하기도 하고 호광, 섬서를 필두로 강서, 복건, 광동 사람들이 이주하기도 하여 재개발의 열풍을 일으켰다. 먼저 이주한 이들이 빈 땅을 대부분 차지해버린 후였으므로 나중에 이주한 사람들에게 사천은 더이상 버려진 토지를 거저 차지할 기회를 제공하는 약속의 땅이 아니었다.39) 복건 출신 이주민 채구사가 사천의 지척까지 왔으나 끝내 호북 파동에 눌러앉았던 까닭은 이런 이주 여건의 악화와 관련이 있었을 것이다. 이주민들은 먼저 온 동향인이나 종족의 도움을 받아 정착하는 경우가 대부분이었지만 이런 일반적인 정황과는 달리 채구사는 혈혈단신으로 파동현에 정착했다. 그가 동향인이나 종족의 도움을 전혀 기대할 수 없는 파동현에 정착한 까닭은 이웃에 있던 천주교도들의 도움을 기대한 때문으로 짐작된다.

채베드로와 관련된 각지 천주교도들의 진술을 종합해보면 그의 활동 범위는 광동 광주, 호남 상담, 호북 파동에 걸쳐 있었고 각각의 지역에서 그는 의원, 상인, 형의 재산관리인이자 천주교 지도자(신부)로 활동했다. 채베드로의 모습이 워낙 다채로워 관원들은 그를 추적하는 데 상당한 애로를 겪고 있었다. 실상을 말하자면 그의 본명이 상담현에서 말하는 채명고인지 파동현에서 말하는 채여상인지도 판단할 수가 없었다. 호광 총독은 끝내 채베드로를 체포하지 못했다.

광동 순무도 채베드로를 체포할 수 있었던 기회를 두 번이나 놓친 사실에 대해서는 건륭제에게 전혀 보고하지 않았다. 채베드로를 추적하여 체포하는 일에 온 힘을 쏟고 있다는 보고만 계속해서 올렸다. 첫 번째 실패는 8월 12일(양력) 밤에 백금관이 경영하던 광주의 약방을 덮쳤을 때 발생했다. 당시는 광동 순무가 호광 총독에게서 채베드로에 관한 소식을 처음으로 전달받았을 때였다. 채베드로는 미처 선교사가 체포되었다는 소식을 듣지 못한 채 백금관의 약방에 머물고 있었다. 한밤중에 관원과 병역들이 들이닥쳐 기물을 부수고 소란을 피우자 약방에 있던 사람들이 비명을 질렀다. 비명 소리에 잠을 깬 채베드로는 황급히 뒷문으로 빠져나가 이웃 천주교도의 집으로 피신했다. 신변에 위기가 닥쳤음을 직감한 그는 배를 타고 마카오로 도주해버렸다. 관원들은 채베드로가 백금관의 약방에 머물러 있다고 확신하지는 못했으나 출입구를 봉쇄하고 조용히 약방 안을 수색했더라면 채베드로를 손쉽게 체포할 수 있었을 것이다. 상대가 낌새를 알아차리지 못하게 해야 하는 수색 작전의 원칙을 무시함으로써 채베드로를 체포할 수 있었을 절호의 기회를 놓쳤다.

두 번째 실패는 마카오에서 발생했다. 8월 19일(양력) 광동 순무는 채베드로를 마카오로 실어다 준 뱃사공으로부터 그가 부두에서 가까운 프랜시스회 수도원으로 갔다는 확실한 정보를 입수했다. 그 사이에 채베드로는 어거스틴 수도원으로 피난처를 옮겼고 먼저 피신해왔던 사록무와 다른 천주교도들을 만났다. 광동 순무는 채베드로와 다른 도망자들을 내놓으라는 요구에 응하지 않으면 마카오를 봉쇄하겠다고 의사회(Senate)에 위협을 가했다. 마카오 의사회는 마카오 인구의 2/3에 달하는 중국인에 대한 관할권은 자신들이 아니라 중국인 지방관에 있다면서 요구를 거절했다. 광동 순무는 봉쇄를 단행했고 마카오에서는 식량이 부족해졌다. 중국인 상점에서는 포르투갈인에게 물건을 팔지 않았으며 부두노동자들도 하역 작업을 거부했다. 광동 안찰사는 직접 마카오 접경으로 가서 관련자들을 인도하라고 요구했다. 마카오 의사회는 관련자 수색에 나서겠다면서 한발 물러나는 듯한 자세를 취했지만 안찰사가 사태를 더 악화시키면 끝까지 저항하겠다고 맞섰다. 그리고는 수색했으나 관련자를 찾아내지 못했다고 통보했다. 포르투갈 측에서 강력하게 저항하자 광동 순무는 9월 15일(양력) 마카오 봉쇄를 해제했다. 그 후에도 광동 순무가 관련자들을 인도하라고 계속 요구하자 마카오 의사회는 10월 18일(양력) 비밀리에 채베드로와 사록무를 포르투갈 식민지인 인도의 고아로 피신시켰다. 10월 하순(양력) 광동 순무가 다시 군대를 동원하여 마카오를 봉쇄했다. 광동 순무는 무력을 행사하더라도 마카오 포대를 제압하고 승리할 수 있다는 확신을 갖지 못하자 포위를 풀었다. 결국 채베드로를 둘러싼 양측의 갈등은 흐지부지 끝났다.[40] 8월

하순에서 10월 하순까지 두 달 동안 채베드로를 넘겨받기 위해 마카오 당국을 압박했던 광동 순무는 끝내 뜻을 이루지 못했다. '서양 오랑캐' 포르투갈을 굴복시키지 못해 '천조(天朝)'의 위엄을 손상시킨 광동 순무는 그 사실을 건륭제에게 일절 보고하지 않았다.

광동 순무의 실패 사실을 알지 못한 건륭제는 이듬해인 건륭 50년(1785) 3월과 4월에 계속해서 각 지방의 총독과 순무들에게 채베드로를 체포하라고 독촉하는 상유를 내렸다.[41] 특히 4월의 상유에서 건륭제는 광동 순무에게 채베드로가 마카오 양행(洋行)에 숨어있을 터이니 샅샅이 살피고 밀정을 풀어 체포하라고 독려했다. 광동 순무는 부하 관원을 보내 마카오 일대를 수색했으나 채베드로를 찾지 못했고, 서양인 우두머리를 타일러 채베드로가 잠입하면 즉각 체포해 넘겨주겠다는 다짐을 받아냈노라고 장황한 어투로 보고했다.[42] 한편으로 광동 순무는 채베드로가 복건 사람이지만 호광에 거주했다는 사실을 강조하며 건륭제의 관심이 호광으로 옮아가도록 유도했다. 광동 순무의 발언을 그럴듯하게 여긴 건륭제는 채베드로가 호광 어딘가에 숨어 있으리라 짐작하고 호광 총독과 호남 순무에게 채베드로를 체포하라고 독촉하는 상유를 내렸다.[43]

광동 순무가 채베드로를 체포하는 일에 실패를 거듭하는 동안 양광 총독은 건륭제가 베푸는 천수연(千叟宴)에 참석하려고 북상 중이었다. 총독의 건강 악화를 염려한 건륭제는 그에게 광주로 돌아가라고 명령했다.[44] 그리고 광동 순무에게 채베드로 수사를 전담시켰다.[45] 양광 총독은 복귀 후에 황제의 명령과는 달리 순무로부터 채베드로 수사 상황을 통보받고 관원 열 명을 변장시켜 마카오로 보내 수색하게 했다. 총독은 채베드로 수색 상황을 황제에게 계속 보고했지만 채베드로가 마카오로 도망갔다는 사실과 마카오 압박에 실패했다는 사실은 일절 언급하지 않았다. 광동 순무가 의도적으로 이런 사실을 총독에게 통보하지 않았기 때문일 수도 있고, 통보했지만 총독도 모른 체하고 황제에게 보고하지 않았을 수 있다. 전자라면 광동 순무의 총독에 대한 보고 누락이고 후자라면 총독과 광동 순무가 결탁하여 황제에게 보고를 누락한 셈이 된다. 한인(漢人) 순무를 견제하면서 건륭제의 통치를 보좌해야 할 만인(滿人) 총독이 제대로 임무를 수행하지 못했거나 도리어 순무와 결탁하여 황제의 눈과 귀를 가린 것이다.

어느 경우이든 관료들의 보신주의적 태도 때문에 건륭제는 중요한 사안을 제대로 파악하지 못했다. 그는 광동 순무가 자신의 실패를 감추려고 채베드로가 호광에 있을지도 모른다고 한 말을 옳게 여겨 수색의 초점을 광동에서 호광으로 옮기는 실수도 범했다. 채베드로의 추적과 체포가 실패하는 일련의 과정을 살펴보면 겉으로는 건륭제를 정점으로 하여 일사불란하게 작동하는 듯한 관료조직이 실제로는 관료들의 갖가지 보신주의적 행태 때문에 제대로 기능을 발휘하지 못했음을 알 수 있다. 옹정 연간에 황제의 독려와 질책으로 관료들이 현실정치에 문서행정을 상당히 근접시켰던 정황과는 사뭇 다른 모습이었다.[46]

3) 천주교도 겸 산서 상인 초진강·섬서 상인 진록

채베드로에 대한 수사 때와는 대조적으로 또 다른 주모자인 초진강과 진록 수사에서는 관료조직 간의 협력이 적절하게 이뤄지고 두 사람을 체포하는 데도 성공했다. 섬서 순무는 서안에서 초진강의 아들을 심문하여 초진강과 진록이 섬서 상주(商州)에서 잡화포를 경영하는 상인 세 사람과 함께 배를 타고 8월 28일 광동으로 장사하러 떠났다는 사실을 알아냈다. 섬서 순무는 즉각 이 사실을 호광 총독에게 통보했다. 호광 총독은 강에 인접한 병영과 현(縣)에 수색하도록 지시하고 특히 양양현 지현에게는 배를 갈아타는 장소인 번성(樊城)을 철저히 정탐하라고 명령했다. 양양현 지현은 번성의 항운업자에게서 이들의 행방을 알아냈다. 번성의 항운업자는 섬서, 산서 출신의 상인 다섯 명이 자신의 배를 빌려서 9월 15일에 호남 상담현으로 출발했다고 진술했다. 상인들은 번성에 도착하자 갖고 온 약재 일부를 그곳의 약재상에 넘기고 배도 갈아탔다.[47] 양양현 지현의 보고를 받은 호광 총독은 상담현의 병영과 무창부 동지(同知)에게 무창부에서 상담현에 이르는 강을 수색하라고 명령했다. 9월 28일 상담현 지현 서리는 무관인 수비(守備)와 함께 관내의 수로에서 초성과 진성 등을 체포하고 배도 억류했다.[48] 배에서는 천주경 한 권, 한문 서신 네 통, 서양어 서신 열 통이 발견되었다.[49] 무창부로 압송된 초진강과 진록 등은 서양어 서신 열 통의 출처에 대해 집중적으로 심문받았다. 진록은 자신이 휴대한 편지라고 자백했다. 호광 총독은 서양어 서신을 검열하고자 했으나 글자를 아는 사람이 없어 그러지 못했다. 건륭제는 호광 총독에게 초진강과 진록 등을 북경으로 압송할 때 서양어 서신 열 통도 함께 보내라고 명령했다.

섬서 상인 초진강과 산서 상인 진록은 대황(大黃)과 모피 제품(皮貨)을 광동에 판매하면서 생계를 꾸렸다.[50] 사천·섬서·산서 상인들은 사천과 섬서에서 매년 20여만 근에 달하는 대황을 광주와 불산진(佛山鎭)으로 가져가 판매했다. 절반은 양상(洋商)들에게 나머지 절반은 내지의 중국 상인들에게 판매했으나 수요가 워낙 많았으므로 판매량을 통제해야 할 정도였다.[51] 대황의 집산지인 광주는 물론 초진강과 진록이 활동하던 섬서 서안은 당시 '십대약시장(十大藥市)'으로 손꼽히던 곳이었다.[52]

두 사람은 서안과 광주라는 '십대약시장'을 오가며 서안의 대황과 모피 제품을 광주에 팔던 약재 상인, 모피 제품 상인이자 천주교도였다. 대황과 모피 제품을 취급한 상인이자 천주교도는 이들뿐만이 아니었다. 이들과 친분이 있던 섬서 임동현 출신의 천주교도 증위(曾偉)·증학공(曾學孔) 부자, 증위의 아우 증귀(曾貴)도 광동으로 가서 대황이나 모피 제품을 팔았다. 특히 당시 23세이던 증학공은 숙부 증귀와 함께 건륭 49년(1784) 7월에 백은 800냥어치의 대황을 산지에서 구입하여 광주의 약재상 만륭행(萬隆行)으로 가서 판매했다.[53] 천주교도이자 장거리 교역 상인인 이들에게 두 달가량 소요되는 서안에서 광주까지의 노정은 생계를 위한 교역로인 동시에 포교를 위한 신앙의 길이기도 했다. 특히 산서 상인 진록의 활동 영역은 더욱 넓어서 서안-광주-북경 등의 대도시를 오가며 대황, 가죽 제품, 코담배를 파는 장거리 교역 상인으로 또 선교사의 편지를 전달하는 천주교 연락책으로 활동했다. 진록은 선교사의 편지 심부름 대가로 서신 왕래 담당자인 광주의 토레에게 매년 서양 은화 80원을 받아 장사 밑천으로 사용했다.[54] 유럽에서 건너온 선교 자금이 선교사의 손을 거쳐 산서 상인에게 건네져 장거리 교역 상인의 영업 자금으로 활용된 것이다. 백은은 선교 자금이라는 종교적 용도로 지출되었지만 후에는 상업 자금이라는 세속적 용도로 사용되면서 종교 세계와 세속 세계를 연결하는 매개임을 스스로 입증했다.

초진강과 진록이 선교사를 서안으로 초청하려 한 데는 강희·옹정 연간에 이곳에 있던 선교사와 천주교당이 주요한 배경으로 작용했다. 강희 연간에 서안의 주방팔기 훈련장 뒤편에 있던 함광방(含光坊)에 천주교당을 짓고 포교하던 선교사 라그히(Antonio Laghi. 梅功)는 천주교 금령이 내리자 옹정 초년에 천주교당 건물을 서안의 천주교도 두흥지(杜興智)에게 양도하고 마카오로 떠나갔다. 빌린 백은 300냥을 갚는 대신에 천주교당 건물을 넘겨준 것이다. 옹정제의 명령에 따라서 전국적으로 천주교당 파괴와 폐쇄, 용도 변경이 단행되었고 서안의 관원들도 북문 주변에 있던 천주교당을 부수고 그 터에 장안현에서 관할하는 사창(社倉)을 지었다. 그 와중에 두흥지가 양도받은 건물은 천주교당에서 민간 주택으로 용도가 변경되었고 또 라그히와 작성한 매매 계약서도 있었으므로 사유재산으로 인정되어 위기를 넘겼다. 건물은 본채와 동쪽의 22칸짜리 작은채로 구성되었는데 작은채 지붕에 솟은 나무 십자가는 '건륭대교안'이 발생할 때까지도 방치되어 있었다. 두흥지는 건륭 27년(1762) 본채를 세주었다가 후에 섬서성 당국에 팔았다. 섬서성에서는 건물을 후보 관원들의 거처로 활용했는데 건륭 49년(1784)

당시에는 부평현(富平縣) 지현 서리의 처소로 할당했다. 두흥지는 작은채를 천주교도 당렬(唐烈)에게 세주었고 당렬은 다시 작은채 22칸을 나누어 네 명의 천주교도들에게 세를 주었다. 산서 상인 진록은 당렬에게서 작은채 5칸을 세내어 매년 백은 3냥을 임대료로 주고 숙소 겸 화물 창고로 사용했다.[55]

건륭 48년(1783) 9월 집주인이자 천주교도 두흥지는 초진강과 진록이 장사하러 광동으로 떠나려 하자 그들과 의논하여 섬서로 선교사 파견을 요청하는 편지를 써서 일행에게 건네주었다. 광주에 도착한 두 사람은 채베드로와 토레를 만나 편지를 전달했다.[56] 선교사 초청 계획은 작은채 22칸에 세를 들어 살던 다른 두 명의 천주교도들도 알고 있었다. 그 중 한 사람은 진록의 부탁을 받고 나무 십자가가 솟은 빈방을 선교사가 사용할 수 있도록 수리해 놓았다.[57] '건륭대교안'은 서안 소재 옛 천주당 건물 작은채 22칸의 주인과 세입자이자 천주교도 몇 사람이 모인 선교사 초청 논의 속에서부터 싹트기 시작했다.

3. 천주교도와 선교사의 체포와 심문

교안 연루자에 대해 건륭제가 총독과 순무들에게 체포하라는 명령을 처음 내렸던 때는 건륭 49년(1784) 8월 20일이었다. 상유를 받은 총독과 순무들은 예하 지방관들에게 천주교도 체포를 명하였으나 호남성에서는 상유가 내리기 전에 천주교도 체포에 나섰다. 호북 양양현 지현이 선교사 일행을 태운 배를 나포했다는 소식을 7월 13일에 호남성 당국에도 보고했기 때문이었다. 호남 상담현 지현 서리는 수비와 함께 7월 21일 저녁에 상담현 15도(都) 사부(社阜)에 있는 유진우(劉振宇)의 집을 수색하여 천주교 재단(齋單)을 찾아내자 그를 체포했다. 유진우는 양양현에서 체포된 선교사 일행을 제외하면 전국 최초로 체포된 내지인이었다.

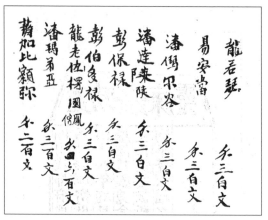

〈문서 3〉 용국진 부자의 배에서 발견된 천주교도들의 헌금 기록 원문.(『淸中前期西洋天主敎在華活動檔案史料』第1冊, p.422. 문건번호 198)

사실 유진우는 이번 선교사 잠입 사건에는 직접적으로 관련이 없었다. 그는 폐결핵을 치료하기 위해 같은 마을의 천주교도 유성전(劉盛傳)과 그의 어머니 당씨(唐氏)에게서 재단을 받아 벽에 붙여두었을 뿐이었고 그런지 채 스무날이 지나지 않아 체포되었다.[58] 그는 천주교도라고 하기도 어려웠고 굳이 천주교도라 칭한다면 극히 '초보' 교도에 불과했다. 양양현에서 용국진·용명방 부자를 심문했을 때도 두 사람은 그를 천주교도라고 거명하지 않았다.

유진우가 7월 21일 저녁에 집에서 상담 지현 서리와 수비에게 체포된 것은 우연의 산물이었다. 당시 상담현 지현 서리는 호남 순무와 호남 안찰사 서리가 파견한 관료와 회동하여 관내의 천주교도에 대한 탐문 수사에 착수했다.[59] 양양현에서 압수한 채베드로의 편지 속에 상담현이 선교사 일행의 중간 기착지로 언급되었기 때문이었다.[60] 7월 21일 상담현 15도 사부 지방을 탐문 수사하던 지현 서리와 수비는 온종일 허탕을 쳤다. 그러다가 저녁 무렵에 유진우의 집에 이르러 벽에 붙여놓은 재단을 보고 그를 체포했다.

상담현 지현 서리와 수비는 보갑제 규정에 따라서 현지 사정에 밝은 보갑의 보장 그리고 병역을 대동하고 마을을 수색했다. 전국의 총독과 순무들도 예하 주현(州縣)의 지방관들에게 천주교도를 단속하면서 보갑을 적극적으로 활용하라고 지시했다.[61] 복건에서도 이번 교안을 처리하던 지현이 보장과 병역을 거느리고 가서 시골에 있는 천주교도의 집을 수색했다.[62]

보갑에 기초한 저인망식 범인 훑기에 나섰다가 우연히 유진우를 체포한 상담현 관원들은 그를 현 아문으로 압송했다. 심문을 받던 유진우는 이웃 천주교도 유성전과 그의 어머니 당씨에게서 재단을 얻었다고 자백했다. 관료들은 연로하여 거동할 수 없었던 당씨를 그냥 두고 유성전을 체포하려 했으나 집에 없었다. 유성전은 선교사의 서안 잠입을 돕기 위해 호북 번성까지 동행했다. 그리고 선교사들에게서 수고비로 백은 4냥 2전(錢)을 받고 돌아오면서 장강 중류의 교역 중심지 한구(漢口)[63]에 들러 장삿거리를 찾느라 귀향하지 않았다.

유성전을 체포하지 못하자 상담현 지현 서리는 7월 29일에 다시 유진우를 심문하고 서양인들을 보았는지 캐물었다. 그런 적이 없다고 부인하자 지현 서리는 수하들에게 고문 도구를 가져오게 했다. 겁에 질린 순진한 농부 유진우는 서양인은 본 적이 없지만 자신의 친족인 유십칠, 유회천, 유조화가 천주교도라고 발설했다.[64] 그날 밤 관원들이 들이닥치는 낌새를 재빨리 알아차린 유조화는 도주했지만 그러지 못한 상담현 상사도(上四都)의 유십칠과 유회천은 집에서 체포되어 현 아문으로 압송당했다. 유십칠과 유회천을 심문한 지현 서리는 두 사람이 선교사의 서안 잠입을 도왔다는 사실을 알아냈다. 그리고 집안을 수색하여 『일과』, 재단, 구리 십자가 등 천주교 관련 문건과 물품을 압수했다. 이들이 할아버지나 아버지로부터 천주교 신앙을 물려받았다는 사실도 확인했다. 이리하여 상담현 상사도의 유씨 일족이 주축이 된 천주교도 집단의 실체가 드러났다.

종족집단의 구성원 사이에서 천주교가 신봉되는 현상은 당시의 금교 상황에 비추어 보면 당연한 일이라 할 수 있다. 금교 정책이 고수되자 천주교 포교가 상대적으로 자유로웠던 순치, 강희 연간처럼 새로운 신도들이 확장되던 추세는 주춤해졌다. 대신에 박해를 피하려고 가족끼리 은밀하게 신앙을 전승하는 자들도 많아졌다. 가족 간 전승이 지속되자 같은 마을 혹은 이웃 마을에 사는 형제, 사촌, 육촌, 혹은 더 넓은 범위의 종족 구성원

사이에서 천주교가 함께 신봉되었다. 상담현 천주교도 유십칠이 천주교도 유회천의 집안 아저씨(族叔)였던 사실에서도 이런 경향을 알 수 있다.

호남 무릉현(武陵縣), 원강현(沅江縣)에서 체포된 천주교도들 역시 종족 구성원 간에 전승된 천주교를 신봉한 자들이었다. 무릉현에서는 이대, 이이 형제와 그들의 조카인 이만이 체포되었다. 유회천과 유십칠이 채베드로의 편지 속에 등장하는 이씨(李氏)들이 호남 무릉현 사람이라는 사실을 심문받다가 털어놓았기 때문이었다.65) 심문 내용을 보고를 받은 호광 총독은 채베드로의 편지와 겉봉 사본을 호광 제독에게 보내면서 이들을 체포하라고 명령했다. 호광 제독은 이 임무를 휘하의 참장(參將)과 유격(遊擊)에게 맡겼고 두 무관은 무릉현으로 가서 지현 서리와 회동하여 이들을 체포했다.66) 체포된 이씨들은 원강현의 뱃사람이자 천주교도 유개인(劉開寅), 유개규(劉開逵), 유개적(劉開迪) 삼형제가 주모자 채베드로를 늘 배에 태우고 다녔다고 진술했다.67) 배를 몰고 나갔던 삼형제는 9월 중순 호북 한양현(漢陽縣)에서 원강현 지현이 파견한 병역들에게 체포되어 무창부로 압송당했다. 이들 역시 할아버지 때부터 집안에서 전승된 천주교를 신봉해온 사실이 밝혀졌다.68) 이리하여 상담현, 무릉현, 원강현 일대에 분포하던 호남 천주교도들의 윤곽이 드러났다.

호남의 천주교도 체포와 관련해서는 두 가지 사실을 주목할 만하다. 첫째는 관원들이 보갑제도를 적극적으로 활용했다는 점이다. 보갑이 천주교도를 체포하는데 유용한 수단이 될 수 있었던 까닭은 집의 문패에 호구 실태를 기록하고, 보갑을 통솔하는 책임자인 보장도 보갑책에 관할 보갑의 호구 상황을 기록해 놓았기 때문이었다.69) 물론 문패와 보갑책에 모든 거주자의 인적사항을 정확하게 기록할 수는 없었다. 하지만 청조는 건륭 22년(1757)에 전국적으로 새로운 보갑조례를 반포하여,70) 실제 상황에 가깝게 전국의 호구를 파악하려고 시도했다. 호구 상황을 정확하게 기록하는 일이 보갑제도를 성공적으로 정착시키는 데 반드시 필요하다는 사실을 간파하고 있었기 때문이었다.[71] 보갑책이나 문패에 신상 명세가 기록되어 있다면 청조에서 범법자를 추적하는 일이 훨씬 수월해졌다. 호남뿐만 아니라 다른 성의 천주교도 가운데 자신의 거주지에서 체포된 자들은 대부분 보갑제도를 활용한 단속망에 걸려들었다.

보갑책에 기록된 자들을 비교적 쉽게 추적하여 체포한 것은 보갑의 장점이기도 했지만 심각한 결점이기도 했다. 보갑책에 기록되지 않는 자들은 보갑을 통해서는 추적할 수 없었기 때문이었다. 보갑의 이런 결점을 분명히 드러내는 사례가 주모자 채베드로의 경우였다. 청조에서는 그와 접촉했던 천주교도들을 심문하여 채베드로가 복건 용계현 출신이라 파악하고 본적지로 지목된 곳을 샅샅이 뒤졌으나 체포는커녕 인적사항조차 확인하지 못했다.[72] 보갑책에 신상 명세가 기록되지 않았으므로 체포할 수가 없었고 본명이 무엇인지 조차도 알 수 없었기 때문이었다. 인구 이동이 빈번해질수록 보갑책에 인적사항을 정확하게 기록하여 보갑제를 운영하는 일이 사회질서를 유지하는 데 매우 중요해졌다.

둘째는 천주교도들이 혈연 공동체와 지연 공동체 양쪽에 모두 속했다는 점이다. 호남의 천주교도들은 상향현의 용국진·용명방 부자, 원강현의 유개인·유개규·유개적 형제나 상담현의 유씨 집안 유진우·유조화·유회천·유십칠, 무릉현의 이씨 집안 이대·이이·이만처럼 부자·형제·친족으로 구성된 혈연 공동체를 이루고 있었다. 아버지나 할아버지로부터 천주교 신앙을 물려받은 결과였다. 혈연 공동체는 또 집성촌이라는 소규모 지연 공동체에 소속되어 있었다. 각처에 산재한 소규모 혈연·지연 공동체에 기초한 천주교도들은 내지인 신부 채베드로의 활동으로 다른 현(縣)의 혈연·지연 공동체에 기반한 천주교도들과 연결되었다.

호남에서 나타난 두 가지 특징은 섬서, 사천, 산동, 산서, 하남, 하북, 강서 등 천주교도가 활동했던 대부분 지역에서 나타났다. 다만 광동 광주처럼 외지인이 많이 유입했던 대도시의 경우에는 혈연 공동체보다는 동향관계에 근거를 둔 지연 공동체의 비중이 좀 더 높은 경우가 많았다.

천주교도들은 혈연, 지연 공동체로 연결되어 있었으므로 한 사람이 체포되어 심문당하면 다른 현(縣)이나 다른 성(省)의 천주교도까지 연쇄적으로 체포되었다. 섬서와 광동을 왕래하며 장사하고 포교하던 천주교도이자 섬서 상인 초진강과 산서 상인 진록이 함께 체포된 까닭도 그 때문이었다. 호남 상담현에서 심문받던 천주교도 유회천이 초진강과 진록의 신상을 발설하자 섬서와 호북·호남의 총독과 순무, 지현이 공조수사하여 상담현에서 두 사람을 체포했다.[73]

공조수사의 필요성은 이번 교안을 처리하면서 더욱 커졌다. 건륭 연간에 들어와 거세지는 인구 압력을 해소하기 위해 청조가 이주를 방임하는 정책을 펼치자[74] 고향을 떠나는 사람들이 늘어났기 때문이었다. 천주교도들도 장거리 교역 상인으로서 교역로를 왕래하기도 하고 아예 다른 지역으로 이주하기도 했다. 천주교도들의 활동 범위가 넓어지면서 이들을 단속하려면 현과 현 사이는 물론이고 성(省)과 성 사이의 공조수사도 더욱 필요하게 되었다.

동생 유필약(劉必約)에 대한 사천과 섬서 양측의 공조수사는 활동 반경이 넓어진 천주교도에 대한 관원들의 대응 양상을 구체적으로 보여준다. 사천 사람으로 섬서 서안으로 가서 포교하던 신부 유필약은 외지에 나갔다가 돌아온 신자로부터 서안으로 오던 선교사 일행이 체포되었다는 소식을 전해 듣고 도주했다. 사천 총독은 섬서 순무가 보내온 공문 가운데 유필약이 사천 성도현 사람인데 감숙으로 이주했다고 언급한 부분을 읽었다. 그리고 성도현을 수색했지만 유필약의 종적을 찾지 못하자 성도부 일대로 수사망을 확대했다. 유필약이 성도부 금당현(金堂縣) 사람이었고 조카들은 여전히 거기에 살고 있다는 정보를 입수했다. 사천 총독은 성도부 지부를 금당현으로 보내 유필약의 조카 두 사람을 체포했다. 조카들은 숙부가 건륭 29년(1764)에 섬서 서안으로 이주했고 그 후에 감숙 감주(甘州)로 갔다는 소식을 들었다고 진술했다. 사천 총독은 심문 내용을 담은 공문을 건륭 49년(1784) 12월

초 섬서와 감숙으로 보냈다.75)

섬감 총독은 한발 앞서 건륭 49년(1784) 10월 하순에 유필약의 움직임을 파악할 수 있었다. 섬서 안찰사가 서안 천주교도들의 진술을 토대로 유필약이 감숙 감주로 이주했고 조카들이 감주의 시골에 살고 있다고 보고했기 때문이었다.76) 11월 초 감주부 지부는 서둘러 현장으로 갔으나 유필약은 결코 온 적이 없다는 사실만 확인하고 조카 두 명을 체포했다. 서안에서 도주한 유필약은 10월 중순 서안 근처의 예천현(醴泉縣), 흥평현(興平縣) 등지에서 친분 있던 천주교도의 집을 전전했다.77) 얼마 후에는 멀리 감숙 감주에 사는 조카들의 집으로 피신하려고 길을 떠났다. 그러나 일흔의 노구를 이끌고 단속망을 피해 떠돌다 지친 나머지 병에 걸려 다시 서안으로 발길을 돌렸다. 그는 12월 13일 서안에 도착하자 즉시 병역들에게 체포되었다. 이리하여 사천, 섬서, 감숙에서 석 달 동안 추진했던 공조수사가 마무리되었다.78) 유필약은 사천에서 섬서로 이주했으므로 원적지와 이주지 양쪽에서 은신처를 마련하여 단속망에서 비교적 쉽게 벗어날 수 있었을 것처럼 보인다. 하지만 서안-예천-흥평-감주(도중에 회귀)-서안으로 이어지는 도주로에서 유필약이 실제로 머물거나 머물려고 했던 장소는 모두 천주교도들의 집이었다. 천주교도들의 집을 제외하면 안전한 은신처를 구할 수가 없었기 때문이었다.

이상으로 호남, 사천, 섬서 천주교도들에 관한 수사 상황을 대략 살펴보았는데 관원들은 주로 지연망과 혈연망에 초점을 두어 단속했다. 호북, 광동, 강서, 산동 등지 관원들의 천주교도 단속 수법도 같았다. 천주교도들도 지연과 혈연을 근간으로 하는 공동체에 속해 있었기 때문이었다.

그러나 지연이나 혈연에 의지할 수 없는 선교사들은 전적으로 천주교도에 의지하여 활동할 수밖에 없었다. 도움을 받지 못하거나 거처가 발각되면 선교사들은 제대로 도주하지도 못하고 체포되기 일쑤였다. 선교사 가운데 가장 먼저 체포된 사람은 이탈리아 출신 매그니였다. 그는 11월 초 섬서 위남현(渭南縣)에서 체포되었다. 광동 순무에게서 선교사의 서안 잠입을 최초로 모의한 자가 섬서 서안 사람 두흥지라는 사실을 공문으로 전달받은 섬서 순무는 두흥지를 체포하여 심문하면서 선교사 매그니의 존재를 알게 되었다. 매그니는 건륭 25년(1760) 마카오에 도착하여 반년가량 머물다가 사천 천주교도 이성(李姓)과 동성(董姓)의 인도로 천주교세가 왕성했던 산서 강주(絳州)로 가서 포교했다.[79] 건륭 27년(1762)부터 두 해가량 서안 사람 곽(郭)신부의 인도로 서안에 가서 두흥지가 당렬에게 임대한 주택에서 지냈다. 건륭 30년(1765)에는 두흥지가 위남현에 있는 자신의 집으로 인도하자 매그니는 거기서 7, 8년가량 거주했다. 그 후 위남현의 다른 천주교도의 집에서 10여 년을 숨어서 활동하다 체포되었다.[80] 토레가 화남(華南) 지방인 광주에서 선교사의 내지 잠입을 지휘했다면 매그니 주교는 화북 지방인 섬서 서안, 위남현 등지에 잠복하면서 내지에 있는 선교사들의 포교 활동을 조율했다. 매그니는 20여 년을 섬서 서안 일대에서 활동한 이력이나 선교사와 천주교도에 대한 영향력 그리고 오랫동안 유지했던 사도적 대목이라는 지위를 고려했을 때 거물급 선교사라 할 수 있었다.

섬서 순무는 처음에 매그니가 거물급 인사임을 알지 못했으나 중국어로 심문하여 몇몇 정보를 캐내면서 그의 위상을 짐작할 수 있었다. 섬서 순무가 알아낸 사실은 세 가지였다. 첫째는 매그니가 두흥지를 비롯한 섬서 천주교도들의 도움으로 이십여 년간 숨어서 활동하면서 로마 교황청에서 매년 서양 은화 250원[81]을 지원받았다는 사실이었다. 둘째는 그가 노쇠하여 섬서 일대를 관할하는 사도적 대목의 자리를 산서 태원부의 선교사 사코니에게 물려주었다는 사실이었다. 셋째는 올해(건륭 49년) 선교사 열 명이 직례, 산서 등지로 가서 선교하려고 한다는 내용이 담긴 편지를 광주의 토레에게서 받았다는 사실이었다.[82] 매그니의 진술을 통해 섬서 순무는 로마 교황청의 선교 자금이 내지 깊숙이 유입하고 있다는 점, 화북 일대의 선교사들을 지휘하는 사람이 매그니라는 점, 올해에 내지로 잠입하려 한 선교사가 열 명이라는 점을 파악할 수 있었다.

매그니의 중요성을 간파한 섬서 순무는 그를 다시 끈질기게 추궁하여 11월 26일에는 또 다른 중대 사실을 자백받았다. 화북을 필두로 하여 각지에서 몰래 숨어서 활동하는 선교사와 내지인 신부들의 신상에 관한 것이었다. 매그니의 진술 내용은 이러했다. 섬서에는 증귀·동생 유필약이, 섬서 한중부에는 본지인 유시몬이 있고, 산서에는 서양(이탈리아)인 사코니, 산서 홍동현에는 호광인 상(尙)신부, 노안부에는 산서인 갈(葛)신부, 대동부에는 감숙인 서(徐)신부가 있다. 산동에는 서양인 자랄리(Mariano Zaralli)가 있고 호광에는 서양인 라마드(Mathurin de Lamathe)와 마(馬)신부 및 광동인 유빌립이 있고, 직례에는 서양인 한 사람과 사천인 형 노유필약(老劉必約)이 있으며, 광동에는 토레가 있어서 모두 늘 서신을 주고받았다.[83] 매그니의 진술로 섬서·산서·산동·직례·호광·광동 등 거의 중국 전역에서 활동하던 선교사와 내지인 신부들의 신상과 소재지가 노출되면서 이번 교안은 건륭'대교안'으로 확대되었다.

매그니가 체포된 직후 역시 섬서에서 활동하던 이탈리아 출신의 선교사 페레티도 체포당했다. 그는 건륭 47년(1782) 유럽에서 출발하여 1년 만에 광동 마카오에 도착한 후 토레의 주선으로 호남 상담현으로 갔다. 거기서 섬서 천주교도 진록의 초청으로 배를 타고 섬서 상주(商州)로 갔다. 건륭 49년(1784) 3월 섬서 위남현의 천주교도 이문(李文)이 자신의 집은 물론 동료 천주교도 갈삼(葛三), 전강(田康)의 집에 머물게 하고 선교사 곤살베즈(Manuel Ma 혹은 Manuel Gonsalvez. 馬諾)와 매그니에게도 소개시켜 주었다. 10월 20일경에 서양인을 수색하고 있다는 소식이 들려오자 갈삼이 페레티를 한사(韓四)의 집으로 보내어 7, 8일을 묵게 했다. 한사는 다시 페레티를 상주에 있는 설성림(薛成林)의 집으로 보내 4, 5일을 묵게 했다. 설성림의 집에서 귀가한 한사는 위남현에서 체포되어 지현에게 심문을 받았다. 한사는 페레티가 갈삼과 함께 상주 설성림의 집에 숨어있다는 사실을 자백했다.

도주하던 페레티 일행은 11월 초순 낙남현(雒南縣)에서 차역(差役)에게 체포
되었다.[84]

　섬서에서 페레티가 체포될 무렵 산서에서도 이탈리아 출신의 선교사
사코니가 은신처에서 도주하다가 체포되었다. 건륭 49년(1784) 9월 25일자
천주교도 단속 상유를 받은 산서 순무는 부하 관원들에게 천주교도를 검거하
라고 명령했다. 산서의 관원들은 산서 대동부, 대동부 혼원주, 태원부 양곡현
등지에서 천주교도를 체포하고 산서성 수도 태원부로 압송하여 심문했다.
그런 와중에 태원부의 천주교도 범천보(范天保)도 체포되었다. 범천보의
집에는 건륭 46년(1781) 북경에서 잠입한 선교사 사코니가 땅굴을 파고
은신하고 있었다. 의술에 정통했던 사코니는 태원부와 노안부 일대에서
내지인의 질병 치료와 포교를 병행하고 있었다.[85] 범천보의 아내는 남편이
체포되자 집안에서 밤낮으로 통곡했다. 불안감을 이기지 못한 사코니는
건륭 49년(1784) 11월 13일 새벽 은신처인 범천보의 집을 몰래 빠져나왔다.
그러나 남다른 이목구비와 수상한 행색 때문에 얼마 가지도 못하고 병역들에
게 노상에서 체포당했다.[86]

　이듬해인 건륭 50년(1785)에는 내지 곳곳에서 몰래 활동하던 선교사들이
대거 체포당했다. 이 해 들어 가장 먼저 건륭제에게 선교사 체포 소식을
전한 곳은 사천이었다. 사천의 관원들은 정월 8일 아주부 천주교도의 집에
숨어있던 프랑스인 선교사 마르탱을, 열흘 뒤인 18일에는 성도부 숭녕현
천주교도의 집에 숨어있던 프랑스인 선교사 뒤프레스를 체포했다.[87] 다른
지역에도 선교사 체포 소식이 잇달아 보고했다. 산동에서는 2월에 동아현의
동굴에 숨어있던 카발리(Crescenziano Cavalli)를 체포했다.[88] 복건 소무현
에서는 2월에 스페인 출신의 선교사 미구엘(Francisco de San Miguel)을
체포했다.[89] 강서 만안현에서는 3월에 스페인 출신의 선교사 사크레멘토를
체포했다.[90] 직례에서는 3월에 단속을 피해 산동에서 북경으로 도망쳐
왔던 이탈리아 출신의 선교사 자랄리가 숨을 곳이 없어 자수했다.[91]

이들 가운데 가장 극적으로 도주하다가 체포된 선교사는 강서에서 활동하던 스페인 출신의 미구엘이었다. 그는 건륭 48년(1783) 11월 광동 마카오에서 강서 광신부 귀계현의 천주교도 강(姜)바울을 만났다. 그리고 그의 안내를 받아 강서 길안부 만안현에서 포교하던 스페인 출신의 선교사 사크레멘토를 찾아갔다. 두 선교사가 함께 살기 어려워지자 강바울은 건륭 49년(1784) 2월 미구엘을 데리고 고향인 귀계현으로 돌아와 천주교도 기우륵의 집에 머물도록 소개했다. 미구엘이 중국말과 풍습에 조금씩 익숙해지자 기우륵은 그와 함께 9월부터 강서 광신부 익양현, 연산현, 옥산현 등지로 포교 여행에 나섰으나 빈손으로 귀가했다. 건륭 50년(1785) 2월 천주교도를 체포한다는 풍문이 돌자 기우륵은 미구엘을 데리고 강서 무주부 의황현의 천주교도 집으로 피신했으나 은신처로 마땅하지 않아 아예 무이산을 넘어 복건 소무부 광택현으로 도망갔다.

어느 성(省)에서 당국의 추적을 받으면 다른 성으로 도망가서 몸을 숨기는 일은 범죄자들이 국가의 단속망에서 벗어나기 위해 흔히 활용하던 도주 행태였다. 범죄 발생지의 지방관이 성의 경계를 넘어서까지 추적하는 경우는 드물었기 때문이었다. 기우륵은 이런 허점을 이용하려고 미구엘을 데리고 강서에서 복건으로 넘어간 듯하다. 그러나 건륭제가 각지의 총독과 순무들에게 전국적 차원에서 천주교도를 강력하게 단속하라고 명령했기 때문에 두 사람은 그런 요행을 만나지 못했다. 두 사람은 강서의 경계에서 가까운 복건 광택현에서 천주교도 이문생(伊文生)의 집을 빌려 은신했다. 그러나 복건에서도 천주교도를 단속한다는 소문이 돌자 이문생은 두 사람에게 떠나라고 요구했다. 난처해진 미구엘은 기우륵과 함께 다시 강서 의황현으로 돌아왔으나 여기서도 단속이 심해지자 마카오로 돌아가기로 작정했다. 의황현 성(城)을 벗어나자마자 동행하던 기우륵은 미구엘에게서 금화 한 개를 받아 달아나버렸다. 다급해진 미구엘은 후미진 길들을 골라 다니며 복건 소무부 소무현 화평촌(禾坪村)으로 가서 천주교도 오영륭(吳永隆)의

거처를 물었다. 화평촌 주민들은 소무현 아문에 밀고했고 신고를 받고
달려온 소무현 현승(縣丞)은 미구엘을 체포했다.[92]

내지인 천주교도들은 교안이 발생하자 선교사의 소재지를 발설하기도
하고 선교사를 버리고 도주하기도 했다. 그러나 평소 천주교도들은 선교사
들에게 은신처를 제공하거나 포교 활동에 동참하고 있었다. 체포령이 내리
지 않은 평상시에는 공생을 지향하는 '제3의 관계'가 천주교도와 비교도
친척·이웃 사이에 형성되어 있어서 천주교도들이 위기감을 심각하게 느끼
지 않았기 때문인 듯하다.

'건륭대교안'으로 청조는 수적 측면에서 많은 선교사들을 체포했지만
'질적' 측면에서도 기대 이상의 수확을 올렸다. 그것은 건륭 36년(1771)
이래 강서에서 선교하던 사크레멘토나 건륭 23년(1758)부터 산동에서 선교
하던 자랄리처럼 짧게는 십여 년 길게는 이십여 년을 내지에서 장기간
활동하던 선교사들을 체포했다는 사실이었다.

4. 천주교도와 선교사의 재판과 처벌

교안은 발생한 지 사십 일가량 지나면서 새로운 국면으로 접어들었다.
각 성에서 관련자 체포와 심문이 진행되자 청조는 '요범(要犯)'으로 지목한
자들을 북경으로 압송하여 재판했다. '요범'이 아닌 자들은 북경으로 압송하
지 않고 해당 성의 총독과 순무가 판결한 형량을 형부 관원과 군기대신들이
재심(再審)했고 건륭제가 최종 판결했다. 판결을 해당 성의 수도에서 일차로
진행하고 북경의 형부에서 재심한 까닭은 재판제도 때문이었다. 형부,
도찰원, 대리시로 구성된 삼법사(三法司) 가운데 각 성에서 올라오는 도죄(徒
罪) 이상 안건에 대한 재심 권한은 형부에게만 있었다.[93]

호광 총독은 9월 20일 호남, 호북에서 체포한 선교사 네 명, 내지인

천주교도 열 명을 다른 성에 앞서 북경 형부로 압송하고 천주교 경권과 신상 등은 군기처로 보냈다. 북경으로 압송당한 네 명의 선교사는 서안으로 가려다 체포된 사싸리(Giovanni da Sassari), 마테(Giuseppe Mattei), 란디(Luigi Antonio Landi), 만델로(Giovanni Battista da Mandello)94)였다. 이들을 호송하다 단속에 걸려 북경으로 압송당한 열 명의 천주교도는 호남성 상담현에서 체포된 유회천, 유성전, 유십칠, 유진우와 호남성 무릉현에서 체포된 이대, 이이, 이만 그리고 호북성 양양현에서 체포된 용국진, 용명방, 유종선이었다.95) 이후 각 성 총독과 순무는 '요범'들을 북경 형부로 압송했다. 광동 순무는 9월 30일 신부 애구삼, 천주교도 백금관, 증학공을 형부로 압송하고 진술서, 경권, 그림도 함께 보냈다.96) 12월에는 섬서 순무도 동생 유필약 신부, 천주교도 장도미니크(張多明我)를 북경으로 압송했다.97) 건륭 50년(1785)에 들어서도 '요범'들의 북경 압송은 계속되었다. 산동 순무는 2월 13일에 선교사 비아기니와 카발리, 신부 주행의(朱行義)를 형부로 압송했다.98) 양광 총독과 광동 순무도 3월 15일에 천주교도 악사정(鄂斯定), 마아성(馬亞成), 담금장(譚錦章) 등을 '요범'이라며 북경으로 압송했다.99) 강서 순무도 3월 17일에 감주방(贛州幫)의 키잡이 마(馬)시몬을 산동의 신부 주행의에게 선교 자금을 전달한 혐의가 있다며 형부로 압송했다.100) 사천에서도 2월에는 프랑스인 선교사 마르탱, 뒤프레스를, 3월에는 델퐁(Joseph Delpon)과 드보(Etienne Devaut)를 형부로 압송했다.101)

전국 각 성에서 교안에 연루된 '요범'들을 계속해서 형부로 압송하자 청조는 이들을 모두 모아서 한꺼번에 재판하고 처벌하려던 계획을 바꾸었다. 처음에는 이들을 모두 모아야 사건 전모를 철저하게 파헤칠 수 있다고 생각했다. 하지만 압송되어 오는 '요범'들의 수가 지나치게 많아지자 이들을 모두 모아 재판하면 너무 번거로워지리라 판단했다. 형부에서는 계획을 수정하여 건륭 49년 12월 11일(양력 1785년 1월 21일)부터 일차로 모은 쉰세 명의 '요범'을 재판하기 시작했다.

'요범'으로 분류된 선교사들에게는 예금(例禁)을 위반했다는 혐의를 적용하여 이렇게 판결했다. 사싸리 등 네 명의 선교사는 예금을 모른 채 토레의 지시를 따르고 진록 등의 초빙을 받아 서안으로 잠입하려 했다. 섬서 위남현에 잠입하여 선교하던 페레티는 선교가 금지된 사실을 알면서도 예금을 크게 범했다. 예금을 알았든 몰랐든 예금을 범했다는 사실은 분명하므로 이들 다섯 명은 감옥에 가두고 영원히 석방하지 않는다.[102] 마카오 사람으로 선교에 동참한 곤살베즈 역시 이들과 같은 판결을 받았다.

예금은 조례(條例)를 근거로 금지한다는 의미이다.[103] 청조는 형사 법령인 조례로써 선교사의 선교를 금지했다. 예(例)란 성안(成案)이 형부의 심의와 황제의 비준을 거쳐 정착하거나 안건을 처결한 황제의 상유가 정착한 경우가 대부분이었다.[104] 따라서 청조에서 말하는 선교사들이 범한 예금이란 강희 말년의 전례논쟁 이래 옹정, 건륭 연간에 이르기까지 교안이 발생할 때마다 황제들이 상유에 담아 반포한 천주교 금교 명령이었다.[105]

건륭제는 '요범'인 내지인 천주교도에 대해 부준입교지례(不准入教之例)를 범했다는 혐의를 적용하고 중죄인과 경범죄인을 구분하여 처벌했다. 서양인과의 접촉 여부, 그들에게서 돈을 받았는지 여부, 조상으로부터 천주교를 전승했는지 여부가 경중을 구분하는 기준이었다. 중죄인에 대한 처벌의 골자는 이리(伊犁)로 보내 외뢰드(厄魯特)의 종(奴)으로 삼는다는 것이었다. 내지인으로 신부를 칭한 자, 선교사에게 미혹되거나 그들이 주는 재물을 받고 도와준 자, 선교사를 내지로 인도한 자들은 모두 중죄인으로 취급했다. 서양인의 재물(백은)을 받은 자들에 대해서는 재산을 몰수했다. 할아버지나 아버지로부터 천주교 신앙을 전수받았으나 뉘우치는 기미가 보이고 경권(經卷) 등 천주교 관련 물품이나 서적을 불살라 없앤 자들은 경범죄인으로 분류하여 장형을 가했다.[106]

형부에서는 '요범' 쉰세 명 가운데 내지인은 범죄 정황이 비슷한 자들끼리 묶어서 처벌했다. 중죄인으로 분류한 자들은 이리로 유배하여 외뢰드의 종으로 삼았다. 주모자 초진강에게는 선교사 매그니와 접촉하여 천주교를 학습하고 그가 섬서에 몰래 거주하는 사실을 신고하지 않았으며 선교사를 초빙했다는 죄목을 적용했다. 또 다른 주모자 진록에게도 매그니를 숨겨주고 선교사를 초빙하였으며, 편지와 백은을 전해주고 대가를 받았다고 처벌했다. 두 사람 이외에 사(謝)베드로, 유성전 등 여덟 명에게도 선교사들을 숨겨주고 천주교를 학습했다는 죄목으로 이리로 보내 외뢰드의 종으로 삼는 형벌을 가했다. 열 명의 죄질이 같다고 판단했기 때문이었다.[107] 장영신은 광동에서 호북까지 선교사를 안내한 중죄를 범했으나 도망갔다가 자수한 정황을 참작하여 우르무치로 유배하고 종신 노동형에 처했다.

유개적, 서개달락(徐盖達諾)은 서양인에게서 신부의 칭호와 백은을 받았으므로 이리로 보내 외뢰드의 종으로 삼았다. 두 사람에게는 얼굴에 글자를 새기는 형벌까지 더하고 원적지의 재산을 몰수했다.[108] 『청률례』에 근거를 둔 재산 몰수는 십악(十惡)에 포함되는 왕조 전복(謀反), 종묘·황릉·궁궐 훼손(謀大逆), 본국을 배신하고 외국에 투항(謀叛)하는 것과 같은 중대 범죄의 부가형으로 적용되었다.[109] 재산 몰수라는 부가형까지 가한 것은 건륭제나 군기처, 형부에서 이들이 서양인에게서 신부의 칭호와 백은을 받은 행위가 본국을 배신하고 외국에 투항한 범죄에 속한다고 판단했음을 의미한다. 건륭제는 서양인에게서 신부의 칭호를 받는 것은 서양의 관직을 받는 것이나 다름 없다고 여러 차례 지적했다. 이들에 대해서는 서양인에게서 받은 백은의 액수를 따지지 않고 가산을 몰수하는 형벌을 내렸다. 이에 반해 내지인 천주교도에게서 운임, 수고비 등의 명목으로 백은을 받은 유성전, 유십칠 등에게는 같은 액수만큼의 백은만 관아에 납부하게 했다.

'요범' 가운데 혐의가 조금 가벼운 용국진, 유성서, 당렬 등 세 명은 각각 장형(杖刑) 일백과 도형(徒刑) 삼년에 처하되 본적지로 돌려보내 처벌받게 했다.[110] 유종선, 유개인 등 여덟 명은 돈을 받고 선교사를 배를 실어다 주거나, 선교사임을 알고서도 신고하지 않았으므로 두 달 동안 목에 칼을 씌우고 장(杖) 일백을 책(責) 사십으로 환산하여 때리도록 처벌했다.[111] 용국진의 사촌형 용국봉, 백금관, 이대, 이이, 이만 등 열두 명은 할아버지나 아버지에게서 전해진 천주교를 신봉했으므로 각각 장 일백에 처하되 원적으로 돌려보내 책 사십으로 환산하여 때리고 해당 지방관들에게 추후 동향을 감시하라고 지시했다.[112] 그 밖에 선교사 매그니, 사코니 두 명과 내지인 신부 애구삼, 천주교도 유회천, 용성우, 유의장, 전강 등 여덟 명은 이미 감옥에서 사망했으므로 죄를 추궁하지 않기로 했다.[113] 질병을 앓는 유진우는 병이 나으면 심문하기로 했다.[114] 이리하여 건륭 50년(1785) 1월 27일까지 선교사 여덟 명(감옥에서 사망한 두 명 포함)과 내지인 천주교도 마흔다섯 명(감옥에서 사망한 여덟 명 포함)의 '요범'에 대한 재판과 처벌이 일단락되었다.

일차 재판이 마무리된 이후에도 전국 각 성에서 선교사와 내지인 천주교도들이 계속해서 북경으로 압송되어 왔다. 그 가운데 주모자 토레는 건륭 50년(1785) 2월 29일 북경에 도착하여 재판 예정일이던 3월 23일 53세를 일기로 감옥에서 사망했다. 투옥된 지 이십여 일 만에 갑자기 죽었는데 사망 원인은 밝혀지지 않았다. 다만 일차로 재판받은 쉰세 명 가운데 선교사 두 명과 내지인 천주교도 여덟 명이 옥사한 사실을 떠올리면 토레의 옥사 역시 이례적인 사건은 아니었다. 산동에서 압송되어 옥사한 비아기니는 3월 3일 형부 감옥에 투옥되

〈문서 4〉 형부에서 군기처로 보낸 비아기니의 사망 확인 공문.(『淸中前期西洋天主敎在華活動檔案史料』 第2冊, p.758. 문건번호 371)

었는데 백일이 조금 지난 6월 23일 서른네 살의 나이로 사망했다. 젊어서였는지 토레에 비해서는 좀 더 오랫동안 감옥에서 생존했다. 형부 사옥사(司獄司)에서 작성한 비아기니의 사망 원인은 전염병(染患), 기력 쇠약(氣弱), 소화불량으로 인한 설사(脾虛) 증세를 수반한 병사였다.[115] 감염성 질환에 걸려 위장에 탈이 나고 설사가 멈추지 않아 죽었다는 진단인데 이 진단은 비아기니가 심한 이질에 걸려 가죽과 뼈만 남은 채 죽었다는 서양 측의 기록과 정확하게 일치했다.[116] 삼십 대 초반의 젊은이를 단기간에 죽음으로 몰아넣은 직접적인 원인은 이질이었지만 근원적인 이유는 비위생적인 감옥의 환경이었다. 열악한 환경에서 비아기니에 비해 훨씬 늙었고 더 먼 곳으로부터 압송되었으며 광동 관원들에게서 고문받았던 토레가 투옥된 지 이십여 일 만에 급사한 것은 어쩌면 당연한 일일 수도 있었다.

북경 형부에서 진행된 이차 이후의 재판에서 처벌받은 내지인 천주교도는 섬서 네 명, 하북 한 명, 광동 두 명, 산동 두 명. 강서 네 명, 감숙 한 명이었고 선교사는 광동 한 명, 산동 세 명, 사천 네 명, 강서 한 명, 복건 한 명이었다. 건륭 50년(1785) 6월 5일까지 내지인 천주교도 열네 명, 선교사 열 명(옥사 네 명 포함)이 투옥되어 일차 재판 때와 동일한 기준으로 처벌받았다.[117]

북경에서 재판이 진행되는 동안 지방의 각 성에서도 안찰사와 포정사, 총독과 순무들이 내지인 천주교도들을 재판하고 형량을 정해 형부에 재심을 요청했다. 형부에서는 이를 토대로 재심했고 건륭제가 최종 판결했다. 광동에서는 건륭 50년(1785) 3월 안찰사 서리가 포정사와 회동하여 천주교도를 일차로 심문했다. 양광 총독과 광동 순무는 이들을 재차 심문하여 신부 한 명, 지도자급 교도 네 명, 일반 교도 여든두 명 도합 여든일곱 명을 처벌했다.[118] 신부 한 명과 지도자급 교도 두 명은 이리 등지로 보내 외뢰드의 종으로 삼았고 다른 두 명은 장 일백, 도형 삼년에 처하되 유배지에서 각각 책(責) 사십으로 환산하여 때리게 했다. 다섯 명 가운데 서양인의 백은을 받은 신부와 다른 한 명은 가산을 몰수당했다. 일반 교도에 대한 처분은 이들보다 가벼웠다. 이들은 광동 남해현, 번우현, 순덕현, 향산현, 고요현, 악창현, 해양현, 조양현, 혜래현, 보녕현, 신흥현 등지에 거주했다. 이들 가운데는 광동인은 물론 복건, 안휘 출신의 이주민으로 광동에서 살던 자도 포함되어 있었다. 여든두 명은 모두 할아버지나 아버지에게서 전래된 천주교를 신봉했다가 '잘못'을 뉘우치는 진술을 남기고 천주교에서 탈퇴했다는 서약서(甘結)를 제출했으므로 '요범'으로 분류되지 않았다. 이들은 장 일백을 책 사십으로 환산하여 맞는 형벌을 받았다. 그 가운데 백국관, 왕아국 등 열 명은 집안에 천주교 문건들을 감추어 두었으므로 두 달 동안 목에 칼을 씌우고 기한이 차면 장 일백을 책 사십으로 환산하여 맞는 처벌을 받았다.

　광동에서 체포된 일반 교도 여든두 명 가운데는 독특한 인물이 두 사람 포함되었다. 그들은 감생(監生) 고경기(顧京琦)와 여자 교도인 형마(邢媽)였다. 감생 고경기는 이번 교안에 연루된 유일한 신사(紳士)였는데 학위를 박탈당했다. 전국적으로는 훨씬 많은 신사 출신 천주교도가 있었지만 이들은 뇌물이나 지역사회의 영향력, 관료들과의 친분 등을 활용하여 단속망을 벗어났다.[119] 형마 역시 이번 교안에 연루된 유일한 여성 천주교도였다. 그녀는 부인이라는 이유로 일흔 살을 넘긴 백국관 등 다섯 명의 남자 천주교도들처럼 재물을 내고 형벌을 면제받는 조치가 허용되어 장형을 면했다.[120] 하지만 실제로는 전국 각지의 여자 천주교도가 이처럼 드물었던 것은 아니다. 옹정 10년(1732) 광동 순무가 보고한 주접에 따르면 광주의 남자 천주당은 여덟 군데, 천주교도는 일만여 명, 여자 천주당은 여덟 군데 천주교도는 이천여 명에 달했다.[121] 광주의 남녀 천주교도 비율은 5 : 1인 셈이었는데 이런 남녀 비율로 미루어 짐작하면 아마도 지방관들은 고의로 여자 천주교도를 단속하지 않은 듯하다. 천주교를 신봉했더라도 남자들처럼 선교사와 접촉하고 포교하기 위해 집 밖에서 활동하기가 곤란한 현실을 참작했기 때문일 것이다.

산서에서는 건륭 50년(1785) 2월 각 지역에서 체포되어 온 일흔아홉 명의 천주교도를 안찰사가 심문했고 순무가 재심문했다. 그리고 그 내용을 형부에 보내 심의해주도록 요청했다. 산서의 심문관들은 천주교도들이 모두 미혹되어 입교하거나 선을 행하면 복이 온다고 해서 천주교를 믿고 전파한 범인들이며 서양인과 결탁하거나 무리를 지어 불법을 저지르지는 않았다고 판단했다. 그리고 활동 양상에 따라 이들을 세 부류로 나누어 처벌했다. 우선 천주교도를 조직화하여 우두머리(會首)로 활동한 여섯 명이 가장 무거운 처벌을 받았다. 회수라 불린 여섯 사람은 서양 은화를 얻고 신부를 칭했으므로 이리로 유배하여 외뢰드의 종으로 삼게 했다. 이들은 선교사와 직접 접촉하지는 않아서 북경으로 압송되지 않았다.[122] 두 번째 부류는 신부들과 왕래하거나 혹은 다른 사람들에게 포교한 여덟 명이었다. 이들은 유배형에서 한 등급을 낮추어 장 일백, 도형 삼 년에 처하되 장형은 책(責) 사십으로 환산하여 처벌했다. 세 번째 부류는 포교하지 않고 자신만 천주교를 신봉했던 예순다섯 명으로 각각 장 일백에 처했다. 이들은 신앙을 포기한다는 서약서를 쓰고 천주교 문건과 그림을 불태운 후에 석방되었다.[123] 산서 관료들이 신부들을 회수라고 부른 이유는 이들의 활동이 민간신앙의 우두머리(會首)의 그것과 비슷하다고 파악했기 때문이었다.

감숙에서는 여든네 명의 천주교도를 체포하여 세 부류로 나눠 처벌했다. 첫째 부류는 선교사와 접촉하거나 백은을 받은 적은 없으나 세례를 받은 여섯 명으로 이들은 이리로 보내 외뢰드의 종으로 삼았다. 둘째 부류는 서양인과 접촉하지도 않고 세례명도 없는데 할아버지나 아버지 때부터 전해진 천주교를 신봉하면서 천주교 문건이나 그림을 갖고 있던 여섯 명이었다. 이들에게는 예(例)에 따라 장 일백을 때리고 소지품을 부수거나 불태우게 하고 천주교를 믿지 않겠다는 서약서를 제출하게 했다. 셋째 부류는 할아버지나 아버지 때부터 전해진 천주교를 신봉한 일흔두 명이었다. 이들에게는

예에 따라 장 일백을 때리고 천주교를 믿지 않겠다는 서약서를 제출하게 했다.[124]

사천에서는 천주교도 처벌 상황이 분명하게 드러나지 않는다. 교안이 처리되는 도중에 총독이 교체되었기 때문이었다. 신임 총독은 자신이 부임한 후에 추적한 중경부 일대의 천주교도와 관련한 사안에 대해서만 보고하고 전임 총독이 추적했던 성도부 일대 천주교도들에 대한 체포 여부에 대해서는 전혀 언급하지 않았다.[125] 총독이 교체되면서 이런 혼선이 발생한 까닭은 주접 제도의 속성상 황제와 주접 작성자를 제외한 다른 사람이 주접 내용을 알 수 없었기 때문이었다. 두 사람의 사천 총독이 체포 대상으로 지목한 천주교도는 모두 쉰다섯 명이었는데 그들이 어떤 형벌에 처해졌는지 분명하지 않다. 다만 신임 총독은 자신이 부임하여 성도부에서 적발했던 통공연령단 배포 사건 연루자인 황운 등 열여덟 명을 세 부류로 나누어 처벌했다. 통공연령단이나 재단을 인쇄하거나 천주교 포교에 참여하여 죄질이 무거웠던 여섯 명은 먼저 한 달간 목에 칼을 씌우고 기한이 차면 장 일백을 책 사십으로 환산하여 때리게 했다. 일흔이 넘은 노인 두 사람은 고령자라는 이유로 재물을 내고 형벌을 면제받게 했다. 나머지 열 명은 장 일백을 책 사십으로 환산하여 때리게 했다.[126]

그 밖에 강서에서도 스물네 명의 천주교도가 체포되어 처벌받았다.[127] 복건에서는 건륭 24년(1759)의 교안으로 장형에 처해졌다가 이번에도 발각되어 처벌받은 천주교도를 포함하여 모두 일곱 명이 충군(充軍), 장 일백, 도형 삼년, 목에 한 달 동안 칼을 쓰는 처벌을 받았다.[128] 건륭 50년(1785) 10월까지 전국 각 성에서 천주교도가 체포되어 처벌받았다. 이번 '건륭대교안'으로 전국적으로 내지인 천주교도 사백 명가량이 체포되어 처벌받았는데 그중 일부는 감옥에서 사망했다. 선교사도 열여덟 명이 체포되어 여섯 명은 옥사하고 열두 명은 종신금고형에 처해졌다.

5. 선교사의 극적 사면과 건륭제의 '파격적 은혜'

유교 교리가 뒷받침하는 조상 제사와 공자 숭배를 거부하는 교의를 주장하는 한 천주교는 사교(邪敎)로 지목될 소지를 안고 있었다. 황제나 관료들은 수시로 천주교가 사교라고 언급했다.[129] 사교라는 낙인이 법적 구속력을 갖기 위해서는 사교 신봉자를 처벌하는 규정이 적시된 『청률례』가운데 천주교를 사교로 지목하고 천주교도들을 처벌하는 내용이 명문화 되어야 했다. 그렇지만 『청률례』에는 그런 내용은 없고 사교의 범주와 신봉자들에 대한 처벌 내용을 다음과 같이 규정하고 있다.

> 법사(法師)나 무당이 사신(邪神)이 내렸다고 가탁하여 부적을 쓰고 물을 떠놓고 주문을 외우고 방울을 흔들며 신령에게 기도하거나 단공(端公)·태보 (太保)·사파(師婆)라 칭하거나, 망령되게 미륵교(彌勒敎)·백련사(白蓮社)·명 존교(明尊敎)·백운종(白雲宗) 등의 회(會)를 칭하고 일체의 좌도(左道)로 정 도를 어지럽히는 술법을 부리거나, 몰래 그림을 소지하고 향을 피워 사람을 모으고 밤에 모여 새벽에 흩어지며 선사(善事)를 수련한다고 속여 인민을 선동하고 미혹시키면 우두머리는 교(감후)형에 그 수하는 장(杖) 일백을 치고 삼천리 유배형에 처한다.[130]

『청률례』에서 법으로 규정한 사교의 범주는 미륵교·백련사·명존교·백운 종 등의 종파였다. 이들 종파의 신봉자와 주술을 행하는 단공(남자 무당)·태 보(남자 무당)·사파(여자 무당) 등은 주모자는 교(감후)형, 추종자는 장(杖) 일백을 때리고 삼천리 유배형에 처한다고 적시하고 있다.

또 『고종실록(高宗實錄)』이나 이번 교안을 판례로 수록한 『정례휘편(定例 彙編)』에서는 천주교가 법률적으로 사교의 범주에 속하지는 않는다고 분명 히 밝히고 있다.[131] 반면에 법률의 집행자인 황제나 관원들은 수시로 천주교를 사교라고 지목했다.

이런 혼란스러움은 황제나 관원들이 언급한 사교라는 말 속에는 한 가지
의미가 아니라 두 가지 서로 다른 의미가 내포된 데서 비롯되었다. 그들이
언급한 사교란 ① 정치적 측면에서 지배이념이자 정통의 위치에 있는 유교에
서 수용할 수 없는 교의(敎義)를 주장하는 종교이거나 ② 법률적 측면에서
『청률례』의 사교 조항에 적시된 반체제적 종교이다.

청조의 입장에서 천주교는 백련교처럼 지배체제를 부정하는 종교가 아니
었으므로 법률상의 사교로 낙인찍지는 않았다. 반면 공자 숭배나 조상
제사를 거부하는 등 유교 전통을 부정하는 교리를 담고 있으므로 정치적으로
편의상 사교라고 낙인찍고 탄압했다. 천주교를 법률상의 사교로 규정한다면
황제가 선교사들에게 천문과 역법 관장을 위임하거나 그림, 의료, 서양
기물 등에 관련된 봉사를 받는 것은 범죄행위였다. 황제의 정치적 권위와
도덕적 정당성에 손상을 입힐 수는 없었으므로 천주교를 법률상의 사교로
낙인찍지는 않았다.

천주교는 법률상의 사교가 아니었으므로 탄압을 받는 경우에도 상황에
따라서 관용이나 '파격적인 은혜'가 베풀어질 여지는 충분히 있었다. 체포된
선교사들에 대한 심문을 마치자 건륭제는 건륭 50년(1785) 3월 24일 이들을
종신금고형에 처하도록 명령했다. 공교롭게도 이날은 광주에서 압송된
후 이십여 일을 형부 감옥에 투옥되어 심문받던 토레가 옥사한 다음 날이있
다. 아마도 그의 옥사에 영향을 받은 듯 건륭제는 선교사들의 형벌을 확정했
다. 『고종실록』에는 건륭제의 명령이 다음과 같이 기록되어 있다.

토레는 감히 사사로이 여러 사람을 파견하고 각 성(省)으로 가서 선교하게
하여 사람들을 미혹시켰다. …… 이번 사건 (연루자들)은 율(律)에 따라
처벌해야 하므로 범인들을 중형에 처해야 한다. 그런데 그들은 모두 이인(夷
人)들이니 죽음을 면하게 하여 법외지인(法外之仁)을 베풀고 이전부터 내려

오는 예(例)를 적용하지 않는다. …… 형부에 명하노니 각 범인들을 감옥에 영원히 감금하여 징벌하는 뜻을 나타내 보이라.132)(괄호 안은 저자)

선교사들을 종신금고형에 처한 배경을 '법외지인'과 관련지어 설명하고 있다. 이 말은 법의 테두리를 초월하여 인(仁)을 베푼다는 의미이다. 법률에 따르면 사형에 해당한다는 선교사들의 형벌을 종신금고형으로 경감하면서 건륭제 스스로 이렇게 의미를 부여했다.

그런데 공교롭게도 종신금고형에 처했던 선교사들을 석방하는 10월 8일 자 상유에서 건륭제는 '법외시은(法外施恩)'이란 말을 사용했다. 『고종실록』에 수록된 상유의 내용은 다음과 같다.

① 전에 서양인 사싸리 등이 사사로이 내지에 들어와 선교하여 호광성에서 체포당했다 그리고 직례, 산동, 산서, 섬서, 사천 등의 성에 모두 사사로이 선교한 범인들이 있었다. ② 해당 성에서 계속 체포하여 형부로 넘겨 심의하고 재판하여 영원히 감금하기로 결정했다. ③ 이들 범인은 그 뜻이 선교에만 있었고 다른 불법한 일은 하지 않았다. …… 범인들은 모두 외이(外夷)로서 국법에 어둡고 그들을 영원히 감금하도록 명령한다면 그 정(情)이 실로 가련하다. 파디리앙 등 열두 명의 범인에게 모두 은혜를 베풀어 석방하노라. 경성(京城)에 남아 있기를 원하는 자는 (경성의 천주교)당으로 가서 편안하게 분수를 지키며 사는 것을 허락하노라. 서양으로 돌아가기를 원하는 자는 형부에서 관원을 파견하고 광동으로 압송하여 원인(遠人)들에게 긍휼을 베풀어 법외시은(法外施恩)하는 지극한 뜻을 나타내도록 하라.133) (번호는 저자)

상유의 취지는 외이(外夷)로서 국법에 어두운 선교사들이 선교 이외에 다른 불법은 행하지 않았으므로 종신금고형에 처하는 것은 가련하니 건륭제가 '법외시은(法外施恩)'을 베풀어 석방한다는 것이다.

흥미로운 사실은 이 상유의 전문이 『청조문헌통고(淸朝文獻通考)』「사예고(四裔考)」 이탈리아 부분에도 수록되어 있다는 점이다.[134] 본 교안 처리와 관련된 건륭제의 상유는 지금까지 모두 45건이 확인되었다. 그 가운데 오직 이 상유만을 본 교안의 전말을 소개하는 자료로 활용한 사실로 보아 청조는 이 상유가 '건륭대교안'에 대한 자신들의 입장을 가장 분명하게 대변하는 문건이라고 판단한 것 같다. 상유의 내용을 좀 더 구체적으로 살펴보면 ① 선교사 사싸리 등이 호남·호북을 비롯한 내지 각 성에 선교하려 잠입하다가 체포되었다는 부분 ② 형부에서 이들을 종신금고형으로 처벌했다는 부분 ③ 이들이 선교 이외에 다른 불법한 일은 행하지 않았으므로 외이(外夷)들이 청조의 국법을 잘 알지 못한 정(情)을 가련하게 여겨 법을 초월한 은혜를 베풀어 석방한다는 부분으로 구성되어 있다. ③은 상유의 결론이자 강조 부분인데 관용하는 자세로 교안을 처리했다는 청조의 공식 입장이 응축되어 있다. 이 상유는 법을 초월한 은혜를 베풀었다는 사실을 강조하고 있지만 한편으로 그런 관용을 베푸는 조건으로서 정(情)이 가련하다는 점을 언급한 사실도 주목할 필요가 있다.

정(情)은 중국의 법률 전통상 이(理=天理)·법(法=國法)과 더불어 법을 집행할 때 마땅히 고려해야 할 사항이었다. 중국에서는 정과 이와 법을 함께 고려하거나, 정에도 맞고 이에도 맞으며 법에도 맞는 것을 이상적인 법률로 받아들였다. 전통시대 중국의 지배지들은 징·이·법이라는 다원적인 기준에 따라 법을 운용한 셈이다.[135] 그러므로 정을 참작한 건륭제의 법 집행 역시 이런 중국 법률 전통의 흐름을 계승한 것으로 이해할 수 있다.

그러나 선교는 청조의 법령에 명백히 저촉되었으므로 이를 용인한다면 두 가지 문제가 발생할 우려가 있었다. 첫째, 건륭제 자신과 군기대신, 지방관들이 오랫동안 관련자들을 수색, 체포하여 법정에서 선고한 판결들을 무력화시켜 청조의 사법제도에 대한 신뢰를 무너뜨릴 수 있었다는 우려였다.

둘째는 강희 말년 이래 지속된 금교 정책의 근간을 흔들 수도 있었다는 우려였다.

아마도 이런 문제점을 인식한 듯 건륭제는 선교사를 종신금고형으로 감형하도록 명령한 3월 24일자 상유와 극적 석방 조치를 취한 10월 8일자 상유에서 '법외지인(法外之仁)', '법외시은(法外施恩)'이 그런 조치의 배경이 었음을 밝히고 있다. '법외지인'이란 법의 테두리를 초월한 인(仁)이라는 의미이며, '법외시은'은 법의 테두리를 벗어나 은혜를 베푼다는 의미이다. 둘 다 법이라는 테두리 밖의 은혜라는 의미이므로 '파격적 은혜'라고 표현해도 무리가 없다. 건륭제는 법령 적용 단계에서는 열두 명 선교사의 선교 활동을 범법행위로 판단하되 법령 집행 단계에서는 '법외지인', '법외시은' 곧 '파격적 은혜'를 베푼다는 입장에서 사면했다.

그러면 '법외지인', '법외시은'은 청조의 법률 전통에 뿌리를 두고 있는 것인가 아니면 건륭제의 독단에 근거한 것인가? '법외지인', '법외시은'이 청조 법률 전통에서 어떤 위치를 차지하는지를 따져보려면 청조의 형벌을 규정한 『청률』이나 『청률례』라든가 전장제도를 규정한 『청회전(淸會典)』, 『청회전사례(淸會典事例)』와 같은 법전들을 일일이 살펴보아야 한다. 하지만 여기서는 '법외지인'과 '법외시은'이 청조의 법률 전통에 근거를 둔 것인지 아니면 건륭제의 독단에 따른 것인지만을 확인하려 하므로 논의를 간편하게 하기 위해 『청실록』만 살펴보기로 한다. 『청실록』에는 형벌은 물론 전장제도에 관한 내용도 포함되어 있는 데다가 '법외지인', '법외시은'이라는 용어를 담은 두 건의 상유가 수록되어 있음을 확인했기 때문이다.

입관(入關) 이전인 누르하치나 홍타이지 치세에는 『청실록』에 '법외지인', '법외시은'이라는 용어가 전혀 등장하지 않는다. 반면 입관 이후 순치 연간에는 이 용어가 몇 차례 등장한다. 순치 9년(1653) 12월의 상유에 북경의 '거도(巨盜)' 일당과 결탁한 병과도급사중(兵科都給事中)을 처형하면서 '법외지은(法外之恩)'을 베풀어 재산 몰수와 아들에 대한 연좌는 면제한다는 내용이었다.136) 그 후에 다섯 차례 더 '법외지인', '법외시은'이라는 용어가 등장하는데 관료에 대한 처벌을 완화하면서 사용되기도 하고 조정에서 정책을 집행할 때 갖춰야 할 태도로 지적되기도 했다.137) 강희 연간에는 오삼계가 반란을 일으키자 북경에 인질로 잡혀 있던 그의 아들 오응웅 일가에 대한 처벌을 완화하는 배경으로 언급되었다. 반역도의 아들 오응웅은 능지처사해야 마땅하나 황제를 모셨던 정상을 참작하여 교수형으로 낮추어 처벌하고, 오응웅의 맏아들을 제외한 다른 아들들은 죽이지 않고 관노(官奴)로 삼으면서 '법외지인'을 베푼다고 선전했다.138) 사형수를 죽이지 않고 노비로 삼거나 투옥된 죄수들의 처우를 개선하는 배경으로 이 용어들이 다섯 차례 언급되고 있다. 순치·강희 연간에는 '법외지인', '법외시은'이라는 용어가 등장하지만 사용 빈도는 매우 낮았다. 옹정 연간에 들어와서는 '법외지인'이나 '법외시은'이라는 말의 의미가 법의 테두리를 초월하여 인을 베푼다는 것으로 정착되고 사용 빈도도 이십여 차례로 증가했다. 건륭 연간에는 사용 빈도가 훨씬 늘어나 백여 차례에 이르렀다.139) 이런 사실은 '법외지인', '법외시은'이라는 말의 기원은 만주의 법률 전통이 아니라 중국(한족) 법률 전통에서 찾을 수 있다는 점을 의미한다. 강희 연간 이래 황제들은 주로 사형수들의 형벌을 경감하면서 자신의 덕망과 관용을 과시하는 수단으로 '법외지인', '법외시은'이라는 말을 사용했고 건륭제도 그런 전통을 계승했다.

그러나 건륭제는 뜻밖에도 이번 교안을 처리하면서 '법외지인', '법외시은'의 대상에서 내지인 (대부분이 한족) 천주교도를 제외해버렸다. 건륭 50년(1785) 정월 황제는 즉위 50년을 기념하는 은조(恩詔)를 반포하여 각 성에서 충군·유배형 이하의 처분을 받은 죄수들은 모두 등급을 낮추어 처분하라고 명령했다.140) 은조에 따라서 이번 교안 관련자인 내지인 천주교도들의 형벌도 완화되어야 했지만 건륭제는 그러지 못하게 했다.141) 선교사와 내지인 천주교도 모두 청조의 금령을 위반했는데도 건륭제는 '법외지인', '법외시은'의 논리를 내세워 전자는 사면했고 후자는 선고된 형벌을 그대로 집행했다. 나라의 법령을 알고 있는 내지인들의 범법 행위는 법령에 따라 처벌한다는 입장을 천명한 셈이었다.

건륭제가 이렇게 차별한 까닭은 두 가지 이유 때문으로 짐작되는데 하나는 자신의 사면권 행사가 판결에 미치는 부작용을 최소화하려는 이유 때문이었을 것이다. '법외지인', '법외시은'이 베풀어지려면 법령에 따른 판결을 통해 선고된 형량을 낮추어야 했다. 황제의 사면권은 본질상 사법 제도와 절차에 따른 정상적인 판결을 부정하는 속성이 내포되어 있어서 법을 안정적으로 운용하려면 그 행사를 최소화해야 했다. 건륭제는 사면권 행사에 따른 부작용을 최소화하기 위해 내지인 천주교도는 사면 대상에서 제외한 것으로 보인다. 다른 하나는 금교 정책을 변함없이 집행하겠다는 입장을 천명하려는 의도 때문이었을 것이다. 건륭 연간에 숱하게 발생했던 교안 가운데 연루자의 수가 가장 많은 사백여 명의 내지인 천주교도를 사면한다면 황제가 금교 정책을 지속할 의사가 없는 것처럼 받아들여질 수 있었다. 이런 오해를 막기 위해서라도 내지인 천주교도 사백여 명을 한꺼번에 사면하기란 사실상 불가능했다.

이처럼 건륭제는 선교사 석방을 법적 관점에서 바라보았으나 한편으로는 화이론(華夷論)이라는 또 다른 관점에서도 접근했다. '법외지인', '법외시은'을 천명한 두 상유에서 선교사를 이인(夷人)이라거나 외이(外夷)라고 부르고 있는 데서 이런 관점을 확인할 수 있다. 화이론은 종족적·문화적 측면에서 화(華)와 이(夷)를 구분하고 화의 이에 대한 자기 우월성을 확인하는 논리이다. 구분 의식과 우월 의식이 화이론을 지탱하는 두 기둥인데 선교사 석방과 내지인 천주교도들에 대한 사면 금지에는 두 요소가 모두 포함되어 있다. 내지인 천주교도를 사면하지 않은 것은 황제가 이들을 선교사와 분명히 구분하고 있다는 표지였다. 이러한 구분은 내지인에 대한 차별처럼 받아들여질 수 있지만 건륭제의 생각은 오히려 반대였다. 건륭제는 내지인들은 교화가 되어서 국법의 적용을 받기에 충분한 존재인 반면에 서양인들은 교화를 받지 못해서 국법을 적용하기 어렵다고 생각했다. 건륭제의 내지인 천주교도 처벌은 표면상으로는 차별처럼 보일 수 있지만 그 바탕에는 교화된 내지인만 처벌 대상이 될 수 있다는 자기 우월 의식이 깔려 있었다.

건륭제가 화이론에 입각하여 교화되지 못한 이인(夷人)들에게 베푼 관용은 다른 사례에서도 확인할 수 있다. 건륭 19년(1754)에 황제는 자신이 즉위한 후 준가르에 대해 베푼 관용을 '유원지인(柔遠之仁)'이라 자부했는데 이 말 역시 전형적인 화이론의 표현 방식이었다. 그러나 준가르가 순순히 복종하지 않고 무력으로 저항하자 건륭제는 격분하여 준가르를 죽여서 없애버려야 할 '개나 양의 무리'로 낙인찍고 군대를 보내 대대적으로 살육해 버렸다.[142] '유원지인'으로 관용을 베풀거나 '개나 양의 무리'로 낙인찍어 죽이는 행위는 화이론에 내포된 극단적인 양면성을 적나라하게 드러낸다. '유원지인'은 이인(夷人)들 누구에게나 베풀어지는 무조건적인 것이 아니라 황제의 권위에 복종하는 이인들에게만 베풀어지는 제한적인 것이었다.

이런 논리를 이번 교안에 적용해 보면 만일 천주교가 청조에 실질적인 위협으로 받아들여졌다면 건륭제는 선교사들에게 '법외지인', '법외시은'을 베풀기가 어려웠을 것이다. 교안이 발생하기 직전인 건륭 49년(1784) 6월 감숙성에서 회교도들이 무력으로 항쟁하자 황제는 군대를 투입하여 가까스로 반란을 잠재웠다. 선교사들의 서안 잠입 사건은 반란 때문에 서북 변경 지역에 대한 건륭제의 신경이 곤두섰을 때 발생했다. 회교와 천주교의 결탁을 염려한 건륭제는 이들이 연합해서 변경을 위협할 가능성은 없는지 지방관에게 조사해보라고 명령했다. 광동 순무나 귀주 순무는 천주교와 회교는 교리가 서로 다르며 동일한 종교가 아니라는 조사 결과를 보고했다.[143] 회교도 반란의 발생지였던 섬감 지역의 총독은 자신이 직접 조사한 후에 천주교도는 회교도들이 금기시하는 돼지고기를 먹으며 천주교도들이 암송하는 십계명은 회교의 가르침과 같지 않다고 보고했다.[144] 섬감 총독의 보고는 두 종교가 결탁할지도 모른다는 건륭제의 의심을 완전히 해소시켰다.

천주교가 변강 통치에 저항하는 회교 세력과는 아무런 관련이 없다는 사실은 구금된 선교사들에 대한 건륭제의 '법외지인, '법외시은'이 베풀어질 수 있는 객관적 여건으로 작용했다.

사법 체계상의 사면 논리인 '법외지인'·'법외시은'과 대외 인식인 화이론이 복합적으로 작용하여 선교사 석방 여건이 조성되었다 하더라도 석방이 왜 건륭 50년(1785) 10월에 단행되었는가 하는 의문은 여전히 남는다. 여러 정황상 건륭제가 10월 들어서 구금된 선교사들을 석방한 까닭은 측근에서 봉사하던 선교사들의 끈질긴 탄원 때문이었던 듯하다. 교안이 발생하자 북경 주재 선교사들은 기회가 있을 때마다 형부 관원이나 건륭제에게 선처해 주도록 탄원했다.

첫 번째 탄원은 호광 총독이 압송한 선교사 네 명과 호남, 호북의 내지인 천주교도 열 명이 북경에 도착한 직후에 행해졌다. 이때 북경 천주당 북당과 서당의 선교사들은 형부에 선처를 호소하는 탄원서를 제출했다. 탄원은 오히려 역효과만 낳았다. 당시 천주교도들은 회교도와 연합하여 청조에 대항할지도 모른다는 의심을 받고 있었으므로 형부 관원들은 탄원서를 제출한 선교사들에게 국가 안위와 관련된 내정에 간섭하지 말라며 비난했다. 수감자들은 석방되기는커녕 형부 관원들로부터 더욱 심한 학대를 받았다. 두 번째 탄원은 선교사들이 종신금고형에 처해진 후에 이루어졌다. 탄원 주도자는 프랜시스회 소속 신임 북경 주교 구베아(Alexandre de Gouvea, 湯士選)였다. 그는 북경의 선교사들을 천주당 남당으로 소집하여 이리 유배형에 처해진 내지인 천주교도들과 종신금고 처분을 받고 옥고(獄苦)를 치르는 선교사들을 도울 방안에 대해 논의했다. 이번에는 조정에 직접 탄원하기로 했다. 이들은 강희제와 옹정제의 치세에도 선교사와 천주교도들이 황제의 은혜를 누렸다면서 투옥된 선교사들에게 자비를 베풀어달라고 건륭제에게 호소했다. 이번 호소 역시 묵살당했다. 세 번째 탄원은 건륭 50년(1785) 5월 황제에게 직접 상소문을 제출하는 방식으로 행해졌다. 상소문 전달자는 예수회 소속 벤타퐁 신부였다. 그는 시계를 비롯한 갖가지 기계 장치들을 능숙하게 조작하거나 수리하던 기술자로서 건륭제의 신임이 두터웠을 뿐만 아니라 황자와 대신들과의 관계도 원만했다.[145] 벤타퐁 신부는 인간관계망을 동원하는 한편 서양인 관할 책임자인 총관내무부대신을 통해 투옥된 선교사들을 본국으로 돌려보내거나 혹은 북경에서 거주하도록 허용해달라는 상소문을 제출했다. 건륭제는 이번 탄원도 거절했다.[146]

정치적 여건의 변화가 없던 상황에서 10월에 갑자기 선교사 석방을 명령하는 황제의 상유가 반포된 정황으로 보아 세 번째 탄원이 수포로 돌아간 이후에도 선교사들은 건륭제에게 간청하기를 멈추지 않았던 것 같다. 지근거리에서 자신을 위해 봉사하던 선교사들의 끈질긴 탄원은 75세의 노령으로 접어든 건륭제의 마음을 움직였음에 분명하다. 건륭제가 선교사들을 석방하면서 내건 조건 즉 귀국하거나 혹은 북경 천주당에 거주하는 것 중 하나를 선택하도록 허용한 조치는 벤타퐁 신부의 탄원 내용과 정확하게 일치했다. 건륭제는 측근에서 개인적 신뢰 관계를 구축하고 있던 선교사의 거듭되는 요청을 마냥 뿌리치기는 어려웠는지 이전에는 북경 궁정에서 봉사하던 선교사들에게만 베풀었던 '파격적 은혜'를 이번에는 국법을 어기고 지방에서 몰래 포교하던 선교사들에게까지 베풀어 주었다. 북경 감옥에서 일 년 남짓 투옥되었다가 극적으로 석방된 선교사들은 관원들의 요구에 따라 황제의 거처인 자금성과 원명원에서 건륭제를 두 차례 알현하고 '파격적 은혜'에 감사하는 고두례(叩頭禮)를 행했다.[147] 멀리 서양에서 온 이인들이 은혜에 감사하며 올린 고두례는 '천하대군(天下大君)', '내외공주(內外共主)'로 자처하던 건륭제의 자부심을 조금이나마 만족시켜준 작은 의례였다.[148]

6. 실찰관원 처벌과 건륭제의 용인술(用人術)

실찰관원(失察官員)에 대한 처벌 방침은 교안을 처리하려고 건륭제가 최초로 반포한 8월 20일자 상유에 언급되어 있었다. 건륭제는 호광 총독에게 체포된 선교사를 심문하여 광동에서 호광으로 북상한 노선을 파악하고 연도의 실찰관원을 탄핵하는 상주문을 올리라고 지시했다. 물론 실찰관원에 대한 처벌 방침을 하달한다고 해서 실제로 즉각 처벌하기는 어려웠다. 처벌의 전제조건으로서 우선 선교사들의 북상 노선을 확인하고, 다음으로 임지를 옮겼거나 퇴직한 관료도 포함하여 연루자들의 신상 파악이 마무리되어야 했기 때문이었다. 이런 사정 때문에 건륭제가 상유를 내린 지 한 달이 넘어서도 독무들로부터 보고가 올라오지 않았다. 답답함을 느낀 듯 건륭제는 이번에는 광동 순무에게 내린 10월 2일 자 상유에서 북상 노선에 포함된 지역의 실찰관원을 자세히 조사하여 탄핵하는 상소문을 올리라고 명령했다.[149]

실찰관원에 대한 조사는 성(省) 단위로 이루어졌고 그 조사를 지휘한 관원은 성의 사법 운영과 관료 감찰을 책임진 안찰사였다. 이들은 자신의 관할 구역 내에서 실찰한 관원을 조사하여 상관인 순무나 총독에게 보고했고 독무들은 이를 근거로 실찰관원을 탄핵하는 상소문을 황제에게 올렸다. 실찰관원에 대한 조사 결과를 가장 먼저 보고한 지역은 호남과 호북이었다. 두 성에서는 뱃사공 용국진의 진술을 토대로 실찰관원을 색출했다. 용국진이 광동에서 광서·호남을 거쳐 호북 양양현으로 북상한 노선이 상강(湘江)−동정호−장강−한수(漢水)였다고 자백하자 호남과 호북 안찰사는 각각 실찰한 주현관(州縣官)은 물론 이들을 통솔하는 상급 문관 그리고 해당 지역의 순찰 임무를 맡은 무관 명단도 호광 총독에게 보고했다. 호광 총독은 12월 9일 건륭제에게 두 성의 실찰관원을 보고했다.[150]

그러나 실찰관원으로 탄핵된 사람들을 실제로 모두 처벌하기란 쉬운 일이 아니었다. 그 까닭은 청조에서 실찰관원의 범주를 이번에 체포된 네 명의 선교사들이 광주에서 서안으로 잠입하는 것을 단속하지 못한 지방관으로 한정하지는 않았기 때문이었다. 청조는 이번 교안이 발생하기 이전부터 잠입하여 포교하던 선교사와 내지인 천주교도를 단속하지 못한 관료까지를 모두 실찰관원으로 규정하고 처벌하려 했다.

소급 적용 방침을 정하자 예상치 못한 문제가 발생했다. 내지에서 이십 년 이상 활동한 선교사나 그보다 오랫동안 활동한 내지인 천주교도들이 적지 않은 상황에서 소급 처벌한다면 실찰관원의 수가 늘어나 지방행정에 공백이 생길 수도 있었다. 산술적으로 따져보면 이십 년 동안 숨어서 활동한 선교사나 내지인 천주교도 한 명을 체포하여 그의 행적을 조사하면 우선 그를 단속하지 못한 직접적인 책임자인 지현(임기 3년) 일곱 명가량이 처벌을 받는다. 그의 상급자인 지부 한 명, 또 지현·지부를 감독해야 하는 사도(司道), 포정사, 안찰사, 순무와 총독(설치된 지역에만 해당)까지 합하면 적어도 대여섯 명가량의 지방관이 추가로 실찰관원에 포함된다. 물론 여기에 무관직인 수비나 천총(千總) 등을 포함하면 대상자는 훨씬 늘어난다. 더욱이 선교사나 내지인 천주교도가 일 년에 한 차례씩 세 군데의 현(縣)을 순회하면서 포교했다면 그 한 사람 때문에 무관의 숫자는 차치하고 문관만 따지더라도 서른 명가량이 실찰관원으로 처벌받게 된다.[151] 이번 교안으로 열여덟 명의 선교사와 사백 명가량의 내지인 천주교도가 체포되었는데 그들의 활동 햇수나 지역 분포 등의 여러 변수를 고려하면 소급 적용 방침 때문에 실찰로 처벌받는 관원의 숫자가 포교 때문에 처벌받는 선교사와 내지인 천주교도보다 더 많아지는 기이한 현상이 일어날 수 있었다.

실찰관원의 수가 늘어난 정황은 양광 총독(겸 광동 순무) 푸러훈(富勒渾)이 건륭 51년(1786) 정월 24일에 광동 지역의 실찰관원을 조사하여 이부로 보낸 공문에서 분명하게 드러난다. 양광 총독의 공문은 실찰관원 조사 보고서 가운데 가장 자세한 내용을 담고 있다. 양광 총독은 실찰했더라도 사안이 비교적 가벼우면 해당 관원은 아예 처벌 대상자 명단에서 제외했다고 밝히고 있다. 사소한 실찰은 눈감아 주겠다는 것이었는데 여기에 속하는 범주는 할아버지나 아버지에게서 신앙을 물려받아 천주교를 신봉한 자, 조상에게 물려받은 천주교 경권이나 그림을 감춘 자, 타인에게 천주교를 포교하지 않은 자, 서양인 선교사에게서 백은을 받지 않은 자, 신부가 되지 않은 자에 대한 실찰이었다.152) 앞에서 살펴보았듯이 이런 죄목으로 처벌된 내지인 천주교도는 장 100대를 맞은 후에 석방되었다. 이는 교안에 연루된 내지인 천주교도들에게 가해진 형벌 중에서는 가장 가벼운 수준이었다. 하지만 장 100대는 장형 가운데 가장 무거운 형벌이라는 점에서 절대적인 수준에서 가볍다고만은 하기 어려웠다. 양광 총독이 해당 관원의 명단조차 통보하지 않았지만 이부에서 문제 삼지 않았고 건륭제도 묵인한 까닭은 실찰 때문에 처벌되는 관원이 지나치게 늘어나서 행정상의 공백이 생길지도 모른다는 우려 때문이었다.

양광 총독의 공문은 건륭 50년(1785) 12월 18일에 이부에서 56일을 기한으로 광동의 실찰관원을 보고해달라고 발송해온 공문에 대한 회신이었다. 당시 북경에서 양광 총독 아문 소재지 광주까지 공문 왕복에 필요한 날짜가 30일가량이었으므로 실제로 양광 총독이 조사하고 문서를 작성할 수 있는 기간은 많아야 25일가량이었다. 양광 총독은 회신하는 공문을 이부뿐 아니라 병부, 예부 등의 중앙부서 그리고 직례, 운남, 산동, 귀주, 절강, 복건, 호남, 호북, 강서, 섬서의 총독과 순무에게 보냈다. 지방에 주둔하던 주방팔기 가운데 정황기, 정홍기, 정백기, 양황기의 최고 통솔자 도통(都統)에게도 공문을 보냈다. 중앙 부서는 물론 지방의 독무에게도 공문을 발송한 까닭은 광동에 근무했을 당시에 실찰했으나 그 후에 다른 성(省)이나 중앙 부서로 이임한 관원들 때문이었다. 주방 팔기를 지휘하는 도통에게 공문을 보낸 까닭은 실찰관원에 포함된 팔기 기인들 때문이었다.

양광 총독의 공문은 어떤 실찰이 처벌 대상이 되었는지, 실찰관원은 어떤 절차를 거쳐서 어떻게 처벌되었는지에 대한 자세한 내용을 담고 있다. 처벌 대상이 된 실찰은 내지인 신부들, 선교사들에게서 백은을 받은 천주교도, 교도들에게 천주교리를 강론한 내지인 교리교사를 단속하지 못한 것이었다. 따라서 실찰관원의 범위는 이들에 대한 단속 책임을 진 지방관이었는데 일차적으로는 광주부속(廣州府屬) 광남소련도(廣南韶連道) 소속의 관원들과 교안 조사 명령을 어긴 악창현의 관원이었고 이차적으로는 이들에 대한 감독 책임이 있는 상급 관원이었다.

실찰관원에 대한 처벌 절차는 세 단계로 진행되었다. 첫 번째는 광동에서 실찰관원의 범위를 정하고 그들에 대한 처분 내용을 이부에 건의하는 단계였다. 광동성의 사법기구를 장악하고 관료 감찰을 책임진 광동 안찰사가 포정사와 회동하여 실찰 관원을 선별하고 양광 총독에게 보고했다. 총독은 안찰사의 보고를 검토한 후에 자신의 명의로 이부에 공문을 보냈다. 공문에 따르면 양광 총독은 전임과 현임의 향산현 지현·해방 동지(海防同知)·광주부 지부·소주부(韶州府) 지부들, 그리고 현임 악창현 지현 등 서른다섯 명을 만무각찰 강이급조용례(漫無覺察 降二級調用例)에 따라 강이급조용 처분하도록 이부에 요청했다. 이들에 대한 감독 책임이 있는 상급의 전임 양도(糧道)·안찰사·포정사, 전임과 현임의 광남소련도 등 열다섯 명은 실우각찰 강일급조용례(失于覺察 降一級調用例)에 따라 강일급조용 처분하도록 이부에 요청했다. 천주교도들이 활동하던 향산현과 광주부 일대의 지현과 지부 그리고 해안 방어를 책임진 해방 동지에게는 직접적인 실찰 책임을 물어 상대적으로 무거운 처벌을, 상급관원인 양도·안찰사·포정사·광남소련도에 대해서는 감독 소홀을 문책하며 보다 가벼운 처벌을 요청했다.

두 번째는 양광 총독이 보낸 공문을 근거로 이부에서 실찰관원 각각의 사정을 참작하여 처벌 수위를 조절하는 단계였다. 참작하는 변수는 재직 여부와 누적된 상벌 기록이라는 두 가지였다. 관료들은 재직 여부에 따라 현임관, 질병치료나 부모상(丁憂)으로 휴직한 관료, 퇴임한 휴치관(休致官)으로 분류되었다. 현임관은 현재 직책에서 강일(이)급조용 처분을 내려 간단히 처리했다. 반면에 질병치료나 부모상으로 휴직한 관료는 관직에 복귀하면 처분하도록 했다. 퇴임한 휴치관은 직무에 복귀하지 않으므로 조용 처분할 수 없어서 퇴직 시의 정대(頂帶)에서 등급을 깎아내리는 거정대일(이)급(去頂帶一(二)級) 처분을 내렸다. 이렇게 일률적으로 강일(이)급조용 처분을 내렸지만 실찰관원들은 이전의 공과(功過)에 따른 누적된 상벌이 있었다. 실찰관원 중에 이전의 인사 평정을 통해서 가사급(加四級), 가삼급, 가이급, 가일급 등의 다양한 포상 실적을 가진 자들도 있었다. 이들에 대해서는 강일(이)급하는 대신에 기왕의 포상 기록에서 일(이)급을 깎아내리는 방식으로 처벌했다. 반면 처벌 기록이 있는 자는 여기에 추가로 강일(이)급하는 방식으로 처벌을 더했다.

세 번째는 건륭제가 처벌 내용을 검토하여 확정하되 선별한 일부 실찰관원에 대한 처벌은 면제한 단계이다. 법규에 따라 당연히 처벌해야 할 관원을 사면하는 조치는 건륭제의 고유 권한에 속했으므로 신하들이 간여할 사항은 아니었다. 그러나 첫 번째, 두 번째 단계에서 실찰관원 쉰 명을 모두 획일적으로 처벌한다는 원칙을 적용한 데 반해서 그 중에서 일부 관원을 골라 황제가 독단적으로 사면함으로써 처벌의 공평성을 둘러싸고 논란이 일어날 소지가 생겼다. 사면 대상은 종관면혁임(從寬免革任) 처분을 받은 진회(陳淮. 한인), 아양아(阿楊阿. 만인), 푸러훈(만인), 정원숙(鄭源璹. 한인), 민악원(閔鶚元. 한인), 요성렬(姚成烈. 한인), 사명아(舒明阿. 한인) 등 일곱 명과 종관유임(從寬留任) 처분을 받은 장창(張昌. 한인)과 다이지산(達爾吉善. 만인) 두 명 그리고 보관일종관면혁임(補官日從寬免革任) 처분을 받은 진용부(陳用敷. 한인)였다.

그러면 건륭제는 왜 공평성을 둘러싼 시비가 일어날 수 있음에도 열 명의 관료를 사면한 것일까? 일반적인 경우라면 청대 관료 사회를 관통한 만주족 우대 원칙에서 그 가능성을 찾아볼 수 있다. 하지만 이번에는 사면 대상자가 한인 일곱 명, 만인 세 명이어서 만주족 우대 조치라고 이해하기 어렵다. 만주족이면서도 사면 대상에서 제외된 관료가 여럿이었기 때문이다. 그렇다면 이번 사안에서만 특별하게 적용된 원칙은 무엇일까? 관료들에 대한 처분과 관련하여 지현·지부·동지보다 그들의 상급관료인 양도·안찰사·포정사·광남소련도 등을 가볍게 처벌한 상급관료 우대 경향은 확인했다. 그러면 사면 대상 관료 선정에도 상급관료 우대 방침이 적용되었던 것일까?

열 명 가운데 아양아(현임 형부 시랑)와 푸러훈(현임 양광 총독 겸 광동 순무 서리) 등 두 명은 전임 광동 안찰사였고, 정원숙(현임 산서 포정사), 민악원(현임 강소 순무), 요성렬(현임 예부 상서), 다이지샨(현임 병부 낭중), 진용부(현재 丁憂) 등 다섯 명은 전임 광동 포정사였다. 열 명 가운데 일곱 명은 전임 광동 포정사와 안찰사였으므로 상급관료 우대 원칙이 적용된 사례로 볼 수 있다. 또 진회는 실찰 당시에는 해방 동지 서리 겸 후보(候補) 지부였으나 현재는 감숙 안찰사이므로 상급관료 우대 원칙이 적용된 사례로 볼 근거가 전혀 없지는 않다. 하지만 나머지 두 사람 즉 장창은 실찰 당시 향산현 지현 서리 겸 사회현 지현으로 있다가 현임 복건 정주부 지부로 승진하여 휴직한 상태였고, 사명아는 실찰 당시에 소주부 지부 서리 겸 남웅부 통판(通判. 현임은 불명)이었다. 따라서 두 관원에 대한 사면 조치는 상급관료 우대 원칙이 적용된 것으로 이해하기가 어렵다. 이번 사면은 처벌 대상 관료의 지위 고하라든가 출신 민족을 기준으로 삼아 단행된 것이 아니었다.

사면 근거가 관원 자체에 있었던 것이 아니라면 처분 내용에 무언가 공통점이 있을 수도 있다고 추정해 볼 수 있다. 사면 처분의 내용은 종관면혁임(일곱 명)과 종관유임(두 명) 그리고 보관일종관면혁임(한 명)이다. 보관일종관면혁임은 복상 중인 진용부가 복직할 때 종관면혁임하겠다는 것이므로 사실상 여덟 명이 종관면혁임 처분을 받았다. 유임(留任)이나 면혁임(免革任)은 해임시켜야 할 관료를 현재 직임에 계속 근무하게 하는 처분이다. 사면 대상인 열 명의 관료들은 이전의 인사 평정에서 모두 혁직(=파면)유임 처분을 받아 이번에 실찰 혐의로 처벌을 받으면 예외 없이 관직에서 퇴출당할 수밖에 없는 막다른 처지에 놓인 자들이라는 공통점이 있었다. 이들은 사면을 받음으로써 관직에서 퇴출당하지 않고 현재 직무를 계속 수행할 수 있었다. 건륭제의 사면 목적은 이들의 파면을 막고 현재 직책을 계속 맡기려는데 있었던 것이다.

지현과 같은 하급관료는 대체로 자신의 과오만 책임지지만 이들을 감독하는 상급관료인 포정사, 안찰사, 총독과 순무 등은 자신의 과오는 물론 하급관료들의 과오에 대해 연대 책임을 져야 했다. 따라서 관직 경력이 긴 고위 지방관일수록 공을 세워 포상받을 가능성 보다는 하급관료의 실책으로 연대 처벌을 받을 가능성이 더 높았다. 건륭 후반기처럼 관료들이 부패나 무능으로 처벌받는 횟수가 늘어나는 시기일수록 상급관료들의 처벌이 누적되었다. 행정 일선에서 수십 년 동안 경험을 쌓아 건륭제의 지방 통치를 적극적으로 보좌하는 고위 지방관으로 활약할 때가 되면 누적된 처벌 때문에 오히려 관직에서 쫓겨나는 모순이 발생하게 된 것이다.

이런 문제점을 알고 있었던 건륭제는 포정사, 안찰사, 총독과 순무 등 고위 지방관이 공무를 처리하다 여러 번 처벌받고 관직에서 물러나야 하는 궁지에 몰리면 혁직유임 처분으로 현직에 그대로 머물게 하여 경륜을 펼칠 기회를 주었다. 대표적인 사례가 건륭 51년(1786) 당시 사천 총독이던 이세걸 (李世傑)의 경우이다. 그는 건륭 47년(1782) 4월부터 건륭 54년(1789) 11월까지 사천 안찰사, 하남 순무, 사천 총독, 호북 순무, 양강 총독, 호남 순무 등의 고위 지방관직을 역임했다. 7년 7개월가량의 임기 동안 모두 열세 번에 걸쳐 처벌당했는데 그 가운데 적어도 여섯 번은 하급관원의 과오에 대해 상급자로서 관리 감독을 소홀히 했다는 책임을 추궁당한 결과였다. 건륭제는 앞의 다섯 차례 처벌에서는 강이(삼)급유임 처분을 내렸지만 더 이상 처벌을 받으면 관직에서 해임되어야 할 뒤의 여덟 차례 처벌 가운데 일곱 차례는 면혁임(免革任), 혁직유임, 혁직종관유임 처분을 내려서 현직에

유임시켰다.[153]

건륭제가 열 명의 관료를 사면함으로써 이번 실찰에 연루된 광동의 전임·현임 지방관 가운데 관직에서 쫓겨나는 사람은 아무도 없게 되었다. 사면 대상 열 명 가운데 일곱 명이 실찰 당시 전임 광동 포정사·안찰사 등의 고위 지방관이었다. 이들은 실찰관원을 처벌하던 건륭 51년(1786) 당시에는 상서와 시랑 등 고위 경관(京官)과 각 성의 총독, 순무, 안찰사, 포정사 등으로 활약하고 있었다. 광동성 실찰관원에 대한 사면 조치의 최대 수혜자는 바로 이들이었다. 사면하지 않는다면 광동성에만 한정해보더라도 현재의 고위 경관과 각 성의 고위 지방관으로 활약하는 관료들 다수가 실찰 때문에 관직에서 쫓겨날 처지였다. 여기에 호남·호북·섬서·강서·직례·산동·하남·감숙 성의 실찰관원으로서 같은 처지에 놓인 자들도 부지기수였다.

그러므로 건륭제는 광동을 비롯한 각 성의 실찰관원에 대해 사면할 수밖에 없었고 군기처의 군기대신, 내각의 대학사, 이부 상서도 사면에 동의했다. 반면에 급사중 유소금(劉紹錦)은 건륭 51년(1786) 12월 16일 사면에 반대하는 주접을 올렸다.[154] 그는 현임 포정사나 안찰사 이상의 고위 관료를 (혁직)유임시킨 조치는 '성은(聖恩)'을 베푼 것이지만 나머지 실찰관원에 대한 처분은 타당하지 않다고 이의를 제기했다. 실찰관원을 처분하면서 건륭제는 광동·산서·강서 등 성의 하급 실찰관원 가운데 이번 처벌이 보태지면 혁직당해 관직에서 쫓겨날 자들에게는 모두 종관유임 처분을 내렸다. 반면에 같은 처지에 놓인 호광·섬서·사천·산동·직례 등 성의 하급 실찰관원에게는 강조송부인견(降調送部引見) 처분을 내렸다.[155] 강조송부인견 처분을 받은 관료들은 본직을 이임할 때 총독이나 순무가 작성한 인사 고과 평가서류를 지참하여 황제를 알현한 후에 임용되거나 파면당했다.[156] 급사중 유소금은 동일 사안에 대한 처벌이 '획일(劃一)'적이지 않다며 형평성의 문제를 지적했다.

유소금의 지적에 대해 건륭제는 자신이 수시로 정상을 참작하여 서로 다르게 처리한 것이라고 해명했다. 그리고 이렇게 조치할 수밖에 없었던 까닭을 다음과 같이 말했다.

> 인재를 얻기 어려운데 이들에 대한 실찰처분은 공무를 집행하다 과오를
> 범한 (관원을 처벌하는) 것에 속한다. 만일 해당자를 모두 강조(降調)시키면
> 애석하기 그지없다. 예컨대 이봉(李封. 현임 호북 순무)이나 진회(현임
> 감숙 안찰사)는 모두 도부(道府)의 직임을 수행할 때 실찰했으나 처분이
> 논의될 때는 이미 순무나 안찰사와 같은 고관으로 발탁되었으므로 (지난
> 일로) 처분하기 어려워 즉각 (처분 내용을) 바꾸었다. 또 이번 사안에 연루된
> 자로서 이임하면서 인견(引見)하는 도부주현관(道府州縣官)은 짐이 재주를
> 헤아리고 은혜를 베풀어 대부분 녹용(錄用)할 것이다. 이는 짐이 사람을
> 쓰면서 부득이하게 고심한 것(用人不得已之苦心)이다.[157] (괄호안은 저자)

이처럼 건륭제는 교안 처리를 위해 하달한 최초의 상유에서 실찰관원
처벌을 강경한 어조로 명령한 것과는 대조적으로 실제 처벌과정에서는
완화된 조치들을 취했다. 다수의 실찰관원을 원칙대로 처벌하면 행정을
안정적으로 운영하기가 어려워질 수 있었기 때문이었다. 특히 상서나 시랑,
각 성의 총독과 순무, 안찰사, 포정사 등 중앙과 지방의 많은 고위관료가
일시에 관직에서 쫓겨난다면 행정이 마비될 수도 있었다. 새로운 인물로
교체한다고 해도 그들이 전임자들보다 나으리라는 보장도 없었다. 여기에
다수의 지현이나 지부 등 하급관료까지 일시에 파면된다면 부정적 여파가
더욱 심해질 것임은 충분히 예견할 수 있었다. '인재난득(人才難得)', '용인부
득이지고심(用人不得已之苦心)'이라는 말은 건륭제가 실찰관원 처벌을 놓고
원칙과 현실 사이에서 얼마나 고뇌했는가를 잘 드러내고 있다. 처벌은
하되 재기할 기회는 부여한다는 방식의 실찰관원 처벌은 원칙과 현실을
모두 고려한 건륭제의 고육책이자 용인술이었다.

7. 주접과 상유 왕래를 통한 독무(督撫)와 건륭제의 소통

건륭제는 총독과 순무를 비롯한 지방관들이 올린 주접을 읽고 지시사항을 담은 상유를 내리는 방식으로 '건륭대교안'을 처리했다. 건륭제는 교안 처리 방향과 내용을 총지휘하는 감독 역할을, 총독·순무 등의 관료는 황제의 명령을 이행하는 집행자 역할을 담당했다. 허선(和珅)이나 아구이(阿桂)처럼 건륭제의 신임을 받으면서 황제의 명령을 자기(字寄)[158]로 작성하여 지방의 총독과 순무에게 전달한 군기대신의 역할도 무시할 수 없으나 교안 처리의 주역은 건륭제였다. 이런 사실을 분명하게 드러내 주는 문건이 건륭제가 교안을 처리하기 위해 독무들에게 최초로 하달한 건륭 49년(1784) 8월 20일자 상유였다. 이 상유는 교안 처리 방침을 밝힌 포괄적인 지침이었다. 그 내용을 다시 한번 떠올려 보면 상유에서 건륭제는 교안 처리를 위한 네 가지 방침을 밝혔다. ① 선교사의 내지 잠입을 주도한 광동 주재 선교사 토레에 대한 문죄, ② 내지로 잠입하는 네 명의 선교사를 색출해내지 못한 연도의 지방관에 대한 처벌, ③ 내지로 잠입한 선교사의 신상 파악과 이들과 관련된 내지인 천주교도의 파악과 체포, ④ 독무들에게 회교도와 천주교도의 결탁 가능성에 대한 조사 명령이 그것이었다. 이후에 전개된 교안 처리 과정은 곧 네 가지 방침이 점진적으로 관철되는 과정이었다. 황제가 관료들과 상유와 주접을 주고받으면서 통치에 임한 것은 강희제 이래 만들어진 제도였고 건륭제도 이런 제도에 따라 교안을 처리했다.

교안을 처리하기 위해 건륭제가 하달했던 상유 가운데 현재까지 남아 있는 것은 〈표 2-1〉에 제시된 바와 같이 모두 45건이다. 이 상유는『고종실록』에 수록된 것과『천주교재화활동당안』에 수록된 것으로 나눌 수 있다. 전자에는 36건, 후자에는 41건의 상유가 수록되어 있다. 이 가운데 양측에 모두 수록된 상유는 32건이며, 전자에만 수록된 것은 4건, 후자에만 수록된 것은 9건이다.『고종실록』에 수록된 36건의 상유는 모두 수신자, 명령 내용,

〈표 2-1〉 건륭제의 상유 반포와 총독·순무들의 회신 상황

일련번호	당안문건번호	『고종실록』기록	상유작성일자	상유 수신자	주요 명령	비고
1	172/173/180/192	있음	건륭49년 8월20일	호광총독(*173)·양광총독(*172)·광동순무(**180)·섬감총독·섬서순무(*192)	토레 문죄. 실찰관원 처벌. 선교사체포독려. 회교와 천주교결탁 가능성 조사	
2	175/178/182		49.8.24	광동순무(**182)·호광총독(*175)·호남순무·조임호북순무(**178)	토레 문죄. 채베드로·장영신·유성전체포. 선교사 심문 후 북경압송	
3		있음	49.9.2	호광총독(*193)·호광제독서리(**189)	선교사 심문 후 북경압송. 교안은 총독이 처리	
4	179	있음	49.9.7	호광총독·섬서순무	선교사를 심문하여 사건 전모를 파악한 후에 북경으로 압송	협판대학사 허선자기(이하 협판대학사는 생략)
5	186	있음	49.9.13	호광총독(*200)·양광총독(*188)·광동순무(**209)	선교사 재물 사취한 유희등에 대한 처리 방침 지시	허선 자기
6	187	있음	49.9.14	호광총독(**200)·광동순무·민절총독·복건순무	애구삼·백금관 북경압송. 통역 북경 파견	허선 자기
7	191	있음	49.9.16	호북순무(**203)·호남순무(*205)·사천총독(**212)·광동순무	교안 처리 구실로 서리들의 발호하는 것 방지. 이대 북경압송. 소회덕 추적 체포	허선 자기
8		있음	49.9.23	사천총독·섬서순무·호광총독·산서순무·광동순무	천주교도체포·북경압송. 통역 북경파견	
9	227		49.9.25	사천총독(*240)·광동순무(*227)·민절총독·복건순무(*228. 민절총독과 복건순무 공동명의)	채베드로·사록무·장영신·황운·진록체포. 통역 북경파견	
10	204		49.9.28	호광총독·광동순무(*233)·섬서순무(*222)·산서순무	서안 천주당 수리 경위 파악. 사베드로·증학공 북경압송. 이탈리아어 능통한 통역 북경 파견	허선 자기
11	213	있음	49.10.2	광동순무	행상 반문암 등의 벌은 12만냥 하남으로 보내라. 실찰관원 조사 보고	허선 자기

12	214	있음	49.10.2	광동순무	채베드로 체포 독려	상유
13		있음	49.10.6	하남순무·호광총독	선교사 물품을 강탈하고 도주한 자를 형부로 압송	
14	225	있음	49.10.9	호광총독(*241)·호북순무	채베드로·장영신 체포독려. 초진강 등 북경 압송	허선 자기
15	229	있음	49.10.14	호광총독·섬서순무	서양어 편지 10통의 발신자와 수신자 조사	협판대학검상서 허선 자기(이하 협판대학사 생략)
16	237	있음	49.10.19	섬서순무·광동순무	서안 천주당 수리 정황 파악. 채베드로 체포 독려	상서 허선 자기
17	250	있음	49.11.3	양광총독·민절총독(*264)·호광총독·복건순무(**272)·호남순무·광동순무	채베드로·사록무 체포 독려	상서 허선 자기
18	255	있음	49.11.7	산서순무	산서에서 체포된 교도들은 필요할 때 압송 지시	상서 허선자기
19	257	있음	49.11.11	양광총독·광동순무(*291.양광총독과 광동순무 공동 명의)·광동순무(**270)·월해관감독	서양인의 광주 상관 거주는 계속 허락	상서 허선 자기
20	258	있음	49.11.11	섬서순무·직례총독(**259)·산서순무·산동순무(**266)·호광총독·호북순무·호남순무(*277)	선교사 및 내지인 포교자 색출	상서 허선자기
21	263	있음	49.11.15	직례총독(**265)·산서순무·산동순무(*280)·호광총독·호남순무(*278)	선교사 및 내지인 천주교도 처벌 지침	상서 허선 자기
22	268	있음	49.11.18	산서순무	선교사 체포 독려	상서 허선 자기(『고종실록』에는 11월 17일자에 수록했으나 18일의 오류
23	269	있음	49.11.19	직례총독(**274)	선교사 마거리타·어거스티노와 이들을 인도한 노유필약 체포 독려	상서 허선 자기
24	271	있음	49.11.20	양광총독·직례총독(**275)·호광총독·광동순무·산서순무	선교사 체포 독려 및 내지인 천주교도 처벌지침	상서 허선 자기

25	273	있음	49.11.21	(*298)·산동순무·호남순무·섬서순무· 직례총독(**279)	체포한 유도마는 형부로 압송하라	상서 허선 자기(『고종실록』에는 11월 23일, 주접에 24일 자 상유로 기록. 모두 21일의 오류.
26	285	있음	49.11.30	양광총독·광동순무	봉사하는 서양인이 충분하니 당분간 북경으로 보내지 마라	상서 허선 자기
27	287	있음	49.12.5	양광총독·광동순무 (**312. 양광총독·광동순무 공동명의)·광서·호북·호남·산동 (*295)·산서순무·직례총독(**289)·호광총독(**303)	선교사 체포독려	대학사공 아구이, 협판대학사 상서 허선자기)(이하 대학사공·협판대학사상서 는 생략)
28	294	있음	49.12.9	직례총독(**300)	선교사 체포 독려	허선 아구이 자기
29	307	있음	49.12.17	섬감총독·섬서순무·하남순무(**308)·산동순무(**310)·안휘순무(**317)·호리(護理)강서순무인무(印務)포정사서리(**320)·귀주순무(**321)·민절총독복건순무서리(**323)·양광총독·광동순무(**324양광총독·광동순무 공동명의)·절강순무(**326)·호리(護理)광서순무인무(印務)포정사(**329)	천주교와 회교가 결탁하는지 감시	허선 아구이 자기
30	311	있음	49.12.24	호광총독(*325)	채베드로 체포 독려 (광동에는 채베드로가 없다)	허선 아구이 자기
31	314	있음	49.12.25	직례총독	합법적으로 북경에 온 선교사를 체포하려는 착오는 중지	허선 아구이 자기
32	319	있음	49.12.28	산동순무(**322)	이성 체포 독려	허선 아구이 자기
33	335	있음	50.2.11	직례총독(**340)·양광총독·광동순무(*344.양광총독·광동순무 공동명의)·산동순무	이강의·선교사 자랄리 등의 체포 지시. 범인 체포에 공을 세운 관원을 보고하라	허선 아구이 자기
34	336		50.2.11	산동순무	선교사 카발리 체포	허선 아구이 자기

					에 가장 먼저 공을 세운 관원 한 명만 보고 하라	
35	339	있음	50.2.16	직례총독(**343)·산동순무	자랄리를 속히 체포하라. 서양인에게 백은을 받은 신부 주행의의 가산을 몰수하라	허선 아구이 자기
36	341	있음	50.2.20	성도장군·사천총독(**350)	선교사와 '요범'은 북경으로 압송하고 나머지는 지방에서 처리하라.	허선 아구이 자기
37	355		50.3.22	양광총독서리 손사의·호광총독·호북순무·호남순무(*360)·민절총독	채베드로 체포 독려	허선 아구이 자기 (호남순무 주접에는 3월 24일로 되었으나 22일의 오류)
38	356		50.3.22	호광총독·호북순무	사교(邪敎) 신봉자 체포 독려	허선 아구이 자기
39	357	있음	50.3.24	양광총독서리 손사의(*364)	선교사 종신금고	허선 아구이 자기
40	366	있음	50.4.21	광동순무 손사의(*368)	채베드로 체포 독려	허선 아구이 자기
41	367		50.5.6	호남순무	채베드로 체포 독려	허선 아구이 자기
42	369		50.6.10	호광총독·호북순무(**370. 호광총독·호북순무 공동명의)·호남순무·민절총독(**372)	채베드로 체포 독려	허선 아구이 자기
43		있음	50.10.8		선교사 석방	
44	374	있음	50.10.18	양광총독 푸러훈	채베드로 체포 독려	상서 허선 자기
45	382		51.5.1	강서순무(*382)	애구삼 가산몰수	상서 허선 자기

해설 : (1) 상유 수신자란의 호광 총독(*173)은 건륭49년 8월 20일자 상유가 호광 총독이 올린 173번 문건(주접)에 일부분 인용되었다는 뜻. (2) 상유 수신자란의 호남순무조임(調任)호북순무(**178)는 건륭49년 8월 24일자 상유가 호남순무조임호북순무가 올린 178번 문건(주접)에 전문(全文)이 인용되었다는 뜻. 즉 *는 상유 일부가 주접에 인용되었다는 표시. **는 상유 전문이 주접에 인용되었다는 표시임.

문서전달 방식 등이 기재된 완전한 형식을 갖추고 있다. 『천주교재화활동당안』에 수록된 41건의 상유 가운데 37건은 허선이나 허선·아구이가 공동으로 작성한 독립된 형태의 자기(字寄)이다. 반면 여기에 수록된 나머지 4건의 상유는 독무들이 보고한 주접 속에 인용된 자기이다. 교안과 관련하여 독무들이 건륭제에게 어떤 사항을 주접으로 보고할 때 대부분은 그 주접이 건륭 몇 년·몇 월·몇 일자 자기에 대한 회신이라는 사실을 도입부에 명시하고 있다. 그리고 자기의 전문을 다시 베껴 놓은 후에 명령에 따라 처리한 업무 내용을 보고하거나 혹은 자기 내용 중 자신의 업무에 직접 관련된 부분만을 베낀 후에 명령을 수행한 내용을 보고했다.[159] 주접을 작성할 때 자기의 전문을 인용해야 하는지 직접 관련되는 부분만 베껴야 하는지에 대한 규정은 없었고 총독이나 순무가 자율적으로 판단했다.[160] 독무들이 자기의 내용을 주접에서 베껴 씀으로써 건륭제는 자신이 내린 어떤 명령을 독무들이 어떻게 준행하고 있는지 주접만 읽으면 일목요연하게 파악할 수 있었다.[161] 〈표 2-1〉의 문건번호는 『천주교재화활동당안』에 수록된 당안의 일련번호이다.

〈표 2-1〉에 따르면 건륭제가 교안을 처리하기 위해 독무들에게 하달한 상유의 빈도는 시기에 따라서 다르다. 즉 교안 발생 사실을 최초로 보고받은 건륭 49년(1784) 8월에는 하순에 2건의 상유를 하달했지만 9월에는 8건, 10월에는 6건, 11월에는 10건, 12월에는 6건, 이듬해인 건륭 50년(1785) 2월에는 4건, 3월에는 3건, 4월·5월·6월에는 각각 1건, 10월에는 2건, 건륭 51년(1786) 5월에는 1건의 상유를 독무들에게 하달했다. 주접과 상유의 왕래 정황과 교안의 처리 내용을 기준으로 하면 교안이 실질적으로 지속된 기간은 호광 총독 터청어가 주접을 통해 교안 발생 사실을 최초로 보고한 건륭 49년(1784) 8월부터 실찰관원 처분을 마무리 지은 건륭 51년(1786) 12월까지 29개월이다.

그 가운데 건륭제의 상유가 지방 독무들에게 집중적으로 하달된 시기는 건륭 49년(1784) 8월부터 그해 12월까지 다섯 달 동안이었다. 건륭제가 교안 처리를 위해 작성한 45건의 상유 가운데 71퍼센트에 해당하는 32건이 초기 다섯 달 동안에 집중적으로 하달되었다.

따라서 이번 교안 발생 시점부터 건륭 49년(1784) 12월까지 다섯 달 동안은 교안 처리를 위한 상유와 주접이 빈번하게 왕래한 분주한 시기이며 그 이후 스물네 달은 상대적인 소강기라 할 수 있다. 교안 처리 초기에 해당하는 분주한 시기와 중후기에 해당하는 소강기에 행해진 청조의 조치들을 거시적인 관점에서 정리해보면 분명한 차이가 있다.

초기의 분주한 시기 다섯 달 동안은 교안의 중대 사안을 처리하는 단계였다. 이때 취해진 조치로는 광주에서 서안으로 잠입하려던 선교사 네 명 및 그들과 연관된 내지인 천주교도 체포, 선교사 잠입을 총지휘한 선교사 토레 체포, 이전부터 내지에 잠입해 있던 선교사 체포, 체포된 '요범'들을 북경으로 압송하여 법정에 세우고 실찰관원을 탄핵하는 것이었다. 그 후의 소강기 스물네 달 동안은 주로 앞에서 미처 해결하지 못한 중대 사안들을 수습하고 마무리하는 단계였다. 이때 취해진 조치는 주모자 채베드로를 계속 추적하고, 미처 체포하지 못한 선교사나 그 밖의 내지인 천주교도를 색출·처벌하며, 실찰관원으로 탄핵된 자들을 처벌하고, 구금되었던 선교사들을 석방하는 것이었다.

초기의 다섯 달 동안 건륭제의 이목(耳目)이 집중된 지역은 호광·광동·섬서·직례·산서 등지였다. 〈표 2-1〉에서 드러나듯이 이 지역을 관할하던 독무들에게 상유가 집중적으로 하달된 사실에서 이런 측면을 감지할 수 있다. 상유가 빈번하게 내린 것은 해당 지방관에게 처리할 업무가 그만큼 많이 할당되었다는 사실을 의미한다.

교안 처리와 관련하여 독무들 가운데 건륭제로부터 가장 많은 상유를 하달받은 자는 호광 총독 터청어였다. 그는 20건의 상유를 받았는데 특히 초기 다섯 달 동안 85퍼센트에 해당하는 17건의 상유를 집중적으로 받았다. 8월에는 2건, 9월에는 6건, 10월에는 3건, 11월에는 4건, 12월에는 2건이었다. 건륭제는 호광 총독이 교안을 처리하는 데 핵심적인 역할을 수행하리라고 기대하며 빈번하게 상유를 내렸다. 호광 총독은 서안으로 잠입하던 선교사와 내지인 천주교도를 체포하여 최초로 교안 발생 사실을 보고한 장본인이었으므로 건륭제의 이런 기대는 당연한 것이었다.

그런데 이 다섯 달 동안 건륭제가 매달 상유를 내린 건수와 독무 개인에게 내린 상유의 건수를 비교해 보면 흥미로운 사실을 발견할 수 있다. 그것은 건륭제가 각 독무들에게 다섯 달 동안 비슷한 수준의 관심을 유지하지 않았다는 점이다. 호광 총독의 경우 8월과 9월에는 다른 독무들에 비해 월등히 많은 상유를 받았지만 10월과 11월 들어서는 수량이 절반으로 줄고 12월에는 1/3로 줄어들었다. 호광에 대한 건륭제의 관심은 8월과 9월에 가장 높고 10월과 11월 중간쯤이며 12월에는 상대적으로 느슨해졌다. 이런 정황은 호광 총독이 교안을 처리하기 위해 건륭제에게 올린 주접의 건수에서도 확인할 수 있다. 호광 총독은 초기의 다섯 달 동안 건륭 49년 8월에는 3건, 9월에는 12건, 10월에는 11건, 11월에는 4건, 12월에는 4건, 그 이후에는 2건 등 모두 36건의 주접과 첨부문건을 올렸다.[162] 그가 올린 주접과 첨부문건 수는 독무들 가운데서 가장 많았다. 그의 보고 문건은 9월과 10월에 집중되었는데 이는 건륭제의 상유가 주로 8월과 9월에 하달된 것과는 한 달가량 시차가 난다. 시차는 북경에서부터 총독 아문이 소재한 호북성 무창(武昌)으로 상유가 전달되는 데 필요한 시간과 상유의 지시사항을 수행하는데 소요한 시간 때문에 발생했다.

초기의 다섯 달 가운데 가장 주목할 만한 날은 9월 18일과 9월 23일이었다. 9월 18일은 호광 총독이 1건의 주접과 5건의 첨부문건으로 구성된 일련의 문서들을 한꺼번에 건륭제에게 올린 날이었다. 6건에 달하는 문서 분량은 각지의 총독과 순무들이 교안을 처리하기 위해 하루에 보고한 문건 분량 중에서 가장 많았다. 주접의 내용을 요약하면 이렇다. 호광 총독은 선교사를 심문하려 했으나 광동에서 온 통역들은 선교사들이 말하는 이탈리아어를 몰라서 그러지 못했다. 대신 호광 총독은 호남 상담현·무릉현·호북 양양현에서 체포당해 무창으로 압송되어 온 내지인 천주교도 열 명을 혹독하게 고문했다. 이들은 내지인 신부 채베드로가 선교사를 광주에서 서안으로 잠입시키려던 계획과 관련자들에 대해 자백했다. 호광 총독은 이들의 진술을 토대로 선교사의 서안 잠입 계획의 자세한 전말과 관련자들의 신상을 건륭제에게 보고할 수 있었다. 그는 광동 순무와 사천 총독에게도 관련자들의 신상 명세를 통보하고 그들을 체포하도록 긴급 공문(飛咨)을 보냈다.[163] 5건의 첨부문서에는 주접에서 거명된 네 명의 선교사 성명과 서른일곱 명(열 명은 체포, 스물일곱 명은 미체포)의 내지인 천주교도의 성명, 원적지, 그들의 거주지에서 압수한 천주교 관련 물품과 서적 목록이 포함되었다.[164]

9월 23일은 호광 총독이 보낸 6건의 문서를 건륭제가 읽은 날이었다. 보고 문건을 읽은 건륭제는 미체포자들의 연고지인 호광·사천·섬서·산서성의 독무들에게 이들을 신속하게 체포하라고 명령했다. 또 사천 총독에게는 '황당무계'한 내용이 담긴 통공연령단을 제작, 배포한 성도현 주민 황운을 체포하도록 지시했다. 광동 순무에게는 이탈리아어에 능통한 통역 한둘을 신속히 북경으로 보내 선교사들을 심문할 때 통역할 수 있게 하라고 명령했다.[165] 상유를 받은 사천 총독은 10월 21일자 주접에서 성도현의 황운을 체포, 심문하여 통공연령단의 제작 경위를 밝혔다고 보고했다.[166] 광동 순무는 10월 3일자 주접에서 광주에는 이탈리아어에 밝은 사람이 없으므로 궁궐에서 봉사하는 이탈리아 출신의 화가 어거스티노와 외과의사 마거리타를 통역으로 활용하면 좋겠다고 요청했다.[167]

호광 총독이 보고한 6건의 문서는 분량만 많았던 것이 아니라 내용면에서도 두 가지 중요한 사실들을 담고 있었다. 하나는 전술한 바와 같이 천주교 공동체가 혈연과 지연에 기초하여 촌락이나 현(縣)내에서 형성되었다가 신부와 같은 지도자들의 활동으로 현을 초월하여 현과 현이 연계된 공동체를 구성한다는 점이었다. 다른 하나는 주모자들에 대한 상세한 정보를 담고 있다는 점이었다. 호광 총독의 보고 문서에는 주모자 채베드로의 원적지 및 본명과 관련된 정보가 포함되어 있었다. 또 다른 주모자인 진록과 초진강이 광주에서 북상한 선교사들을 호북 번성(樊城)에서 영접하여 서안으로 인도하기로 계획했다는 내용도 포함되었다. 이런 세세한 내용을 보고받음으로써 건륭제는 교안 발생 초기에 주모자들과 천주교 공동체의 지연·혈연적 특성을 파악할 수 있었다. 그래서 그는 지역에 근거한 치안조직인 보갑제를 통해 신속하게 관련자를 체포하라고 명령했다. '요범'의 북경 압송을 지시하고 재판과 처벌 기준도 마련했다. 9월 18일과 9월 23일은 교안 수사의 큰 가닥이 잡힌 날이었다.

초기의 다섯 달 동안 호광 총독이 올린 주접 전체를 살펴보면 건륭제가 파악한 교안의 전모가 어떠했는지 드러난다. 호광 총독의 주접 가운데 가장 많은 내용은 선교사와 내지인 천주교도의 추적과 체포, 심문, 북경 압송에 관련된 것이다. 그 다음은 교안을 처리하면서 부정을 저지른 관원과 포역들이나 실찰관원에 대한 처벌과 유공자 포상 주청이었다.[168] 이런 내용을 8월 20일자 건륭제의 첫 번째 상유와 관련지어보면 호광 총독은 상유의 네 가지 명령 가운데 ③ 내지로 잠입한 선교사의 신상파악과 이들과 관련된 내지인 천주교도 체포에 주력했다. 호광 총독의 독특한 역할은 주모자인 초진강·진록이나 또 다른 주모자 채베드로의 오른팔 노릇을 했던 통역 장영신 등을 체포하여 교안 전모를 신속하게 파악하여 보고했다는 점에서 찾아야 할 것 같다.

호광 총독 다음으로 교안 처리에 중요한 역할을 수행한 관료는 광동 순무 손사의였다. 그는 건륭제로부터 모두 19건의 상유를 하달받았는데 이는 호광 총독 다음으로 많은 분량이었다. 광동 순무가 받은 상유의 월별 분포를 살펴보면 건륭 49년(1784) 8월에 2건, 9월에 4건, 10월에 3건, 11월에 4건, 12월에 2건, 건륭 50년(1785) 2월에 1건, 3월(이때는 양광총독 서리 직함으로 상유를 하달받음)에 2건, 4월에 1건이었다. 교안 처리 초기의 다섯 달 동안 15건(78.4퍼센트)의 상유를 집중적으로 하달받은 정황은 호광 총독과 비슷하다. 중후반기 스물네 달 동안에는 4건의 상유를 하달받았다. 횟수는 적지만 4건의 상유 속에는 중후반기까지 해결할 수 없었던 교안의 난제도 포함되었다. 4건의 상유 가운데 하나는 선교사들의 종신금고형을 통지하는 것이었으며 다른 하나는 새로이 행적이 드러난 광동 천주교도 이강의(李剛義)·진어거스틴(陳鄂斯定)의 체포 지시였다.[169] 진어거스틴은 금방 체포되었고[170] 이강의는 사망했다는 사실이 확인되었다.[171] 선교사의 처벌에 대한 통지와 신속하게 해결된 2건의 사안을 언급한 상유는 난제를 담은 것은 아니었다. 나머지 상유 2건의 내용은 교안 초기부터 줄곧 부심했던 주모자 채베드로 체포에 대한 독려였다. 호광과 광동을 비롯한 각 성(省)에서 도 많은 인력을 동원하여 추적했지만 끝내 그를 체포하지 못했다는 점에서 이 사안이야말로 교안의 난제였다. 중후반기 스물네 달 동안 건륭제가 호광 총독에게 하달한 3건의 상유 가운데 2건이 채베드로 체포를 독려하는 것이었다. 같은 기간 동안 민절(閩浙) 총독 역시 2차례나 건륭제로부터 같은 명령이 담긴 상유를 받았다. 교안 중후반기 스물네 달 동안 채베드로가 잠적했다고 추정되던 남방 지역을 관할하던 독무들에게나 건륭제에게나 채베드로 체포는 중대 현안(懸案)이자 난제였다. 마카오에 대한 광동 순무의 압력행사에도 불구하고 채베드로는 포르투갈 당국의 도움으로 포르투갈의 식민지였던 인도 고아로 도주했다.

이번 교안에서 마카오 당국, 마카오나 광주에 주재하던 양상(洋商)과 접촉하면서 대(對)서양 창구 노릇을 한 관료가 광동 순무 손사의였다. 광동 순무는 교안 처리를 위한 업무의 상당 부분을 대서양 창구 역할에 할애했다. 광동 순무는 교안 처리를 위해 31건의 주접과 첨부문건을 건륭제에게 보고했 다. 이 수치는 호광 총독 다음으로 많은 것이었다. 교안 처리 초기의 다섯 달에 속하는 8월에는 1건, 9월에는 9건, 10월에는 6건, 11월에는 1건, 12월에 는 4건으로 모두 21건의 보고를 올렸다.[172] 보고 문건의 내용을 살펴보면 초기의 다섯 달 동안 광동 순무가 수행한 역할 즉 실찰관원 조사나 토레를 비롯한 서양인 심문, 내지인 천주교도의 체포와 북경압송 따위는 다른 독무들의 역할과 별반 다르지 않다. 반면 채베드로를 체포하기 위해 안찰사를 마카오로 파견하여 당국자들과 접촉하게 한 조치는 다른 독무들에게서는 찾아볼 수 없는 독특한 역할이었다. 하지만 초기의 다섯 달 동안에 마카오와의 접촉은 한 차례에 그쳐 이 기간 동안에는 광동 순무가 대서양 창구 역할을 적극적으로 수행했다고 판단하기는 어렵다.

중후반기에 접어들면 광동 순무의 대서양 창구 역할이 훨씬 두드러진다. 광동 순무는 교안 처리 중후반기에 접어들자 건륭 50년 1월에 1건, 2월에 1건, 3월에 4건, 4월에 3건, 5월에 1건 등 모두 10건의 주접과 첨부문서를 건륭제에게 올렸다. 광동 순무가 보고한 문건이 초기의 다섯 달 동안에 집중되기는 했다. 하지만 그 정도는 21/31(67.7퍼센트)이었으므로 호광 총독의 집중도 34/36(94.4퍼센트)에 비하면 현저하게 낮았다. 중후반기 스물네 달 동안 건륭제와 호광 총독 사이에 오고간 상유와 주접이 각각 3건과 2건이었던데 비해 같은 기간에 건륭제와 광동 순무 사이에 왕래한 상유와 주접은 각각 4건과 10건이었다.

호광 총독과 건륭제 사이에서는 교안 처리를 위한 상유와 주접의 왕래가 소강상태에 접어든 데 반해 건륭제와 광동 순무 사이에는 상대적으로 활발하게 상유와 주접이 오갔다. 건륭제가 내린 4건의 상유 내용은 앞에서 살펴보았다. 광동 순무가 올린 10건의 주접과 첨부문건의 내용은 두 범주로 나눌 수 있다. 그 하나는 주로 내지인 천주교도의 체포와 심문, 북경 형부 압송 사실을 보고한 것이다. 다른 하나는 채베드로를 체포하려고 청조 관원들이 마카오로 가서 활동한 것이다. 채베드로를 수색하고 체포하기 위해 마카오 동지와 불산 동지가 마카오로 가서 루손(呂宋) 출신 의사인 마틴(瑪丁)을 심문하거나, 마카오와 광주의 양상(洋商)에게 청조의 법률을 준수하도록 요구하거나, 포정사가 마카오로 가서 활동한 내용을 담은 3건의 보고 문건이 여기에 속한다. 건륭 50년(1785) 3월, 4월, 5월 매달 한 차례씩 청조 관료들이 마카오로 건너가 채베드로 수색과 체포에 나섰는데 이들을 파견하고 지휘한 자가 광동 순무였다. 마카오를 지배하던 포르투갈 당국의 비협조로 채베드로 체포가 무산되기는 했지만 광동 순무의 대서양 창구 역할은 이상의 사례들로서 충분히 알 수 있다.

이처럼 건륭제는 호광 총독을 통해서는 내지에서 활동하던 주모자 체포와 교안 전모 파악을, 광동 순무를 통해서는 마카오 당국과의 접촉 정황을 파악했다. 교안에 연루된 자들이 내지에서 활동하기도 했지만 마카오와도 연락을 취하고 있었으므로 두 관원의 역할은 교안을 수습하는데 반드시 필요했고 상호보완적인 측면도 있었다. 하지만 교안 처리에서 또 다른 핵심 사안 즉 천주교도와 회교도와의 결탁 여부-8월 20일자 상유에서 언급된 교안 처리의 네 번째 방침-에 대한 수사와 판단은 결탁 가능성이 무척 높았던 것처럼 보였던 섬서·감숙 지역을 관할하던 섬감 총독의 활동을 통해서 비로소 결론지을 수 있었다.

건륭제는 건륭 49년(1784) 12월 17일자 상유를 통해 천주교와 회교의 결탁 여부를 조사하라고 각지의 독무들에게 명령했다.173) 산동·귀주·민절·양광의 독무들은 12월과 이듬해 정월에 걸쳐 자신의 관할 구역 내에 거주하는 회교도들의 수가 많지 않으며 '간양불일(奸良不一)'하다거나 '안분생리(安分生理)'한다는 취지로 동태를 보고했지만 이들이 천주교도와 어떻게 다른지는 전혀 언급하지 않았다.174) 양자의 관계를 상세하게 파헤쳐 건륭제의 의심을 해소한 자는 회교도들의 집단거주지가 있던 섬서, 감숙 지역의 총독 푸캉안이었다. 그는 건륭 50년(1785) 정월 12일에 올린 주접에서 직접 관찰한 내용과 천주교도의 진술을 종합하여 회교도와 천주교도는 습속과 교리 면에서 확연한 차이가 있으므로 같은 종교를 신봉하는 것이 아니라고 보고했다.175)

푸캉안과 함께 섬서를 관할하던 순무 필원(畢沅)은 건륭 49년(1784) 11월 5일 선교사에 대한 극히 중요한 정보가 담긴 주접을 건륭제에게 올렸다. 선교사의 잠입을 모의한 장본인이 서안의 두흥지라는 내용을 담은 광동 순무의 공문을 받은 필원은 두흥지를 체포하여 이탈리아 출신의 선교사 매그니가 섬서에서 활동한다는 사실을 알아냈다. 매그니를 체포한 섬서 순무는 11월 26일에는 그에게서 각지에서 몰래 활동하는 선교사와 내지인 신부들의 신상을 자백받았다는 주접을 올렸다.[176]

매그니의 진술을 담은 11월 5일자 섬서 순무의 주접을 읽은 건륭제는 잠복한 선교사들을 일망타진할 기회가 왔음을 직감했다. 그는 섬서 순무의 주접을 인용한 11월 11일자 상유를 직례·산서·산동·호북·호남 지역의 독무들에게 하달하면서 선교사의 수색과 체포를 독려했다.[177] 섬서 순무의 주접이 전국적 규모로 선교사 수색과 체포에 나서게 한 중대한 전기를 제공했다. 상유를 받은 직례 총독·산동 순무·호남 순무 등은 관할 지역에서 적극적으로 선교사를 체포했다. 건륭 50년(1785)에 들어와 사천, 산동, 복건, 강서, 직례 등 전국에 잠복하던 선교사가 대부분 체포당했다. 체포된 선교사 중에는 매그니가 언급한 자는 물론 언급하지 않은 자들까지 상당수 포함되어 있었다. 청조의 입장에서 볼 때 교안의 마무리 단계인 스물네 달 동안에 거둔 최대의 성과는 내지에 장기간 잠복하면서 포교하던 선교사들을 체포했다는 점이었다.

섬서 순무의 건륭 49년(1784) 11월 5일자 주접과 11월 26일자 주접은 전국에 흩어진 선교사 체포에 결정적인 단서를 제공했다. 이 주접들은 건륭 49년(1784) 9월 18일에 호광 총독이 올린 6건의 보고 문건과 더불어 교안 수사를 진척하는데 필요한 가장 중요한 정보를 제공했다. 주접을 올린 후 얼마 지나지 않아 섬서 순무에게 뜻밖의 행운이 찾아왔다. 그는 건륭 연간 최대의 관료부패 사건이라는 '감숙모진안(甘肅冒賑案)'을 묵인했다는 혐의로 건륭 47년(1782) 정월 황제로부터 '강삼품정대(降三品頂戴), 유임순무(留任巡撫), 정지봉렴(停止俸廉), 불허정진공물(不許呈進貢物)' 처분을 당하는 정치적 곤경에 빠져 있었다. 그 후 건륭 49년(1784)에 감숙 염차도(鹽茶廳) 소속의 회민(回民)들이 반란을 일으키자 토벌 방책을 진언하고 군수물자를 적기에 보급한 공로로 황제의 격려하는 상유를 받고 재기의 발판을 마련하고 있었다. 그러다가 건륭 50년(1785) 2월 하남 순무로 조임(調任)되었다.[178] 발탁된 표면적 계기는 회민 반란 때 세운 군공이었다. 그런데 조임 시점이 군공을 세운 건륭 49년(1784)이 아니라 몇 달이 지난 건륭 50년(1785)이라는 사실에서 하남 순무 발탁에 군공 이외의 요소가 작용했음을 짐작할 수 있다. 군공과 조임이라는 두 시점 사이에서 필원이 건륭제의 눈에 띌 만큼 두드러지게 쌓은 업적은 매그니에게서 잠복한 선교사와 내지인 신부들의 신상 정보를 캐내어 교안 해결에 이바지한 것이 전부였다. 건륭 49년(1784) 11월에 올린 두 건의 주접이 섬서 순무였던 필원에게 하남 순무 조임이라는 행운을 안겨 준 것이 분명하다.[179]

이상에서 살펴본 바와 같이 건륭제는 전국 각지의 총독, 순무들에게 상유를 하달하고 그들에게서 주접으로 보고 받으면서 교안을 처리했다. 그는 특히 호광 총독, 광동 순무, 섬감 총독, 섬서 순무를 통해 교안의 핵심 사안들을 해결했다. 건륭제와 네 명의 독무들은 각각 감독과 집행자 역할을 분담하면서 교안을 처리한 주역이었다. 그 가운데 손사의, 필원, 푸캉안(건륭제의 사돈)은 관료로서의 능력이나 청 황실과 맺은 사돈 관계 때문에 건륭제의 두터운 신임을 받은 인물들이었다. 동시에 건륭제의 지방 통치를 보좌하는 유력한 조력자들이기도 했다. '건륭대교안'은 유력한 조력자들의 협조나 비협조[180] 속에서 처리되었다.

제3편
건륭 연간 이후의 천주교

제1장
가경 연간(1796~1820)의
천주교 전파와 청조의 대응

1. 천주교의 전파 양상

1) 팔기 기인의 전파

가경 연간 천주교 전파 양상의 특징은 기인(旗人)들이 천주교를 신봉했을 뿐만 아니라 포교에도 적극적으로 나섰다는 점이다. 건륭 연간까지는 천주교 전파 주체가 선교사들과 내지인(주로 한족) 천주교도에 한정되어 있었다. 그래서 교안이 발생하면 늘 선교사와 내지인 천주교도가 체포되어 처벌당했다. 그런데 가경 연간에는 팔기 기인들까지 연루되었다. 기인이 천주교도 혹은 천주교 전파자로서 활동했기 때문이다.

물론 기인들의 천주교 관련 활동이 가경 연간부터 시작된 것은 아니다. 〈표 3-1〉에 따르면 체포된 기인들의 아버지나 할아버지도 대부분 천주교도였다. 그런 사실이 이전에는 발각되지 않았으나 가경 연간에 드러났을 뿐이었다. 당시에 기인들의 천주교 관련 활동이 탄로난 까닭은 가경 9년(1804)~10년(1805)의 진요한 사건(후술)에 연루된 이탈리아 출신의 선교사 어거스티노가 심문을 받으면서 이들의 행적을 발설했기 때문이었다.

〈표 3-1〉 가경9(1804)·10년(1805)에 체포된 북경 거주 기인 및 가족의 천주교 신봉 정황

번호	이름	소속	직책	천주교 활동	출교여부	성별·나이
1	주병덕	양황기 한군	마갑	북경 천주교 4당에서 강경(講經)·강도(講道)	출교안함	남·64세
2	왕무덕	내무부 정백기 포의	한산으로 창춘원 문지기	북경 천주당 남당 회장, 강경·포교	출교안함	남·48세
3	동항선	정황기 한군	마갑	습교(習敎)	출교안함	남·38세
4	동명	정황기 한군	마갑	습교	출교	남
5	동사	정황기 한군	양육병	습교	출교	남
6	채영통	정황기 한군	마갑	습교	출교	남
7	퉁란	정람기 한군 경존 좌령	보군교	조, 부에게 습교	출교	남·47세
7-1	범씨	7의 후처		습교	출교	여·28세
7-2	이싱아	7의 아들		조,부에게 습교	출교	남·9세
7-3	대뉴	7의 장녀		조,부에게 습교	출교	여·24세
7-4	사뉴	7의 차녀		조,부에게 습교	출교	여·7세
7-5	오뉴	7의 삼녀		조,부에게 습교	출교	여·3세
8	이경희	정람기 한군 동연 좌령	부참령	습교	출교	남
8-1	가씨	8의 처		습교	출교	여
8-2	이전복	8의 아들		부에게 습교	출교	남
8-3	이선복	8의 아들		부에게 습교	출교	남
9	서커	정람기 한군	보군교	습교	출교	남
9-1	장씨	9의 처		습교	출교	여
9-2	무텅어	9의 아들		부에게 습교	출교	남
9-3	무커덩푸	9의 아들		부에게 습교	출교	남
9-4	무터허	9의 아들		부에게 습교	출교	남
9-5	무러푸	9의 아들		부에게 습교	출교	남
9-6	무퉁아	9의 아들		조,부에게 습교	출교	남
9-7	장순	9의 손자		조,부에게 습교	출교	남
9-8	장귀	9의 손자		조,부에게 습교	출교	남
9-9	장상	9의 손자		조,부에게 습교	출교	남
10	서민	정람기 한군	보군교	습교	출교	남
10-1	마씨	10의 처		습교	출교	여
10-2	파양아	10의 아들		습교	출교	남
10-3	이리포	10의 손자		습교	출교	남
11-1	투친	종실 수누의 증손자	홍대자	습교	출교안함	남
11-2	투민	종실 수누의 증손자	홍대자	습교	출교안함	남
12	쿠이민	정홍기 만주	좌령	조,부에게 습교	출교	남
13	워스푸	정홍기 만주	효기교	조,부에게 습교	출교안함	남

근거 : 『천주교재화활동당안』 제2책·제3책. 문건번호 412, 418, 420, 422, 423, 426, 427, 428, 431, 432, 433, 438, 506, 565.

〈표 3-1〉은 이때 체포된 북경 거주 기인의 소속과 가족, 천주교 관련 활동을 정리한 것이다. 〈표 3-1〉에 등장하는 기인과 그 가족들 그리고 종실 후손은 모두 서른네 명으로 팔기 전체에 비하면 극소수이다. 하지만 기인들의 천주교 신봉 행위가 갖는 정치적 의미나 파장을 생각해보면 이를 단순히 숫자상의 문제로만 접근할 수는 없다. 기인들은 청조 통치를 지탱하는 중추 세력이자 기득권층이었지만 오히려 금령을 어기면서 결과적으로는 지배체제를 이완시킬 수도 있는 행위에 몰래 가담했기 때문이다. 〈표 3-1〉에 등장하는 팔기 기인은 팔기 한군 출신 열 명과 팔기 만주 출신 두 명이다. 팔기 한군의 수가 많은 것은 천주교 전파자들의 절대다수가 한인이었다는 사실을 반영한다. 포교에 나선 한인 천주교도들은 아무래도 언어나 문화상의 이유 때문에 만주나 몽골 팔기보다는 한군 팔기에 쉽게 접촉할 수 있었을 것이다.

　팔기 한군의 직책은 마갑(馬甲. 驍騎營의 기병)이 네 명으로 가장 많고 한산(閑散. 직임 없는 자) 한 명, 양육병(養育兵) 한 명 그리고 보군교(步軍校. 정5품) 세 명과 부참령(副參領. 정4품) 한 명이었다. 이들 가운데 마갑과 한산, 양육병은 사병에 속하고 보군교와 부참령은 장교에 속한다. 사병 가운데는 마갑이 네 명, 장교 가운데는 보군교가 세 명으로 다수를 차지한다. 팔기 만주의 경우에는 장교인 좌령(佐領. 정4품) 한 명과 기병 장교인 효기교(驍騎校. 정6품) 한 명이 있다. 팔기 기인 천주교도에는 말단 사병에서부터 초급 장교와 중간급 장교에 이르기까지 다양한 계급이 포함되어 있었다. 기인 천주교도는 양황기, 정황기, 정람기, 내무부 정백기, 정홍기의 다섯 기에 분포하고 있으나 특히 정황기(네 명), 정람기(세 명), 정홍기(두 명)에 집중적으로 분포했다.

　분포 상황보다 더욱 중요한 문제는 팔기 기인들이 천주교도로서 어떤 삶을 살았는가 하는 점이다. 기인들이 살아가는 방식은 그들이 청조 지배체제의 옹호자로서 적합한지 그 여부를 판가름하는 중요한 지표가 되기 때문이다. 〈표 3-1〉을 살펴보면 중간급 장교인 보군교들은 대대로 집안에서 천주교를 전승(=習敎)했다. 퉁란(佟瀾)은 천주교도였던 할아버지와 아버지에게서 신앙을 물려받았다. 퉁란은 7세 이전에 아버지를 따라서 천주교당에 가서 늘 머리를 땅에 조아리고 천주를 받들었으며 결혼 후에는 자녀들을 모두 천주교도로 만들었다. 천주교도였던 그의 아내도 결혼 전부터 천주교도였을 것이다. 천주교도들은 내지인 사제나 선교사들로부터 자신들끼리 혼인하라는 강력한 권유를 받고 있었기 때문이었다.[1]

퉁씨(佟氏)의 천주교 신앙 연원을 거슬러 올라가보면 명말청초까지 소급할 수 있다. 퉁씨 집안은 입관 전에 대대로 심양(瀋陽), 중전소(中前所), 송산(松山) 일대에 거주하면서 청조에 공헌했다.[2] 이들은 순치제에게 집안의 딸(孝康皇后, 강희제의 어머니)을 결혼시켜 외척으로서 위세를 떨쳤다. 원래 팔기 한군에 배속되었던 퉁씨들은 강희 연간에 들어와 일부가 팔기 만주로 소속을 옮겼다.[3] 일족인 퉁궈치는 순치 연간에 남감 순무로서 강서 일대에서 천주교당을 중수하고 천주교 서적을 간행하며 선교사들을 보호했다.[4] 천주교에 무척 우호적이었던 퉁궈치나 천주교도였던 그의 부인이 어떻게 천주교를 접하였는지는 분명하지 않다. 다만 명말청초 이래 퉁씨 일족 중에 천주교도들이 포함되었다는 사실은 확인할 수 있다. 건륭 초중반 무렵에 활동했을 퉁란의 할아버지나 아버지가 천주교도로서 자식들에게 신앙을 전수하였던 것은 퉁씨 집안의 이런 내력 때문이었다.

퉁란은 천주교 포교에 직접 나서지는 않았다. 대대로 전해져 내려오는 신앙을 자녀들에게 물려주는 데 힘썼고 자신의 신앙을 묵묵히 지켰을 따름이었다. 그는 체포된 이후에 심문관에게 "천주교를 믿는 까닭은 단지 도둑질하거나 간음하지 않아서 죽은 후에 (영혼이 천국으로) 날아 올라가기 위함일 뿐"이라고 진술했다.[5]

서커(色克)도 다른 사람에게 포교한 흔적은 없다. 그가 팔기 한군의 보군교이기는 하지만 만주족으로 한군에 배속되었는지 아니면 한인인지도 분별하기조차 쉽지 않다. 서커라는 이름은 분명히 만주인 고유의 이름이고 아들들의 이름도 마찬가지이다. 서커의 만주어 발음은 seke로서 담비(貂鼠)를 의미한다.[6] 만주족은 자신의 이름을 동물 이름에서 즐겨 따오는 습속이 있었다. 서커의 아들 무텅어(穆騰額)의 만주어 발음은 mutengge로서 능력 있는 사람, 이룬 사람, 이루다는 뜻이다.[7] 서커와 그의 다섯 아들의 만주식 이름은 이들이 만주족일 가능성을 강력하게 시사한다.[8] 그런데 서커의 손자 세대의 이름은 장순(長順)·장귀(長貴)·장상(長祥)으로 만주족 고유의 이름이 아니라 한자의 뜻이 담긴 한인들의 이름이다. 만일 서커의 손자 세대가 만주인으로서 한화(漢化)된 이름을 사용했다면 이는 이들이 한인의 습속에 깊이 물들어 있었음을 암시한다.

다만 한인이 만주인 이름을 사용하는 경우도 전혀 없지 않았으므로 만주인 이름만으로는 만주족이라고 단정하기는 어렵다.[9] 서커와 아들들이 한인이었지만 만주인의 이름을 사용했다면 그들이 만주인의 정체성을 갖고자 했던 바람을 엿볼 수 있다. 그러나 서커 집안이 만주인이든 한인이든 서커의 손자 세대에 한인의 이름을 붙인 것은 만주의 정체성으로부터 한인의 정체성으로 회귀를 지향한 움직임으로 이해할 수 있다. 만주인의 만주 전통을 유지하려고 애쓰던 청조의 황제들에게는 결코 달갑지 않은 변화였다. 또 다른 보군교 서민(舒敏)도 가족들에게만 천주교 신앙을 물려주었다. 〈표 3-1〉에 등장하는 팔기의 군관인 보군교들은 천주교 신앙을 받아들이기는 했지만 포교 활동에 나서지는 않았다.

정홍기 만주 출신의 좌령 쿠이민과 효기교 워스푸는 만주인이었다. 이들은 할아버지와 아버지 세대로부터 천주교 신앙을 물려받았으나 만주인인 그들의 할아버지와 아버지가 어떤 경위로 천주교를 신봉하게 되었는지는 알 수 없다. 아마도 강희 연간의 전례논쟁 이전, 즉 천주교 신앙에 대한 제약이 거의 없던 무렵에 천주교에 귀의하였을 가능성이 높다.

만주인들의 천주교 신봉 경위는 종실이자 버일러(貝勒)였던 수누(蘇努)

집안의 사례에서 구체적으로 확인된다.10) 수누 자신은 천주교도가 아니었지만 아들들은 천주교에 귀의하고 유배지에서도 신앙을 포기하지 않았다. 〈표 3-1〉의 투친과 투민은 수누의 증손자들이었다. 수누의 아들들이 천주교를 신봉하게 된 까닭은 북경 천주교당에서 입수한 한문 천주교 문건들을 읽고 의문점들을 선교사들과 토론하면서 신앙을 받아들였기 때문이었다.11) 투친과 투민은 천주교 북당에서 견사회 출신의 프랑스인 라미오 신부로부터 천주교를 학습하고 각각 미카엘과 라파엘이라는 세례명을 받았다. 투민은 북당에 5, 6년 동안 거주하면서 설교와 전도를 담당하는 교리교사의 직책을 맡기도 했다.12)

팔기 기인 중에도 타인들에게 적극적으로 천주교 신앙을 전파한 자들이 있었다. 〈표 3-1〉에 제시된 양황기 한군의 마갑 주병덕(周炳德), 내무부 정백기 포의 한산 왕무덕(王茂德)이 그들이다. 가경 10년(1805) 체포 당시에 64세였던 주병덕은 북경의 네 천주당에서 활동하던 여덟 명의 교리교사 가운데 한 사람이었다. 여덟 사람 가운데 한 사람은 이미 사망했고 세 사람은 북경을 떠나 다른 성으로 가서 천주교 포교에 진력했다. 주병덕은 다른 세 명의 교리교사들과 함께 천주교 경전을 강해하고 교리서를 알기 쉽게 풀이해주는 일을 담당했다.13) 주병덕과 다른 교리교사들은 북경 천주당의 선교사들로부터 신학 교육을 받은 후에 활동했다. 북경 천주교 남당의 남자 교도 모임 회장이었던 정백기 포의 한산 왕무덕은 평신도 지도자로 활동했다. 남당에는 회장이 여섯 명 있었는데 그중 한 사람이 왕무덕이었다. 회장들도 남당에서 경전을 강해하고 포교하였는데 이들의 경전 강해는 교리교사들이 자리를 비웠을 때 그들의 역할을 대신하는 임시 활동이었다.14)

기인이 교리교사나 회장으로 활동한 것은 평민 출신이 신부로 활동한 것과는 의미가 달랐다. 평민이 천주교 사제로 활동한 행위는 개인 신앙의 문제라고 치부할 수 있으나 기인이 금령을 어기고 천주교를 신봉하면서 교리교사나 회장으로 활동한 것은 지배체제 수호 임무를 저버린 행위였다.

가경 연간에 두드러졌던 지배체제의 균열은 백련교 반란처럼 무력 저항을 통해 가시적으로 진행되기도 했지만, 기인들의 금령 위반과 같은 작은 범법 행위를 통해 드러나지 않게 진행되기도 했다.

가경 연간에는 천주교 단속 방면에서도 청조가 왕조 순환 사이클에서 중쇠(中衰)로 접어들었음을 느끼게 하는 변화가 나타났다. 우선 교안을 철저히 단속하려는 관원들의 의욕이 현저하게 줄어들었다. 건륭 연간에는 천주교도들을 취조할 때 심문관들은 그들의 신앙 유래를 물었다. 집안의 아버지나 할아버지에게서 신앙을 물려받았는지 혹은 다른 사람에서 전도를 받았는지를 확인하고 후자라면 포교자 신원을 확인하고 보갑조직을 통해 체포에 나섰다. 그러나 가경 연간에는 상황이 크게 달라졌다. 〈표 3-1〉의 천주교도 가운데 타인에게서 전도를 받았다고 진술한 사람들에 대해서 심문관들이 포교자가 누구인지를 캐묻고 체포하려고 시도하지 않았다. 체포된 천주교도를 처벌하는 선에서 적당히 마무리하고 연루자들을 철저히 색출하여 끝까지 단속하겠다는 의지가 희미해졌다.

다음으로는 문서행정 상의 효율성이 많이 떨어졌다는 점이다. 건륭 연간에는 교안을 보고하는 주접을 작성할 때 천주교도 개인별 일인칭 진술조서를 첨부했다. 여기에는 체포된 천주교도의 이름·본적·나이·직업 등의 인적사항이 포함되었고 천주교 관련 행적이 일인칭으로 상세하게 언급되어 있었다.[15] 진술조서를 읽으면 건륭제는 직접 대면하여 심문한 것이나 다를 바 없을 만큼 구체적이고 생생하게 전말을 파악할 수 있었다. 진술조서를 읽고서도 의문이 해소되지 않으면 건륭제는 주접을 올린 관원에게 궁금한 점을 다시 캐물었다. 하지만 가경 연간에는 분위기가 많이 달라졌다. 〈표 3-1〉의 천주교도들을 심문한 관원들은 많았지만 누구도 개인별 일인칭 진술조서를 작성하여 가경제에게 올리지 않았다. 가경제도 사건의 진상을 제대로 파악하기 어려운 주접을 받았지만 작성자에게 질문하지 않았다. 가경제는 교안의 전모를 파악하는 데는 관심이 없었고 체포된 천주교도를

처벌하는 일과 천주교도들을 단속하지 못한 관원들을 처벌하는 데 골몰했기
때문이었다.

2) 선교사와 내지인의 전파

내지인 천주교도들이 사천과 귀주의 경계를 왕래하며 포교했던 사실은
건륭·가경 연간에 나타난 새로운 현상이라 할 수 있다. 성(省)과 성 사이의
포교 활동은 이전부터 꾸준히 있어 왔지만 사천과 귀주 사이의 활동은
건륭 연간 이후에 두드러진다. 그 까닭은 로마 교황청에서 건륭 27년(1762)
사천과 귀주 교구를 합병하여 사천 대목구장이 관할하게 했고,[16] 또 경제적
으로 건륭·가경 연간에 들어와 두 지역 간 교역이 활발해졌기 때문이다.
사천 동부 일대의 경제 중심지 중경은 명말 청초의 동란에서 회복하고
건륭 연간에 접어들면서 경제적으로 귀주와 긴밀하게 연결되었다. 명말청초
전란기에 일시 생산량이 감소한 사천의 소금(井鹽)도 강희·옹정 연간에는
생산량이 회복되어 귀주로 공급되었고 건륭·가경 연간에도 그러했다. 가경
연간 중경에서 귀주 지역으로는 면포를 비롯한 수공업 제품이, 귀주에서
중경으로는 죽순을 비롯한 임산물이 귀주 상인과 중경 상인의 활동으로
활발하게 거래되었다.[17] 중경 상인들은 면포 교역에도 참여하여 중경과
귀주 사이의 교역로에서 활동했다.[18] 사천과 귀주 사이의 교역이 활발해지
자 두 지역을 연결하는 교역망을 포교망으로 활용하는 상인 겸 천주교도도
출현했다.
가경 초년 중경에서 활동하던 상인 겸 천주교도 호세록과 중경에서 전포
(錢鋪)를 경영하던 나송(羅宋)씨가 귀주 귀양부 귀축현으로 가서 경당(經堂)
을 세우고 포교했다. 호세록은 호광 사람이었으나 사천 중경으로 와서
상인으로 활동했다. 이웃한 천주교도 나송씨와 함께 장사와 포교를 겸해
귀양부로 갔다. 장사는 성공적이지 못해 밑천을 탕진하고 나송씨에게서

백은 8냥을 꾸기까지 했다. 호세록은 그 사이에도 귀주 상인과 주민 여섯 사람에게 포교하여 그들을 대도제(大徒弟)라 부르고 자신은 대사장(大師長)이라 칭했다. 여섯 사람은 다시 귀주인 두 사람과 귀주로 와서 장사하던 강서 상인 두 사람에게 포교했다.[19] 당시 귀양부 성안에는 강서 회관이 설치되어 있을 정도로 강서 상인들이 이곳으로 많이 진출해 있었다.[20] 호세록은 귀주로 가서 귀주 상인에게 천주교를 전파했고 천주교도가 된 귀주 상인들은 자신들과 거래하며 친분을 쌓은 강서 상인들에게 천주교를 전파한 것이다. 중경에서 온 호광 상인에서 시작하여 귀주 상인을 거쳐 강서 상인으로 연결되는 상인 간 네트워크가 천주교 전파 통로로 활용되었던 사실을 확인할 수 있다.

호세록과 나송씨의 포교 활동은 청조 단속망에 포착되었다. 가경 5년(1800) 호세록과 나송씨를 포교 혐의로 체포한 귀주 순무는 호세록을 주범으로 지목했다. 귀주 순무는 호세록에게 좌도혹인위수율(左道惑人爲首律)을 적용하여 교감후(絞監候) 처분을 내렸다. 나송씨는 호세록의 경비를 지원하는 노파에 불과하다며 처벌하지 않고 방면했다.

귀주 순무가 호세록을 주모자로 지목하고 참감후라는 극형을 선고한 까닭은 대사장, 대도제라는 호칭 때문이었다. 천주교에서는 포교자를 대사장으로 부르고 그에게서 포교 받은 사람을 대도제로 부르는 관행은 없었다. 이런 호칭은 백련교도들 사이에서 보편적으로 사용되었다. 백련교도들은 자신에게 포교해 준 사람을 사(師) 혹은 노사(老師)로 부르고 포교를 받은 사람은 자신을 도제(徒弟)로 칭했다.[21] 호세록과 그에게 포교를 받은 사람들이 대사장이라거나 대도제라고 칭한 것은 이들이 백련교 용어를 차용하여 자신들의 관계를 설정했음을 의미한다. 인접한 사천, 호북 등지에서 백련교 반란이 한창일 때 백련교도들의 용어를 버젓이 사용하며 종교를 전파하는 수상한 사람을 귀주 순무가 극도로 경계한 것은 당연했다. 귀주 순무는 호세록에게 좌도혹인위수율을 적용했는데 이 죄목은 『청률례』에서 사교(邪

敎)로 낙인찍힌 민간신앙의 우두머리를 처벌할 때 적용하는 조항이며 그에게 가해진 교감후형도 이 조항에 근거한 형벌이었다.

그러나 일반적으로 천주교도들을 처벌하는 법률적 근거는『청률례』의 사교 처벌 조항이 아니라 천주교 금례(禁例)였다. 가경 5년(1800) 당시 천주교안의 처벌 기준은 '건륭대교안'에 적용되었던 건륭 49년(1784)·50년 (1785)의 금례가 되어야 했다.[22] 그러나 귀주 순무는 이런 관례를 전면 부정하고 천주교를『청률례』상의 사교와 동일시했다. 좌도혹인위수율이 적용된 호세록은 교감후 처분을 받았다가 얼마 후에 교수형에 처해졌다. 이는 천주교 금례에서 내지인에게 적용된 가장 엄중한 형벌인 이리로 유배하여 외뢰드의 종으로 삼는 것[23]보다 더욱 가혹했다. 가경 백련교 반란의 회오리가 귀주와 인접한 사천으로 휘몰아치자 그 여파가 자신의 관할 지역에까지 미칠까 두려워한 귀주 순무가 이를 차단하려고 호세록을 엄벌했다.

그러나 천주교 내부 문서에 따르면 귀주 포교 주도자는 호세록이 아니라 나송씨였다. 그녀는 건륭 39년(1774)에 귀주 귀양부로 가서 부녀자들에게 포교한 적이 있었다. 호세록과 동행한 이번 길에서도 여성 천주교도들을 모아 경당(經堂)에서 천주교 경권과 교리를 가르쳤다. 귀주에서 석방된 후에 나송씨는 다시 사천 동북부 수정부(綏定府)로 가서 포교하다가 체포당해 1년간 옥고를 겪었다.[24]

호세록, 나송씨 사건에서 잘 드러나지는 않았지만 내지인 가운데는 선교사들에게서 신학교육을 받고 포교 활동에 나서는 사람들도 있었다. 북경 천주당 남당에서 신학 훈련을 받고 산서, 섬서 일대에서 포교한 장신부(張鐸德)도 그러했다. 장신부는 섬서 서안부 흥평현 출신으로 건륭 57년(1792)부터 북경 천주당에 머물며 천주교리를 학습하고 경전을 배웠다. 7년 후인 가경 4년(1799) 북당의 프랜시스회 소속 포르투갈 선교사 구베아 주교는 장신부의 신학 지식을 시험하고 4품(品)을 수여했다. 가경 6년(1801)에 다시 시험하고 7품을 수여했다. 그 후 장신부는 구베아 주교의 명령에 따라 포교 활동비 백은 10냥과 동전 20천문을 받고 산서 평요현으로 프랜시스회 출신의 선교사 란디(Luigi Antomio Landi, 路先生)를 찾아 떠났다. 그는 평요현에서 란디를 만나 4년여 동안 동행하면서 산서 천주교도들에게 천주교 경권을 강해했다. 가경 11년(1806)이 되자 란디는 장신부에게 단독 포교를 허락하고 감숙으로 가서 포교하게 했다. 장신부는 감숙에서 4년 동안 활동하다가 가경 15년(1810) 섬서 부풍현으로 돌아와 열다섯 명의 천주교도에게 천주교 경권을 강해하다가 이듬해에 체포되었다.[25]

체포된 천주교도 열다섯 명은 모두 선을 행하고 복을 받기 위해서 혹은 복을 구하고 재난에서 벗어나려고(免災) 천주교를 신봉했다고 진술했다.[26] 재난에서 벗어나려고 천주교를 신봉했다는 진술은 다소 의외이다. 교리상 재난 회피를 신앙의 동기로 가르치지 않기 때문이다. 오히려 이들의 진술은 가경 백련교 반란에 동참한 백련교도들이 겁난(劫難)을 피하려 백련교에 입교했다고 말한 내용과 매우 닮았다. 천주교도들에게 백련교가 영향력을 미치고 있었음을 짐작할 수 있다.

장신부 사건이 발생하자 청조는 '건륭대교안'으로 많은 선교사와 내지인 천주교도들을 처벌했지만 선교사와 천주교도들이 여전히 내지에서 암암리에 활동하고 있다는 사실과 북경 천주교당 선교사들이 내지인 천주교도를 신부로 육성하여 포교하게 한 사실을 알게 되었다. 또 산서, 감숙, 섬서 일대에 천주교 공동체가 존재하고 있음도 확인했다. 그러나 선교사 란디를 숨겨주었던 산서 평요현의 천주교도가 심문을 받다가 사망하고 북경 천주당에서 장신부를 훈련시켰던 구베아 주교도 고인(故人)이 되었으므로 청조는 선교사들을 추궁할 수 없었다. 장신부를 이리로 유배 보내 외뢰드의 종으로 삼고 평신도들은 관할 지방관이 신앙 포기를 종용하고 목에 칼을 씌워 처벌하는 선에서 사건을 마무리했다.[27]

진요한(陳若望) 사건도 선교사가 배후였다. 이 사건은 천주교도인 진요한이 선교사의 부탁으로 북경과 마카오를 왕래하며 편지와 지도를 전달하다가 체포되면서 발생했다. 진요한은 마카오에서 지척인 광동 신회현(新會縣) 출신 천주교도였다. 그는 '건륭대교안'에 연루되어 투옥당했다가 석방된 후 마카오에 머물던 곤살베즈에게 천주교리를 배웠다.[28] 곤살베즈는 제자인 진요한을 마카오 주교에게 추천하여 북경으로 몰래 보내는 편지 심부름꾼으로 활동하게 했다. 진요한은 가경 9년(1804) 8월 하순 마카오 주교의 부탁으로 서양 은화 44원을 수고비로 받고 한 달후에 북경의 흠천감 감정 알메이다(José Bernardo de Almeida. 索德超)에게 가서 편지를 건넸다. 알메이다는 다시 그에게 백은 10냥을 수고비로 주면서 북경 천주당의 선교사들이 마카오 주교에게 보내는 서양어 편지 19통, 한문 편지 7통과 지도를 전해달라고 부탁했다. 마카오로 가던 도중에 진요한은 강서 협강현(峽江縣)에서 전사(典史)에게 체포되었다.[29] 일반적으로 선교사들은 단속을 피하기 위해 천주교도이자 장거리 교역 상인들에게 선교 자금 수령이나 편지 수발을 부탁했다. 하지만 이번에는 상인이 아닌 천주교도가 편지와 지도만 휴대하고 길을 가다가 청조의 단속망에 걸려들었다.[30]

청조에서는 압수한 서양어 편지 내용을 알기 위해 북경 러시아관에 머물던 러시아인에게 해독을 부탁했으나 편지의 글자를 모른다는 대답만 들었다. 궁정의 통역으로 활동하던 북당의 견사회 소속 선교사 라미오에게 부탁하자 그도 자기는 프랑스 사람이어서 이탈리아 글자로 쓴 편지는 읽지 못한다고 답변했다.[31] 관원들은 궁여지책으로 편지를 부친 사람들의 해명에 의지하게 되었다. 발신인은 북경 궁정에 봉사하던 선교사 알메이다와 히베이루였다. 히베이루는 자신의 편지는 마카오에 도착한 서양인이 궁궐에서 봉사하고 싶다고 요청한 데 대한 답신과 마카오 천주교 당국에서 보낸 문안 편지에 대한 답신이라고 해명했다. 알메이다 역시 안부 편지를 부쳤다고 해명했다. 해명과는 달리 선교사들이 본국이나 교황청에 보낸 편지는 대부분 중국 천주교회와 천주교도의 동향을 담은 선교 보고서였다. 심지어 자기(瓷器) 제조법과 같은 기밀을 탐지하여 보고하기도 했다.[32] 그러나 서양어 편지의 내용을 끝내 알 수 없었던 관원들은 이들의 말을 수긍할 수밖에 없었다.

진요한 사건의 심각성은 대외 기밀인 지도를 반출한데 있었다. 진요한이 휴대했던 지도는 동서로 산동 등주(登州)에서 직례 광평부(廣平府)까지, 남북으로 산동 곡부(曲阜)에서 직례 경주(景州)까지 표시된 산동성 전도였다. 산동 전도에는 이탈리아 선교사 포교권에는 점이, 포르투갈 선교사 포교권에는 십(十)이, 스페인 선교사 포교권에는 세모가, 내지인 포교권에는 네모가 표시되어 있었다.[33] 이 지도는 산동성 천주교 교세분할도였던 셈이다. 교세분할도를 마카오로 전달해달라고 의뢰한 사람은 이탈리아 출신의 선교 사이면서 궁정화가로 봉사하던 어거스티노였다. 그는 지도를 보낸 이유를 묻는 청조 관원의 심문에 북경의 각 천주당에서 선교지를 둘러싸고 분쟁이 일어났으므로 지도를 교황에게 보내 경쟁을 멈추라는 명령을 받아내려는 심산이었다고 진술했다.[34]

관원들이 어거스티노에게 지도의 출처를 캐물었지만 그는 이전부터 북경 천주교 서당(西堂)에 전해져 내려오는 것일 뿐이라고 해명했다. 하지만 북경의 다른 선교사들은 서당에서 그런 지도를 본 적이 없다며 어거스티노의 말을 부인했다. 관원들의 거듭된 추궁에도 불구하고 어거스티노는 진술을 번복하지 않았다. 가경제는 어거스티노를 열하의 외뢰드 영방(營房)에 구금 하고 사건을 일단락 지었다.[35]

어거스티노가 교황에게 보내려 한 교세분할도는 북경의 목구멍이라 일컬 어지는 산동에서조차 북경 천주당의 선교사들이 암암리에 포교하고 있다는 사실을 드러내는 분명한 증거였다. 이전에도 공식 통로를 이용하지 않고 비밀리에 편지를 보내다가 발각된 적은 여러 차례 있었지만 기밀에 속하는 지도를 반출하려다가 적발된 적은 없었다. 전례 없는 일을 만난 청조의 충격은 무척 컸다. 그 충격은 가경제와 조정 대신들로 하여금 북경 천주당 선교사들의 활동을 근원적으로 감시하고 제한하는 제도와 법을 마련하도록 재촉했다.

2. 제도와 법을 통한 대응

1) 서양당관리장정의 신설

진요한 사건이 발생하기 이전 청조에서는 북경 천주당 관리의 총책임자인 서양당사무대신에 총관내무부대신을 임명해 두었다. 그리고 서양당 관련 실무 담당자인 사원(司員)들도 임명했다. 이들의 임무는 천주당에서 몰래 서신을 보내거나 포교하거나 천주교 서적을 간행하는 등의 위법행위가 발생하지 않도록 감시하는 일이었다. 진요한 사건이 발생하자 가경제는 역대 총관내무부대신들이 성심껏 일을 처리하지 않아 이런 일이 발생했다고 그들을 질책했다.[36]

근무 태만도 탓할 수 있었지만 근원적인 문제는 총관내무부대신의 임무가 너무 번거로워 황제의 기대만큼 천주당을 관리하기가 쉽지 않다는 점이었다. 총관내무부대신이 관할하는 내부무(內務府)에는 궁궐에서 필요로 하는 물자를 출납하는 광저사(廣儲司), 기보(畿輔)·성경(盛京)·금주(錦州)·열하(熱河) 등지에 분포하는 드넓은 황실 장원(莊園)의 소작료를 징수하는 회계사(會計司)를 비롯하여 수많은 아문과 인원들이 배속되어 있었다. 업무의 번다함 때문에 여러 사람이 동시에 총관내무부대신 직책을 맡았지만(가경 10년 당시에는 여섯 명) 이들이 본연의 황실 관련 사무를 감당하는 일도 쉽지는 않았다.

그런데도 청조가 선교사 관련 일체의 업무[37]를 총관내무부대신에게 맡긴 이유는 내무부는 황실 사무 전담 기구이고 소속 인원은 포의(包衣) 즉 황제의 개인적인 노복(奴僕)이라는 사실과 관련이 있었다. 청조는 선교사의 신분을 포의나 다름없다고 생각했기 때문이었다. 선교사들은 본국을 공식적으로 대리하는 외교사절이 아니었으므로 개인 자격으로 황제에게 봉사했다. 선교사들이 그림을 그리거나 시계를 수리하거나 악기를 연주하는 일 등은 황제 개인을 위한 봉사였고 이는 포의의 소임에 부합하는 업무였다. 다만 흠천감에서 천문과 역법을 관장하는 일은 국가 공무였지만 선교사들은 흠천감 관원으로서 직무를 담당했다. 포의와 다름없는 선교사가 흠천감 관원으로 공무를 맡는 일이 신분에 어울리지 않는 것처럼 생각될 수도 있으나 실제로는 포의가 공무에서 완전히 배제된 것은 아니었다. 강희제도 포의였던 조인(曹寅)에게 소주직조(蘇州織造), 강녕직조(江寧織造)와 같은 국가 요직을 맡겼던 적이 있었다.[38]

선교사와 북경 천주당을 효율적으로 관리하기 위해 가경제가 고안해낸 방책은 관리 규정을 제정하고 이에 따라서 단속하는 일이었다. 가경제는 진요한 사건이 발생하자 관리서양당사무대신(管理西洋堂事務大臣)을 교체하면서 총관내무부대신을 겸직시키는 관례를 따르지 않고 협판대학사 호부상서 종실 뤼캉(祿康) 등 만주인 관원 세 명을 임명하면서 이들에게 장정을 제정하라고 명령했다. 이들은 가경 10년(1805) 5월 다음의 열 개 항목에 달하는 서양당관리장정을 제정하고 공포했다.[39]

① 책임자인 사원(司員) 임명과 현장 책임자인 장경(章京)의 서양당(천주교당) 파견 ② 군사들이 서양당 문 앞에서 검열 ③ 편액의 천주당이라는 글자를 지움 ④ 서양당 출입 통제 및 기인·민인(民人)의 서양인과 왕래 금지 ⑤ 여성 천주당(女堂) 건물 폐쇄 ⑥ 해전(海淀) 지역의 서양인 처소 감시 ⑦ 서신 왕래 통제와 내용 검열 ⑧ 서양당에서 일하는 내지인의 명부 작성 ⑨ 천주교 금령을 서양당 문밖과 북경 곳곳에 부착, 만주인 관원 출신 천주교도는 가중 처벌 ⑩ 사약(邪藥) 재료로 쓰일 수 있는 양초(羊草)[40] 수매 금지.[41]

서양당관리장정은 내지인이 서양인과 접촉하거나 천주당을 출입하는 것을 막아 천주교 전파를 원천봉쇄하려는 목적으로 제정되었다. 장정의 열 개 항목은 청조가 천주교 전파를 차단하기 위해 (1) 이전(강희말·옹정·건륭 연간)부터 시행해 왔는데 제정 당시에 내용을 강화한 조항, (2) 이전에 없었으나 제정 당시에 신설한 조항으로 분류할 수 있다. (1)은 청조가 천주교를 막기 위해 계속 시행해온 수단이었으므로 시대를 관통하는 단속 흐름이 잘 드러나 있다. 반면 (2)는 가경 연간에 들어와 (1)만으로는 천주교를 단속할 수 없다는 판단에 따라 청조가 새로이 추가한 단속 방법이다. (2)는 가경 연간의 시대적 특성을 반영한 천주교 단속 방안이었다.

(1)에 속하는 항목으로는 ⑦ 서신 왕래의 통제와 내용 검열 ⑨ 천주교 금령을 서양당 문밖과 북경 곳곳에 붙이는 것이 있다. 서신 왕래의 통제 및 검열 조치의 경우 건륭 연간에는 서신 왕래를 관에서 중재할 뿐 내용에 대해서는 간섭하지 않았다. 건륭 전반기에는 서양에서 마카오로 건네진 서신은 '이목(夷目)'이 공행(公行)에게 제출하면 공행은 다시 해방 동지(海防同知)와 남해현 지현(南海縣 知縣)에게 제출했다. 관원이 중간에서 서신을 전달만 했을 뿐 내용을 검열하지는 않았다. 그럼에도 선교사들은 이런 조치가 불편했는지 서신 왕래를 스스로 관리하게 해 달라고 요청했다. 이 요청이 받아들여져 건륭 30년대~60년에는 서양인이 광주 공행(公行)에 상주하고 그들의 관리를 받으면서 서신 왕래를 전담했고 청조 관원은 편지 왕래에 일절 간여하지 않았다.[42] 서신 왕래를 자율 관리했던 서양인 중에는 앞에서 언급했던 토레(로마당가)도 포함되어 있었다. 그러나 건륭제가 사망한 후에 가경제는 다시 관원들이 서신 왕래에 개입하도록 명령했는데 이때도 관원의 역할은 편지를 전달하는 중개자의 역할에 머물고 내용을 검열하지는 않았다.[43]

그러나 신설된 서양당관리장정에서는 관에서 편지 내용까지도 검열하겠다는 방침을 세웠다. 서양으로 보내는 편지는 북경 러시아관(館)의 서양 글자를 아는 사람에게 보내어 번역하게 하고, 서양에서 오는 편지는 양광 총독이 번역문과 함께 북경의 관리서양당사무대신에게 전달하는 것으로 규정했다. 하지만 서양어 편지 내용을 청조에서 알아내기란 무척 곤란했다. 광동의 내지인 통역이나 러시아관의 사람들에게 부탁해도 이들이 편지 내용을 해독한 전례가 없었기 때문이다. 설사 서양어 해독 능력이 있는 사람을 확보하더라도 선교사들이 민감한 내용의 서신은 관에 제출하지 않고 심부름꾼으로 하여금 몰래 북경이나 마카오로 보내버리면 청조로서는 속수무책이었다.

⑨ 북경에 천주교 금령을 부착하는 일은 청조에서 흔히 활용했던 천주교 단속 방법이었다. 고시 내용은 주로 천주교도들에게 자수를 권유하거나[44] 내지에 잠복한 선교사의 거처를 신고하라는 것이었다.[45] 다만 이전에는 고시 대상이 주로 일반 백성이었고 서양당관리장정에서처럼 한인 관원과 만주인 관원, 군인을 포함하는 일은 드물었다. 물론 이전에도 신사층이 천주교도로 활동한 전례가 없지는 않았다.[46] 그렇지만 옹정 연간에는 종실 수누(蘇努) 자손을 제외하면 팔기 기인들이 천주교도라며 체포된 경우는 눈에 띄지 않는다. 건륭 연간에는 만주인, 한인 기인 가운데 천주교 신앙을 고수하여 유배되는 사람이 나타났고,[47] 가경 연간에는 〈표 3-1〉에서처럼 만주인이든 한인이든 기인들이 천주교도로 활동하던 움직임이 지속되었다. ⑨의 금령 고시는 천주교도 관원의 파면과 처벌, 만주인 관원 출신 천주교도의 가중 처벌, 군인과 일반인 출신은 서남 변방 풍토병 유행지역(烟瘴之地)으로 유배한다는 강경 대응 방침을 담고 있었다. 서양당관리장정이 지향하는 궁극의 목표는 천주교 차단이었다.

그런데 ⑦ 서신 통제 및 검열과 ⑨ 천주교 금령 고시는 둘 다 사람에 대한 통제라는 공통점이 있다. 대인통제(對人統制)는 강희 말년부터 가경 초년에 걸쳐 청조가 일관되게 취한 단속 방법이었다. 하지만 가경 연간까지도 천주교 포교 활동이 멈추지 않자 청조는 전통적인 대인통제 방식이 천주교 근절책으로서 그다지 적절하지 않다는 사실을 깨닫게 되었다.

(2) 가경 연간에 신설한 조항들로 분류된 ①·②·③·④·⑤·⑥·⑧·⑩은 사실상 ⑨의 내용을 달성하기 위한 구체적인 실천 방안이다. 그 가운데 ③ 편액의 천주당 글자를 지우겠다는 항목에는 서양인들이 스스로 칙건천주당

(勅建天主堂)이라는 편액을 썼다고 주장했지만 이는 사실과 다르다. 북경의 남당, 동당, 북당은 건축을 허락한다는 황제의 조칙에 따라 지어졌으므로 당연히 칙건천주당이었다. 남당은 순치 7년(1650)에 공사를 시작하여 순치 9년(1652)에 완공했다. 순치제가 부지를 하사했고 황제의 모친인 효장태후(孝藏太后)는 백은을 하사했으며 친왕과 고위 관원들도 기부했다. 남당이 완공되자 순치제는 어필로 쓴 흠숭천도(欽崇天道)라는 편액을 하사했다.[48] 강희 43년(1704) 남당을 중건하자 강희제는 내무부에 남당 중건 비용 1만냥을 8년간 무이자로 빌려주게 하고 공부(工部)에도 건축 자재인 삼나무(杉木)를 빌려주라고 명령했다.[49] 만유진원(萬有眞元) 등의 편액도 하사했다. 동당은 순치 12년(1655) 황제로부터 부지와 건물을 하사받아 문을 열었고 강희 원년(1662)에는 서양식 건물로 개축했다.[50] 북당은 1699년 강희제로부터 부지 전부, 공사비와 건축 자재 일부를 하사받아 공사를 시작하여 1703년에 준공했다. 강희제는 칙건천주당, 만유진원(萬有眞原)이라는 두 편액과 무시무종선작형성진주재(無始無終先作形聲眞主宰), 선인선의율소증제대권형(宣仁宣義聿昭拯濟大權衡)이라는 대련을 하사했다.[51] 세 천주당과는 달리 서당은 청조의 지원 없이 출범했다. 교황청 포교성성에서 파견한 선교사 페드리니가 옹정 원년(1723) 백은 1,900냥을 주고 저택을 사서 수리하고 천주당으로 활용한 것이 서당의 시작이었다.[52]

그런데 관리서양당사무대신들은 칙건천주당이라는 편액을 보고 백성들이 천주교 신앙은 법령에 위배되지 않는다고 오해하므로 천주당이라는 글자를 문질러 없애야 한다고 주장했다. 그러나 백성들로 하여금 천주교 신앙이 합법적이라고 생각하게 만드는 글자가 있다면 그것은 천주당이 아니라 칙건이라는 글자라고 생각하는 것이 타당하다. 황제의 명령에 따라 건설한 천주당이니 천주교 신앙은 불법이 될 수 없다고 판단할 수 있기 때문이다. 따라서 천주교 확산을 막으려고 편액을 지워야 한다면 당연히 천주당이 아니라 칙건이라는 글자를 없애야 했다. 하지만 칙건이라는 글자를 문질러 없애야 한다고 주장하는 것은 선대 황제의 조칙을 무시하는 불경(不敬) 행위였다. 그런 혐의를 벗기 위해 관리서양당사무대신들은 천주당 글자를 지우자고 모호하게 가경제에게 주청(奏請)했다.

⑧에서 내지인 명부를 작성하려 한 까닭은 천주당에서 허드렛일을 하는 일꾼들의 수를 늘리지 않으려했기 때문이었다. 천주당에서는 선교사들의 식료품, 의복과 같은 일상용품들을 구매하거나 요리를 하거나 건물을 관리하는 등 허드렛일들을 하는 내지인 일꾼들을 고용하고 있었다. 관리서양당사무대신들은 이들의 수를 늘리지 않고 결원만 보충하기 위해 명부를 작성하라고 요구했다.53)

⑩에서 양초(羊草) 수매를 금지하려는 목적은 서양인들이 양초로 사악한 약물(邪藥)을 만들어 사람들을 미혹시키는 일을 막기 위해서였다. 그러나 양초는 천주당에서 기르는 말의 사료였다. 비교도들은 성찬용 떡과 포도주 속에 선교사들이 몰래 미약(迷藥)을 타서 천주교도들에게 먹고 마시게 한다고 믿었다. 그리고 미약을 먹고 판단력이 흐려진 천주교도들은 죽을 때까지 천주교에서 벗어나지 못한다고 생각했다.54)

나머지 신설 조항 5개(①·②·④·⑤·⑥)는 북경 천주당 네 곳과 하위 처소의 출입 통제와 감시에 관련된 것이다. 통제와 감시를 위한 현장 지휘자는 관리서양당사무대신이 파견한 사원(司員) 두 사람이었다. 이들의 지휘 하에 장경(章京) 네 사람은 천주당 네 곳의 내부를 검열하는 임무를 맡았다. 북경의 치안과 방어 담당 기구인 보군통령아문(步軍統領衙門)의 보군교와 보갑(步甲), 영관(營官)과 영병(營兵)은 천주당 네 곳과 하위 처소의 출입을 통제하고 감시하는 임무를 맡았다. 천주당과 하위 처소의 건물 안까지 들어가서 검열하겠다고 나선 것이다. 또한 선교사가 외출하면 영관(營官)을 동행시켜 밀착 감시하게 했다. 신설한 다섯 조항이 공통적으로 지향한 바는 천주당 공간을 외부와 철저하게 차단하여 섬처럼 고립시키는 것이었다.

이처럼 가경 10년(1805)에 들어와 청조에서 북경 천주당에 대한 공간통제를 단행한 데는 그만한 까닭이 있었다. 하나는 북경 천주당에 대한 고립 조치가 천주교 확산을 막는 매우 효율적이라는 사실을 오랜 단속 경험을 통해 알아냈기 때문이었다. 다른 하나는 진요한 사건 때문이었다. 이 사건을 파헤치던 청조는 〈표 3-1〉에서 드러난 바와 같이 팔기 한군이나 팔기 만주가 천주교도로 활동하는 정황을 포착했다. 이들 중에는 천주교 신앙을 포기하면 처벌을 면제해주겠다는 제안조차 거부하는 '골수' 천주교도도 포함되어 있다는 사실에 청조는 충격을 받았다. 팔기 만주가 고유한 풍속을 잃어버리고 한인들의 습속에 물드는 것을 극히 경계하던 가경제로서는 이들이 서양인의 종교에 빠져드는 것을 좌시할 수가 없었다. 청조는 특단의 조치를 취해서라도 북경의 네 천주당과 하위 처소를 봉쇄하고 기인과 서양인의 접촉을 원천차단해야 할 필요성을 절감했다.

청조는 만주인을 보호하고 처벌을 경감하기 위해 기인이 죄를 저지르면 태형과 장형은 집행하되 충군과 유형, 도형은 칼을 씌우는 것으로 대신했다.[55] 만주인 처벌 경감이라는 형벌 집행 원칙을 무시하고 오히려 천주교도임이 발각된 만주 관원은 배로 처벌한다고 선포했다.[56] 만주인에 대한 가중 처벌은 만주인 천주교도의 확산을 차단하겠다는 강력한 의지를 표명한 것임은 분명하다. 하지만 강력한 의지의 이면에는 만주인 천주교도의 확산에 따른 심각한 우려와 위기의식도 담겨있음을 간과할 수 없다. 언어나 생활 습관 면에서뿐만이 아니라 종교 측면에서도 만주 전통이 허물어져 간다는 사실을 확인했기 때문이었다.

2) 천주교치죄전조의 신설

강희 말년의 전례논쟁 이후 청조에서 천주교도를 처벌하던 법률적 근거는 조례였다. 가경 연간에도 천주교치죄전조(天主敎治罪專條)를 제정하기 이전까지는 '건륭대교안'을 처리한 조례를 천주교도 처벌 기준으로 삼았다.

당시 건륭제는 교안에 연루된 내지인 천주교도들은 선교사와의 접촉 여부, 그들에게서 돈을 받았는지의 여부, 할아버지나 아버지에게서 천주교 신앙을 물려받았는지 여부를 따져 '요범'인지 아닌지를 구분했다. 그리고 전자는 이리로 유배하여 외뢰드의 종으로 삼게 하고 후자는 장형으로 처벌했다. 청조는 가경 9년(1804)~10년(1805)에 발생한 진요한 사건 연루자들도 '건륭 대교안'때의 조례에 따라 처벌했다.

그러다가 가경 16년(1811) 청조는 교안을 처리하는 새로운 법적 기준인 천주교치죄전조를 제정했다. 당시 섬서도 감찰어사(陝西道 監察御史)[57] 감가빈(甘家斌)이 천주교치죄전조 제정의 필요성을 역설했고 조정에서도 동조했기 때문이었다. 감가빈은 사천 순경부 인수현(順慶府 隣水縣) 출신으로 건륭 58년(1793) 전시(殿試)를 통과하여 관료 생활을 시작했다.[58] 가경 16년(1811) 감가빈은 자신의 관할구역인 섬서성에서 장신부 사건이 발생하자 천주교치죄전조 제정을 요청하는 주접을 황제에게 올렸다. 상주문을 읽은 가경제가 즉각 형부에 천주교치죄전조를 제정하라고 명령하자 작업은 일사천리로 진행되었다.

감가빈의 상주문은 원문 이외에도 도광 14년(1834)에 편찬된 『인수현지』 「예문지(藝文志)」에 「엄정서양인전교치죄전조소(嚴定西洋人傳敎治罪專條疏)」라는 제목의 요약본이 있다. 도광 『인수현지』의 편찬자가 감가빈 자신이었으므로 이 축약본은 상주문 원문을 정확하게 요약했다. 원문과 요약문을 함께 검토하면 상주문 내용은 ① 청조의 사교(邪敎) 엄벌 전통 ② 천주교 확산 이유 진단 ③ 천주교 단속 명분 ④ 천주교치죄전조 제정 방식 제안 ⑤ 자수기간 설정과 천주교치죄전조 적용 시점으로 요약할 수 있다.[59]

감가빈의 상주문 요지는 천주교는 사교이며 명교(名敎)에 위배되므로 천주교도를 구례(舊例)에 따라 가볍게 처벌하지 말고 형부에서 천주교치죄전조를 제정하여 사교 신봉자들과 다름없이 엄벌하자는 내용이었다. 천주교도에 대한 엄벌이 천주교 확산을 막는 가장 확실한 방책이라고 믿던 감가빈은 정상을 참작하여 처벌을 완화해준 건륭 49년(1784)의 구례(舊例)를 개정할 필요가 있다고 생각했다. 엄벌 위주의 신례(新例)를 만들자는 감가빈의 상소는 흐트러진 사회 기강을 다잡으려 했던 가경제의 통치 방침에 부합했다.

감가빈이 가경 16년(1811) 4월 19일에 주접을 올리자 가경제는 그날 즉각 내각에 상유를 내려 형부에서 함께 조례를 빈틈없이 제정하는 방안을 자세히 논의하여 보고하라고 명령했다.[60] 가경제의 명령에 따라 군기대신 겸 문화전대학사관리형부사무(文華殿大學士管理刑部事務) 둥가오(董誥)의 주도로 이부 상서 서리, 형부 상서, 만결 형부 좌·우시랑(滿缺 刑部左·右侍郞) 각 한 명, 한결 형부좌·우시랑(漢缺 刑部左·右侍郞) 각 한 명이 천주교치죄전조 제정조에 참여했다. 제정조에 참여한 형부 관원이 다섯 명이나 되었던 까닭은 천주교치죄전조가 형률(刑律)에 속하기 때문이었다. 또 제정조에 관료들의 인사권을 장악한 이부 상서가 참가한 까닭은 실찰관원이 처벌 대상에 포함되어 있기 때문이었다. 형부 사무를 관장하던 군기대신이자 문화전대학사가 논의를 주도한 까닭은 형부와 이부, 내각과 군기처의 입장을 조율하면서 신속하게 천주교치죄전조를 제정하려 했기 때문이었다.[61]

천주교치죄전조 제정 작업은 약 40일에 걸쳐 3단계로 나누어 진행되었다. 제정조는 우선 제1단계로『청률』의 좌도(左道), 이단(異端)에 대한 처벌 규정을 검토하는 작업에 착수했다. 이들이『청률』에서 찾아낸 율(律)은 "모든 좌도, 이단의 술(術)이나 혹은 도상(圖像)을 몰래 감추어 두고 향을 사르며 무리를 모으고 밤이면 모이고 날이 밝으면 흩어지며 인민을 미혹하게 하는 자들의 우두머리는 교(감후)형에 처한다"는 내용이었다. 찾아낸 예(例) 는 "좌도, 이단으로 인민을 부추겨 꼬임을 받게 한 자로서 종범은 흑룡강으로 유배를 보내고 수오룬(索倫), 다호르(達呼爾)에게 주어 종(奴)으로 삼는다. 중대 사안이면 임의로 처벌 수위를 조절하여 처리한다"는 내용이었다.[62] 이 내용은『청률례』권16「예율·제사(禮律·祭祀)」조항의「금지사무사술(禁止師巫邪術)」과 부속 조례에 근거한 것이다.[63]

그런데 청조에서 천주교를 법률상 사교로 규정하기만 하면 천주교의 성격을 분명히 할 수 있고 천주교도에 대한 처벌 기준도 확실하게 마련할 수 있었다. 『청률례』권16 「예율·제사」조항의 「금지사무사술」을 천주교에 적용하기만 하면 두 문제를 동시에 해결할 수 있었다. 그럼에도 불구하고 제정조는 천주교를 사교로 규정하는 간단하고 분명한 방책 대신에 천주교도들을 좌도, 이단과 동류(同類)로 몰아서 처벌하는 우회로를 택했다. 천주교를 법률상 사교로 낙인찍을 수 없는 현실을 참작한 고육책이었다. 『청률』로써 천주교를 사교로 규정할 수 없으니 천주교도를 처벌하려면 율(律)의 하위 규정인 예(例)를 제정할 수밖에 없었다. 예를 제정하려면 당연히 전례(前例)를 참조해야 했다.

그래서 제정조는 제2단계에서 건륭 49년(1784) 예와 가경 10년(1805) 예를 검토했다. 그리고 건륭 49년(1784) 예를 이렇게 요약했다. "내지인으로 신부라고 불리는 자가 있으면 이리로 유배하여 외뢰드의 종으로 삼는다. 천주교를 전파하는 자를 영접하고 인도한 모든 사람도 이리로 유배하여 외뢰드의 종으로 삼는다. 내지인으로 할아버지나 아버지가 천주교를 전수해 준 자는 경권 등을 불태워 없애게 하고 장형에 처한다." 그리고 가경 10년(1805) 예는 이렇게 요약했다. "서신을 부치고 천주교를 포교한 민인(民人)은 이리로 유배를 보내 외뢰드에게 종으로 준다. 천주교를 배우고 익힌 사실을 뉘우치지 않는 팔기 관원은 이리로 유배를 보내 절마차사(切磨差使)에 충당한다. 기인은 기당(旗檔)에서 삭제하고 이리로 유배를 보내 외뢰드에 종으로 준다. 타인의 말에 따라서 입교한 민인은 장형 일백에 처하되 먼저 목에 칼을 씌운다. 천주교를 버리겠다고 말하면 칼을 풀어주고 죄를 묻지 않는다."[64]

두 전례 모두 천주교도를 처벌하는 내용이지만 후자는 가경 연간에 드러난 팔기 관원과 기인 천주교도에 대한 처벌 규정을 담고 있다는 점에서 전자와 구별된다. 이리로 유배보내 외뢰드의 종으로 삼는 것이 중죄인으로 분류된 천주교도에 대한 처벌의 핵심 내용이다. 천주교도의 이리 유배는 건륭제가 신강을 점령하면서 지역 개발과 식민 정책의 일환으로 시행했다. 천주교도를 외뢰드에게 종으로 주어 이들을 통제하고 감독하게 했으나 몽골어를 말하는 외뢰드인과 그 말을 모르는 한인들은 의사를 분명히 소통할 수가 없었다.[65] 훗날 청조에서 천주교도들을 다시 흑룡강 지역으로 유배한 주된 까닭도 여기에 있었다.

마지막 3단계에서는 앞선 두 단계의 검토 작업을 토대로 천주교치죄전조를 제정했다. 제정조는 1단계에서『청률례』를 검토하면서 천주교도를 좌도, 이단의 무리로 몰아서 처벌하려고 했다. 그러기 위해서는 천주교도들이 좌도, 이단의 무리와 같은 존재라고 판단한 근거를 제시해야 했다. 제정조가 제시한 근거는 ① 신명(神明)을 공경하지 않으며 ② 조상을 공양하지 않아하는 일이 이미 정도(正道)에 위배되고 ③ 간행한 서적과 경권은 몹시 방자하고 오만하며 괴상하고 사리에 맞지 않아 유교 경전과는 매우 다르고 좌도가 무리를 미혹하는 것과 다를 바가 없다는 것이었다.

세 단계를 거쳐 제정조가 가경 16년(1811) 5월 말에 최종 정리한 천주교치죄전조의 내용은 다음과 같다. "이후에 서양인이 사사로이 경권을 새기거나 경권 내용을 해설하는 모임을 열어서 많은 사람을 미혹시키거나, 기민인(旗民人) 등이 서양인을 대신하여 천주교를 전습(傳習)·송경(誦經)·입회(立會)하여 무리를 선동하고 유혹하였는데 확실하게 증거가 있으면 주모자는 좌도이단선혹인민위수율(左道異端煽惑人民爲首律)에 따라서 교(감후)형에 처하고 추종자나 유혹 당해 입교한 사람은 선혹인민위종례(煽惑人民爲從例)에 따라서 흑룡강으로 유배하여 수오룬, 다호르의 종으로 삼되 기인은 기당(旗檔)에서 삭제한다."[66]

이상의 내용을 정리하면 천주교치죄전조에서 처벌 대상으로 삼은 행위는 건륭 49년(1784) 예와 가경 10년(1805) 예에서 가져왔고, 처벌 종류 가운데 교(감후)형은『청률』에서, (흑룡강) 유배는『청률』·건륭 49년 예·가경 10년 예 모두에서 가져왔다. 적용하는 법률적 근거는『청률』에서 가져왔다.

따라서 천주교치죄전조의 법률적 근거나 처벌의 종류는 주로『청률』에서, 처벌 대상이 되는 행위는 건륭 49년(1784) 예와 가경 10년(1805) 예에서 가져온 것이라 할 수 있다. 처벌 강도를 살펴보면 건륭 49년(1784) 예와 가경 10년(1805) 예에서는 주모자를 유배형에 처했는데 반해 천주교치죄전조에서는 처벌을 강화하여 추종자를 유배형에 주모자는 교(감후)형에 처했다. 천주교치죄전조에 나타난 처벌의 종류와 정도는『청률례』권16「예율·제사」조항의「금지사무사술」에 제시된 처벌의 종류나 정도와 일치한다.

청조는 형식적으로는 여전히 천주교를 법률상 사교로 낙인찍지는 않았지만 실질적으로는 처벌의 종류와 정도를『청률례』에 언급된 사교와 같게 했다. 형식과 내용을 분리함으로써 청조는 두 가지 효과를 얻을 수 있었다. 하나는 선교사들이 여전히 흠천감 관원으로 봉사하는 상황에서 이들을 법률상의 사교 신봉자로 낙인찍어 황제의 정치적, 도덕적 권위를 손상시키는 위험을 회피한 것이었다. 다른 하나는 천주교도들을 사교 신봉자들과 같은 수준으로 엄하게 처벌하고자 하는 천주교치죄전조 제정 목적을 달성한 것이었다.

3) 실찰관원처벌조례의 세분

엄벌 기조는 실찰관원에게도 적용되었다. 이부와 병부의 만한(滿漢) 상서와 시랑들은 서양인이 포교하여 무리를 미혹하게 한 것과 간악한 백성이 신·불(神·佛)을 자칭하여 부수(符水), 경판(經板)을 전하고 유포한 것은 서로 다르지 않으므로 이들을 단속하지 못한 모든 문무 관원을 처벌하는 전조(專條)를 만들어야 한다고 상주했다. 이부에서 주도하고 병부와 논의하여 가경 16년(1811) 7월 중순에 상주한 실찰관원처벌전조는 실찰문관처벌전조(失察文官處罰專條), 실찰무관처벌전조(失察武官處罰專條), 실찰팔기각관처벌전조(失察八旗各官處罰專條)로 나뉜다.[67]

실찰문관처벌전조는 일곱 항목으로 구성되었다.

① 처벌전조(處罰專條) 제정 이후 일년 이내에 입교했던 사람이 자수하여 죄를 면제받았으면 그를 실찰한 지방관도 징계를 면제한다.

② 지방관이 스스로 조사하고 체포하여 취조하고 처벌하였으면 징계를 면제한다.

③ 서양인과 내지 민인(民人)의 포교 활동을 단속하지 못한 주현관(州縣官)은 강이급조용(降二級調用)한다. 그의 상사는 강일급유임(降一級留任)한다. 총독과 순무는 아홉 달 동안 벌봉(罰俸)에 처한다.

④ 주현관이 단속대상을 절반 이상 체포하고 겸하여 우두머리를 체포하였으면 징계를 면제한다.

⑤ 서양인이 포교하지 않고 거주만 한 것과 내지 민인이 서양교를 신봉하되 남에게 포교하지 않은 경우에 이를 단속하지 못한 주현관은 강일급조용한다. 그의 상사는 일 년 동안 벌봉에 처한다. 총독과 순무는 여섯 달 동안 벌봉에 처한다.

⑥ 서양인이 관할구역을 통과하는 것을 실찰한 주현관은 강일급유임한다. 그의 상사는 여섯 달 동안 벌봉에 처한다. 총독과 순무는 징계를 면제한다.

⑦ 서양인이 포교하고, 내지의 민인이 서양교를 전파했는데 지방관이 이를 감추고 보고하지 않으면 휘도례(諱盜例)에 따라서 파면(革職)한다. 그의 상사는 모두 휘도례에 따라 분별하여 징계한다.

이상의 실찰문관처벌전조나 뒤에 언급하는 실찰무관처벌전조 혹은 실찰 팔기각관처벌전조를 관통하는 처벌 원칙은 통속관계에 있는 관료들을 연대 처벌하되 실찰의 직접 책임자인 하급관원을 상급자보다 무겁게 처벌하는 것이었다. 오랜 시간에 걸쳐 현장의 행정 경험을 쌓은 노련한 고위 지방관이 부하들이 저지른 과오 때문에 이들과 동일하게 처벌을 받다가는 금방 관료

세계에서 쫓겨나는 모순이 발생하기 때문이었다. 하급자는 중징계 고위직은 경징계하는 처벌 원칙은 과오에 대해 관료간 연대책임을 추궁하면서도 고위 지방관의 풍부한 행정 경험도 충분히 활용하는 두 가지 효과를 거둘 수 있었다.

실찰문관치죄전조에 도입된 처벌방식은 수위에 따라 파면과 같은 중징계, 강일(이)급조용, 강일급유임 등의 보통 수준의 징계, 벌봉 육 개월(일 년)과 같은 경징계 그리고 징계 면제로 나눌 수 있다. 중징계인 파면은 천주교 포교 사실 자체를 은폐한 지방관에게 적용되었다. 포교 사실을 은폐한 지방관에게 적용된 휘도(諱盜)는 늘 척결 대상 목록에 오르는 단골 비리 행위였다.[68] 실찰문관처벌전조를 통해서 청조는 지방관들이 적극적으로 천주교도를 단속하도록 독려했다. 단속을 못하면 처벌하되 특히 단속하지 못한 사실을 감추는 자들에게는 파면이라는 중징계를 내림으로써 관료사회에 유행하던 휘도 풍조를 차단하려 했다.

실찰무관치죄전조 역시 관료 처벌과 관련되었으므로 인사권을 장악한 이부에서 제정을 주도하고 병부에서 협력했다. 실찰무관치죄전조 항목은 실찰문관의치죄전조 ③, ④, ⑤, ⑥, ⑦의 해당 무관과 그를 관할하는 상관을 처벌하는 규정으로 구성되었다. 이전에도 병부에서 선교사들의 포교 활동을 실찰한 무관을 처벌하는 조례가 있었지만 새로 만들어진 실찰문관치최전조에 비해 처벌 수위가 낮았다. 그래서 무관의 처벌 수위도 문관과 같아지도록 조정했다.

실찰팔기각관처벌전조에서는 기인의 천주교 신봉 행위를 실찰한 팔기 관원에 대한 처벌 수위를 강화했다. 실찰팔기각관처벌전조는 실찰문관치죄 전조의 일곱 항목 가운데 ②, ③의 두 항목으로 구성되었다. ②는 관할관(管轄官)으로서 휘하 기인이 천주교를 신봉한 사실을 알고 스스로 조사하여 체포에 나선 팔기 관원은 징계를 면제한다는 면책조항이다. ③은 처벌규정이다. 이전의 처벌조례는 기인이 서양교를 학습(習敎)한 사실을 실찰한 관할관은 강이급유임, 겸할관(兼轄官)은 강일급유임, 통할대신(統轄大臣)은 일 년 동안 벌봉에 처했다. 새로 제정된 실찰팔기각관처벌전조에서는 실찰문관처벌전조에 따라서 관할관은 강이급조용, 겸할관은 강이급유임, 통할대신은 강일급유임 처분하도록 했다. 이전의 처벌조례에 비해 한 등급씩 처벌을 강화한 것이다.

실찰팔기각관처벌전조의 가장 큰 특징은 실찰문관처벌전조나 실찰무관처벌전조에 비해 실찰한 상급 팔기 관원을 한 등급 높게 처벌한다는 점이었다. 각 처벌전조의 공통 항목은 ③이다. 이에 따르면 서양인이나 내지인의 포교 활동을 실찰한 주현관은 강이급조용, 그의 상사는 강일급유임, 총독과 순무는 아홉 달 동안 벌봉 처분을 받았다. 실찰무관도 마찬가지였다. 그런데 소속 기인의 천주교 신봉을 실찰한 팔기관원이라면 관할관은 강이급조용, 겸할관은 강이급유임, 통할대신은 강일급유임 처분을 받았다. 실찰의 일차 책임자인 주현관과 관할관은 동일한 강이급조용 처분을 받은 반면에 이들의 상급자일 경우에는 팔기 관원이 일반 문무관원보다 한 등급씩 높은 처벌을 받는 것으로 규정되어 있다.[69] 기인들의 천주교 신봉을 유교 질서를 어지럽히고 체제 근간을 위협하는 행위라는 입장에서 바라본 가경제와 대신들은 팔기 상급 관원의 실찰을 가중 처벌한다고 천명하여 이들에게 더욱 철저하게 하급 관원을 단속하라고 요구했다.

가경제와 대신들은 천주교치죄전조를 새로 제정함으로써 만주인을 포함한 팔기와 한인 천주교도를 엄중하게 처벌할 수 있는 법적 근거를 마련했다. 또 실찰관원처벌조례를 세분하여 실찰한 문무 관원에게 조례를 만들기 이전보다 한 등급씩 더 무거운 처벌을 할 수 있는 법적인 근거를 마련했다. 동시에 기인의 천주교 신봉을 실찰한 상급 팔기 관원에 대해서는 실찰문무관원보다 한 등급 더 무겁게 처벌했다. 일반 백성들의 천주교 신봉도 위험하지만 기인들의 천주교 신봉은 지배질서를 더욱 위태롭게 하는 행위라는 가경제와 대신들의 우려가 반영된 결과였다.

이제 가경제와 대신들은 천주교도는 천주교치죄전조에 따라 그리고 실찰
관원은 세분화된 실찰관원처벌조례에 따라서 이전보다 더욱 엄하게 처벌할
수 있었다. 교안이 발생할 때마다 이전의 조례들을 하나하나 확인하고
이를 참고하여 처벌 수위를 조정하던 번거로움이 없어졌다. 처벌 법규의
구체성과 명확성도 확보했다.

3. 천주교 비판론의 전개

1) 호북 학정(學政) 주사언(朱士彦)의 「벽서양천주교설(辟西洋天主教說)」

건륭제와 그의 신하들은 천주교가 민심을 선동하고 사람들을 미혹시킨다
며 부정적으로 평가했다. 하지만 일부 대신은 천주교는 착한 일 하는 종교라
는 선교사들의 주장을 받아들였고 건륭제도 때때로 이런 주장에 수긍하기도
했다. 건륭 50년(1785) 당시 섬감 총독이었던 푸캉안은 천주교의 십계명은
사람들에게 착한 일하기를 권장하며 허황하거나 이치에 어긋나지 않는다고
지적했다.[70]

그러나 천주교에 대한 긍정적 인식은 가경 연간에 들어와 자취를 감추다시
피 했다. 부정적 흐름을 대변한 자는 호북학정 주사언이었다. 그는 가경
20년 12월 20일(양력 1816년 1월 18일) 황제에게 「벽서양천주교설」을 올렸
다. 글을 쓴 목적은 천주교의 죄악을 낱낱이 분석하여 백성들이 현혹되는
것을 막기 위함이라고 언급했다. 천주교 비판론인 이 글은 ① 천주교가
착한 일하기를 권한다는 주장 비판 ② 오로지 천주만을 섬긴다는 주장
비판 ③ 천당 지옥설 비판 ④ 천주가 천지와 만물, 사람과 천사를 만들었다는
창조론 비판 ⑤ 천주의 속성이 사랑이라는 주장 비판 ⑥ 천주교의 일곱
가지 성사(聖事)는 사교(邪敎)의 행위와 다름없다는 비판으로 구성되었다.

그가 열거한 비판은 세 가지 유형으로 분류할 수 있다. 첫째, 천주교에 대한 몰이해에서 비롯된 비판(③·⑤·⑥), 둘째, 유교적 세계관에 근거한 비판(①·④), 셋째 고증학 방법론에 입각한 비판(②)이 그것이다. 이 가운데 학술적 의의가 없다고 판단되는 첫 번째 유형의 비판은 언급하지 않는다. 대신에 당시 천주교 비판론자들에게 공통된 두 번째 유형의 비판 방식과 주사언에게 독특하게 나타나는 세 번째 유형의 비판 방식에 대해 살펴보기로 한다.

유교적 세계관에 근거한 비판은 ① 천주교는 사람들에게 착한 일 하기를 권한다는 천주교 측 주장에 대한 반박 형식으로 진행했다. 반박은 두 단계에 걸쳐 전개되었다. 첫 번째 단계에서는 천주교에서 말하는 착한 일은 천주교에서 처음으로 시작한 것은 아니며 중국에서는 천주교 포교 이전부터 스스로 행해왔다고 반박했다. 십계명에서 부모를 공경하라고 말하지만 중국에서는 요순 이래 효도를 이야기하지 않은 적이 없었으므로 천주교를 따른 것이 아니라고 주장했다. 또 십계명에서 간음을 경계하고 도둑질을 금지했는데 중국에서는 일찍부터 십계명과는 상관없이 국법으로 금지했다고 반박했다.

두 번째 단계에서는 착한 일하기를 권한다는 천주교의 가르침은 그 행위를 살펴보면 전혀 그렇지 않다고 반박했다. 부모에 대한 효도와 순종은 조상 제사로 표현되는데 천주교도는 제사를 거부하고 조상과 부모의 위패를 훼손하니 이런 행위는 공경이 아니라고 주장했다. 또 세례나 견진 등에는 반드시 다른 부모(代父·代母)가 있어야 한다고 하는데 원래 부모 대신 다른 부모를 부모로 삼는 행위는 인심에 크게 어긋난다고 주장했다.[71] 대부·대모는 천주교도의 신앙 성장을 이끄는 영적 부모라는 의미로서 주사언이 말하는 것처럼 원래의 부모를 대신하는 존재는 아니다. 주사언이 실상을 알고서도 왜곡해서 말한 것인지 아니면 천주교리를 오해해서 이렇게 말한 것인지는 분명하지 않다. 다만 어떤 경우라도 백성들에게 천주교에 대한 반감을 불러일으키도록 자극하는 데는 효과를 거둘 수 있었다. 제사 거부나 위패

훼손, 대부·대모 제도의 반인륜적인 속성을 주사언이 비판한 근거는 유교적 가치관이었다. 명 말 이래 전개된 관료나 신사, 식자층의 천주교 비판 논리의 근저에는 항상 유교적 세계관이 깔려 있었고 주사언 역시 이런 경향을 답습했다.

④ 천주가 천지 만물, 사람과 천사를 만들었다는 천주교의 창조론에 대해서도 유교적 세계관으로 비판했다. 천지 만물과 인간의 기원에 대한 성리학의 가르침은 천지가 있은 연후에 만물이 있고 만물이 있은 연후에 남녀가 있으며 사람은 위로는 하늘을 이고 있고 아래로는 땅을 밟는다는 것이다. 이에 근거하여 주사언은 천주도 사람이므로 만일 천주가 천지를 만들었다면 천지를 만들기 이전에 그가 위에 이고 있던 것은 무엇이고 아래에 밟고 있던 것은 무엇인가 반문하며 천주교리가 허구라고 비판했다. 천지 만물의 근원을 이(理)와 기(氣)에서 찾는 성리학과 천주에게서 찾는 천주교의 가르침은 출발 지점이 서로 다르다. 그러므로 두 입장은 실제로는 아무런 논리적 연관이 없이 늘 평행선상을 달릴 수밖에 없었다. 성리학의 관점에서 천주교를 비판한다고는 하지만 논리적 비판은 불가능했고 일방적인 주장만 할 뿐이었다. 이런 자세는 청대 천주교 비판론자들에게서 공통적으로 나타났다.

그러나 ② 천주교에서는 오로지 천주만을 섬긴다는 주장에 대한 주사언의 비판 방식은 독특하다. 그는 천주교 측 주장을 검토하여 그 속에 포함된 모순을 논리적으로 반박했다. 그는 천주교에서는 천주 이외의 다른 신을 섬기거나 산명(算命), 점괘(占卦), 택일(擇日), 풍수설(風水說) 등을 믿는 것은 신망애(信望愛) 삼덕(三德)을 범하는 행위라며 배척하지만 실제로는 선교사들도 삼덕에 위배되는 일을 하고 있다고 비판했다. 이런 비판의 근거로서 주사언이 제시한 것은 시헌서(時憲書)였다. 시헌서는 선교사가 중국인과 함께 제작한 것인데도 그 내용에 어떤 날짜에는 시집가고 장가가기 좋은 날, 길 떠나기에 좋은 날이라고 기록되어 있다. 이것은 택일하는 것이다.

또 시헌서에 표시된 주서(奏書)·박사(博士)·태세(太歲)·대장군(大將軍) 따위는 다른 신을 섬기고 풍수를 믿는 것이다. 따라서 천주만을 섬긴다는 천주교도들의 말은 사실과 부합하지 않는다고 비판했다.

시헌서는 별자리의 움직임과 인간 삶 속의 길흉화복이 연관되어 있다는 관점에서 이런 내용을 담았다. 그 대부분은 명대 역서(曆書)인 대통력(大統曆)에서 기원했다. 선교사들은 대통력을 계승하여 시헌서를 만들면서 중국 전통을 수용한 적응주의 노선을 택했던 것이다. 적응주의는 마테오 리치 이래 예수회 선교사들이 중국 선교를 원활하게 하려고 천주교도들에게 공자 숭배나 조상 제사를 허용하면서 출현했다.[72] 그러나 강희 말년 로마 교황청에서는 적응주의에 입각한 중국 선교를 금지했다. 따라서 흠천감의 선교사들이 가경 연간에도 여전히 시헌서에서 적응주의 노선을 반영한 조치는 자가당착이었다. 주사언의 천주교 비판은 선교사의 이런 자기모순을 지적한 것이었다.

문헌 자체의 논리적 모순을 찾아 비판하고 자신의 주장을 전개하는 방법론은 건륭, 가경 연간에 유행하던 고증학의 학문 방법론이었다.[73] 저명한 고증학자인 왕념손(王念孫), 왕인지(王引之) 부자의 학술 연구 방법도 여기에 기초해 있었다.[74] 오로지 천주만을 섬긴다는 천주교측 주장의 허점을 찾아내고 이를 객관적 증거를 제시하며 논리적으로 반박한 주사언의 비판 방법은 당시 유행했던 고증학 연구 방법론에 맥락이 닿아 있었다. 그가 천주교 비판에 고증학 연구 방식을 도입한 까닭은 집안의 학문적 내력에서 찾을 수 있다. 강소(江蘇) 출신인 주사언의 아버지 주빈(朱彬. 擧人)은 경전훈고(經傳訓詁)와 음운문자(音韻文字)에 정통한 고증학자였다. 주빈의 『경의고증(經義考證)』은 전거가 상세하고 정확하며 변증이 정밀하여 왕선겸(王先謙)이 편집한 『황청경해속편(皇淸經解續編)』에 수록되었다.

2) 사천 십방현 지현 기대규의 「천주교유민각술조유책(天主敎誘民各術條諭冊)」

주사언과는 달리 기대규(紀大奎)는 철저하게 유교 경전 특히 『주역(周易)』에 근거한 세계관을 바탕으로 천주교를 비판했다. 그의 이러한 태도 역시 부친에게서 『주역』을 가학으로 계승한 것과 깊은 관련이 있다. 강서 임천현(臨川縣) 출신의 기대규는 반천주교 문건인 「천주교유민각술조유책」을 작성했다. 가경 11년(1806)부터 10여년 동안 사천 성도부 십방현(什邡縣) 지현을 역임한 그는 자신이 편찬한 가경 『십방현지』 권18 「풍속지」에 이 문건을 수록했다. 천주교 근절이 지방 통치와 풍속 교화에 무척 중요한 요소라고 판단했기 때문이었다.

기대규는 서양에는 천지 만물의 근원을 가장 정밀하게 살피고 기록한 『주역』이 전해지지 않았으므로 천주의 이름을 날조하여 천지 만물의 주(主)라고 속인다며 비판했다.[75] 그리고 천주교가 사람을 속이는 방법을 세 가지로 구분했다. 첫째는 망령되게 근거 없이 속이는 술책(妄謾無據之術)이고, 둘째는 남의 것을 표절하여 기대는 술책(剽竊依附之術)이며, 셋째는 위협하여 복종시킴으로써 유혹하고 속이는 술책(儡伏誘騙之術)이었다.

망령되게 근거 없이 속이는

什邡縣志 ▐卷十八 風俗 六十

附天主教誘民各術條諭冊 嘉慶十三年
照得天主教久奉嚴禁民間早已悔悟應無復有
轉相傳習甘蹈法網之人但恐日久易玩不可不
隨時曉諭永杜萌蘗緣西洋此教最易惑人揆其
所以然之故由彼妄捏天主之名詭言天地萬物
之主故也不知天地萬物之大原莫詳於易經莫
精於易經西洋無易經不過因古時算法流傳彼
土故但知天文度數而不知天地之原任意捏造

〈문서 5〉 기대규의 「천주교유민각술조유책(天主敎誘民各術條諭冊)」(嘉慶 『什邡縣志』 卷18, 風俗志.)

술책의 사례로 든 것은 ① 천주가 천지를 만들었다는 것 ② 천주가 천지를 운행한다는 것 ③ 천주가 먼저 초목과 금수를 만들고 그 후에 사람을 만들었다는 것 ④ 천주가 천지간의 해와 달, 물과 불, 옷과 음식, 일용하는 물건을 만들었다는 것 ⑤ 천주는 지극히 커서 알 수가 없고 다만 천주는 하늘도 땅도 사람도 사물도 신(神)도 귀(鬼)도 도(道)도 이(理)도 성(性)도 기(氣)도 아니라고만 할 수 있다는 말(불가지론) ⑥ 천주는 지극히 커서 육신의 눈으로는 볼 수 없고 오직 마음의 눈으로만 볼 수 있다는 말이었다.[76] 비판의 초점은 천주의 존재와 그가 행했다는 창조 행위에 맞추어져 있었다. 기대규는 망령되이 속이는 술책이란 근거가 없으므로 어리석은 사람들로 하여금 있고 없음을 논의하지도 않고 따르게 한다고 지적했다. 서양인은 천지가 무엇으로부터 만들어졌는지 무엇으로부터 운행하는지 그리고 사람과 사물과 해와 달과 물과 불이 무엇으로부터 만들어졌는지 알지 못한다는 것이다. 서양에는 『주역』이 없으며 서양인은 태극·음양·오행의 이치를 알지 못해서 이런 오류를 범한다고 주장했다.

기대규가 제시한 근거 없이 속이는 술책의 여섯 사례들은 천주교에서 천지 만물의 창조자요 주재자로 받드는 천주의 존재를 부정하는 것이다. 따라서 이 비판에 따르자면 천주의 천지 만물과 인간 창조는 존재하지도 않은 천주가 행했다고 하는 허무맹랑한 소리에 불과하다. 기대규는 천지 만물은 도가 낳은 것(道之所生)이고, 이가 머무르는 것(理之所住)이고, 성이 이룬 것(性之所成)이고, 기가 기른 것(氣之所育)이라며 철저하게 성리학적인 입장에서 만물의 근원을 설명했다.[77]

남의 것을 표절하여 기대는 술책의 예로 든 것은 ① 천주가 천당(천국)을 만들었다는 것(불교의 천당설 표절) ② 천주가 지옥을 만들었다는 것(불교의 지옥설 표절) ③ 천주가 천당 지옥을 만든 후 구품 천신(九品 天神)[78]을 만들었다는 것(불교의 연화구품화생지설(蓮花九品化生之說)[79] 표절) ④ 십계명의 네 번째 계명 이하 열 번째 계명(유교의 상법(常法)표절)이다. 특히

천당 지옥설은 백련교를 비롯한 각종 사교(邪敎)에서도 차용하여 사람들을 미혹시킨다고 지적했다.[80]

표절의 술책으로 제시한 네 사례 가운데 세 가지는 불교의 설을, 나머지 한 가지는 유교의 설을 표절했다는 주장이었다. 성리학자들이 인식한 천당과 지옥의 설은 불교 교리에 근거하였으므로 기대규는 천주교의 교리는 불교에서 표절한 것이라고 단언했다. 성리학자들은 대개 천주교의 천국과 지옥에 대한 교리를 기대규와 비슷한 관점에서 비판했다. 비슷한 시기 조선의 지식인들도 천주교의 천국과 지옥 교리는 불교의 그것에서 차용한 것이라고 믿었다. 심지어 천주교는 불교를 배척하지만 불교에서 엿본 것을 훔쳤으니 불교의 별파(別派)라고 주장하는 경우조차 있었다.[81]

그러나 천주교와 불교의 천당(천국)과 지옥설 교리에는 큰 차이가 있다. 불교의 천당과 지옥설은 윤회를 전제로 한 것인데 반해 천주교의 천국과 지옥설은 윤회의 개념을 전혀 포함하고 있지 않다. 오히려 심판을 받고 천국 혹은 지옥으로 행로가 한번 결정되면 거기서 영원히 빠져나오지 못한다고 주장한다. 또한 천당(천국)행과 지옥행으로 내세의 운명이 갈라지는 기준이 불교에서는 선행과 악행이지만 천주교에서는 예수를 구세주로 믿느냐의 여부라는 사실도 중대한 차이다.

기대규는 천주교와 불교 혹은 유교와의 엄밀한 차이를 밝히려는 것이 아니라 지방관으로서 풍속을 바로잡고 백성들을 계도하려 했으므로 천주교 비난에 초점을 맞추었다. 그는 천주교는 사교와 더불어 천당, 지옥 설을 표절하여 사람들을 미혹시키니 사교와 같든 다르든 결국에는 사교와 하나라고 주장했다. 기대규는 지방관으로서 천주교를 사교로 낙인찍음으로써 천주교 탄압의 정당성을 확보했다. 천주교도들에게는 '어리석음'에서 깨어나 유교 질서로의 복귀를 촉구했다.

위협하여 복종시킴으로써 유혹하고 속이는 술책의 사례로 든 것은 다섯 가지이다. ① 천지는 천주가 만든 사물이므로 사람이 도리어 천지에 절하면

죄짓는 것이다. ② 사람은 세상의 군신(君臣)만 알지 천주가 사람과 사물의 큰 주인(大主人)임을 알지 못한다. 마땅히 천주의 공신(功臣)이 되기를 힘써야 한다. ③ 천주만이 사람과 사물의 큰 부모(大父母)이므로 천주의 효자가 되도록 힘써야 한다. 입교자는 조상을 모신 사당이나 무덤에서 공경을 표하지 말아야 한다. ④ 성현 공자에게 절하고 사서(四書)를 읽거나 『주역』을 읽거나 뜻을 풀이하려는 것은 모두 천주에게 죄를 짓는 것이다. ⑤ 천주는 전지전능하므로 한 분 천주를 만유보다 더 앞서서 흠모하고 숭배해야 하고 중국의 제천(帝天)과 귀신에게는 절하면 안 된다.[82]

위협하여 복종시킴으로써 유혹하고 속이는 술책은 이미 언급한 두 가지 술책과 근본적으로 다른 점이 있다. 그것은 앞의 두 술책은 사고나 가치관에 영향을 주지만 이 술책은 행동에 영향을 미친다는 점이었다. 그래서 기대규도 위협하여 복종시킴으로써 유혹하고 속이는 술책의 다섯 사례에 대해서는 모두 '대화(大禍)'라고 강력하게 비판했다. 다섯 가지 사례는 전통적인 성리학적 가치관에 입각한 행동을 배격하고 오히려 천주교리에 입각하여 행동하라는 것이다. 지배자로서는 천주교 신앙이 백성들의 내면적 가치관으로 자리 잡는 것도 용납할 수 없는데 여기서 더 나아가 외면적인 행동으로까지 표출되는 것은 더욱 용인할 수 없었다. 그래서 기대규는 천주교는 난신적자, 무부무군(無父無君)의 종교라고 비판하고 유가의 오륜·오상(五常)이라는 공명정대한 원리와 법칙이 백성들에게 만고불변하는 복이라고 결론지었다.[83]

주사언과 기대규의 천주교 비판은 모두 아버지로부터 전승된 학문적 배경과 밀접한 관련이 있었다. 전자는 아버지로부터 영향을 받은 고증학 방법론을 천주교 비판에 활용했다. 후자는 성리학자 부친으로부터 배운 가학인 『주역』의 내용을 근거로 천주교리를 비판했다. 가경 연간의 학문적 조류를 대표하는 고증학과 전통적인 성리학이 천주교 비판론에 강력한 영향을 미치고 있었던 사실을 확인할 수 있다.

그러나 두 사람의 천주교 비판 논지에는 미묘한 차이가 나타나기도 한다. 호북성의 과거와 교육을 책임진 학정 주사언은 이론적이고 학문적인 측면에서 풍속을 바로잡아보겠다며 천주교 비판론을 전개했다. 반면 사천 성도부 십방현이라는 지방 단위의 치안과 풍속을 단속하는 지현이었던 기대규는 이론적이고 학문적인 측면에 더하여, 천주교도들의 반성리학적 행위까지 비판하면서 그들에게 유교 질서로의 복귀를 촉구했다.

3) 가경제의 천주교 비판

  가경제의 천주교 비판은 주사언과 기대규의 비판론과 상당히 다르다. 주사언이나 기대규는 천주교리서를 직접 읽고 천주교리와 성사(聖事)에 대해 상당히 구체적인 지식을 갖추고 있었다. 물론 그 지식 가운데 왜곡되거나 오해한 부분이 포함되어 있다는 사실도 부인할 수 없다. 그렇지만 그들은 직접 천주교리서를 읽고 스스로 분석한 내용을 토대로 천주교를 비판했다. 따라서 이들의 비판은 천주교리 전반에 걸쳐 있고 그 내용도 분석적이다. 동시에 논리적 일관성이 있어서 '비판론'이라고 부를 수 있다. 반면에 가경제는 자신이 직접 천주교 교리서를 읽지 않고 군기대신들이 가경 10년(1805) 북경 천주당에서 압수한 천주교 관련 서적 내용을 요약해서 보고하자 그것을 읽고 천주교를 비판했다.[84] 그의 비판은 신하들이 제공한 천주교 교리서 요약에 의존한 것이었다. 동시에 비판의 범위도 제한적이었다. 천주교 교리를 망라하면서 핵심을 비판한 것이 아니라 자신의 관심이 미치는 몇몇 부분에만 국한하여 비판했기 때문이었다. 그의 천주교 비판은 체계적이지도 종합적이지도 않아서 비판론이라고 말하기 어렵다. 오히려 천주교 비판론을 구성할 수 있는 하나의 요소라는 의미에서 천주교 비판이라고 부르는 것이 적절하다.

  이런 결점이 있음에도 불구하고 굳이 가경제의 천주교 비판을 언급하는 까닭은 여기에는 주사언과 기대규의 비판론에서 찾아볼 수 없는 독특한 몇 가지 내용이 포함되어 있기 때문이다. 첫째는 전제군주로서 천주교리에 접근하는 입장이 잘 드러나 있다는 점이다. 그 입장은 천주교리서에서 천주나 예수를 위대한 군주(大君)로 부르고 있다는 사실을 알고 난 후에 나타낸 반응에서 잘 드러나 있다. 군기대신들이 보고한 천주교 교리서 『교요서론(教要序論)』의 요약에는 '천주가 만방(萬邦)의 대군(大君)'이라는 구절이, 『성년광익(聖年廣益)』의 요약에는 '강생한 예수가 천하 모든 사람과 사물의 대군(大君)'이라는 구절이 포함되어 있었다. 벨기에 출신의 예수회 선교사 페르비스트(Ferdinand Verbiest, 南懷仁)가 1677년 간행한 『교요서론』 은 쉽고 간결하며 논리적으로 천주교리를 소개했다. 그래서 천주교도는 물론 비교도들에게도 천주교 소개 책자로서 널리 읽혔고 조선에도 수입되었 다.[85] 『성년광익』은 프랑스 출신의 예수회 선교사 마이야(J. de Mailla, 馮秉正)가 건륭 3년(1738) 북경에서 간행한 성인전이다.[86] 가경제는 두 책의 요약문에서 천주와 예수를 대군으로 칭한 것을 보고 이를 망령스럽고 괴이하며 이치에 맞지 않다고 비판했다. 그 까닭은 대군은 곧 황제를 의미하 는 말이었기 때문이다. 강희제나 옹정제, 건륭제는 대군으로 자칭한 적이 있고[87] 달라이 라마도 강희제를 대군으로 부른 적이 있었다.[88] 따라서 가경제는 천주나 예수가 대군으로 불리는 것을 용납할 수 없었다. 물론 천주교에서 천주나 예수를 대군으로 부르는 것은 종교적 호칭이지 세속 군주라는 의미는 아니었다. 정치와 종교가 분리되었다는 사실을 인정해야만 납득할 수 있는 이런 관행을 가경제는 이해할 수도 용납할 수도 없었다. 대군으로 칭해지는 천주나 예수의 종교적 권위도 인정할 수 없었다.

둘째는 천주교 때문에 만주인의 위상이 추락하고 정체성이 동요될 수 있다는 만주족 황제의 위기의식이 반영되어 있다는 점이다. 구베아 주교가 건륭 60년(1795) 북경 천주당에서 간행한 『혼배훈언(婚配訓言)』은 결혼이나 가정생활에 대한 교훈을 담고 있는 짤막한 책자이다. 여기에는 청조 최고위

층 만주인이 지옥으로 떨어진 이야기가 실려 있다. 그 이야기에 따르면 언제나 하루종일 나쁜 짓만 하던 패자(貝子)에게 아내 복진(福晉)이 천주교를 믿고 개과천선하도록 극력 권했다. 아내의 권유를 흘려듣고 악행을 거듭하던 패자는 결국 마귀에게 사로잡혀 지옥의 불바다에 떨어졌다. 이 이야기의 줄거리는 ① 만주인 최고위층인 패자가 악인으로 등장하며, ② 아내가 남편 패자에게 천주교를 믿도록 권유했고, ③ 천주교를 믿고 개과천선하기를 거부한 패자가 지옥으로 끌려갔다는 것으로 요약할 수 있다. 이 이야기를 종교적 관점으로 받아들이면 누구든지 천주교를 믿지 않고 악행을 일삼다가는 지옥으로 떨어진다는 간단하고 분명한 메시지가 담겨있다. 저자인 구베아 주교도 여기에 초점을 맞추어 이야기를 꾸몄다.

그러나 독자들이 만주족이 지배하는 현실에 비추어 정치적 관점으로 이 이야기를 읽는다면 다른 메시지를 상상해 낼 수도 있었다. 이야기 속의 만주인 패자는 악인으로 등장하는데 이런 악인의 이미지는 만주인 지배층에 대한 이미지로 확대될 수 있었다. 독자들 대부분은 한인 천주교도였으므로 신앙을 탄압하는 만주인 지배층에 대한 감정은 결코 호의적일 수가 없었다. 따라서 이 책은 그런 분위기를 더욱 확산시킬 수 있는 소지가 다분했다. 그리고 패자가 지옥의 불바다로 떨어져 인생을 마감했다는 내용은 만주인의 지배가 영원하지 않다는 메시지로도 받아들여질 수 있었다. 패자가 마귀에게 사로잡혀 지옥으로 떨어졌다는 말은 없는 것을 날조했다고 비판한 가경제의 의도도 단순히 이야기의 허황함을 지적하기보다는 정치적 관점으로 이야기가 확대 해석되는 것을 차단하려는 데 있었다. 비판의 마지막 부분에서 가경제는 기민인(旗民人) 등은 만주어를 익히고 말 타고 활 쏘는 기술을 연마하여 만주의 전통을 계승하며 성현의 책을 읽어 경상(經常)의 도리를 준수하라고 촉구했다.

가경제도 주사언이나 기대규처럼 유교적 가치관에 따라서 천주교를 비판하기도 했다. 『혼배훈언』에는 성녀 바바라 이야기가 실려 있다. 바바라는 천주교를 믿지 말라는 이교도 부친의 명령을 따르지 않다가 그에게 죽임을 당했다. 그 순간 천주의 의로운 진노가 나타나 아버지를 벼락으로 쳐 죽였다는 줄거리이다. 이 이야기는 3세기경 터키 출신의 이교도 바바라가 부친의 명을 거역하고 천주교로 개종했다가 아버지로부터 온갖 박해를 당한 후에 죽임을 당하고 부친은 벼락 맞아 죽었다는 비극적 내용에 근거한 것이다. 『혼배훈언』에서는 이 이야기를 소개하면서 부모나 자식이나 친구가 천주 섬기는 것을 가로막으려 한다면 이 사례를 교훈으로 삼아야 한다고 경고했다. 유교 윤리의 근간인 삼강오륜보다도 천주교 신앙이 우선이라는 메시지를 전한 것이다. 그런데 유교적 가치관으로 분석해보면 성녀 바바라의 이야기는 전혀 다른 의미로 다가온다. 바바라가 개종을 불허한다는 아버지 말씀에 순종하지 않은 행위는 불효인 동시에 삼강의 부위자강(父爲子綱)을 어긴 것이다. 그렇다고 아버지가 딸에게 온갖 고문을 가하고 목 베어 죽인 행위는 오륜의 부자유친(父子有親)을 어긴 것이다. 이처럼 유교적 가치관으로 해석하면 성녀 바바라 이야기는 삼강과 오륜을 동시에 범한 패륜의 이야기로 전락한다. 가경제는 바바라 이야기는 윤리를 말살하는 것이며 미치광이가 짖어대는 것과 같다고 맹렬하게 비판했다.

가경제의 천주교 비판 내용은 이것이 전부이며 지극히 단편적이다. 그러나 그런 단편적 성격 때문에 오히려 천주교 비판에 내포된 가경제의 주된 관심사를 분명하게 포착할 수 있다. 그는 천주교 비판을 통해, 전제군주로서 자신의 위엄을 유지하고, 만주인의 위상 추락을 막고 정체성을 보존하며, 지배 이념인 유교를 수호하고자 했다.

제2장

천주교령과 중국 전통
─가경 8년(1803) 제정 『쓰촨 대목구 시노드』 교령의 분석 ─

1. 사천 시노드(천주교 성직자 회의) 소집 배경과 참가자

1) 회의 소집 배경

사천 지역의 포교를 독점하던 파리외방선교회가 직면했던 심각한 문제는 천주교도 가운데 청조의 탄압에 굴복하여 신앙에서 이탈하는 사람들이 속출한다는 점이었다. 사천 지방관들은 천주교도들을 색출하여 처벌하거나 배교를 종용했다. 그리고 조상 제사와 공자 존숭과 같이 전례논쟁에서 우상 숭배라고 낙인이 찍혔던 행위들을 강요하는가 하면 갖가지 민간 신앙 속의 미신들을 중국 고유의 전통이라는 명분으로 강요하기도 했다. 그리고 천주교도들에게 신앙 포기 각서를 작성하게 하고 보갑의 보장과 이웃들에게 그들을 감시하라고 명령했다.

성도부 금당현의 천주교도 조(趙)요셉과 그의 집안도 지방관의 압박을 견디지 못하고 배교했다. 그는 건륭 11년(1746) 천주교를 신봉한다는 이유로 금당현 아문으로 압송되었다. 금당현 지현은 그를 심문하고 위협하면서 신앙 포기를 종용했고 마침내 조요셉에게서 신앙을 포기하겠다는 다짐을 받았다. 조요셉은 자신의 두 딸에게도 배교하라고 재촉했다. 그 후 동정녀 서약을 했던 맏딸은 간통하여 임신하자 낙태했다. 그녀는 낙태 사실을 감추고 다른 남자에게 시집갔다. 첫날밤에 이 사실을 알게 된 신랑은 신부를 친정으로 내쫓았다. 둘째 딸은 혼인 잔치를 하던 날 산통이 시작되어 사흘 후에 출산했다. 신랑의 아이가 아니었으므로 영아는 출생 직후에 살해당했다.[1]

간통, 낙태, 영아살해 등 법률상으로뿐만 아니라 천주교리로도 엄격하게 금지된 반도덕적 행위들이 배교자 조요셉의 집안에서 발생했다. 다소 극단적인 사례이긴 하지만 배교자의 삶의 한 단면을 보여주는 사례이다. 문제는 이런 배교와 도덕적 타락을 개인의 잘못으로 치부하고 말 것인지 아니면 사회 구조적인 모순으로 파악하여 대책을 마련할 것인지 하는 점이었다.

사천 천주교 지도자들은 이 문제를 사회 구조적 차원에서 접근하여 대책을 마련하려고 노력했다. 그들이 찾아낸 해결책은 교도들에게 천주교리를 철저하게 교육하는 것이었다. 그런데 교육 대상인 천주교도 대부분은 농민이고 문맹이었다. 따라서 이들에게는 문자가 아닌 말로써 천주교리를 가르쳐야 했다. 말은 글을 모르는 천주교도들에게 교리를 효율적으로 전달하는 수단이 될 수 있었다. 하지만 시간이 지나면 들은 것을 점점 잊어버리는 망각 때문에 그런 효율성은 약화되었다. 천주교도 대부분은 교리에 관한 지식을 제대로 갖추기 어려웠다. 교리에 어두우니 중국 전통 가운데 어떤 것은 수용하고 어떤 것은 배척해야 하는지 알기도 어려웠다. 이런 곤경을 타개하려면 사제들이 자주 천주교도들을 방문하여 성사(聖事)를 집전하고 천주교리와 중국 전통의 수용 여부에 대해 가르쳐야 했다.

그러나 사천에는 사제들의 수가 턱없이 부족하여 교리교육은 물론 성사 집전도 제대로 이뤄지지 않았다. 사천의 선교사는 18세기 전반에는 한 사람도 없는 때도 있었고 18세기 후반에는 많아야 대여섯 명가량이었다. 내지인 신부들도 열 명 남짓했다. 그런데 사제들이 담당하는 직무는 지나치게 무거웠다. 이들은 건륭 54년(1789)에는 1,600명의 천주교도에게 세례를 주었고 가경 4년(1799)에는 1,546명, 가경 8년(1803)에는 1,580명에게 세례를 주었다. 선교사나 내지인 신부 한 사람이 한 해에 신자 백 명가량에 세례를 베푸는 일은 그다지 과중하지 않은 것처럼 비쳐질 수도 있다. 그러나 청조의 감시를 피해서 여러 지방을 순회하면서 세례를 주는 것은 그렇게 간단한 일이 아니었다. 사제들은 배를 타거나 걸어 다니며 관할 구역에서 새로운 신자에 대한 세례뿐 아니라 기존 신자들에게 고해, 임종, 견진, 혼인 등 여러 성사들을 집전했다. 또 짧은 시간에 신도(특히 배교한 신도)들을 권면하고 신앙을 지도해야 했다.

18세기 말 19세기 초 사천에는 4만 명가량의 천주교도와 4백 곳에 달하는 집회소가 각처에 산재했다.[2] 대략 신부 한 사람이 연간 2,600명가량 신자들을 돌보고 26곳의 집회소를 순회해야 했다. 한 달 단위로 살펴보면 사제 한 사람은 매달 두 군데의 집회소를 순회하면서 한 곳에서 백 명의 신자들에게 성사를 집전해주고 신앙을 보살펴야 했다. 집회소 한 곳에 두 주일가량이 할당되나 집회소 간의 이동에도 상당한 시간이 소요되므로 실제로 한 처소에 머물 수 있는 시간은 길어야 일주일가량이었다.

사제들의 숫자도 부족하고 또한 집회소에서 교도들을 개별적으로 보살필 수 있는 절대적인 시간도 부족했지만 이와 더불어 더 큰 문제는 사제들이 신자들에게 교육해야 할 내용이 마련되지 않았다는 점이었다. 천주교리를 교육해야 한다는 당위성에 대해서는 공감하고 있었으나 교육 내용에 대해서는 합의한 바가 없어 사목활동에 나선 사제들의 개별적 입장에 따라 들쭉날쭉했다.

18세기 후반 사천 천주교계의 사제 부족이나 천주교리 교육의 부실과 여기서 파생된 중국 전통에 대한 구체적인 대응 방식의 허술함은 포교를 가로막는 커다란 장애가 되었다. 이런 위기 상황을 타개하고자 사천 대목구장 겸 운남·귀주 대목구장 서리 뒤프레스 주교는 가경 8년(1803) 천주교 성직자 회의(시노드)를 소집하여 성사와 선교사 처신에 관한 천주교령을

SYNODUS
VICARIATUS SUTCHUENSIS
HABITA IN DISTRICTU CIVITATIS
TCONG KING TCHEOU
Anno 1803.

———✦———

Gabriel Taurinus Dei, et sanctae Sedis apostolicae gratia
episcopus Tabracensis, vicarius apostolicus provinciae
Sutchuensis et administrator provinciarum Yûn Nans, et
Kouey Tcheou universis iurisdictionis nostrae missionariis
salutem in eo, qui est princeps pastorum.

Venerabiles, et dilectissimi fratres, ex quo regimen
huius vicariatus suscepimus, quem non nostris meritis,
sed sua infinita bonitate commisit nobis Dei omnipotentis
providentia, perpendentes, ac sollicita, pavidaque mente
recogitantes qua ratione gravissimum hoc munus ita adim-
plere possemus, ut et Deo maiorem gloriam et vobis ipsis,
nec non populis nobis creditis maiorem utilitatem, ac fi-
dei maius afferret incrementum; nihil aptius nobis visum
est, quam regulam communem, et statuta condere, qui-
bus disciplina ecclesiastica recte, et uniformiter, ut par
est, a vobis omnibus observaretur; sacramenta, quibus
nihil efficacius ad sanctificationem hominum, rite, et san-
cte administrarentur; sacrificium Missae, quo nihil prae-
stantius ad referendum Deo debitum honorem, cum omni
religionis cultu, ac veneratione celebraretur; sacerdotes
Domini vitam sanctam, et irreprehensibilem ducerent ad
sui ipsius salutem, et plebis christianae aedificationem,
fideles ipsi in sana doctrina assidue docerentur, in viam
mandatorum Dei, et ecclesiae recte dirigerentur, et in bo-
nis moribus informarentur; infideles de tenebris idolola-
triae, ad lucem fidei, et agnitionem solius Dei veri, et
quem misit, Iesu Christi, adducerentur; abusus corrige-

〈문서 6〉『1803년 9월 2일, 5일 그리고 9일에 충칭주 도회지에서
열린 쓰촨 대목구 시노드』의 서문(라틴어). 한국교회사연구소,
2012, p.243.

제정했다.

그가 제정했던 교령
의 특징은 중국의 갖가
지 전통에 대한 구체적
대응 지침을 제시하고
있다는 점에서 찾을 수
있다. 교황청은 1822년
이 교령을 추인하여 금
교 시기 유일의 중국 선
교 지침으로 삼았다.[3]
1832년에는 중국뿐 아
니라 동아시아에서 활
동하는 모든 천주교 사
제와 선교사들에게 이
교령을 지키도록 명령
했다. 교령은『1803년 9
월 2일, 5일 그리고 9일
에 충칭주 도회지에서
열린 쓰촨 대목구 시노
드』에 정리되어 있다.[4]

2) 회의 참가자

사천 천주교 성직자 회의의 소집자 겸 주재자는 가브리엘 토렝 뒤프레스
대목구장(주교)이었다. 그는 가경 6년(1801) 사천 대목구장 겸 운남·귀주
대목구장 서리로 임명되었다.[5] 대목구장은 가경 8년(1803) 자신의 처소가

있던 성도부 숭경주 황가감(崇慶州 黃家坎)에서 성직자 회의를 개최했다. 회의 참석자 열다섯 명은 8월 말에 회의 장소에 도착하여 시노드가 개최되는 날을 제외하고는 매일 네 차례씩 사전 준비 모임을 가졌다.

　회의 참석자의 면면을 살펴보면 뒤프레스 대목구장은 회의 소집자이자 주재자였다. 장 루이 플로랑 신부는 실무 간사 역할을 맡았다. 열세 명의 내지인 신부들도 참석했다. 그들은 각각 사천(아홉 명), 귀주(두 명), 사천 및 귀주(한 명), 사천 및 운남(한 명)에서 활동하고 있었다.6) 세분하면 사천 서부에 두 명, 북부에 한 명, 서부와 북부 양 지역에 세 명, 남부에 세 명의 내지인 신부가 활동했다. 대목구장의 처소는 사천 서부에 위치했고 플로랑 부주교의 활동 지역도 사천 서부와 북부였다. 회의 참석자 열다섯 명 가운데 절반이 넘는 여덟 명이 사천 서부와 북부에서 활동하고 있었다. 선교사 분포는 교세가 왕성했던 지역이 사천 서부와 북부였던 현상을 반영했다.

　성도를 중심으로 하는 서부 지역은 사천의 정치와 사회, 경제와 문화의 중심지였다. 명 말 예수회 선교사 불리오와 마갈렌스가 사천 최초로 이곳에서 포교했고 그 영향은 청초에도 지속되었다. 사천 서부 지역은 명말청초 동란기에 '도촉(屠蜀)'이라고 칭해질 정도로 극심한 인적 물적 피해를 입었지만 토착인 천주교도나 타지에서 이주한 천주교도들의 활동이 청대 내내 지속되었다.

　사천 북부는 명말청초에 서부 지역보다는 '도촉'의 피해를 덜 입은 곳이었다. 순치 초년 섬서를 거쳐 진격해온 청군이 이곳을 점령하고 신속하게 사회 질서를 회복했기 때문이었다. 강희 원년(1662)에서 3년(1664) 무렵 예수회 선교사 끌로드 모뗄이 사천 북부의 보녕부 일대로 와서 포교하면서 이 일대에 천주교가 급속히 확산되었다. 금교(禁敎) 정책이 시행된 후에도 천주교도들의 포교 열기는 식지 않았다.7)

　서주부, 가정부 일대를 중심으로 하는 사천 남부 지역도 '도촉'이라는 재앙이 덮치기는 했으나 사천 서부에 비해서는 비참함이 덜했다. 순치 초년에 항청세력(抗淸勢力)들이 이곳을 장악하고 운남 지역의 남명(南明) 정권과 연합하면서 주민들의 동요를 막았기 때문이었다.[8] 강희 연간에 들어와 강서 출신 천주교도를 비롯하여 외지인 천주교도들이 유입하면서 천주교가 확산되었다.[9]

운남이나 귀주 지역의 천주교세는 사천의 그것에 훨씬 못 미쳤다. 귀주에 서는 남부와 서부에서 각각 한 명의 신부가 활동했다. 또 귀주 일부와 사천 동부 일부에 걸쳐 활동한 신부도 있었다. 운남에는 전담 신부가 없어 사천 남부 일부를 담당하는 신부가 가끔 왔다.

성직자 회의에 불참한 사람도 두 명 있었는데 모두 선교사였다. 부대목구 장이던 피에르 트랑상 주교와 신학교 교장이던 카롤로 하멜(Carolus Hamel) 신부가 그들이었다. 이들은 장거리 여행 도중에 청조의 단속망에 걸려들까 염려하여 불참했다. 뒤프레스 대목구장은 인편으로 이들에게서 시노드에 대한 조언을 구하고 교령을 제정할 때 그들의 의견을 반영했다.[10]

회의 참석자들은 9월 2일(이하 날짜는 양력)에 시노드 제1회기, 5일에 제2회기, 9일에 제3회기로 모였다. 제1회기에는 성사일반, 세례성사, 견진성 사, 성체성사, 미사성제에 대하여 제2회기에는 고해성사, 병자성사, 성품성 사에 대하여 제3회기에는 혼인성사, 선교사들의 올바른 처신에 대하여 의논하고 관련 교령을 제정했다.[11]

시노드 회기 동안 플로랑 신부가 참석자들에게 그날에 처리할 사안들을 제시하고 내용을 설명했다. 플로랑 신부의 모두 발언이 마치면 뒤프레스 대목구장은 해당 사안의 내용과 회의 상정 이유를 다시 상세하게 설명했다. 교령의 의미를 명확히 전달하기 위해 회의는 중국어로 진행되었고 라틴어로 언급한 것은 중국어로도 전달했다. 뒤프레스 대목구장이나 플로랑 신부는 중국어로 의사를 소통할 수 있었으나 내지인 신부들은 라틴어 문장은 읽을 수 있었지만 말은 정확하게 알아듣지 못했기 때문이었다.

내지인 신부들은 대목구장이 설명한 사안들에 대해 각자의 의견을 말했다. 자신들이 포교 현장에서 경험하는 갖가지 상황을 전달하기도 하고 효율적으로 포교하는 방안도 언급했다. 뒤프레스 대목구장은 그들의 의견에 따라서 내용을 수정한 후 의견이 모아지면 전원 합의로 교령을 제정했다. 플로랑 신부가 교령을 낭독하면 대목구장은 참석자에게 개별적으로 찬성 의사를 확인했다.[12] 대목구장이 내지인 사제들의 의견을 적극적으로 수렴한 까닭은 그들이 포교 현장에서 교령을 준수해야 하는 당사자였기 때문이었다.

2. 성사 관련 교령과 중국 전통

1) 교령 제정에 인용한 근거

성직자 회의에서 결정된 교령은 성사 관련 9개 항목과 선교사 처신 관련 1개 항목으로 구성되었다. 10개 항목은 ① 성사일반, ② 세례성사, ③ 견진성사, ④ 성체성사, ⑤ 미사성제, ⑥ 고해성사, ⑦ 병자성사, ⑧ 성품성사, ⑨ 혼인성사, ⑩ 선교사들의 처신이다. ①에서 ⑨까지는 성사, ⑩은 선교사 관련 교령이다.

성사일반(①)에서부터 혼인성사(⑨)에 걸친 교령 제정에 참조한 근거의 종류와 인용횟수를 정리하면 〈표 3-2〉와 같다.

〈표 3-2〉에 나타난 바와 같이 뒤프레스 대목구장은 성사 관련 교령을 제정하면서 열세 가지 근거를 활용했다. 이것을 종류별로 살펴보면 ① 성경 ② 전례나 교리에 관한 문서 세 가지(로마예식서, 로마교리서, 로마미사경본) ③ 공의회의 결정 사항 두 가지(트리엔트 공의회 결정사항, 라트란 공의회 결정사항) ④ 교황(청) 명(훈)령 세 가지(교황 명령, 포교성성 훈령, 성무성성 훈령) ⑤ 성인들의 가르침 ⑥ 사천에서 활동한 전임·현임 사역자들의 결정 ⑦ 교회 규율 ⑧ 프란지타니 주교의 사제 규율지침이다.

〈표 3-2〉 성사 관련 교령 제정에 참고한 근거와 인용횟수

참고한 근거 \ 성사의 종류	성사일반	세례성사	견진성사	성체성사	미사성제	고해성사	병자성사	성품성사	혼인성사	인용횟수
성경				6	5	9			1	21
로마예식서	3	3		2		2	2			12
트리엔트 공의회 결정				1	2	5			1	9
성인들의 가르침				1	1	6				8
교황의 명령		3			1	2				6
포교성성 훈령		3	1			1				5
전·현임 사천 (부)대목구장 지침				1		1			1	3
라트란 공의회 결정						2				2
로마교리서				1		1				2
로마미사경본					1					1
프란지타니 주교의 사제규율지침					1					1
교회규율			1							1
성무성성 훈령									1	1
인용횟수	3	9	2	12	11	29	2	0	4	72

근거 : 『쓰촨 대목구 시노드』, pp.39-140.

참고한 근거들의 비중을 가늠할 수 있는 인용 빈도를 살펴보면 성경과 로마예식서, 트리엔트 공의회 결정사항, 성인들의 가르침, 교황의 명령과 포교성성의 훈령, 전·현임 사천 (부)대목구장 지침 순으로 많다. 성경은 천주교 신앙의 모든 것을 담고 있으므로 교령 제정에 가장 많이 참조했다(21회/72회. 29퍼센트). 반면에 여러 성사에 가장 폭넓게 참조된 근거는 로마예식서였다. 〈표 3-2〉에서 보듯이 로마예식서는 성사일반 영역에서는 유일하게 성사의 의미와 방향성을 부여하는 근거로 활용되었다. 나머지 성사와 관련해서도 성경과 같이 네 분야에서 참조되었다. 로마예식서에는 교구 사제들을 위한 사목 지침, 미사와 성사 집행을 위한 기도와 예식이 담겨 있었으므로,[13] 뒤프레스 대목구장이 성사 관련 교령을 제정할 때 폭넓게 참조할 수 있었다. 트리엔트 공의회 결정사항은 개신교 측에서 제기한 신학적 문제에 대응하여 천주교 측의 신앙과 교리를 정리한 것이다. 여기에는 성사와 미사에 대한 교리가 포함되었으므로,[14] 성사 관련 교령 제정에

참고할 수 있었다. 성인들의 가르침은 아우구스티노(354~430), 토마스(1224 혹은 1225~1274) 등이 남긴 것이다. 성인들 대부분이 교부로서 사목 활동에 나선 경험이 있었으므로 죄의 유혹을 단호하게 뿌리치지 못하는 인간의 본성에 대해 깊은 통찰력을 갖추고 있었다. 이런 통찰력을 바탕으로 성인들은 고해성사에 대해 유익한 조언을 남길 수 있었다. 교황 명령이나 포교성성 훈령은 성사와 관련된 세계 천주교회의 표준 지침으로 활용될 수 있었다. 전·현임 사천 (부)대목구장 지침은 중국의 전통을 참고하기 위한 자료였다.

이상 일곱 가지 근거들에서 인용한 사례는 전체 인용 사례의 89퍼센트(64회/72회)를 차지한다. 그 가운데 가장 인용 횟수가 많은 첫 번째 중요 참고 자료는 성경이었고 여러 성사에 걸쳐 가장 포괄적으로 참조된 것은 로마예식서였다. 이 둘은 성사 관련 교령 제정의 핵심 근거였다. 두 번째 중요 참고 자료는 트리엔트 공의회 결정사항, 성인들의 가르침, 교황의 명령, 포교성성의 훈령, 전·현임 사천 (부)대목구장 지침 등 다섯 가지 근거였다. 세 번째 참고 자료는 이상 일곱 가지 근거들보다는 인용 횟수가 적지만 라트란 공의회 결정 사항, 로마교리서 등을 포함한 나머지 일곱 가지 근거였다.

뒤프레스 대목구장이 참고한 근거는 대부분 유럽 교회의 실정을 토대로 만들어진 문헌들이었다. 이런 문헌들을 근거로 중국 교회에 적용할 성사 관련 교령을 제정한다면 여기에는 당연히 유럽 교회의 전통이 깊이 스며들게 된다. 유럽 교회의 전통이 세계 교회의 보편적 전통이 되어야 한다는 로마교황청 및 뒤프레스 대목구장의 생각 때문이었다. 그러나 한편으로 이 문헌들은 유럽 교회의 전통을 중국 실정에 맞도록 손질할 때 참고하는 자료로도 사용되었다.

2) 제1회기(성사 일반·세례·견진·성체성사·미사) 교령과 중국 전통

① 성사 일반에 관한 교령과 중국 전통 : 7개 항목이다. 교리 관련 5개 항목에서는 천주교 전례예식서의 전범(典範)인 로마예식서를 참조하여 성사의 중요성과 정확한 성사 집전, 성사 집전자의 자세에 대해 언급했다. 성사 총론에 해당하는 부분으로 성사 집전의 주체인 사제들에 관한 사항들을 담고 있다. 중국 전통과 관련 있는 2개 항목은 사제의 복장과 훈련에 대한 것이다.

첫째는 사제의 복장 기준 완화와 관련한 중국(사천)의 천주교 전통 수용에 대한 언급이었다. 일반적으로 사제는 모든 성사를 집전할 때 중백의를 입고 영대를 걸쳐야 했다. 사천에서도 사제들은 성사들을 집전할 때 이 복장을 갖추어야 했다. 예외적으로 고해성사를 집전할 때에만은 사제가 세속의 의복을 입는 것도 허용되었다. 그 까닭은 분명하지 않지만 사제의 예복 착용 관행이 정해진 규정보다 느슨했고 그런 관행이 사천 지역 천주교 전통의 한 부분으로 자리를 잡고 있었다. 뒤프레스 대목구장은 발목까지 닿는 긴 옷이라면 사제가 세속 옷을 입고 고해성사를 집전할 수 있다며 사제 복장에 관한 사천의 천주교 전통을 수용했다.[15]

둘째는 내지인 사제의 성사 집전에 관한 훈련 요구였다. 뒤프레스 대목구장은 부정확한 라틴어 발음이나 예식은 성사를 무효화시킨다면서 그러지 않기 위해 모든 내지인 사제들은 일 년에 한두 번 선교사들에게 성사 관련 훈련을 받으라고 명령했다.[16] 중국의 천주교 신학 교육 전통에 따라 육성된 내지인 사제들의 신학적 소양에 대한 불만을 드러낸 조치였다.

이처럼 성사 일반에 관한 교령에 관련된 중국 전통은 유교 전통이 아니라 천주교 전통이었다. 명 말 이래 유입한 천주교가 점차 뿌리내리면서 유럽과 다른 중국의 천주교 전통이 형성되었고 뒤프레스 대목구장은 그것을 손질했다.

② **세례성사 관련 교령과 중국 전통** : 10개 항목이다. 교리 관련 4개 항목에서는 사제가 정해진 절차대로 세례를 집전하며 예비신자를 철저히 교육하고 행실을 잘 살펴서 세례를 베풀라고 요구했다. 나머지 교령 6개 항목은 중국 전통과 관련된 것인데 네 가지 범주로 정리할 수 있다. 그 내용은 예비신자로서 배척해야 할 중국 전통의 종류와 유아세례자의 자격에 관한 것이다.

첫째, 예비신자가 죽은 자에게 유교 예절을 표현하지 못하게 했다. 유교 예식은 물론 조상의 관 앞에서 절하거나 무릎을 꿇는 행위는 미신으로 간주했다. 죽은 자에 대한 의례는 전례논쟁 이후 금지되었지만 뒤프레스 대목구장은 상례(喪禮)와 관련한 유교 전통의 배척을 다시금 명령했다.

둘째, 예비신자들의 부당한 금전 거래를 금지했다. 타인에게 끼친 금전적 손해, 부당하게 취한 재물, 돈을 빌려주고 받은 이자 등은 세례를 받기 전에 갚거나 돌려주라는 내용이었다. 남에게 금전상 손실을 끼치거나 재물을 부당하게 취하는 것은 중국 경제 전통에서도 허용되지 않는 악행이었다. 다만 이자 수수는 고리대가 아니라면 중국 전통에서 도덕상 비난받거나 법률로 단죄되지 않았다. 청대 사천에서도 이자를 받는 은호(銀號), 당상(當商) 등 전통 금융기관들이 영업하고 있었다.[17] 또한 헌신적인 천주교도라도 금융업에 종사한 사람들은 수수료를 받았으며 선교사를 비롯하여 내지인 사제들도 이들의 도움에 의지하는 형편이었다.[18] 따라서 중국의 경제 전통을 무시한 이자 수수 금지 교령은 현실에서 관철되기가 쉽지는 않았을 것이다.

셋째, 비교도와 정혼한 천주교도의 딸들에게 파혼하도록 요구했다. 뒤프레스 대목구장은 소녀의 부모가 파혼하거나 혹은 비교도인 신랑감이 천주교로 개종하거나 혹은 관면(寬免. 교회법을 어기더라도 타당한 이유가 있으면 제재를 면제하는 조치)을 받고 혼인하는 경우가 아니라면 사제가 신부감에게 세례를 베풀지 못하도록 했다. 신랑감이 극적으로 천주교 신앙을 받아들여 갈등이 해소되는 경우가 없지는 않았을 것이다. 하지만 현실에서는 대부분 소녀와 부모들이 천주교 신앙을 택하여 파혼하거나, 혹은 소녀가 세례를 받지 못한 비교도의 신분으로 비교도 남자와 혼인해야 하는 곤경에 처하게 된다. 이런 난관에 봉착한 사람들에게 뒤프레스 대목구장은 파혼하도록 강력하게 요구했다. 하지만 관면이라는 우회로가 열려 있고, 정혼했다면 결혼이 당연시되는 혼례 전통을 고려하면 천주교 신앙을 지키기 위해 파혼하라는 이 교령이 얼마나 준수되었을지 의심스럽다.

넷째, 유아세례 기준을 중국 현실에 맞추어 완화했다. 원칙적으로 유아세례는 부모가 모두 신자인 경우에만 베풀어야 했다. 그러나 중국에서는 부모 중 한쪽(어머니인 경우가 많은데)만 천주교도인 경우도 드물지 않았다. 이럴 때 어머니가 비교도인 아버지 몰래 또는 그의 뜻을 거슬러 유아를 데려오면 세례는 어떻게 해야 하는가? 뒤프레스 대목구장은 아버지가 동의하지 않더라도 천주교도인 어머니가 신앙 교육을 다짐한다면 세례를 허용하라는 교령을 제정했다. 그렇지만 가부장제 하의 중국 사회에서 어머니가 혼자서 어린아이에게 신앙교육을 시키기란 무척 어려웠다.[19] 중국 현실에 맞추어 교령이 완화되었지만 그것조차도 유교의 가부장제 전통이라는 장애물에 가로막혀 제대로 실행되기 어려웠다.

세례성사에 관련된 중국 전통은 유교 전통(상례, 혼례, 가부장제)과 경제 전통으로 분류할 수 있다. 뒤프레스 대목구장은 유교 전통 중의 상례와 혼례, 그리고 경제 전통은 철저하게 부정하는 교령을 제정했다. 가부장제와 관련한 유교 전통은 직접 부정하지는 않았다. 그러나 자녀 교육 방면에서 아버지의 역할을 무시하고 어머니의 역할을 과대평가함으로써 유교 전통을 간접적으로 부정한 것이나 다름없었다.

③ **견진성사 관련 교령과 중국 전통** : 4개 항목이다. 교리 관련 2개 항목에서는 견진성사의 본질과 효과, 성사를 받는 자세 등을 가르치도록 요구했고

예식의 집전자는 주교이며 사제는 임시로만 집전할 수 있다는 내용을 담았다. 중국 전통에 관한 교령은 2개 항목이다. 그 내용은 중국식 견진성사 집전 방식에 대한 검토와 견진성사 대상자의 연령 조정이다.

첫째, 중국식으로 변화된 견진성사의 집전을 금지했다. 여성 견진성사 대상자들은 남자 사제가 성유를 손가락으로 이마에 바르는 행위를 거부하거나 부끄러워했다. 그래서 사제들은 엄지손가락 대신에 붓 등을 사용하여 간접적으로 여성의 이마에 성유를 발라주는 방식으로 견진성사를 집전하는 경우가 많았다. 이런 관행에 대해 뒤프레스 대목구장은 변칙적인 견진성사는 성사로서 효과가 미심쩍으므로 반드시 정해진 대로 엄지손가락을 사용하라는 교령을 제정했다. 이런 천주교 전통이 신앙적 동기가 아니라 오히려 성사를 왜곡시키는 유교적 도덕 관념에서 비롯되었다고 판단했기 때문이었다.

둘째, 어린아이에게도 견진성사를 베풀 수 있도록 허용했다. 유럽 교회의 전통에 따르면 이성이 제대로 작용하지 않는 만 일곱 살 미만의 아이들에게는 견진성사를 베풀 수 없었다. 그러나 뒤프레스 대목구장은 중국에서는 박해가 자주 일어나므로 일곱 살 미만의 아이들에게 견진성사를 베풀어도 좋다고 했다.

견진성사와 관련한 중국의 천주교 전통은 성사의 원칙적 집전을 요구하면서 부정되었다. 반면에 천주교 박해라는 중국 정치 현실은 견진성사 대상자에 어린아이들까지 포함하는 교령을 제정하게 했다.

④ **성체성사 관련 교령과 중국 전통** : 11개 항목이다. 교리 관련 9개 항목은 성체성사에 대한 교육, 성사 횟수, 성체성사 참여의 전제 조건, 노자(路資) 성체 등에 관한 지침을 담고 있다. 중국 전통에 관한 교령은 2개 항목이다. 그 내용은 성체성사 참여 조건에 관한 것이다.

첫째, 대부업자, 축첩하는 자, 널리 알려진 범죄자 등은 반드시 고해성사를 통해 참회와 보속(補贖. 지은 죄를 적절한 방법으로 보상하거나 대가를 치르는 일)을 거친 후에야 성체성사에 참여하게 했다. 대부업은 중국의 경제 전통에서, 축첩은 유교 혼례 전통에서 용인되는 행위였으므로 성체성사 관련 교령도 중국의 경제 전통이나 유교 전통과의 충돌을 피하기는 어려웠다.

둘째, 여성 신도들에게 머리쓰개(미사보)를 쓰고 성체성사에 참여하도록 요구했다. 사천의 여성 신도들은 머리쓰개를 착용하지 않고서도 성사에 참여했다. 그러나 건륭 53년(1788) 사천 대목구장이던 마르탱 주교는 머리쓰개를 쓰지 않은 여성 신도가 고해성사에 참여하는 것을 금지했다.[20] 뒤프레스 대목구장은 한걸음 더 나아가 성체성사에서도 반드시 머리쓰개를 쓰라고 명령했다. 머리쓰개는 여성 신도의 절제와 정숙의 상징으로 받아들여졌기 때문이었다.[21]

성체성사와 관련된 중국 전통은 경제 전통, 유교 전통, 천주교 전통이었다. 천주교 전통은 기왕에 만들어진 전통을 강화하는 선에서 정리되었다. 반면 경제 전통과 유교 전통은 근절해야 할 대상으로 단정했다.

⑤ **미사성제 관련 교령과 중국 전통** : 11개 항목이다. 그 가운데 교리와 관련된 것은 6개 항목이다. 여기에는 사제가 미사성제를 집전하는 방식과 미사의 자선금에 대한 내용이 포함되어 있다. 중국 전통과 관련한 교령은 5개 항목이다. 그 내용은 내지인 사제의 훈련, 자선금, 예식 집전 기간 연장에 관한 것이다.

첫째, 내지인 사제들이 일 년에 한두 번 선교사들에게 미사성제의 형식이나 기도 등에 관해 훈련받도록 요구했다. 성사 일반 관련 교령에서 요구했던 내지인 사제들에 대한 훈련 요구를 여기서도 되풀이했다.[22]

뒤프레스 대목구장이 내지인 사제들로 하여금 선교사들에게 훈련을 받으라고 요구한 까닭은 중국의 천주교 교육 수준과 밀접한 관련이 있었다. 청대 내지인 사제들은 대부분 두 가지 방식으로 교육을 받았다. 하나는, 드물었지만 선교사의 추천을 받아 해외로 유학을 가서 신학을 공부하는 방식이었다. 이들은 유럽이나 동남아, 마카오의 신학교에서 교육을 받았다. 다른 하나는, 대부분의 내지인 사제들이 받은 교육으로서 내지에서 주로 선교사에게 지도받는 방식이었다. 내지의 신학 교육은 조직적이라기보다는 도제식에 가까웠다. 그런 취약성을 보완하려고 파리외방선교회에서는 내지에 신학교를 설립하고 운영했다.[23] 하지만 청조의 탄압, 교수 부족, 재정 궁핍 때문에 해외의 신학교에서처럼 교육시키기는 어려웠다. 내지의 신학 교육 수준이 낮았으므로 이를 보완하기 위해 유럽 선교사가 내지인 사제를 교육하라고 지시했다.

둘째, 신자들이 미사성제에서 관습적으로 드리던 동전 200문(文)의 자선금 액수를 추인했다. 동전 200문은 건륭 말년 사천 중경 지역 일반 노동자의 엿새 치 품삯 혹은 광부들의 나흘 치 품삯에 해당하는 액수로,[24] 경제적으로 넉넉하지 않은 천주교도들에게는 적지 않은 돈이었다.

셋째와 넷째, 사제는 자선금으로 받은 동전 200문당 한 번의 미사성제를 반드시 드리라는 요구였다. 뒤프레스 대목구장이 이렇게 명령한 까닭은 사제들이 동전 200문당 미사성제 한 번이라는 기준을 무시했기 때문이었다. 백은 1냥 또는 동전 1,000문[25]을 받고서도 한두 번의 미사성제만 드리는 경우가 흔한 실정이었다. 뒤프레스 대목구장은 사제들의 이런 행위를 신도들에 대한 경제적 갈취라며 꾸짖었다.[26]

다섯째, 사제가 관할 구역에서 홀로 미사성제를 집전할 수 있는 기간을 연장했다. 유럽 교회에서는 미사성제의 요구가 많아서 짧은 시일 내에 이를 충족시킬 수 없으면 한 달간 기간을 연장하여 집전할 수 있었다. 중국에서도 한 달간의 기간 연장이 전통으로 정착되어 있었다. 하지만 뒤프레스 대목구장은 사천에서는 사제가 부족할 뿐만 아니라 그들이 관할하는 지역도 넓다며 기간을 두 달로 연장했다.[27]

미사성제와 관련된 중국 전통 다섯 항목은 모두 천주교 전통이었다. 그 전통에는 사제의 신학 교육, 자선금 액수, 미사성제 집전 횟수, 미사성제 집전 기간 등이 포함되었다. 천주교 전통들은 뒤프레스 대목구장이 중국의 포교 현실을 어떻게 파악하느냐에 따라서 수정, 보완되기도 하고 그대로 받아들여지기도 했다.

3) 제2회기(고해·병자·성품성사) 교령과 중국 전통

⑥ **고해성사 관련 교령과 중국 전통** : 14개 항목이다. 그 가운데 교리와 관련된 것은 10개 항목이며 중국 전통과 관련된 것은 4개 항목이다.[28] 고해성사는 '난파 후의 두 번째 구명대'[29]로 비유될 만큼 (첫 번째 구명대는 세례성사) 죄에 빠진 인간이 구원받는 데 중요한 수단으로 강조되고 있다. 교리와 관련된 항목은 고해 사제들이 참회자들의 영적 상태를 정확하게 진단하여 성사를 집전해야 한다는 내용을 담고 있다. 중국 전통과 관련된 것은 4개 항목이다. 그 내용은 참회해야 할 죄악과 보속의 종류, 집전의 방식에 관련된 것이다.

첫째, 참회해야만 용서할 수 있는 죄악들을 열거했다. ① 십계명과 교회 규정에 대한 무지 ② 가장과 아내가 자녀나 종의 신앙생활을 금지하거나 불신앙을 방조하는 것 ③ 채무 불이행, 추문, 이자 수수, 부당 계약으로 인한 불의한 이득, 주일이나 축일의 장시간 노동, 관면을 받지 않고 비교도에게 딸을 혼인시키는 행위 ④ 도박, 술주정, 불륜 ⑤ 상인·수공업자·병사·관원·포역·서리의 도둑질, 사기, 불의한 허가. 미신, 비방, 연극 구경, 점술가의 예언 청종, 마술사의 주술에 의존하는 행위, 이교도의 의례 참여, 도박, 부도덕한 사람들과의 만남, 술집 출입, 오락 탐닉 ⑥ 간음.[30]

죄악의 종류들은 대체로 불신앙(①·②·③·⑤), 부당 경제 행위(③), 성적 타락(④·⑥), 관원이나 서리·아역·병사 등의 지위를 남용한 불법 행위와 상인이나 수공업자의 도둑질이나 사기(⑤), 유흥과 오락 탐닉(④·⑤) 영역으로 분류할 수 있다. 불신앙은 종교 영역의 문제이므로 교령에서 죄악으로 취급하는 것은 당연하다. 이자 수수를 제외한 채무 불이행이나 부당 계약과 불의한 이득 수취 등은 중국 경제 전통에서도 정당화되지 않는 부당한 경제 행위이다. 따라서 교령에서 이들을 죄악으로 지목한 조치는 중국의 경제 전통에 벗어나지 않는다. 불륜이나 간음이라든가 도박이나 술주정, 오락 탐닉도 중국의 유교 도덕 전통에서 용납하기 어려운 행위들이었다. 따라서 이런 행위를 죄악이라고 금기시한 교령과 유교 도덕 전통은 서로 배치되지 않는다. 관원·서리·아역·병사 등이 지위를 남용하여 도둑질하거나 사기치거나 불법적인 허가를 내주는 행위는 중국 정치 전통에서도 범죄 행위로 간주되어 금지되었다. 상인이나 수공업자의 도둑질이나 사기 행위 역시 중국의 경제 전통에서 용납되지 않았다. 이런 행위들을 죄악으로 규정한 천주교령은 중국의 정치 전통이나 경제 전통과 충돌하지 않았다.

둘째, 죄인이 참회하면 그에 대한 적절한 보속을 부과했다.[31] 뒤프레스 대목구장은 고해 사제에게 죄인이 불완전하든 완전하든 통회를 했다고 판단하면 즉시 용서하고 보속을 부과하라고 명령했다. 그리고 이렇게 말했다. "이런 현명하고 관대한 실천은 교회의 아주 오랜 관습이고 성경과 교부들의 권위로 공인된 것이다. 더 나아가서 고해 사제가 많고 박해의 위험이 전혀 없는 모든 곳의 천주교회가 그렇게 한다면 하물며 천주교도들을 거슬러 끊임없이 박해가 일어나고 또 수확할 것은 많지만 일꾼들이 아주 적은 이 지방에서는 이를 더욱더 준수하여야 하지 않겠는가?"[32]

셋째, 고해성사 때 사제와 참회자 사이에 널빤지나 가리개를 두는 사천 대목구의 관습을 추인했다. 사천에서는 관습적으로 사제와 참회자 사이에 발을 치고 고백하는 천주교 전통이 자리 잡고 있었다. 뒤프레스 대목구장은 이를 교령으로 추인하면서 사제들은 고백을 들을 때 최소한 가로 세로 두 발 길이의 휴대용 나무 널빤지나 갈대로 엮은 발로 참회자를 가리라고 명령했다.

넷째, 여성 신도의 고백 요건을 강화했다. 전임 대목구장 마르탱 주교는 여성들은 죄를 고백할 때 얼굴 대부분을 가려야 하고 사제를 마주 보거나 사제 쪽으로 몸을 기울이거나 발이나 가리개에 머리를 기대지 말라고 명령했다.[33] 뒤프레스 대목구장은 여기서 한 걸음 더 나아가 죄를 고백하는 여성 신도는 얼굴뿐만 아니라 팔도 가리게 했다. 시간도 제한하여 여성 신도의 고백은 낮에만 듣게 했다. 어쩔 수 없이 밤에 들어야만 한다면 오해를 받거나 추문에 휩싸이지 않기 위해 방에 불을 밝히고 문을 열어 두라고 명령했다.

고해성사와 관련한 중국 전통은 중국의 정치 전통, 경제 전통, 천주교 전통이었다. 뒤프레스 대목구장은 중국의 정치나 경제 전통에서 범죄로 지목된 행위들을 교령에서도 죄악으로 규정하고 범죄자들의 참회를 요구했다. 중국의 정치 전통이나 경제 전통의 지향성이 교령의 그것과 합치되는 경향은 다른 성사 관련 교령에서는 찾아보기 어렵다. 이자 수수에 대한 인식이 상반되었다는 점은 제외하고.

⑦ **병자성사 관련 교령과 중국 전통** : 6개 항목이다. 교리와 관련된 것은 5개 항목이다. 여기서는 사제들이 죽음을 눈앞에 둔 신자가 영원한 안식에 들어가거나 혹은 병이 나을 수 있도록 성실하게 병자성사를 집전하라고 명령했다. 중국 전통과 관련된 것은 1개 항목이다.

그 항목은 병자성사를 집전하는 사제가 전족한 환자의 발에 대한 도유(塗油)를 간소화하거나 생략할 수 있도록 한 것이다. 유럽 교회에서는 사제가 병자성사를 집전할 때 발에 성유를 바르게 했다. 중국에서 발에 성유를 붓는 예식은 남성 천주교도에게는 별문제가 없었으나 여성 천주교도들에게는 아주 심각한 문제였다. 여성들의 전족한 발은 은밀하고 성적 매력이 집약된 곳으로 인식되어 남편만이 만지거나 살펴볼 수 있었기 때문이었다.[34] 임종 직전이라도 여성 신도 자신은 물론 남편을 비롯한 그녀의 가족들도 사제가 발에 도유하는 것을 거부하는 경우가 많았다. 뒤프레스 대목구장은 병자성사의 도유와 전족의 관계를 이렇게 정리했다. "도유의 방법과 관련해서는 (여성 신도들의) 두 발을 완전히 벗길 필요가 전혀 없으며 편하게 도유할 수 있는 발등 일부분만을 노출시키는 것으로 충분하다." "그러나 아직도 몹시 엄청나고 커다란 어려움이 발생하고 신자가 아닌 사람들에게 추문이 될 것을 두려워한다면 오직 그때에는 현명하게 도유를 생략할 수 있다."35) 전족이라는 중국 문화 전통 때문에 유럽 교회에서 행하던 여성 신도의 발에 대한 도유는 간소화하거나 생략했다.36)

⑧ **성품성사 관련 교령** : 9개 항목인데 모두 교리와 관련되어 있다. 성품성사란 사제로 서품을 받는 성사이다.

4) 제3회기(혼인성사) 교령과 중국 전통

⑨ **혼인성사 관련 교령과 중국 전통** : 모두 8개 항목이다. 교리와 관련된 것은 1개 항목인데 사제는 혼인성사의 은총과 필요성을 신자들에게 분명히 가르쳐야한다고 명령했다. 중국 전통과 관련한 교령은 7개 항목이다. 그 내용은 천주교의 입장에서 본 잘못된 혼인의 종류와 수습 방안에 대한 것이다.

첫째, 부모가 딸을 비교도와 혼인시키거나 정혼시킨 경우에 대한 조치이다. 이 경우에는 부모가 천주교도인지 모두 비교도인지 혹은 어느 한쪽만 천주교도인지를 따져서 각각 다르게 처리해야 한다고 명령했다. 논의를 간략히 하기 위해 혼인 여부만을 중심으로 생각해보면 초점은 교리에 어긋난 혼인(정혼)을 지속하거나 혹은 파혼하는 두 경우였다. 뒤프레스 대목구장은 당사자에게는 파혼을 권고하고 사제들에게는 천주교도인 신부감 스스로가 파혼하도록 권유하게 했다. 이 교령은 부모(조부모) 특히 아버지(할아버지)가 가부장으로서 의사결정권을 행사하는 중국의 유교 혼례 전통과 정면으로 충돌한다.

둘째, 미성년 때의 정혼은 교회법상 구속력이 없다고 주장했다. 뒤프레스 대목구장은 성년이 된 정혼 당사자가 원하지 않으면 자유의사로 파혼할 수 있어야 하고 비신자인 부모들은 자녀의 뜻을 거슬러서 강제로 혼인을 시키지 말아야 한다는 교령을 제정했다. 자녀가 성년이 되면 자유의사로 혼인 여부를 결정해야 한다는 교령은 부모(조부모) 특히 아버지(할아버지)가 가부장으로서 혼인 여부를 결정하는 유교 혼례 전통에 어긋난다.

셋째, 정혼한 소녀가 혼례를 치르기 전에 남자 집으로 가서 함께 사는 풍습을 금지했다. 뒤프레스 대목구장은 부모가 무척 가난하거나 혹은 집안에서 천주교를 제대로 가르칠 수 없으나 시댁에서는 가능한 경우에만 예외적으로 인정했다. 가난한 부모가 어린 딸을 장래의 시댁으로 미리 보내 양육비 부담을 줄이는 관행은 중국의 오랜 혼인 전통이었다. 그러나 가난으로 인한 조혼은 유교와 관련짓기 어렵다. 이 교령은 중국의 조혼 전통을 부분적으로만 인정했다.

넷째, 사제가 집전하지 않은 비밀 결혼을 금지했다. 뒤프레스 대목구장은 신랑과 신부가 다른 천주교인의 집에 가서 사제 집전 하에 결혼한다면 비교도들의 이목을 두려워하지 않아도 된다고 제안했다. 사제가 집전하지 않는 비밀 결혼이란 중국의 유교 혼례 전통에서는 존재하지 않는다. 천주교 측에서는 사제가 집전하지 않은 결혼을 비밀 결혼이라고 비난하지만 거꾸로 중국 유교 혼례 전통에서는 뒤프레스 대목구장이 제안한 결혼 방식도 비난받아야 할 도둑 결혼이었다. 그가 제안한 것처럼 이웃이나 친척 몰래 남의 집에서 결혼하는 행위는 신랑과 신부 측의 친인척, 이웃, 지인 등 지연과 혈연, 그 밖의 사회관계망으로 연결된 다양한 하객들을 초청하여 공개적으로 예식을 올리고 잔치를 벌이는 중국의 혼례 전통에 정면으로 위배된다.

다섯째, 정혼자가 아닌 다른 사람과 혼인하는 경우에 대한 처리 방식이었다. 천주교도인 정혼자 어느 한쪽이 정혼자가 아닌 다른 사람과 혼인하였을 경우 홀로 남은 정혼자가 원래 정혼자에게 혼인을 요구할 수 없도록 했다. 배우자가 비교도일지라도 마찬가지였다. 중국 유교 혼례 전통에서도 정혼자가 원래 정혼자 이외의 다른 사람과 혼인하는 것이 허용되었다. 다만 그러려면 먼저 파혼 절차를 밟아야 했다. 이 교령에서는 파혼에 대한 언급이 없다. 먼저 파혼한 후에 혼인하는 경우라면 이 교령은 중국 유교 혼례 전통에 어긋나지 않는다. 그러나 정혼한 상대방과 파혼을 합의하지도 않고 다른 사람과 혼인하는 경우라면 이 교령은 파혼 절차를 무시했다는 점에서 유교 혼례 전통과 배치된다.

여섯째, 비신자와의 결혼보다는 친척이나 인척간이라도 천주교도끼리의 결혼을 권장했다. 뒤프레스 대목구장은 친척간 결혼이나 인척간 결혼을 관면하는 권한이 사제에게 있으므로 이를 적극적으로 활용하라고 명령했다.[37] 이 교령도 중국의 유교 혼례 전통에서는 발생하지 않는 현상을 거론하고 있다. 중국에서는 고대부터 문명과 야만을 가르는 표지 중의 하나가 혼인 형태였는데 가까운 친척 간 혼인은 야만적이고 부도덕한 행위로 멸시당했다.[38] 어떤 이유에서든 친척 간 혼인은 유교 혼례 전통과는 동떨어진 인륜을 어지럽히는 행위로 금기시되었고 집안 내에서는 물론이고 이웃에게도 지탄의 대상이 되었다.[39] 중국과는 달리 서양에서는 친척 간 결혼이 허용되는 경우가 많았다. 뒤프레스 대목구장은 이런 문화적 차이를 인지하지 못했거나 인지했더라도 천주교도 간의 혼인을 우선하는 입장에서 이를 무시했다.

일곱째, 본처와 첩들을 거느린 비교도가 개종한 후에 천주교리에 따라 한 사람의 부인만 두고자 할 때의 처리 지침이었다. 이 교령도 중국의 유교 혼례 전통에서는 발생하지 않는 현상을 거론하고 있다. 뒤프레스 대목구장은 비신자가 천주교 신앙을 받아들인 후에 천주교도인 첩을 아내로 선택하고 비교도인 본처를 버리기로 작정한다면 사제는 반드시 본처의 의사를 확인하라고 명령했다. 다만 이때 본처에게 묻는 내용은 천주교로의 개종 여부였고 남편과 첩이 부부로 사는 것에 대한 동의 여부는 아니었다. 천주교로 개종한 남편과 부부로서 함께 살 우선권은 본처에게 주어졌지만 그 권한은 그녀도 천주교도가 된다는 전제하에서 인정되었다. 천주교도 부부의 탄생을 우선시하는 뒤프레스 대목구장은 중국 유교 혼례 전통상 본처에게 보장된 정실로서의 권한을 부분적으로만 인정했다.

혼인성사 교령과 관련된 중국 유교 혼례 전통은 자녀(손자녀)의 혼인에 대한 부모(조부모) 특히 아버지(할아버지)의 가부장적 의사결정권, 정혼에 대한 파혼, 친척 간 결혼 금지, 정실의 권한 등이었다. 교령은 유교 혼례 전통을 대부분 부정했는데 그 절정은 천주교도끼리의 혼인을 권장하기 위해 금기를 깨뜨리고 친척 간 결혼을 허용한 조치였다.

3. 선교사 처신에 관한 교령과 중국 전통

1) 교령 제정에 인용한 근거

선교사 처신에 관한 교령은 모두 37개 항목이다. 그 가운데 1개 항목에는 3개의 부속 지침이 추가되어 있다. 원래 선교사 처신에 관한 교령은 혼인성사 교령과 더불어 제3회기에 제정되었다. 그러나 혼인성사 관련 교령을 포함하여 앞에서 분석한 교령들은 일(聖事)에 관한 것인 반면에 선교사 처신에 관한 교령은 사람에 관한 교령이어서 별도로 언급한다.

선교사 처신에 관한 교령을 제정하면서 뒤프레스 대목구장은 일곱 가지 근거를 32회에 걸쳐 인용했다. 그 근거는 ① 성경(16회), ② 사천 전임 대목구장 지침(6회), ③ 성인들의 가르침(5회), ④ 로마교리서(2회), ⑤ 트리엔트공의회 교리서(1회), ⑥ 교황 명령(1회), ⑦ 포교성성 훈령(1회)이었다. 이 근거들은 모두 성사 관련 교령을 제정할 때에도 참고했던 것들이다.

성경은 가장 빈번하게 참고로 한 근거이다. 다만 참고 비중은 50퍼센트(16회/32회)로 성사 관련 교령 제정 때의 29퍼센트(21회/72회)에 비해 훨씬 늘어났다. 또 성경은 37개 교령 항목 가운데 11개 교령 항목의 참고 근거로 활용되었다. 다른 참고 근거들에 비해 성경이 참고 횟수나 참고 항목에서 압도적인 우위를 차지했다.

다음은 전임 사천 대목구장 지침으로 비중이 19퍼센트(6회/32회)이다. 이 비율은 성사 관련 교령 제정 때의 대목구장 지침 활용 비율 4퍼센트(3회/72회)에 비하면 크게 늘어난 것이다. 전임 대목구장 지침은 37개 교령 항목 가운데 5개 교령 항목의 참고 근거로 활용되었다. 풍부하고 생생한 사목 활동 경험이 담긴 전임 대목구장 지침은 사제들이 포교 활동에 매우 소중한 자료였기 때문이었다.

세 번째는 성인들의 가르침으로 참고 비중이 15퍼센트(5회/32회)이다. 이 비율은 성사 관련 교령 제정 때 성인들의 가르침을 활용한 비율 11퍼센트(11회/72회)에 비해 조금 늘어난 것이다. 성인들의 가르침은 특히 사제의 마음가짐이나 삶의 태도에 관한 교령을 제정할 때 많은 참고가 되었다. 성인들 자신이 사제로서 활동한 경험이 후배 사제들의 삶에 유익한 참고가 되는 경우가 많았기 때문이었다.

이들 세 가지 근거는 사제 처신에 관한 교령을 제정하는 데 활용한 핵심 자료였다. 세 가지 근거의 참고 비중은 84퍼센트(27회/32회)에 달했다. 그 밖에 로마교리서(2회)는 교리학습이나 말씀 강론, 트리엔트공의회 교리서(1회)는 말씀 강론, 교황 명령(1회)은 교리서 읽기, 포교성성 훈령은 담보 대부 금지 교령 항목의 근거로 활용되었다.

2) 교리 관련 교령과 내용

선교사 처신에 관한 교령은 〈표 3-3〉처럼 교리를 담은 30개 항목과 중국

〈표 3-3〉 선교사 처신에 관한 37개 교령 항목의 내용 분류

분류	영역	세부 항목	교령 번호
교리 관련 항목(30개)	신학적 태도	영혼구원, 기도와 묵상, 신앙 서적 읽기	1.2.3.4.5.7.27
		교령과 성사 예식문 숙지	6.36
		말씀 강론	25.26
	자기 삶의 태도	온화와 겸손	12.18
		검소와 절제	10.11.14
		여자조심	8.9
		돈을 탐하는 것 금지	13.22
		의술 습득 금지	20
	신자를 대하는 태도	부자와 가난한 자 차별금지	15.24
		불합리한 요구나 강제 금지	16.19
		불의한 자에 대한 적절한 처벌	17
		신자에게 돈 빌려주는 것 금지	21
		신자간 고발 금지	23
	상부에 대한 태도	신자보고서 작성과 보고	35
		시노드 규정에 복종	37
전통 관련 항목(7개)	금지 대상	중국 고전 교육	28
		천명론	29
		우상의 신당이나 조상의 사당에 바치는 연극·공연·경연에의 동참	30
		우상·위패·점술서 보존	31
		풍수지리설에 따른 명당 선택과 매매	32
		돈 곡식을 빌려주고 이자 받는 것	33
		담보를 잡고 돈을 빌려주는 전당 계약	34

근거 : 『쓰촨 대목구 시노드』, pp.141-187.

전통과 관련된 7개 항목으로 나눌 수 있다.

30개 교리 관련 항목은 신학적 태도, 자기 삶에 대한 태도, 신자를 대하는 태도, 상부에 대한 태도 영역으로 분류할 수 있다.

신학적 태도 영역은 사제로서 기본적으로 갖추어야 할 신학적 소양에 관한 것이다.

자기 삶에 대한 태도 영역은 사제의 내면세계에 대한 요구이다. 온화하고 겸손한 성품과 검소하고 절제하는 삶의 자세를 갖추고 돈과 여자를 조심하라는 항목은 충분히 납득할 수 있는 요구였다. 그러나 의술[40]을 습득하지

말라고 한 요구는 의외이다. 궁정의 선교사 가운데서도 내과 의사라든가 치과 의사로 봉사한 사람이 있었고 의술은 포교 수단으로 적절하게 활용될 수도 있었기 때문이다.[41] 그러나 뒤프레스 대목구장은 이러한 긍정적 효과에 주목하기보다는 사제가 여성(신도)들을 진맥하고 치료하면 유혹하거나 추행했다는 누명을 뒤집어쓰기 쉽고 소송에도 휘말릴 수도 있다며 의술을 배우지 못하게 했다.[42]

신자를 대하는 태도 영역은 두 가지로 요약할 수 있다. 하나는 사제가 신자를 제재할 필요가 있으면 교령의 범위 안에서 적절하게 훈육하라는 요구였다. 다른 하나는 사제가 신자들에게 돈을 빌려주거나 부자와 가난한 자를 차별하지 말라는 요구였다. 빈자와 부자의 차별은 금지해야 마땅하지만 신자들에게 이자를 받지 않고 돈을 빌려주는 행위를 금지한 것은 사제의 사목활동에 대한 지나친 제약이라는 생각이 들기도 한다. 무이자 대부는 가난한 신도들을 경제적으로 도와주는 일종의 자선 행위로도 받아들여질 수 있기 때문이다. 하지만 뒤프레스 대목구장은 단호하게 말했다. "반복된 경험에 비추어 볼 때 사제들이 신자들에게 돈을 빌려주는 것은 추문을 일으키고 사제와 교회를 공격하게 하는 빌미가 될 수 있다."[43] 사천에서 오랜 사목활동을 경험한 뒤프레스 대목구장은 무이자 대부는 긍정적 효과보다 부정적 영향이 더 크다고 판단했다. 만일 사제들이 불가피하게 가난한 사람을 도와주어야 한다면 무이자로 대부하지 말고 아예 상환할 의무가 없는 자선금을 주라고 명령했다.[44]

상부에 대한 태도 영역은 신자의 신앙 상태를 충실하게 보고하라는 요구와 시노드 교령에 철저하게 복종하라는 요구를 담고 있다.

이상에서 살펴본 사제 처신에 관한 교령은 이렇게 요약할 수 있다. 사제는 신학적으로 천주교리와 예식에 관한 지식을 충분히 습득하라. 삶의 영역에서는 온화하고 겸손한 마음을 갖고 절제하며 돈과 여자를 조심하라. 신자들에 대해서는 잘못을 적절하게 제재하고 일절 금전 거래는 하지 말라. 상부에 대해서는 보고 의무와 복종 의무를 다하라. 이런 덕목을 모두 갖춘 인물이 있다면 그는 곧 뒤프레스 대목구장이 천주교령 속에서 그려놓은 이상적인 사제라고 할 수 있다. 거꾸로 생각하면 사제는 신학적 소양도 부족하고 마음씨도 곱지 않은데 돈과 여자는 밝히다가 추문을 일으키고 상부에 항명할 수도 있는 존재였다. 이런 악덕을 골고루 갖춘 자가 실제로 있다면 아마도 그는 최악의 사제에 해당할 것이다. 하지만 청대 중국(사천)에서 실제로 활동하던 사제들은 이상적인 인물도 최악의 인물도 아닌 양자 사이의 어느 지점에 존재하는 사람이었을 것이다.

3) 중국 전통 관련 교령

중국 전통 관련 교령은 7개 항목으로 모두 금지해야 할 대상을 열거했다.
첫째, 중국 고전 교육을 금지했다. 뒤프레스 대목구장은 유교 경전 교육은 미신과 방종과 외설로 귀결된다며 매우 부정적인 평가를 내렸다. 아이들에게 유교 경전을 가르치지 않거나 최소한으로만 가르치고 대신에 사제가 천주교 학교를 설립하여 천주교 신앙과 윤리 생활을 가르쳐야 한다고 주장했다.[45] 유교 경전 교육의 금지는 중국 전통의 근원을 전면 부정한 것이었다. 중국 문화의 근간인 유교 전통은 경전 교육을 통해 유지될 수 있었기 때문이다.

뒤프레스 대목구장이 유교 경전 교육은 천주교 신앙에 해를 끼친다고 판단하는 태도는 천주교와 유교의 접점을 찾아 양자의 공존을 모색하던 마테오 리치를 비롯한 예수회 선교사들의 입장과는 확연히 달랐다.[46] 유교 측에서는 지배 이념의 지위를 독점하고 있었으므로 굳이 천주교와의 공존 가능성을 탐색할 필요가 없었다. 그래서 천주교를 용납할 수 없는 사설(邪說)로 배척해 버렸다. 사천에서는 천주교 성직자 회의가 개최되던 가경 연간 성도부 십방현 지현 기대규가 이기론(理氣論)에 입각한 반천주교 논리를 유포했던 사실은 이미 앞에서 살펴보았다. 뒤프레스 대목구장은 이기론에 근거한 유교 세계관은 창조론에 입각한 천주교 세계관과 전혀 달라서 서로 접점이 없다고 생각했다. 그래서 유교를 배척해야 할 미신에 불과하다고 낙인찍었다.

둘째, 신자들의 언행 속에 스며든 천명, 천리(天理) 관념을 미신으로 규정하고 금지했다. 사천 천주교도 가운데는 비교도들과 다름없이 중국의 유교 천명론 전통에 따라 하늘의 명령(天命)에 따라서 행한다거나, 하늘의 명령에 따라 사건이 일어났다거나, 하늘의 이치(天理)에 따라 예언한다고 말하는 사람들이 있었다. 뒤프레스 대목구장은 천명이나 천리는 유교라는 외피로 포장이 되었지만 일상에 스며든 미신에 불과하다고 주장했다. 그는 사제들이 천주교리에 따라 신자들을 철저히 교육하여 이런 미신을 쫓지 않게 하라고 명령했다.[47] 이 명령은 신앙으로는 천주교를 신봉하지만 삶 속에서는 여전히 천명이나 천리와 같은 중국 전통의 영향을 받던 천주교도들이 적지 않았음을 인정한 것이나 다름이 없었다.

셋째, 불교와 도교를 포함한 민간 신앙의 신당이나 사당에 바치는 연극이나 공연, 경연에 천주교도들이 동참하는 것을 금지했다. 돈을 바치거나 의례에 동참하는 등의 직접적인 참여를 금지했을 뿐만 아니라 현장에서 판매하는 물품이나 음식을 사는 등의 간접적인 참여도 금지했다. 죽은 자의 위패나 상여에 제사를 지내거나 유교 예식을 위해 돈을 기부하는 것도 허용되지 않았다. 그러나 천주교도가 제사 비용이나 여러 신격(神格)에 대한 분향 비용을 분담하지 않았다가 비교도들로부터 심각한 보복을 당하는 경우도 많았다.[48] 그래서 뒤프레스 대목구장은 생명을 위협받는 등의 긴급하고 중대한 이유가 있을 때에는 돈 내는 것을 조건부로 허용했다.[49]

넷째, 천주교도가 신(우)상이나 위패, 점술서나 신(우)상을 숭배하는 서적 등을 보관하는 것을 금지했다. 이런 기물이나 서적은 천주교의 관점에서는 미신이나 우상이지만 중국 전통의 관점에서는 불교와 도교 등을 포함한 민간 신앙 관련 기물이나 서적이었다. 중국 민간 신앙 전통을 미신이나

우상 숭배라며 전면적으로 배척한 것이다.[50]

다섯째, 풍수지리설에 입각한 명당(明堂)을 부정했다. 명당을 찾아 망자를 매장하여 가문의 번영을 도모하는 행위는 중국의 민간 신앙 전통이었다.[51] 풍수지리설은 주로 묘지나 주택, 궁궐 등의 입지 상 길흉을 분별하는 이론으로 활용되었는데 뒤프레스 대목구장은 풍수지리설에 입각한 명당은 미신이라고 배척했다.[52]

여섯째, 돈이나 곡식을 빌려주고 이자 받는 것을 금지시켰다. 뒤프레스 대목구장은 원금에 이자를 붙이면 금액을 불문하고 모두 고리대라고 규정했다. 이런 생각은 그의 독단이 아니라 성경에 연원을 둔 교회법에 기초했다. 유럽 천주교회에서는 이자 수취 금지령을 내렸으므로 천주교도들이 환전업이나 고리대금업에 종사하기 어려웠다. 하지만 실제로는 유럽에서도 돈을 빌리고자 하는 수요와 이자를 받고 돈을 빌려주고자 하는 공급이 늘 있었고 유대인들이 양자를 연결하는 고리 대금업자로 활동했다.[53] 교회법이 준수해야 할 보편적인 가치로 뿌리내리지 않은 중국에서 천주교도가 이 교령에 따르기가 대단히 어려웠을 것이다.

일곱째, 담보를 잡고 돈을 빌려주면서 이득을 챙기는 전당 계약을 금지했다. 전임 대목구장(1767~1792) 포티에 주교가 교황청에 이를 금지하도록 건의했고 포교성성은 1781년 교령으로 이를 불법화했다.[54] 그러나 실제로는 담보 대출의 수요와 공급이 늘 있었으므로 교령이 전당 계약을 합법화한 중국의 경제 전통을 바꾸기에는 역부족이었다. 뒤프레스 대목구장은 전임대목구장 명령이나 포교성성 교령의 효력을 언급하면서 사제들에게 교령을 널리 알려 당사자들이 전당 계약을 해지하게 하라고 촉구했다. 사문화한 교령을 부활시켜 중국 경제 전통을 부정한 뒤프레스 대목구장의 시도가 헛되이 끝났음은 말할 필요조차 없다.

사제 처신에 관한 교령에서 언급된 중국 전통은 크게 중국의 유교 전통, 불교와 도교를 포함하는 민간 신앙 전통, 경제 전통으로 분류할 수 있다.

유교 전통에는 고전(경전) 교육과 천명론이 포함되었다. 뒤프레스 대목구장은 경전 교육의 결과가 미신, 방종, 외설이라며 이를 전면 부정했다. 중국 문화의 근간인 유교 전통은 경전 교육을 통해 뒷받침되는데 이를 부정한 것은 유교 전통 자체를 완전히 부정한 것이나 다름없었다. 더불어 그는 천명론도 미신에 불과하다며 배격했다. 천명론에서 하늘(天)은 인간 사회에 영향력을 미치는 인격신으로서 비쳐질 수 있는 속성을 갖추었다. 그러므로 천명론에서 등장하는 하늘(天)과 천주교에서 섬기는 천지 만물의 주재자이자 인격신인 천주의 차별성이 모호해질 가능성이 다분히 있었다. 그런 가능성을 차단하기 위해 뒤프레스 대목구장은 천명론을 미신으로 낙인찍었다. 유교가 종교로서 천주교와 경쟁할 여지를 없애버린 것이다.

민간 신앙에 대한 배격 역시 그럴 가능성을 배제하는 조치이기도 했다. 민간 신앙 전통에는 다양한 신격 숭배, 점술서나 신앙 서적, 풍수지리설(명당) 등이 포함되었다. 뒤프레스 대목구장은 이들 역시 미신이나 우상 숭배라며 철저히 부정했다. 신격 숭배는 지역의 축제, 점술서는 길흉화복의 예측, 풍수지리설(명당)은 가문의 번영이라는 효용성 때문에 중국인들의 삶 속 깊숙이 들어와 있었으므로 포교를 진척시키기 위해서는 이들을 뿌리 뽑아야 했다.

경제 전통에는 이자 수수와 전당 계약이 포함되었는데 뒤프레스 대목구장은 이를 전면 부정했다. 이 조치가 현실에서는 실효성이 전혀 없다는 점은 앞에서 지적했다. 그러면 과연 뒤프레스 대목구장은 이자 수수나 전당 계약을 금지하는 교령이 현실에서 지켜질 수 있다고 믿었을까 하는 의문이 든다. 진심으로 믿었다면 그는 지극히 순진한 이상주의자였음에 틀림이 없다. 그러나 그는 그처럼 단순한 인물이 아니었다. 오히려 중국인의 감추어진 욕구를 정확하게 읽어낸 통찰력을 갖춘 사람이었다. 그는 중국인들이 "채워질 수 없는 욕망으로 (가득 차서) 거의 모든 (방면에서) 이익과 재산을 탐내는 민족"[55]임을 간파했다. 중국인의 끝없는 탐심을 분명히 알고 있었지만 그가 전혀 현실성이 없는 경제 관련 교령을 제정한 데는 그만한 까닭이 있었다. 교령이 갖는 무게감 때문이었다. 탐심을 채우려 동분서주하는 천주교도라도 그것을 금지하는 교령이 있으면 행동을 멈추지는 않겠지만 마음속의 부담감까지 떨칠 수는 없었다. 반면 금지하는 교령이 없으면 그런 부담감조차 느끼지 않는다. 뒤프레스 대목구장이 의도한 바는 이익을 얻으려 쫓아가는 천주교도들의 발걸음을 멈추게 하려는 것이 아니라 마음속에 부담감을 안겨주려는 것이었다. 그 부담감이 훗날 그를 좀 더 신실한 천주교도로 변화시킬 수도 있고 그렇지 않을 수도 있겠지만.

결 론

건륭 연간 천주교의 중국적 특색을 찾는 작업은 경제적 측면에서 돈에 대한 의미를 부여하는 일에서부터 시작할 수 있다. 돈은 곧 선교 자금이었는데 자금이 필요 없는 선교 사업이란 종교적 측면에서 이상적으로 비쳐질 수 있을지는 몰라도 현실에서는 결코 있을 수 없다. 청대 서양인 선교사들도 중국에서 포교할 때 돈을 끊임없이 필요로 했다. 선교사가 돈이 부족하면 제대로 활동하기는커녕 내지인 천주교도에게 돈을 빌리거나 굶주림에 시달리고 병에 걸려 제대로 치료도 못받은 채 요절하기도 했다. 내지인 천주교도들도 돈이 필요하긴 마찬가지였다. 경제 생활은 도외시 한 채로 신앙 생활에만 매달릴 수는 없었다. 그들 역시 살아가는 데 돈이 필요하여 생업에 종사했고 수입 중 일부를 선교 자금으로 내놓았다.

선교 자금의 대부분은 유럽에서부터 조달되었는데 유럽의 돈이 중국으로 유입하기 위해서는 여건이 충족되어야 했다. 유럽의 돈이 중국에서도 사용될 수 있어야 했으며 유럽의 돈을 지속적으로 중국으로 운반하는 수단이 마련되어야 했다. 신대륙에서 채굴한 백은으로 만든 은화는 중국으로 보낼 선교 자금으로도 활용되었다. 백은이 없었다면 유럽에서는 동남아나 중국에서 무역으로 중국 화폐를 입수하여 선교사들에게 보내야했겠지만 그러기란 무척 번거롭고 성가신 일이었다. 마침 유럽에서는 신대륙의 백은을 대량으로 입수하여 은화로 만들어 그 돈을 희망봉을 돌아서 인도양과 동남아를 거쳐 중국으로 무역하러 가는 상선에 실어서 마카오의 천주교 관계자들에게 보냈다. 유럽의 선교 자금은 인도와 중국 항로의 개척, 신대륙의 백은 확보와 16세기 이래 세계적 규모의 백은 유통망 형성이라는 역사적 사실을 계기로 중국에 보내질 수 있었다.

마카오로 유입된 백은이 선교 자금으로 활용되려면 중국 국내의 경제 여건도 이를 뒷받침할 수 있어야 했다. 명대 후기에 일조편법이 시행되자 백은이 납세 수단으로 활용되고 동전과 더불어 주요 화폐로 자리매김하게 되었다. 백은이 화폐로 유통되는 시장망이 전국적으로 형성되어 있었으므로 선교사들은 백은으로 필요한 물품을 구입하거나 선교를 보조하는 천주교도 들에게 수고비를 줄 수 있었다. 서양 은화는 순도나 품질이 일정하다는 인식이 중국인에게 퍼져 있었으므로 돈으로 바로 사용할 수 있었다. 필요하 면 중국의 은덩어리와 교환하여 사용했다. 마카오의 천주교 관계자에게로 가서 백은을 받아 내지에 숨어서 활동하는 선교사에게 전달할 사람도 필요했다. 마카오에서부터 선교사가 숨어서 활동하던 내지까지에는 세관 과 갖가지 감시망이 설치되어 있어서 자칫 잘못하면 단속에 걸려들었다. 두 지점을 안전하게 연결해 줄 수 있는 중계자가 있어야만 비로소 백은은 선교사의 수중에 쥐어질 수 있었다. 백은 중계자의 역할은 명 중기 이래 출현하고 활동하던 장거리 교역 상인이 맡았다. 산서 상인, 섬서 상인, 사천 상인, 호광 상인, 강소 상인 등 장거리 교역 상인 가운데는 천주교도들도 포함되어 있었고 이들은 광주로 장사하러 가는 길에 마카오에 들러 백은을 건네받아 내지의 선교사들에게 전달했다. 장거리 교역 상인들이 백은을 소지하는 일은 자연스러웠으므로 청조의 단속망에서 비교적 쉽게 벗어날 수 있었다.

지방에 숨어서 활동하던 선교사들은 상인 겸 천주교도들을 통해 마카오에 서 한 번에 백은 130~160냥가량의 선교 자금을 지원받았다. 이 액수는 강희 초년에 강남 지역에서 포교하던 선교사의 연간 선교 자금에 비해 명목상으로 50~80냥가량 줄어든 것이었다. 물가 상승률까지 고려하면 건륭 연간의 선교사들은 강희 연간의 선교사에 비해 절반가량으로 줄어든 선교 자금을 지원받았다. 청조의 탄압과 감시가 심해지면서 공개적으로 선교할 때보다 활동 범위가 위축되었으므로 선교 자금도 줄어들었다. 선교 자금은 선교사의 생활비, 포교 활동을 위한 여비, 성사 집례 비용, 천주교도에 대한 선물비와 구제비 등의 명목으로 지출되었다. 선교 자금의 출처는 유럽의 본국이거나 후원자들 혹은 교황청이었다.

반면에 북경의 천주당은 대지주이자 임대업자로서 북경 주변의 토지는 물론이고 북경 성안의 상점과 주택을 소유하고 거액의 소작료와 임대료를 받아 선교 자금으로 충당했다. 천주교 북당은 연간 백은 1만 냥가량의 소작료와 임대료를 확보하였고 동당이나 남당의 소작료와 임대료도 비슷한 액수였다. 세 교당의 선교사들은 주로 본국의 국왕이나 후원자들이 지원해 준 돈으로 토지와 부동산을 매입하고 임대료와 소작료를 받아 선교 비용으로 지출했다. 매년 2,200냥에 달하는 소작료는 천주교 북당이 부재지주였음을 의미한다. 하지만 점포 임대료가 매년 7,600냥에 달했다는 점에서 북당은 북경의 활발한 상거래에 의존하여 수익을 올리는 임대업자의 성격이 더 강했다고 할 수 있다.

북경 천주당이 대규모 부동산 소유자로 등장할 수 있었던 까닭은 천주교를 탄압하던 건륭제의 '파격적 은혜' 때문이었다. 북경 천주당은 부동산을 합법과 불법을 넘나들면서 구입했는데 건륭제는 '파격적 은혜'를 베풀어 불법적으로 취득한 토지를 합법적인 것으로 추인해주었다. 건륭제는 북경 천주당의 부동산이 선교사들이 생활비를 마련하는 수단이라는 점을 인정하고 멀리서 온 이인(夷人)들을 포용한다는 화이론의 입장에서 '파격적 은혜'를 베풀었다.

돈이 필요하기는 선교사뿐만 아니라 내지인 천주교도들도 마찬가지였다.

명말청초 '도촉(屠蜀)'이라 할 정도로 심각한 인적, 물적 피해를 입은 사천의 재개발은 비교도들뿐만 아니라 천주교도들에게도 경제 기반을 마련할 절호의 기회로 인식되었다. 전국에서 사천으로 향하는 대규모의 이주 물결 속에는 비교도들 뿐만 아니라 천주교도들도 포함되어 있었다. 호광 출신 천주교도들은 주로 사천에서 농업으로 정착하고 성장했다. 이들은 호광이 사천과 지리적으로 인접한 덕분에 무주황전(無主荒田)을 차지할 기회가 많았기 때문이었다. 강서 출신 천주교도들은 대체로 고향에서 익숙하게 접했던 상업이나 수공업 분야에 투신하여 성장했다. 호광 출신의 이주민들보다 늦게 사천으로 이주했으므로 무주황전을 차지하기가 어려웠기 때문이었다. 전쟁이 멈추자 고향으로 돌아온 토착인 중에도 무주황전을 차지하여 지주로 성장한 자들이 많았다. 토착인이든 이주민이든 천주교도들은 사천에서 농업이나 수공업과 상업에 종사하면서 돈을 모아 일상 생활은 물론 신앙 생활을 위해서도 사용했다.

정치적 측면에서 건륭 연간 천주교의 중국적 특색을 찾는 작업은 금교 정책의 성격을 헤아려 보는 일에서부터 시작할 수 있다. 청조가 강희 말년의 전례논쟁 이후에 일관되게 금교 정책을 펼쳤다고는 하지만 금교 정책의 양상은 동아시아의 조선이나 일본과 매우 달랐기 때문이다. 조선이나 일본 에도막부에서는 지배자인 왕이나 쇼군이 서양인 선교사를 측근에 두고 역법을 관장하는 관원으로 발탁하거나 초상화나 기록화를 그리는 화가로 부리지도 않았고 측량 사업이나 지도 제작 임무를 맡기지도 않았다. 수도에 천주교당을 설립하도록 허락하고 그 안에서는 선교사들의 자유로운 신앙생활을 보장하지도 않았다. 조선이나 일본에서 천주교는 오로지 탄압의 대상이 되었을 뿐이었다.

반면에 청조는 금교 정책이라는 테두리 안에서 제한적으로 천주교를 허용했다. 청조는 천주교당이나 천주교 자체가 법령에 위배되지는 않으나 선교사들이 내지인에게 천주교를 전파하거나 내지인이 천주교를 신봉하는 행위는 법령에 저촉된다는 이중적 입장을 고수했다. 또한 천주교를 사교(邪教)라며 탄압했지만 이는 천주교도들을 엄중하게 처벌하기 위한 정치적인 수사(修辭)였고 법령상으로는 가경 연간까지 천주교를 사교라고 낙인찍은 적이 없었다. 천주교를 법령상의 사교로 낙인찍었다면 황제는 처벌해야 할 사교의 사제들에게 오히려 하늘의 움직임을 읽는 천문과 역법을 맡긴다는 자가당착에 빠지기 때문이었다.

천주교의 제한적 허용이라는 측면에서 보면 건륭제는 다른 황제들에 비해 독특한 면모를 보였다. 건륭제는 청조의 법령을 어기고 포교 활동에 나섰다가 적발되었거나 혹은 불법적인 토지 취득 행위가 탄로 난 측근의 서양인 선교사들을 처벌하지 않았다. 이들을 사면하거나 아예 사건을 덮어버리거나 심지어는 불법 행위를 합법적인 것으로 추인했다. 궁정에서 봉사하는 측근의 서양인 선교사들에 대한 이런 관용을 건륭제는 스스로 '파격적 은혜'라고 자부했다. '파격적 은혜'는 북경의 선교사들에게 뿐만 아니라 '건륭대교안'에서 그러했듯이 지방에 숨어서 포교하다가 체포된 서양인 선교사들에게도 간혹 베풀어졌다. 반면 내지인 천주교도들은 '파격적 은혜'의 대상에서 완전히 제외되었다. 선교사들은 청조의 금령을 잘 몰랐지만 내지인들은 청조의 금령을 잘 알고 있으므로 준수할 의무가 있기 때문이라는 입장 때문이었다.

건륭제가 측근의 서양인 선교사들에게 '파격적 은혜'를 베푼 까닭은 법령을 잘 몰랐다는 표면적 이유 외에 근본적인 원인이 있었다. 우선 들 수 있는 것은 화이론이다. '파격적 은혜'를 베풀 때 건륭제는 선교사들을 화이론의 관점에서 이인(夷人), 외이(外夷), 서양원인(西洋遠人) 등으로 불렀다. 화이론에는 종족적으로나 문화적으로 화와 이에 대한 구분의식과 화의 이에 대한 우월의식이 담겨 있었다. 건륭제가 내지인 천주교도들은 국법을 지켜야 한다며 사면하지 않는 조치는 내지인에 대한 차별처럼 보일 수 있으나 바탕에 깔린 사고방식을 살펴보면 오히려 거꾸로 생각할 수 있다. 건륭제는 내지인은 금령을 어기면 처벌받는다는 사실을 잘 알고 있고 실제로 처벌할 수 있을 만큼 교화되었으나 이인인 서양인 선교사들은 교화를 받지 못해 국법을 적용할 수 있는 처지가 아니라고 생각했다. 따라서 내지인 처벌과 측근의 서양인 선교사에 대한 '파격적 은혜'는 화와 이의 구별, 화의 이에 대한 우월성을 확인하는 연장선상에서 취해진 조치였다.

건륭제는 여러 번 자신이 천하대군(天下大君)이라거나 내외공주(內外共主)라고 자부했다. 그가 말한 천하나 내외는 직접적으로는 북방의 유목세계와 남방의 농경세계이고 대군이나 공주는 두 세계를 통일한 유일한 지배자라는 의미였다. 이런 자부심은 자신의 정치적 위상에 대한 과시이기도 했지만 동시에 천하나 내외의 일부를 구성하고 있는 이(夷)를 포용하는 근거로도 작용했다. 건륭 19년(1754) 황제는 자신의 준가르 포용정책을 '유원지인(柔遠之仁)'으로 자부했는데 이 역시 화이론에 입각한 관용이었다. 그러나 후에 준가르가 무력 항쟁에 나서자 격분한 건륭제는 준가르를 도륙해야 할 '견양(犬羊)의 무리'라며 군대를 보내 학살해버렸다. 이 학살을 통해 건륭제는 화이론의 '유원지인'은 이인들에게 무제한으로 베풀어지는 것이 아니라 적어도 청조에 무력으로 저항하지 않는 자들에게만 베풀어진다는 점을 분명히 했다.

측근에서 봉사하는 서양인 선교사들에 대한 황제의 신뢰와 호의도 '파격적 은혜'를 베풀게 된 중요한 계기였다. 궁정 화가나 역법 전문가, 지도 제작자 등으로 측근에서 봉사하는 서양인 선교사들에게 건륭제는 깊은 신뢰를 보냈다. 건륭제의 호의와 신뢰는 선교사들에게 관직을 제수하는 중국적 방식으로 표현되었다. 그러나 선교사들의 입장은 달랐다. 흠천감의 서양인 감정과 같이 직무에 따라 당연히 제수된 관직은 선교사들도 순순히 받아들였다. 직무 때문이 아니라 황제가 신뢰와 호의의 표시로 내리는 관직은 달가워하지 않았다. 카스틸리오네 수사는 건륭제가 관직을 제수하자 극구 사양했다. 황제의 강권에 못 이겨 마지못해 벼슬을 받기는 했으나 내내 탐탁찮게 생각했다. 아티레 신부는 4품 문관직을 제수받았으나 자신은 세상의 명예에는 관심이 없다며 건륭제의 거듭되는 권유를 끝내 뿌리쳤다.

건륭제가 측근의 선교사들에게 신뢰와 호의를 표시한 까닭은 그들의 활동이 통치에 도움이 되었기 때문이다. 그들이 제작했던 지도는 기왕의 영역뿐만 아니라 새로운 정복지에 대한 상세한 지리 정보를 담고 있었고 건륭제의 군사적 정치적 업적을 선전하는 수단으로도 활용되었다. 그림은 초상화와 같이 황제의 개인적 기호를 만족시키는 작품뿐만 아니라 득승도(得勝圖)처럼 중요한 공적을 후세에 전하는 기록화로도 활용되었다. 천문과 역법을 관장하는 일을 한인들이 감당하기에는 역부족이라는 사실은 일찍이 역법투쟁(曆法鬪爭)을 통해 드러났다. 정교한 계산으로 천체 운행을 정확하게 예측하는 일은 천자(황제)의 정치적 위상을 공고히 하는 필수 요소였는데 서양인 선교사들만이 황제의 필요를 충족시킬 수 있는 지식과 기술을 갖추고 있었다. 건륭제가 측근의 선교사들을 적극적으로 비호하며 '파격적 은혜'를 베푼 배경에는 납득할 만한 이유가 있었던 셈이다.

건륭제의 '파격적 은혜'는 청조와 천주교의 관계가 탄압('제1의 관계')과 수난('제2의 관계')의 관계로만 파악할 수 없다는 사실을 분명히 보여준다. 건륭제의 '파격적 은혜'는 탄압과 수난과는 다른 '제3의 관계'라고 할 수 있다. 사실 '제3의 관계'는 건륭제와 선교사 사이뿐만 아니라 비교도 친척·이웃과 천주교도, 관원과 천주교도 사이에도 형성되어 있었다.

비교도 친척이나 이웃들도 평상시에는 웬만해서는 천주교도를 신고하여 체포당하게 하지는 않았다. 인간관계를 중시하는 중국 사회의 특성상 혈연이나 지연으로 얽혀있는 관계를 파탄내면서까지 신고하기가 쉽지만은 않은 분위기 때문이었다. 물론 비교도들은 천주교도와의 갈등으로 인한 분노를 참을 수 없어서 관아나 송사(訟師)의 부당한 금전적 요구까지도 감내할 결심이 서는 순간에 공존하던 태도를 바꾸어 소송을 걸어 천주교도를 탄압했다. 그러나 이런 행동은 특별한 경우에 속하고 평상시라면 비교도 친척이나 이웃은 대부분 천주교도와 공존했다.

지방관들은 상부로부터 천주교도 단속 명령이 하달되면 대부분 이를 따랐다. 그러나 일부는 단속을 뇌물 수수 기회로 활용하기도 했고 어떤 사람은 평소 친분이 있는 자들에 대해서는 못 본 체하기도 했다. 북경 천주당의 서양인 선교사와 공적으로 혹은 사적 통로로 우호 관계를 맺었던 지방관들 중에는 천주교도 단속에 나서지 않거나 오히려 하급 관원들의 단속을 저지하는 사람도 있었다. 북경에서 선교사들과 접촉한 만주인 왕공 대신이나 한인 대신들 중에도 천주교에 우호적인 사람들이 있었다. 관원들 중에는 이런저런 계기로 천주교도를 단속하지 않고 묵인해주는 사람들이 있었다. 단속 나온 관원이나 아역들에게 뇌물을 주고 체포를 모면한 천주교 도들도 많았다.

'파격적 은혜', 공존, 묵인이라는 '제3의 관계'가 갖는 특징은 탄압의 주체인 건륭제나 관원, 비교도 친척과 이웃들이 의도했든 않았든지에 상관없이 결과적으로는 수난자인 천주교도들의 존재를 용인했다는 점에 있다. '제1의 관계'나 '제2의 관계'에 비교하면 '제3의 관계'가 갖는 실질적 영향력은 미미했 지만 '제3의 관계'가 있었으므로 천주교 공동체는 명맥을 유지할 수 있었다. 천주교 공동체는 기본적으로 종교적 색채를 띠고 있었지만 각 지역의 사회경 제적 흐름 속에서 출현하고 명맥을 이어갔다. 천주교 공동체를 매개로 퍼져가던 천주교는 '건륭대교안'을 만나면서 대대적인 탄압을 받고 세력이 위축되었다. '건륭대교안'을 거치면서 30만 명으로 추산되던 천주교도는 20만 명 수준으로 줄어들었다.

가경제는 철저히 유교적 군주관과 도덕관에 입각하여 천주교가 군주를 부정하고 삼강오륜에 어긋나는 패륜을 부추긴다고 비난했다. 신사와 관료들 이 유교적 관점에서 천주교리를 비판하는 것에 별 관심이 없던 아버지 건륭제와는 매우 다른 모습이었다. 천주교 비판의 논리적 근거를 제시하는 방법에서 가경제는 유교를 지배 이념으로 활용하는 한족 황제의 모습에 가까웠다. 지방관들은 성리학적인 관념에 입각하거나 건가(乾嘉) 연간의 고증학 방법론에 따라 천주교 비판론을 제시하기도 했다.

가경제는 청조의 법률을 위반한 선교사들은 북경 천주당의 측근이든 지방에 숨어있던 인물이든지 구별하지 않고 처벌하면서 '파격적 은혜'를 베풀지 않았다. 제도와 법령을 제정하여 천주교 포교의 배후였던 북경 천주당을 외부로부터 고립시키고 기인들의 천주교 신봉과 포교 행위를 처벌했고 부하 기인들의 천주교 신봉을 단속하지 못한 팔기 관원들도 엄벌했다. 가경제가 선교사들을 일관되게 처벌한 까닭은 그림이나 기계장치 등 서양 문물에 대해 그다지 관심이 없었던 탓도 있었다. 하지만 보다 근본적으로는 가경 연간이 '성세(盛世)'였던 건륭제의 시대와는 성격이 달랐다는 점에서 찾을 수 있다. 영토 개척이나 이에 수반된 측량 사업이나 지도 제작의 필요성이 없어진 '중쇠(中衰)'로 접어들었으므로 천문과 역법 분야를 제외하면 선교사들의 지식과 기술을 통치의 보조 수단으로 활용할 필요성이 줄어들었다. 효용도가 낮아진 선교사들의 범법 행위를 가경제가 굳이 두둔할 개인적인 동기도 시대적 당위성도 없어졌다.

천주교 측에서 살펴보면 가경 연간은 천주교가 중국으로 전파된 지 이미 2백여 년이 지난 때였다. 그동안 천주교는 탄압을 받아오면서도 중국 사회 속에서 조금씩 뿌리를 내렸다. 포교 현장에서는 여전히 중국 전통과 천주교 리와의 마찰과 충돌이 이어졌다. 강희 말년의 전례논쟁을 통해서도 중국 전통에 대한 천주교 측의 입장이 완전히 정리되지 않았기 때문이었다. 마테오 리치 이후의 선교사 중에서는 뒤프레스 사천 대목구장이 천주교리와 중국 전통의 관계를 정립하기 위해 가장 치열하게 노력한 사람이었다. 그러나 뒤프레스 대목구장은 적응주의 노선을 택한 마테오 리치와 상반된 입장에 서서 중국 전통을 배척하고 천주교리를 철저히 준수하도록 명령한 사천 대목구 시노드 교령을 가경 8년(1803)에 제정했다.

천주교리 우선이라는 선교 노선을 지키기 위해 뒤프레스 대목구장이 현실에서 선택한 방편은 중국 전통의 철저한 부정이었다. 그에게는 이기론 (理氣論)에 근거한 유교 이념과 유일신 신앙에 기초한 천주교리는 평행선을 달릴 뿐 결코 접점을 찾을 수 없다는 생각이 자리잡고 있었다. 그는 중국 전통을 근본적으로 부정하기 위해 유교 경전에 대한 교육을 비난하고 배척하면서 경전 교육은 미신이나 방종으로 귀결될 뿐이라고 주장했다. 중국 전통은 유교 경전 교육에 깊이 뿌리 내리고 있었으므로 이러한 비난은 곧 중국 전통을 근원적으로 부정하는 것이나 다름이 없었다.

뒤프레스 대목구장의 중국 전통에 대한 부정은 유교 경전 교육에만 국한된 것이 아니었다. 유교의 천명론 역시 부정의 대상이었다. 천명론의 하늘(天)은 천주교의 천주처럼 인간에게 길흉을 내려주는 인격신의 속성을 가진 것으로 혼동될 우려가 있었다. 그래서 그는 양자에 차별을 두기 위해 천명론을 미신으로 낙인찍었다. 그 밖에 돌아가신 부모나 조상의 상례, 동성 결혼 금지, 자손의 혼인 여부를 결정하는 가부장권, 남편과의 혼인 관계를 지속할 수 있는 정실의 권한 등 사회 질서를 지탱하던 유교 전통들을 부정했다. 유교 전통 뿐만 아니라 민간 신앙 전통, 경제 전통, 문화 전통 등도 배척했다. 1832년 교황청은 중국에서 포교하던 선교사나 사제들뿐만 아니라 동아시아에서 활동하던 모든 선교사와 사제들에게 사천 대목구 시노드 교령을 준수하라고 명령했다.

가경 연간은 청조 측의 천주교 강경 탄압 일변도의 법령과 천주교 측의 중국 전통 배제 위주의 교령이 충돌하면서 건륭 시대와 같은 '제3의 관계'가 존재할 수 있는 여지는 사실상 없어졌다. 뒤프레스 대목구장에 대한 처벌은 건륭 연간과 가경 연간의 천주교 탄압 양상에 중대한 변화가 나타났음을 보여준다. 그는 '건륭대교안'이 발생했을 때 사천에서 체포되어 종신금고형을 선고받았으나 건륭제의 '파격적 은혜'를 입어 마카오로 추방되었다. 그 후 다시 사천으로 잠입하여 포교하다가 가경 20년(1815)에 체포되었는데 이번에 그를 기다린 것은 '파격적 은혜'가 아니라 가혹한 참수형이었다.

주 석

서론

1) 기독교의 종교적 본질에 대한 최초의 중대한 질문은 유대인 공동체에서 출발한 초대교회가 로마제국의 주민들을 개종시킬 때에 제기되었다. 고도의 문명을 이룩한 로마제국에 비하면 유대사회는 이렇다하게 내놓을 만한 독자적인 문명이 없었으므로 초대교회 지도자들은 로마제국의 문화를 대폭적으로 수용하면서 기독교를 전파했다. 반면 16세기 수준 높은 유럽 문명 속에서 존속하던 천주교회는 선교지인 중국에 요구할 자신의 것이 무척 많아 중국 문화의 수용을 대개 거부했다. 조지 듄 지음, 문성자·이기면 옮김, 『거인의 시대 : 명말 중국 예수회 이야기』, 지식을 만드는 지식, 2016, pp.5-11.

2) 서양자, 『청나라 궁중의 서양 선교사들』, 순교의 맥, 2010 ; 方豪, 『中國天主敎史人物傳』, 中華書局, 1988 ; 晏路, 「康熙, 雍正, 乾隆三帝與西方傳敎士畵家」, 『滿族硏究』 1999-3 ; 費賴之著, 馮承鈞譯, 『在華耶蘇會士列傳及書目』(上·下), 中華書局, 1995 ; 費賴之著, 梅乘騏·梅乘駿譯, 『明淸間在華耶蘇會士列傳(1552-1773)』, 天主敎上海敎區光啓社, 1997 ; 李華川, 「白日昇與十八世紀天主敎四川傳敎史」, 『基督敎硏究』 2014-3 ; 王俊彦, 「湯若望 : 進入明淸宮廷的傳敎士」, 『炎黃春秋』 1999-1 ; 楊珍, 「淸初權力之爭中的特殊角色 : 湯若望與順治帝關係之一」, 『淸史硏究』 1999-3 ; 林金水·吳懷民, 「艾儒略在泉州的交遊與傳敎活動」, 『海交史硏究』 1994-1 ; Witek, John W., S. J., "Catholic Missions and the Expansion of Christianity, 1644-1800", in *China and Maritime Europe 1500-1800 : Trade, Settlement, Diplomacy, and Missions*, edited by Wills, John E. Jr., Cambridge Univ., Press, 2011.

3) 이경규, 「예수회의 일본선교와 경제적 배경」, 『大丘史學』 105, 2011 ; 康志杰, 「論明淸在華耶蘇會財務經濟」, 『史學月刊』 1994-3 ; 湯開建, 「明淸之際中國天主敎傳敎經費之來源」, 『世界宗敎硏究』 2001-4 ; 高華士 著, 趙殿紅 譯, 『淸初耶蘇會士魯日滿 - 常熟賬本及靈修筆記硏究』, 大象出版社, 2007. 이 책은 Noël Golvers, *François de Rougemont, S.J., Missionary in Ch'ang-shu (Chiang-Nan) : A Study of the Account Book (1674-1676) and the Elogium*, Leuven Univ. Press, 1999의 중국어 번역본임. 본고에서는 이 중국어 번역본을 참조. 康志杰, 『中國天主敎財務經濟硏究(1582-1949)』, 人民出版社, 2019.

4) 박해와 수난이라는 관점에서 가장 포괄적으로 청대 천주교사를 연구한 성과는 張力·劉鑒唐, 『中國敎案史』, 四川省社會科學院出版社, 1987이다. 그 밖에 탄압과 수난

의 관점에선 국내외 연구를 소개하면 다음과 같다. 서양자,『중국 천주교 순교사』, 순교의 맥, 2008 ; 李俊甲,「乾隆49년(1784)~50년(1785)의 敎案과 天主敎共同體」, 『東洋史學硏究』117, 2011 ; 李俊甲,「乾隆49年(1784)~51年(1786)의 敎案과 乾隆帝」, 『東洋史學硏究』121, 2012 ; 吳伯婭,「有關乾隆朝大敎案的幾個問題」,『中華文史論叢』 69, 2002 ; 馮佐哲,「淸代康雍乾三帝對西方傳敎士態度的若干考察」,『基督敎與近代文化』, 1994 ; 矢沢利彦,「乾隆四十九·五十年の天主敎禁壓」,『埼玉大學紀要』(社會科學篇) 7, 1958 ; Bernward H. Willeke, *Imperial Government And Catholic Missions In China During The Years 1784-1785*, The Franciscan Institute, 1948. 천주교 탄압을 포함하여 청대 전기와 중기의 천주교 상황에 대한 구미 학계의 연구에 대한 전반적인 소개로는 Witek, John W., "Catholic missionaries, 1644-1800", *The Cambridge history of China*, Vol.9, Cambridge Univ. Press, 2016.

5) 于本源,『淸王朝의 宗敎政策』, 中國社會科學出版社, 1999 ; 吳伯婭,『康雍乾三帝與西學東 漸』, 宗敎文化出版社, 2002.

6) 劉靑瑜,「嘉慶十年査禁天主敎的原因」,『內蒙古大學學報』(人文社會科學版), 2006-1 ; 吳 伯婭,「德天賜案初探」,『淸史論叢』2008 ; 矢沢利彦,「嘉慶十六年の天主敎禁壓」,『東洋學 報』27-3, 1940.

7) 李俊甲,「嘉慶年間(1796~1820)의 天主敎 傳播와 淸朝의 對應」,『明淸史硏究』45, 2016 ; 李俊甲,「天主敎令과 中國傳統 - 嘉慶 8년(1803) 제정『쓰촨 대목구 시노드』敎令의 분석 - 」,『東洋史學硏究』142, 2018.

8) 전례논쟁의 전개 양상과 의미에 대해서는 김병태,「명말청초 '전례논쟁'의 선교사 적 이해」,『한국기독교와 역사』28, 2008 ; 王亮,「康熙與羅馬敎皇的衝突」,『歷史知識』 1987-1 ; 朱靜,「羅馬天主敎會與中國禮儀之爭」,『復旦學報』1997-3 ; 矢沢利彦,『中國と キリスト敎 - 典禮問題』, 近藤出版社, 1972 ; Minamiki, George, *The Chinese rites controversy from its beginning to modern times*, Loyola Univ. Press, 1985. 마테오 리치를 비롯한 예수회 선교사들의 적응주의 선교 전략에 대해서는 김혜경,『예수회의 적응주의 선교 : 역사와 의미』, 서강대학교 출판부, 2012 ; Mungello, David E. 지음, 이향만 옮김,『진기한 나라, 중국 : 예수회 적응주의와 중국학의 기원』, 나남, 2009 ; 宋美 玲,「예수회 선교사들의 明淸交替에 대한 인식 변화와 선교의 모색」,『明淸史硏究』 35, 2011 ; 柯毅霖 著, 楊振宇·劉芫信 譯,「本土化 : 晩明來華耶蘇會士的傳敎方法」,『浙江 大學學報』, 1991-1 ; 矢沢利彦,「イェズス會士の來華とカドリック布敎の問題」,『西歐文明 と東アジア』, 平凡社, 1971. 적응주의 노선에 반대하는 다른 선교회 소속 서양 선교사들의 주장에 대해서는 劉鑒唐,「淸初在華各派傳敎士의 爭鬪」,『歷史大觀圓』 1992-3 ; 崔維華,『明淸之際西班牙方濟會來華傳敎硏究(1579-1732)』, 中華書局, 2006.

9) 1803년에 제정된 사천 대목구 시노드 교령이 1822년에야 비로소 교황청의 추인을 받은 까닭은 그 사이에 교황과 나폴레옹 사이의 알력으로 교황청에 커다란 혼란이 있었기 때문이었다. 그 절정은 나폴레옹이 1809년에서부터 1814년까지 교황 비오 7세와 추기경을 로마 교황청에서 추방시킨 일이었다.『쓰촨 대목구 시노드』, pp.195-198.

10) '건륭대교안'의 분석 자료로는 中國第一歷史檔案館編,『淸中前期西洋天主敎在華活動 檔案史料』第1冊~第4冊, 中華書局, 2003을 활용했다. 이하에서는『天主敎在華活動檔

案』으로 약칭한다. 이 사료집은 '건륭대교안' 관련 당안 221건을 수록하고 있다. 이 사료집이 간행되기 이전까지 '건륭대교안'을 연구할 때 사용할 수 있었던 일차 사료는『高宗實錄』에 수록된 記事 38건과『文獻叢編』,「天主教流傳中國史料」에 수록된 檔案 32건에 불과했다. 그중 3건의 자료는 양측에 모두 수록되었으므로 실제 이용 가능한 핵심 사료는 67건이었다.

제1편 건륭 연간(1736~1795)의 천주교와 중국 경제

제1장 중국 선교와 백은 유통

1) 松浦章 著 王亦錚 譯,「18世紀歐美諸國的亞洲公司與廣州貿易」,『海交史研究』2011-2, pp.96-103.
2) 안드레 군더 프랑크 지음, 이희재 옮김,『리오리엔트』, 이산, 2003, p.257. 중국으로 의 백은 유입 정황에 대해 좀더 자세하게 언급한 연구 성과로는 全漢昇,「明淸間美洲 白銀的輸入中國」,『中國經濟史論叢』, 稻禾出版社, 1996, pp.442-446(原載『中國文化硏 究所學報』第2卷 第1期, 1969) ; Atwell, William S., "International Bullion Flows and the Chinese Economy Circa 1530-1650", *Past & Present* 95, 1982, pp.71-72. 포르투갈 선박들은 16세기와 17세기에 매년 6톤에서 30톤가량의 백은을 포르투갈 에서 마카오로 운반했다고 한다. 카를로 M. 치폴라 지음, 장문석 옮김,『스페인 은의 세계사 : 1500~1800년 아메리카의 은은 역사를 어떻게 바꾸었는가?』, 미지북 스, 2015, p.119.
3) 티모시 브룩 지음, 이정·강인황 옮김,『쾌락의 혼돈 - 중국 명대의 상업과 문화』, 이산, 2005, p.272.
4) 白銀 유입의 급증으로 인한 청말 사천 지역 경제의 활성화와 도시화의 촉진 현상에 대해서는 李俊甲,「太平天國時期四川食鹽在湖南湖北市場的進出與銀流通」,『明 淸史硏究』20, 2004 참조. 청말 백은 유입이 현저하게 감소한 강소성 북부 지역에서 나타나는 사회와 경제의 침체 현상에 대해서는 李俊甲,「川鹽濟楚와 淸末 江蘇省의 地域經濟 - 銀流通 문제를 中心으로 - 」,『明淸史硏究』25, 2006 참조.
5) 명 말에 천주교 포교를 위해 일본으로 건너온 예수회 선교사들은 선교 자금인 백은을 얻기 위해 中日간의 生絲貿易에 참여하는 일도 마다하지 않았다. 이경규, 「예수회의 일본선교와 경제적 배경」, pp.142-143, 157-159.
6) 徐宗澤,『中國天主教傳敎史槪論』, 上海出版社, 2010(제1판은 1938), p.158.
7) 彭信威,『中國貨幣史』, 上海人民出版社, 2007(제1판은 1954년), pp.578-579.
8) 乾隆 56년 廣州 13行의 洋行들은 市平番銀 100兩을 庫平紋銀 90兩으로 折算했다. 여러 변수가 있지만 논의의 편의를 위해 본고에서는 이 折算 비율에 따라서 番銀 1圓을 白銀 0.9兩으로 환산했다.「兩廣總督福康安關于審議廣州十三行洋商拖欠英 商貨銀的奏摺」(乾隆56년7月19日),『淸宮廣州十三行檔案精選』, 廣東經濟出版社, 2002, p.149. 문건번호 54.
9) Bernward H. Willeke, *Imperial Government And Catholic Missions In China During The*

Years 1784-1785, 1948, pp.85-86 각주48번.

10) 「陝西巡撫畢沅奏渭南縣拿獲西洋人呢嗎方濟各等訊供解京摺」(乾隆49年11月5日),『天主教在華活動檔案』第2冊, p.533. 문건번호 253.

11) 선교 자금을 선교 활동의 성과 즉 천주교인 수의 확보 정도와 관련해서 차등 지원하는 성과주의 방식은 청대 선교사를 지원하던 유럽 천주교계의 동향에서도 분명하게 드러난다. 「奉天府尹蘇昌奏報邊旨嚴査西洋人行敎摺」(乾隆11年8月27日),『天主敎在華活動檔案』第1冊. p.118. 문건번호 74에는 乾隆初에 福建省 福安縣의 어느 천주교도가 마카오로 천주교신자의 명부를 가지고 가서 선교지원금을 받았는데 마카오 천주교 당국에서 명부에 보고된 천주교인의 수가 많으면 '上償'(많은 액수의 선교 지원금)을, 적으면 '下償'(적은 액수의 선교 지원금)을 주었다고 진술한 내용이 담겨 있다.

12) 「四川總督李世傑奏報續獲西洋人吧咂哩呋哂等訊明解京摺」(乾隆50年3月15日),『天主敎在華活動檔案』第2冊, p.712. 문건번호 350.

13) 「陝西巡撫畢沅奏報復獲建天主敎堂緣由并拿獲杜于牙等犯摺」(乾隆49年10月8日),『天主敎在華活動檔案』第2冊, p.470. 문건번호 222.

14) 張廷茂, 「16-18世紀中期澳門海上貿易與東西文化交流」,『海交史研究』2000-1, p.2.

15) 거대 商幇을 전면적으로 연구한 학술서로는 張海鵬·張海瀛 主編,『中國十大商幇』, 黃山書社, 1993.

16) 明末淸初이래 활동하다가 嘉慶연간(1796-1820)에 접어들어 湖南의 木材商人으로 屈起하여 점차 호남의 쌀, 차 등의 상품까지 漢口로 반출한 洪江商人이 이런 범주에 속한다. 王賢輝,『明淸洪江商幇』, 黑龍江敎育出版社, 2013.

17) 朴基水, 「淸代 廣東의 對外貿易과 廣東商人」,『明淸史硏究』9, 1998, pp.71-76.

18) 黃啓臣·鄭煒明 저, 박기수·차경애 역,『마카오의 역사와 경제』, 성균관 대학교 출판부, 1999, pp.97-143.

19) 余淸良, 「試論澳門在早期(1635~1842)中英貿易關係中的地位和作用」,『海交史研究』2000-1, p.12.

20) 이경규, 「明代 마카오의 海上貿易과 東西文化의 交流」,『人文科學硏究』15, 2011, pp.133-135.

21) 李向玉,『漢學家的搖籃－澳門聖保祿學院硏究』, 中華書局, 2006, pp.37-54. 마카오 성바울 학원의 폐교가 1835년에 단행되었다는 견해가 있으나 이 해는 마카오의 大三巴堂과 그 곁에 있던 성바울 학원이 대화재로 건물이 소실된 때였다. 성바울 학원의 폐교는 포르투갈 국왕의 명령에 따라서 성바울 학원, 성요셉 신학원, 성모교당의 건물과 토지들을 몰수하고 그곳에 있던 스물네 명의 예수회 신부들을 체포한 1762년에 단행되었다.

22) 朴基水, 「淸代 廣東의 對外貿易과 廣東商人」, pp.91-92 ; 張曉寧,『天子南庫－淸前期廣州制度下的中西貿易』, 江西高校出版社, 1999, p.93.

23) 건륭 연간 蘇州를 묘사한 姑蘇繁華圖건륭 24년(1759) 제작에 그려진 雲貴川廣雜貨老行·川廣藥材行이나 洋貨行은 광동 잡화나 藥材, 洋貨의 蘇州 유입을 생생하게 전해주고 있다. 蘇州市城建檔案館·遼寧省博物館 編,『姑蘇繁華圖』, 文物出版社, 1999, 18桌台衙門段, 19藩台衙門前段, 24山塘河東段의 상점 그림 참조. 張海鵬·張海瀛 主編,『中國十

大商幇』, p.229에는 청 중기에 광동상인 十餘戶가 함께 백설탕을 江蘇 오흥, 湖北 양번·한구 등지로 가서 판매한 사실을 소개하고 있다.

24) 李向玉, 『漢學家的搖籃 - 澳門聖保祿學院硏究』, pp.115-132.

25) 그는 乾隆 19년(1754) 5월 蘇州府에서 체포된 포르투갈 출신의 예수회 선교사 실바(José da Silva. 李若瑟)가 청조 지방관과 의사를 소통하지 못하자 나서서 그의 말을 통역해 주었다. 이때 沈馬竇는 실바와 함께 체포된 상태였다. 「西洋人張若瑟等供單」(乾隆19年5月24日), 『天主敎在華活動檔案』 第1冊, p.229. 문건번호 120.

26) 「兩江總督鄂容安江蘇巡撫莊有恭奏報拿獲傳敎西洋人張若瑟等摺」(乾隆19年4月22日), 『天主敎在華活動檔案』 第1冊, p.215. 문건번호 115 ; 「西洋人張若瑟等供單」(乾隆19年5月24日), 『天主敎在華活動檔案』 第1冊, p.232. 문건번호 120.

27) 「四川總督李世杰奏報拿獲天主敎人犯審擬情形摺」(乾隆49年10月21日), 『天主敎在華活動檔案』 第2冊, p.506. 문건번호 240.

28) 雍正年間 淸 皇室 宗親 수누(蘇奴)의 셋째아들 수르친(蘇爾金)은 北京의 集市에서 천주교 교리서를 사서 읽고 종교적 관심이 깊어져 北京 천주교당의 서양 선교사들로부터 더 많은 敎理書를 얻어 읽은 후에 천주교에 귀의했다. 「耶蘇會傳敎士巴多明神父致本會某神父的信」(1724年8月20日 北京), 『耶蘇會士中國書簡集 - 中國回憶錄』(杜赫德 編, 朱靜 譯) 第3冊, 大象出版社, 2005, pp.4-9(이하에서는 『耶蘇會士中國書簡集』으로 약칭).

29) 「護理貴州巡撫圖思德奏報拿獲習天主敎之蔣登庸幷起獲經書摺」(乾隆37年2月11日), 『天主敎在華活動檔案』 第1冊, p.295. 문건번호 144.

30) 「內閣奉上諭著提督衙門等將坊肆西洋人私刊書籍一體査銷」(嘉慶10年4月18日), 『天主敎在華活動檔案』 第2冊, p.838. 문건번호 413.

31) 盧鏞弼, 「『天主實義』 註釋目錄本의 中國에서의 出版과 朝鮮에서의 諺解筆寫本의 流行」, 『韓國史學史學報』 30, 2014 ; 盧鏞弼, 「조선후기 한글 필사본 교리서의 유통」, 『(경남대학교)人文論叢』 23, 2009.

32) 「兼署四川總督印務成都將軍保寧奏報拿獲奏報西洋人入境傳敎各犯訊明解京摺」(乾隆50年2月7日), 『天主敎在華活動檔案』 第2冊, pp.671-672. 문건번호 331.

33) 張海鵬·張海瀛 主編, 『中國十大商幇』, pp.242-243의 「道光13年廣州與各省貿易商品列表」 참조.

34) 매그니 자신의 진술에 따르면 건륭 42년(1777) 老齡으로 代牧職을 사임하고 보좌 主敎가 된 후에는 절반으로 감액했다.

35) 「陝西巡撫畢沅奏渭南縣奏獲西洋人呢嗎方濟各等訊供解京摺」(乾隆49年11月5日), 『天主敎在華活動檔案』 第2冊, pp.533-534. 문건번호 253.

36) 「奉天府尹蘇昌奏報遵旨嚴査西洋人行敎摺」(乾隆11年8月27日), 『天主敎在華活動檔案』 第1冊, pp.116-118. 문건번호 74.

37) 「天主敎民劉振宇供單」(乾隆49年8月14日), 『天主敎在華活動檔案』 第1冊, p.350. 문건번호 168. 이 문서에는 謝隆茂라고 되어 있으나 후에 밝혀진 정확한 이름은 謝祿茂이다. 본문에서는 사용무라고 기록된 이름은 모두 사록무로 통일한다.

38) 「湖廣總督特成額奏報審訊天主敎民劉繪川等幷解京摺」(乾隆49年9月18日), 『天主敎在華活動檔案』 第1冊, p.410. 문건번호 193.

39) 건륭 연간 무렵에 강소, 절강 일대를 중심으로 유통되던 백은의 한 종류.『淸朝文獻
　　通考』, 浙江古籍出版社, 2000, 錢幣考 4, 乾隆 10年條.

40) 「廣東巡撫孫士毅奏呈被獲謝伯多祿供單」(乾隆49年9月9日),『天主敎在華活動檔案』第1
　　冊, p.384. 문건번호 181.

41) 「天主敎民劉振宇供單」(乾隆49年8月14日),『天主敎在華活動檔案』第1冊, pp.351-352.
　　문건번호 168.

42) 「湖廣總督特成額奏報盤西洋人及隨帶天主敎經像現提審査辦摺」(乾隆49年8月9日),『天
　　主敎在華活動檔案』第1冊, pp.344-345. 문건번호 165.

43) 道光 14년(1834) 四川 重慶府 巴縣의 취사부의 품삯은 매월 銅錢 800文이었고 여인들
　　의 임금은 더욱 적어서 道光 19년(1839)에 밥하고 빨래하는 품삯이 한달에 300文이
　　었다. 乾隆 53년(1788) 巴縣의 木工이나 石工의 품삯도 한달에 1,500文에서 2,000文가
　　량이었다.(이준갑,『중국사천사회연구 1644-1911 : 개발과 지역질서』, 서울대출
　　판부, 2002, pp.317-321.) 직접 비교하기는 어렵지만 이런 임금 수준을 고려한다면
　　스무날가량을 일하고 받은 白銀 4兩 2錢은 야박한 품삯이 아니었다.

44) 선교사들에게서 압수한 소지품을 기록한 물품목록에는 본문에서 언급한 것 이외
　　에도 다른 품목이 많이 포함되어 있다. 같은 물품을 중복하여 기록한 경우까지
　　포함하면 네 개의 물품 상자 속에는 58개 항목의 물건이 들어 있었다. 그 가운데는
　　洋刀, 洋剪처럼 아마도 서양에서부터 휴대한 것으로 보이는 물건도 있으나 대부분
　　은 廣州에서 구입한 것으로 보이는 중국산 물품이다. 이것들 이외에도 상자
　　속에는 白銀 두 봉지(元絲庫平銀 156兩 6錢)와 서양어가 기록된 종이 27장, (아마도
　　주로 예수나 성모를 그린) 그림 44장이 들어 있었다. 「湖廣總督特成額奏報遵旨起解西
　　洋人摺」(乾隆49年9月5日),『天主敎在華活動檔案』第1冊, pp.370-374. 문건번호 175.

45) 1732년 이후 스페인이 멕시코에서 기계로 주조한 新式 銀貨로 테두리에 밀 이삭
　　紋樣이 새겨져 있어서 花邊銀으로 불렸다. 뒷면에 스페인의 왕실 紋章이었던
　　헤라클레스의 두 기둥이 새겨져 있어서 雙柱라고도 한다.

46) 「西洋人張若瑟等供單」(乾隆19年5月24日),『天主敎在華活動檔案』第1冊, p.228. 문건
　　번호 120.

47) 「兩江總督鄂容安江蘇巡撫莊有恭奏報拿獲傳敎西洋人張若瑟等摺」(乾隆19年4月22日),『天
　　主敎在華活動檔案』第1冊, p.215. 문건번호 115 ; 「西洋人張若瑟等供單」(乾隆19年5月
　　24日),『天主敎在華活動檔案』第1冊, pp.230-231. 문건번호 120.

48) 루즈몽에 대한 소개는 費賴之 著, 馮承鈞 譯,『在華耶蘇會士列傳及書目』上, pp.336-
　　339.

49) 高華士 著, 趙殿紅 譯,『淸初耶蘇會士魯日滿－常熟賬本及靈修筆記硏究』, pp.118-127.

50) 高華士 著, 趙殿紅 譯,『淸初耶蘇會士魯日滿－常熟賬本及靈修筆記硏究』, pp.362-363.

51) 嘉慶 10년(1805) 북경천주당의 선교사들이 한문 및 만문의 천주교 관련서적을
　　간행하고 배포하다가 발각되어 책은 물론 판목까지 압수하고 추후 이런 서적을
　　간행하지 않겠다고 서약한 사실은 다음 문건을 참조. 「軍機處奏爲遵旨傳諭西洋人索
　　德超等人情形片」(嘉慶10年5月4日),『天主敎在華活動檔案』第2冊, p.843. 문건번호 417
　　; 「軍機處奏報將前續行査到西洋堂私刊淸漢字各書籍容派員逐一閱看後再行請旨銷毁
　　片」(嘉慶10年5月7日),『天主敎在華活動檔案』第2冊, p.845. 문건번호 419. 금교 상황

에서도 북경 천주당에서 천주교 관련서적들을 많이 간행한 상황에 대해서는 張先淸, 「刊書傳敎 : 淸代禁敎期天主敎經卷在民間社會的流傳」, 『史料與視界 - 中文文獻 與中國天主敎史硏究』(張先淸 編), 上海人民出版社, 2007, pp.125-128.

52) 郭麗娜, 『淸代中葉巴黎外方傳敎會在川活動硏究』, 學苑出版社, 2012, pp.86-134.

제2장 북경 천주교 북당의 경제 기반

1) 본서 제3편 제1장 제1절 참조.

2) 「管理西洋堂大臣福慶等奏報遵旨赴西洋堂查明西洋人情況摺」(嘉慶16年7月14日), 『天主 敎在華活動檔案』第2冊, pp.924-925. 문건번호 464 ; 「內閣奉上諭西洋人賀淸泰等三人 準留京高臨淵等四人交步軍統領衙門遣送回國」(嘉慶16年7月14日), 『天主敎在華活動檔 案』第2冊, p.925. 도광 18년(1838) 포르투갈 견사회 소속의 선교사 피레스(畢學源) 가 남당에서 병사한 후 북경에는 한 사람의 선교사도 남아 있지 않았다.

3) 「湖北巡撫張映漢奏報審訊現獲傳習天主敎之沈方濟各等犯及派員緝拿各犯情形片」(嘉慶 24년7월14일), 中山市檔案局(館)·中國第一歷史檔案館 編, 『香山縣明淸檔案輯錄』, 上海 古籍出版社, 2006, p.677. 문건번호 5.57 ; 「湖北巡撫張映漢奏報訊取現傳習天主敎犯之 劉方濟各等人犯供詞情形片」(嘉慶24년7월15일), 『香山縣明淸檔案輯錄』, p.679. 문건 번호 5.58 ; 「吏部尙書英和奏報訊取喇彌噉卽南彌德供請交刑部嚴訊摺」(嘉慶24년7 월27일), 『香山縣明淸檔案輯錄』, p.682. 문건번호 5.59.

4) W. Devine, *The Four Churches of Peking*, Burn, Oates & Washbourne LTD., London, Printed and Bound by The Tientsin Press, Ltd, Tientsin, China, 1930. pp.97-98.

5) 관리서양당사무대신에 대해서는 본서 제3편 제1장 제2절 참조.

6) 「南彌德爲看認北堂産業請單等事呈兩廣總督及粤海關監督稟」(嘉慶25년12월. 1820년 12 월-1821년1월), 劉芳 輯·章文欽 校, 『葡萄牙東波塔檔案館所藏 淸代澳門中文檔案彙編』 (下冊), 澳門基金會, 1999, p.561. 문건번호 1100. 라미오는 남당의 히베이루(1826년 사망)에게 북당 건물과 부동산의 관리를 맡겨달라고 했으나 실제로 그 일은 포르투갈 출신의 견사회 선교사 세라(Veríssimo Monteiro da Serra. 高守謙)가 북당으로 가서 거주하며 맡았다. 병약해진 라미오는 관리서양당사무대신에게 보낸 다른 문서에서 자신이 죽으면 히베이루에게 북당 재산의 관리를 맡겼다가 훗날 프랑스 사람이 오면 그가 관리하게 해달라고 요청했다. 그러나 혹시 프랑스에 서 사람이 오지 않거나 다른 일이 생기거나 재산을 그대로 둘 수 없으면 그것들을 팔고 그 돈은 官에서 광동에서 북당 사무를 처리하는 사람에게 전해달라고 청했다. 만일 적임자가 없으면 광동의 루손영사에게 넘겨주고 프랑스 선박이 오기를 기다려 국고로 귀속하게 해달라고 했다. 「南彌德爲委托李拱宸代管北堂産業事呈管西 洋堂大臣稟」(嘉慶25년. 1820), 劉芳 輯·章文欽 校, 『葡萄牙東波塔檔案館所藏 淸代澳門中 文檔案彙編』(下冊), p.561. 문건번호 1099. 그 후의 실제 상황은 이렇다. 북당 재산을 관리하던 선교사 세라는 도광 6년(1826) 귀국하면서 북당 건물을 청조에 백은 5천냥을 받고 팔고 그 돈을 마카오의 북당 사무 담당자에게 넘겼다. 1826년 히베이루 사망 후 북경에 공식적으로 남은 서양인 선교사는 남당의 피레스(畢學源) 한 사람뿐이었고 그가 북경 天主四堂의 모든 재산을 관리했다. 피레스에게서

천주당 재산 처분을 위임받은 중국인 신부 薛瑪竇는 도광 18년(1838) 피레스가 사망한 후에도 북당을 비롯한 천주당의 재산을 팔고 대금을 북경의 러시아 정교회 측에 넘겼다. 피레스가 러시아 정교회 측에서 천주당 재산을 팔아서 대금을 자신의 고국 포르투갈로 보내 달라고 유언했기 때문이었다. 러시아 정교회 측에서는 그 돈을 북경에 잠입해 있던 포르투갈 출신 모라(João de França Castro e Moura. 趙主敎) 주교에게 건넸고 주교는 마카오의 포르투갈 인사에게 전달했다. 설마두가 미처 다 팔지 못한 천주당 재산은 러시아 정교회 측에서 처분하고 대금을 포르투갈에 넘겼다. 柳若梅, 「19世紀葡萄牙天主敎在華遺留財産與俄羅斯東正敎駐北京使團」, 『澳門公共行政雜志』, 2012.

7) 명대 북경에 땔감을 공급하는 기관 중 하나인 台基柴炭廠에는 땔나무(柴薪)와 갈대(葦蘆)가 수북이 쌓여 있었다. 이 기관은 청대에도 계속 북경에 땔감을 공급했다. 元廷植, 「乾·嘉年間 北京의 石炭 需給 問題와 그 對策」, 『東洋史學研究』32, 1990, pp.118-119 ; 龔勝生, 「元明淸時期北京城燃料供銷系統研究」, 『中國歷史地理論叢』1995-1, pp.149-150.

8) 康熙『固安縣志』圖, 1뒤, 疆域圖와 咸豊『固安縣志』圖, 1뒤, 疆域圖에는 모두 林城으로 표기되어 있다. 林과 臨의 중국어 발음이 같아서 林城을 臨城으로 착각한 듯하다.

9) 「西洋人汪達洪等啓」(건륭45년 12월 24일), 閻宗臨 著, 閻守誠 編, 『傳敎士與法國早期漢學』, 大象出版社, 2003, p.219.

10) 京錢의 개념이나 실체가 완전히 밝혀지지는 않았는데 본고에서 문제가 되는 경전과 제전 간의 가치에 대해서는 전자가 후자의 절반에 불과하다고 지적되고 있다. 彭信威는 청대 북경에서 유통되던 小錢을 京錢이라 부르면서 그 가치는 外省의 大錢에 비해 절반이었다고 주장했다. 彭信威, 『中國貨幣史』, 上海人民出版社, 2007/초판은 1954, p.606. 근래의 연구도 경전은 청대 이후 민국 연간에 걸쳐서 북경과 그 주변 지역의 점포에서 회계 장부를 기록하거나 상인들이 錢票를 발행할 때 사용한 기본 단위이며 경전의 가치는 제전의 절반이라고 주장하고 있다. 彭凱翔, 「"京錢"考」, 『江蘇錢幣』2013-2, p.13.

11) 咸豊『固安縣志』卷3 賦役, 4뒤. 은 3分1厘9毫3絲9忽2微8纖7沙2塵. 동전의 단위인 文으로 환산될 수 있는 厘까지의 단위는 실질적인 의미를 가지지만 그 아래 毫이하의 단위는 회계 상의 의미는 지닐 수는 있겠지만 현실적으로는 의미가 없는 추상적 단위이다.

12) 戴建兵·習永凱, 「全球視覺下嘉道銀貴錢賤問題研究」, 『近代史研究』 2012-6, pp.117-118. 그러다가 1830년에 들어서면서 북경의 은전비가는 1 : 1300을 돌파하고 아편전쟁 직전인 1838년에는 1 : 1546, 1839년에는 1 : 1630, 그리고 아편전쟁 패전 후인 1846년에는 1 : 2000으로 은값이 치솟았다.

13) 徐浩, 「淸代華北農村人口和土地狀況的考察」, 『淸史研究』 1992-2, p.58.

14) 「奉旨西洋堂種地莊人張宗武等家中起獲十字架等物著刑部審明其是否習敎」(가경16년8월16일), 中國第一歷史檔案館 編, 『天主敎在華活動檔案』第2冊, p.932. 문건번호 469.

15) 「協辦大學士鄒炳泰等奏報査獲西洋堂種地習敎民人幷起獲經卷交刑部審辦摺」(가경16년8월17일), 『天主敎在華活動檔案』第3冊, pp.934-937. 문건번호 471.

16) 吳兆莘, 『中國稅制史』下冊, 商務印書館(北京), 1998(1版은 1937), p.112.

17) 何本方,「淸代商稅制度芻議」,『社會科學硏究』1987-1 ; 許壇·經君健,「淸代前期的商稅問題新探」,『中國經濟史硏究』1990-2.

18) 「順天巡撫祖孟光爲天津等衛房戶稅銀事揭帖」, (順治16年潤3月初2日),『歷史檔案』1983-3, pp.12-14.

19) 光緖『順天府志』卷51에 따르면 대흥현이나 완평현에서 주택세를 징수한 흔적은 없다. 雜徵 여덟 항목 田房稅(토지나 주택거래세), 民買旗房稅, 當稅, 牙行帖稅, 畜稅, 麯稅, 灰磨等課稅, 海稅에도 주택세는 포함되어 있지 않다. 광서 24년(1898) 호부에서 房捐章程을 제정하고 주택을 임대한 경우에 그 임대한 장부에 근거하여 매달 집주인과 세입자가 각각 임대료의 1/10의 절반씩을 납부하도록 했다. 납부의 편리를 위해 세입자가 먼저 1/10을 납부하고 달세에서 주인 납부 몫인 1/20을 제하도록 했다. 광서 27년(1901)에 이 규정은 의화단 운동 배상금 상환을 위해 전국적으로 점차 시행되었다. 吳兆莘,『中國稅制史』下冊, 商務印書館(北京), p.118.

20) 건륭 41년(1776)에 교황의 위임을 받아서 북당의 재정을 공동으로 관리하던 사람은 벤타퐁 신부와 부르주아(Francois Bourgeois, 晁俊秀) 신부였다. 당시 벤타퐁 신부는 여의관에서 봉사하느라 틈이 없었으므로 주로 부르주아 신부가 재정을 관리했는데 그는 대리인을 보내서 고안현의 소작료를 받아오게 했다. 이 사례로 보아 북경의 점포와 주택에 대해서도 대리인을 보내 임대료를 징수했을 것이다. 閻宗臨 著, 閻守誠 編,『傳敎士與法國早期漢學』, 大象出版社, 2003, p.222.

21) 가경 10년(1805) 大學士 祿康은 西洋堂事務章程의 초안을 제정하였는데 여기에는 다음 항목이 포함되어 있었다. 북경의 천주교 四堂 서양인에게 각각 服役하는 사람이 있으면 마땅히 즉각 현재의 사람 수를 조사하여 장부를 만들어 기록하고 더 늘리는 것을 허락하지 않으며 만일 事故로 떠나는 자가 있으면 그 사실을 보고한 후에 다른 사람을 고용하게 한다. 이는 북경 천주당에서 용공으로 고용된 내지인들을 통제하기 위한 항목이지만 한편으로 이들을 합법적인 존재로 인정하는 의미도 내포되어 있다. 「大學士祿康等奏爲酌擬西洋堂事務章程摺」(嘉慶10年5月15日),『天主敎在華活動檔案』第2冊, pp.854-855. 문건번호 426.

22) 명 말의 저명한 천주교도였던 서광계의 7대손이자 절강성 송강부 상해현 출신의 徐承恩은 몇 차례 상해현학 입학시험을 쳤으나 불합격하자 언제부터인지는 알 수 없으나 건륭 26년(1761) 37세였을 때는 이미 북경 천주당 西堂에서 書記 노릇을 하며 지내고 있었다. 그는 선교사들이 조정에 올리는 상소문의 작성을 도와주고 있었다. 李商鳳『北轅錄』, 燕行錄選集補遺 上, 大東文化硏究院, 2008, pp.879-880.(단 본고에서는 신익철 편저,『연행사와 북경 천주당 - 연행록 소재 북경 천주당 기사 집성』, 보고사, 2013, pp.186-191의『北轅錄』번역 부분을 참조.) 서광계의 후손들은 천주교를 신봉했기 때문에 북경의 천주당으로 와서 활동했던 것 같다. 북경 천주당의 서기들은 선교사가 한문으로 천주교 관련 서적을 저술할 때도 도움을 주었다.

23) 劉鳳雲,「淸代北京的鋪戶及其商人」,『中國人民大學學報』2007-6, p.133.

24) 카스틸리오네는 1746년 건륭제와 대화하는 기회가 있었을 때 신의 무소불위, 동정녀 탄생, 죄로 타락한 인간 구원 등에 관해 말했는데 건륭제는 아주 짤막하게 '好吧'라고 대꾸했다. 「尙若翰神父就中華帝國1746年爆發的全面敎案而自澳門致聖一夏

欣特夫人的記述」, 『耶蘇會士中國書簡集』(杜赫德編, 耿昇譯) 第4冊, 大象出版社, 2005, pp.349-350. 편지번호 95 ; 1773년경 판시(Pansi. 潘廷章) 修士가 자신의 초상화를 그리는 틈을 타서 함께 온 브누아(Michel Benoist. 蔣友仁) 神父에게 건륭제가 '닭이 먼저인가 계란이 먼저인가' 하고 묻자 신부는 창세기의 창조기록을 소개했다. 건륭제는 經傳도 아닌 책에서 언급하는 것을 믿을 수 있느냐고 반문했다. 「蔣友仁神父的第二封信」, 『耶蘇會士中國書簡集』(杜赫德編, 鄭德第譯) 第6冊, 大象出版社, 2005, pp.44-45. 편지번호 134. 반면 건륭제의 여덟째 아들 永瑢(건륭44년에 儀郡王, 가경4년에 의친왕으로 봉해짐)은 북경 海淀의 小敎堂에서 고해성사를 행했다. 「尊敬的韓國英(Cibot)神父致尊敬的D神父的信」(1777년 11월 3일, 북경에서), 『耶蘇會士中國書簡集』 第5冊, p.263. 편지번호 130.

25) 「耶蘇會傳敎師錢德明神父致同會阿拉爾(Allart)神父的信」(1752년[건륭17년] 10월 20일 북경에서), 『耶蘇會士中國書簡集』 第4冊, pp.381-382. 편지번호 98.

26) 본서 제2편 제2장 제2절 참조.

27) 佟洵, 「"北堂"的變遷」, 『北京科技大學學報(社會科學版)』 15-3, 1999, p.42.

28) 루이 14세(재위 1638년~1715년)는 아시아 무역에 관심을 갖고 있던 중 북경 흠천감 감정 페르비스트가 예수회 회장에게 청 조정에서 일할 사람을 보내달라고 요청한 서한을 입수했다. 루이 14세는 당시 아시아에서 천주교 포교권을 독점하던 포르투갈의 영향을 배제한 채 1685년 교황청의 승인을 얻어서 퐁타네, 부베, 제르비용 등 여섯 명의 프랑스 예수회 소속 선교사를 북경으로 파견했다. 그중 한 명은 예수회 선교사들이 활동하고 있던 태국에 머물렀다. 1688년 중국에 도착한 다섯 명 가운데 부베와 제르비용은 북경에서 머물고 나머지 세 명은 강희제의 허락을 얻어 지방으로 가서 포교했다. 프랑스 예수회 선교사들은 포르투갈 예수회 선교사들의 영향에서 벗어나 독자적으로 활동하게 되었다. 崔炳旭, 「중국에서의 프랑스 保敎權의 기원과 성립 - 淸初 프랑스 예수회 선교사의 중국 파견에서 淸佛 〈北京條約〉의 체결까지 - 」, 『明淸史硏究』 22, 2004, pp.244-246 ; 李晟文, 「淸代法國耶蘇會士在華傳敎策略」, 『淸史硏究』 1995-3, p.49.

29) W. Devine, The Four Churches of Peking, Burn, Oates & Washbourne LTD., London, Printed and Bound by The Tientsin Press, Ltd, Tientsin, China, 1930. pp.46-47.

30) 後藤末雄, 『乾隆帝傳』, 生活社, 1942, p.252.

31) 예수회 해산은 1773년에 결정되고 집행은 1775년에 이루어졌다. 1774년은 예수회 해산 결정 소식이 중국에 전해진 때이다. 後藤末雄, 『乾隆帝傳』, p.251.

32) 「南彌德爲委託李拱宸代管北堂産業事呈管西洋堂大臣稟」(대략 嘉慶25년, 1820년), 劉芳輯·章文欽 校, 『葡萄牙東波塔檔案館所藏 淸代澳門中文檔案彙編』(下冊), 澳門基金會, 1999, p.561. 문건번호 1099.

33) 「南彌德爲委託李拱宸代管北堂産業事呈管西洋堂大臣稟」(가경25년 12월 1820년 12월-1821년 1월), 『葡萄牙東波塔檔案館所藏 淸代澳門中文檔案彙編』(下冊), p.561. 문건번호 1100.

34) 전자에 대한 처벌 규정은 笞五十과 계약문서에 표시된 토지나 주택 가격의 절반을 관에서 몰수한다는 것이다. 그리고 후자에 대한 처벌은 신고하지 않은 토지 면적이 一畝에서 五畝이면 笞四十이고 每五畝마다 加一等하되 최고형을 杖一百으로

제한하고 해당 토지는 모두 관에서 몰수한다고 규정했다. 沈之奇 撰, 李俊·懷效鋒 點校, 『大淸律輯註』上, 典賣田宅, 法律出版社, 2000, p.235.

35) 北城 日南房(坊)은 朱一新, 『京師坊巷志稿』卷 上, 北京古籍出版社, 1982, p.26. 日南坊 : 隷北城, 所屬皆外城, 自煤市橋觀音寺前石頭衚衕, 板章衚衕以西, 宣武門外大街, 半截衚衕 以東, 皆屬焉.

36) 中國第一歷史檔案館·中國海外漢學研究中心 合編, 安雙成 編譯, 「總管內務府爲西洋人巴 多明所購房屋不應充公事行文刑部」(康熙47년7월16일), 『淸初西洋傳敎士滿文檔案譯本』, 大象出版社, 2015. p.323. 문건번호 61.

37) 「內務府堂抄管理西洋堂大臣爲咨送西洋堂房間契紙甘結查辦事致內務府咨」(嘉慶16년8 월28일), 『天主敎在華活動檔案』第3冊, p.940. 문건번호 472 ;「西洋人德里格畢麗日購 買西直門內大街旗人民房契約」(雍正元年9월초4일), 『天主敎在華活動檔案』第3冊, p.942. 문건번호 473.

38) 劉小萌, 『淸代北京旗人社會』, 中國社會科學出版社, 2008, pp.103-104. 옹정 원년(1723) 청조는 같은 기에 속한 기인 간의 기지, 기방의 거래는 收稅 감독처의 확인을 받은 紅契를 작성하도록 하고 확인을 받지 않은 白契를 작성하면 당사자를 처벌하 고 기지와 기방은 몰수한다고 규정했다. 백계의 법률적 효력이 없어서 분쟁이 자주 일어나자 이를 방지하기 위해 취한 조치였다.

39) 「恩施郎世寧等價旗地碑」, 『北京圖書館藏中國歷代石刻拓本匯編』제70책(中州古籍出版 社, 1990), p.138. 건륭 15년(1750) 12월에 새긴 이 비석은 탁본할 당시에는 북경 豐臺區 蘆溝橋 北天主堂에 있었다. 현재는 노구교 근처의 大王廟 뒤뜰에 있다. 碑身은 높이 161센티미터 폭이 69센티미터, 碑額은 높이 23센티미터 폭 16센티미터 이다.

40) 劉小萌, 『淸代北京旗人社會』, pp.145-153.

41) 『高宗實錄』卷378, 乾隆 15年 12月 己卯條 ; 中國第一歷史檔案館 編, 『乾隆朝上諭檔』 第2冊(檔案出版社, 1991), 乾隆15년12월10일, p.498. 上諭番號 1944.

42) 朴敏洙, 『淸의 入關과 旗人의 北京 移住 硏究』(서울대학교 대학원 동양사학과 박사학 위 논문), 2017, pp.186-187. 〈표 5-4〉直隷 각 府 및 順天府 州縣의 卷地 통계.

43) 본서 제3편 제1장 참조.

44) 「管理西洋堂事務處 爲知照西洋人京城外地畝房間請交順天府按季徵租後發交管理西洋堂 大臣當堂發給西洋人受領事咨」(가경16년12월9일), 『天主敎在華活動檔案』 第3冊, pp.967. 문건번호 483.

45) 「管理西洋堂事務處奏報將西洋人京城外地畝房間交順天府按季徵租後發交管理西洋堂大 臣當堂發給西洋人受領摺」(가경16년12월9일), 『天主敎在華活動檔案』第3冊, pp.968-969. 문건번호 484.

제3장 사천 천주교도의 경제 활동과 존재 양상

1) 1866년에 파리외방선교회에서 파견을 받아 사망할 때까지 중경 일대에서 포교 활동에 종사한 고든(Gourdon. 古洛東 : 1840?~1930)이 기록했다. Gourdon은 中文 으로 본서를 기록하고 1918년 무렵에 川東 교구의 주교 Chowvellon의 승인을

얻어서 聖家書局에서 출간했다. 본서의 내용은 상당히 정확한 것으로 평가되어 1990년대 무렵에 간행된 사천 각지의 신판 지방지 천주교 항목에서는 본서의 내용을 대거 인용했다. 본고에서는 1981년에 간행된 四川人民出版社本『聖敎入川記』를 참조했다.

2) 譚紅 主編,『巴蜀移民史』, 巴蜀書社, 2006, pp.548-549, p.554.

3) 古洛東,『聖敎入川記』, 四川人民出版社, 1981, pp.77-78 ; 秦和平·申曉虎編,『四川基督敎資料輯要』, 巴蜀書社, 2008, p.490.

4) 費賴之 著, 馮承鈞 譯,『在華耶蘇會士列傳及書目』上, p.307.

5) 康志杰,「湖北天主敎開敎述略 - 兼評明淸在湖北活動的耶蘇會士」,『江漢論壇』, 1999-2, pp.46-47.

6) 이준갑,『중국사천사회연구 1644~1911 : 개발과 지역질서』, pp.97-98.

7)「嘉慶九年三河幇差務章程淸單」,『淸代乾嘉道巴縣檔案選編』(四川大學歷史系·四川省檔案館 主編) 上, 四川大學出版社, 1989, pp.402-403 ;「嘉慶九年八省局紳公議大河幇差務條規」,『淸代乾嘉道巴縣檔案選編』上, pp.403-404.

8)「湖廣總督特成額奏呈起獲私藏天主敎經像淸單」(乾隆49年9月18日),『天主敎在華活動檔案』第1冊, pp.418-419. 문건번호 194.

9) 光緒『淸會典事例』(中華書局影印本, 1991) 第2冊 卷166, 戶部 15, 出賦, p.1110.

10) 光緒『淸會典事例』第2冊 卷158, 戶部 7, 戶口, p.999 ;『聖祖實錄』(中華書局影印本, 1985) 卷149, 15앞, 康熙 29년 11월 甲午條.

11) 康熙 15년부터 전국적으로 새로 개간한 水田은 6년, 旱田은 10년간 免稅했다. 光緒『淸會典事例』第2冊 卷166, 戶部 15, 出賦, p.1109.

12) 古洛東,『聖敎入川記』, p.67.

13) 古洛東,『聖敎入川記』, p.80.

14) 위와 같음.

15) 涂鳳書,「功亮公傳」,『雲陽涂氏族譜』卷19, 4앞뒤.

16) 武來雨,「黃公嘉會墓志銘」, 同治『續修漢州志』卷22, 藝文中, 7뒤-8앞.

17) 民國『武勝縣新志』卷9, 士女, 6뒤-7뒤.

18) 예컨대 成都府 灌縣에서는 順治 연간까지는 無主荒田이 있었으나 강희 초에는 모두 없어졌다. 民國『灌縣志』卷17, 古實紀, 14앞뒤.

19) 民國『新修合川縣志』卷35, 鄕賢 1上, 25앞-26뒤 ; 民國『新修合川縣志』卷62, 叢譚, 3뒤-4앞.

20) 秦先明,「董子能傳」, 咸豊『隆昌縣志』卷36, 藝文, 傳, 又31앞뒤.

21) 古洛東,『聖敎入川記』, p.74.

22) 古洛東,『聖敎入川記』, p.71.

23) 淸代 四川으로 유입한 移住民들이 同鄕關係나 血緣을 매개로 상부상조하였던 사실에 대해서는 山田賢,『移住民の秩序 - 淸代四川地域社會史研究』, 名古屋大學出版會, 1995, pp.100-126.

24) 古洛東,『聖敎入川記』, p.74.

25) 吳金成,「最初의 反基督敎 運動, 南昌敎案」,『矛·盾의 共存 - 明淸時代 江西社會 研究』, 知識産業社, 2007, pp.149-180.(원래 제목과 수록 잡지는「1607年의 南昌敎案과

紳士」,『東洋史學硏究』80, 2002)

26) 佟國器는 천주교를 마음속으로는 신봉하였으나 황실의 외척(순치제 황후의 친척)
이란 신분 때문에 세례를 받지 않았으나 그의 부인은 천주교도였다. 佟國器의
천주교 옹호 활동에 대해서는 方豪,『中國天主敎史人物傳』, 宗敎文化出版社, 2007,
p.262를 참조.

27) 徐宗澤,『中國天主敎傳敎史槪論』, p.145.

28) 吳薇,「明淸江西天主敎的傳播」,『江西師範大學學報』(哲學社會科學版) 第36卷 第1期,
2003, pp.54-59.

29) 葛劍雄 主編·曹樹基 著,『中國人口史』第5卷 上, 復旦大學出版社, 2005, p.135,

30) 李敏鎬,「淸代'懷慶藥商'의 商業과 네트워크 形成」,『明淸史硏究』35, 2011, pp.329-330.

31) 사천의 전통적인 약재시장은 成都와 灌縣, 中壩市場이었다. 청말 광서연간(1875~
1908)에 장강 상류에 위치한 重慶, 萬縣 등지가 개항되면서 重慶, 萬縣, 敍州府의
藥材市場이 번성했다. 따라서 敍州府에서는 淸 初中期에 淸末만큼은 아니지만 약재
시장이 있었던 것으로 짐작된다.(彭朝貴·王炎主編,『淸代四川農村社會經濟』, 天地出
版社, 2001, p.47). 嘉慶『宜賓縣志』卷51, 物産志, 63뒤-63앞에 따르면 敍州府治
소재지인 宜賓縣은 何首烏를 비롯한 22종의 약재가 산출되는 藥材産地였다.

32) 古洛東,『聖敎入川記』, pp.69-70.

33) 古洛東,『聖敎入川記』, p.72.

34) 이준갑,『중국사천사회연구 1644~1911 : 개발과 지역질서』, pp.294-295.

35) 江西省高安縣史志編纂委員會 編纂,『高安縣志』第4章「能源」, 江西人民出版社, 1988,
p.169.

36) 古洛東,『聖敎入川記』, pp.73-74.

37) 古洛東,『聖敎入川記』, p.72.

38) 명청시대 江西商人이 진출한 지역에서 적극적으로 公益事業에 참여한 사실에
대해서는 吳金成,「江西商人의 選擇과 運命」,『矛·盾의 共存 - 明淸時代 江西社會 硏究』,
pp.410-411 참조. 휘주상인이 진출한 지역에서 공익사업에 참여한 사실에 대해서
는 조영헌,『대운하와 중국상인 - 회·양지역 휘주상인 성장사』, 민음사, 2011,
pp.405-410.

39) 이준갑,『중국사천사회연구 1644~1911 : 개발과 지역질서』, pp.63-93.

40) 古洛東,『聖敎入川記』, p.66.

41) 于成龍,「規劃銅梁條議」,『于淸端政書』(文淵閣本 四庫全書 影印本) 卷1, 30뒤-33뒤.

42) 光緖『銅梁縣志』卷3, 食貨志, 倉儲, 11뒤-12앞.

43) 光緖『銅梁縣志』卷2, 建置志, 場鎭, 25뒤.

44) 청대 복건에서 지역사회에서 영향력 있는 종족들이 시장을 새로이 개설하면서
필요한 부지와 가게 건물들을 제공하고 그것을 집안의 재산으로 삼은 사례들에
대해서는 元廷植,『淸代 福建社會 硏究 - 淸 前·中期 閩南社會의 變化와 宗族活動』,
서울大學校 大學院 東洋史學科 博士學位論文, 1996, pp.99-100 참조. 山根幸夫,『明淸華
北定期市の硏究』, 汲古書院, 1995, pp.27-50에 따르면 명청시대 화북지방 農村에
위치한 시장인 鄕集을 開設하는데는 지역의 유력자인 紳士와 豪民이 개입했다.
이런 현상은 집안에 유력자가 없다면 시장을 개설하기가 여의치 않았다는 사실을

반증한다.

45) 古洛東, 『聖敎入川記』, p.78.

46) 「陝西巡撫畢沅奏報續獲延請西洋人宣敎之劉必約張多明我等摺」(乾隆49年12月17日), 『天主敎在華活動檔案』第2冊, p.629. 문건번호 305 ; 古洛東, 『聖敎入川記』, pp.77-78.

47) 康熙 『長壽縣志』 卷6, 19뒤-20앞.

48) 古洛東, 『聖敎入川記』, p.94.

49) 古洛東, 『聖敎入川記』, p.71. 나송씨와 호세록의 좀더 자세한 활동 정황은 본서 제3편 제1장 제1절 참조.

50) 양스데반(楊斯德望)이 涪州와 彭水縣을 오가며 거래한 品目은 분명하지 않다. 다만 光緖 『彭水縣志』 卷3, 風俗志, 物産, 63 뒤에는 國初에는 화폐가 유통되지 않아 단지 粟과 布만을 거래했다고 기록되어 있다. 이로 보아 양스데반은 彭水縣의 布를 涪州에 판 것으로 보인다. 涪州의 경우 同治 『重修涪州志』 卷1, 輿地志, 物産 32뒤-33앞에 따르면 油, 鐵, 糖, 漆, 松油, 松煙, 絲, 麻, 靛, 紙 등을 상인들이 많이 거래했다고 하는데 양스데반이 彭水縣으로 가져가서 판 물품은 이런 종류였을 것이다.

51) 古洛東, 『聖敎入川記』, p.91 ; 貴州省 宗敎事務局 홈페이지 「貴州天主敎 : 第一節 天主敎傳入貴州」 부분 참조. http : //www.gzszj.gov.cn/art/2011/8/2/art_184_4704.html

52) 秦和平·申曉虎編, 『四川基督敎資料輯要』, p.309.

53) 秦和平·申曉虎編, 『四川基督敎資料輯要』, p.486.

54) 費賴之 著, 馮承鈞 譯, 『在華耶蘇會士列傳及書目』 上, pp.305-306.

55) Adrien Launay, *Journal D' André Ly, prêtre, chinois, missionnaire et notaire apostolique, 1746-1763*, Paris, 1906, p.23.

56) Adrien Launay, *Journal D' André Ly, prêtre, chinois, missionnaire et notaire apostolique, 1746-1763*, pp.12-13.

57) Adrien Launay, *Journal D' André Ly, prêtre, chinois, missionnaire et notaire apostolique, 1746-1763*, p.5.

58) 古洛東, 『聖敎入川記』, p.76.

59) 「天主敎徒駱有相等狀告豪棍侵擾幷對證等事」(乾隆11年6月19日), 『惟一堂西軒存稿』(吳旻·韓琦 編校, 『歐洲所藏雍正乾隆朝天主敎文獻匯編』, 上海人民出版社, 2008), p.162.

60) 「谷耀文拿至四川江津縣審問」(乾隆11年5月28日), 『惟一堂西軒存稿』(吳旻·韓琦 編校, 『歐洲所藏雍正乾隆朝天主敎文獻匯編』), p.162.

61) 「谷耀文拿至四川江津縣審問」(乾隆11年5月28日), 『惟一堂西軒存稿』(吳旻·韓琦 編校, 『歐洲所藏雍正乾隆朝天主敎文獻匯編』), pp.159-162.

62) Adrien Launay, *Journal D' André Ly, prêtre, chinois, missionnaire et notaire apostolique, 1746-1763*, p.18 ; 古洛東, 『聖敎入川記』, p.76.

63) 건륭 연간 중경부 파현의 향약들의 개인적인 보복 사례는 다양하다. 어느 兵房胥吏는 향약이 부과한 군수전 1300文을 내지 않다가, 어느 皂役은 평소에 향약과 불화하다가 향약에게 사적인 보복을 당했다. 또 煤炭洞 경영자는 향약의 뇌물요구를 거절했다가 보복을 당했다. 향약이 서리나 아역 등에게도 사적으로 보복할 정도였다면 일반 주민에 대해서는 더 말할 나위도 없을 것이다. 파현에서 보장의

사적 보복 사례는 자료상에 나타나지 않는다. 그러나 보장은 향약처럼 甲內의 교화기능은 없으나 치안유지 기능은 공유하면서 함께 같은 사건을 처리했던 사례가 많았으며 또 말단행정기구의 집행자로서 항상 대민 접촉이 있었던 점으로 미루어 보장의 사적 보복 역시 충분히 있을 수 있는 일이라고 생각한다. 이준갑, 『중국사천사회연구 1644~1911 : 개발과 지역질서』, pp.271-282.

64) 田濤·鄭秦 點校, 『大淸律例』(法律出版社, 1999) 卷16, 禮律, 祭祀, pp.277-278.

65) 駱家의 原籍은 廣東인데 康熙연간에 江西의 南康縣으로 이주했다. 康熙 34년(1695)에 천주교를 신봉하기 시작했다. 이들은 강희 39년(1700) 혹은 강희 40년(1701) 무렵에 서주부에 도착하여 거주하다가 옹정 원년(1723)에 강진현으로 이주하고 정착했다. 이들은 매우 부유하여 강진현의 성당과 신부의 거처를 자신들의 땅에다 지었다. 낙가와 이웃한 다른 姓氏들도 좋은 관계를 맺으려고 애썼다. 또 낙가와 婚姻關係를 맺어 천주교를 신봉하게 된 자들도 적지 않았다. 古洛東, 『聖敎入川記』, pp.74-76.

66) 「天主敎徒駱有相等狀告豪棍侵擾幷對證等事」(乾隆11年6月19日), 『惟一堂西軒存稿』(吳旻·韓琦 編校, 『歐洲所藏雍正乾隆朝天主敎文獻匯編』), pp.162-163.

67) 古洛東, 『聖敎入川記』, p.94.

68) 백련교 반란으로 유입된 대량의 軍需銀이 사천지방의 백은 유통을 확산시킨 사실에 대해서는 이준갑, 『중국사천사회연구 1644~1911 : 개발과 지역질서』, pp.225-268 참조. 巴山老林地域의 방어체계 강화에 대해서는 周琳, 「白蓮敎起事與巴山老林附近地區鄕村防禦體系」, 『佳木斯大學社會科學學報』第22卷 第1期, 2004, pp.77-79 참조. 청조의 입장을 대변하는 기록이 아니라 백련교군들이 남긴 진술서를 분석하여 가경 백련교 반란의 새로운 측면을 분석한 연구로 李俊甲, 「白蓮敎軍이 언급한 嘉慶 白蓮敎反亂 - 白蓮敎軍 진술서 분석을 중심으로 - 」, 『東洋史學硏究』146, 2019.

69) 「四川總督常明奏爲査辦天主敎大槪情形摺」(嘉慶16年3月29日), 『天主敎在華活動檔案』第2冊, pp.908-910. 문건번호458 ; 古洛東, 『聖敎入川記』, pp.83-84.

70) 白蓮敎에서 받드는 無生老母의 창조자이자 구세주 성격에 대해서는 崔甲洵, 『中國近世民間宗敎硏究 - '白蓮敎 傳統'의 구성』, 東國大學校 博士學位論文, 1994, pp.54-69 참조. 청대 민간이나 관방에서 천주교가 백련교와 관련이 있거나 같다는 생각이 퍼져 있었던 사실은 崔韶子, 「明·淸時代의 天主敎와 白蓮敎」, 『梨大史苑』22·23合輯, 1988, pp.172-178.

제2편 건륭제의 양면성 - 탄압과 '파격적 은혜' -

제1장 건륭 연간 천주교 탄압의 실제와 천주교 공동체

1) 田汝康 지음, 이재정 옮김, 『공자의 이름으로 죽은 여인들』, 예문서원, 1999, pp.52-62. 자식이 없는 과부가 죽거나 개가하면 남편이 남긴 재산은 친척들의 몫이 되었으므로 친척들은 과부에게 재가나 자결을 강요하곤 했으며 심지어는 암살하려 하기도 했다.

2) 지방관은 형수가 천주교도였지만 그 사실과는 별개로 그녀의 재산권을 인정한다고 판결했다. 「耶蘇會傳教士河彌德神父致布拉索神父的信件摘要」(1764년 7월), 『耶蘇會士中國書簡集』第5冊, p.86. 편지번호 112.

3) Adrien Launay, *Journal D' André Ly, prêtre, chinois, missionnaire et notaire apostolique, 1746-1763*, p.37.

4) 福武直, 『中國農村社會の構造』, 東京大學出版會, 1976(제1판은 1946), pp.460-472. 사회인류학적 관점에서 20세기 초의 중국 촌락 공동체에서 행해졌던 농경, 길흉사, 종교, 경제 방면의 협동 생활을 분석하고 있다. 청대 촌락 공동체의 생활 양상도 20세기 초와 다를 바 없었을 것이라고 생각한다.

5) Hsiao, Kung-chuan, *Rural China : Imperial Control in the Nineteenth Century*, Univ. of Washington Press, 1972(2nd paperback printing), p.313.

6) 「耶蘇會傳教士紐若翰(Neuviale)神父致同會布里松(Brisson)神父的信」, 『耶蘇會士中國書簡集』第4冊, p.273. 편지번호 89.

7) 「傳教士河彌德(La Mathe)神父致布拉索(Brassaud)神父的信」(1769년 7월17일 북경에서), 『耶蘇會士中國書簡集』第5冊, p.139. 편지번호 119.

8) 김선혜, 「재판」, 『명청시대사회경제사』, 이산출판사, 2007, p.150 ; 陳寶良, 「「鄉土社會」か『好訟社會』か? - 明清時代の「好訟」社會の形成およびその諸相」, 夫馬進 編, 『中國訴訟社會史の研究』, 東京大學學術出版會, 2011. 하지만 명청시대를 포함하여 전통시대 중국에서는 소송이 없는 상태를 이상적인 사회의 한 요건으로 꼽았다. 훼이 샤오통 지음, 이경규 옮김, 『중국사회의 기본구조』, 일조각, 1995, p.79.

9) 「中華帝國1738年的宗敎形勢」(건륭3년), 『耶蘇會士中國書簡集』第4冊, pp.174-178. 편지번호 82.

10) 張先淸, 『官府, 宗族與天主教: 17-19世紀福安鄉村敎會的歷史敍事』, 中華書局, 2009, pp.126-128.

11) 『高宗實錄』卷271, 2뒤-3앞, 乾隆11年 7月, 庚戌條.

12) 「福建巡撫周學健奏陳嚴懲行敎西洋人摺」(건륭11년9월12일), 『天主敎在華活動檔案』第1冊, pp.115-121. 문건번호 75 ; 中國第一歷史檔案館·澳門基金會·暨南大學古籍研究所合編, 『明淸時期澳門問題檔案文獻匯編』(一), 人民出版社, 1999, pp.220-223.

13) 산쯔 신부는 즉각 참수되고 다른 사람들은 이듬해인 건륭 13년(1748)에 참수형에 처해졌다. 「閩浙總督喀爾吉善福建巡撫潘思榘奏爲遵旨辦理傳教西洋人各案摺」(건륭13년9월10일), 『天主敎在華活動檔案』第1冊, p.163. 문건번호 96.

14) 「福建巡撫周學健奏陳嚴懲行敎西洋人摺」(건륭11년9월12일), 『天主敎在華活動檔案』第1冊, p.121. 문건번호 75 ;『明淸時期澳門問題檔案文獻匯編』(一), p.223.

15) 『高宗實錄』권278, 11앞, 건륭11년 11월 壬寅條.

16) 성황신은 국가 주도의 제사 의례에도 포함되어 중국의 도시의 수호신으로 공식적인 인정을 받았다. 지방관은 매달 초하루와 보름에 성황신을 모신 성황묘에 참배해야 했고 부임 인사도 올렸다. 또 여기서 기우제를 지내기도 했으며 수리비를 공개적으로 모금하기도 했다. 徐永大, 「中國과 韓國의 城隍信仰 比較」, 『中國史硏究』12, 2001 참조.

17) 명청시대 지방관의 공적 활동에 대한 신사층의 다양한 협조는 吳金成, 『中國近世社

會經濟史硏究 - 明代紳士層의 形成과 社會經濟的 役割』, 一潮閣, 1986, pp.56-57 ; 吳金成, 『國法과 社會慣行 - 明淸時代社會經濟史硏究』, 知識産業社, 2007, pp.200-202 ; 원정식, 『종족 형성의 공간과 문화 - 15·16세기의 복건 신현을 중심으로』, 위더스북, 2012, pp.130-131 ; 장중례 지음, 김한식·정성일·김종건 옮김, 『중국의 신사』, 신서원, 1993, pp.78-105.

18) 「一位在華傳敎士의 信」(1778년 7월 31일 북경에서), 『耶蘇會士中國書簡集』第6冊, p.94. 편지번호 140.

19) 「艾若望先生對其在中國四川省遭受的迫害的敍述」, 『耶蘇會士中國書簡集』第6冊, pp.150-152. 편지번호 145. 요청을 받은 중경부 道台는 직접 영창현으로 와서 신부에게 천주교가 백련교인지를 심문했다. 그는 심문 끝에 천주교가 백련교와 다르다는 사실을 알았다. 글라요 신부가 포교 목적이 하늘의 복을 구하는 것이라고 진술했기 때문이다. 그러나 교리적인 측면에서 백련교는 천주교와 비슷한 측면이 아주 없었던 것은 아니었다. 백련교의 無生老母 개념은 천지만물을 창조한 하나님의 속성과 유사한 면이 있다. 그래서인지 옹정 연간에 백련교도가 마테오 리치와 페르비스트 신부가 저술한 천주교의 교리서를 읽고 천주교도로 개종한 사례도 있었다. 「耶蘇會傳敎士顧鐸澤神父致本會某神父의 信」(1730년 2월), 『耶蘇會士中國書簡集』第3冊, p.305. 편지번호 70.

20) 「尙若翰神父就中華帝國1746年爆發的全面敎案而自澳門致聖 - 夏欣特夫人的記述」, 『耶蘇會士中國書簡集』第4冊, p.346. 편지번호 95.

21) 호북성에서 활동하던 내지인 藍方濟 신부와 천주교도들은 건륭 24년(1759)에 주민들로부터 邪敎인 천주교를 신봉하는 자라고 고발당했다. 고발 사건을 접수한 지방관은 천주교와 관계가 없었는데도 천주교가 邪敎라면 황상이 자신의 거처인 북경에 네 곳의 천주교당을 허락하지 않았을 것이고 서양인 흠천감 감정에게 여러 차례 상을 내리지 않았을 것이라며 신부와 천주교도들을 처벌하지 않고 석방했다. 「耶蘇會傳敎士嘉類思神父致法蘭西世卿諾瓦榮伯爵兼主敎의 信」(1759년 9월 12일 중국에서), 『耶蘇會士中國書簡集』第5冊, pp.82-85. 편지번호 111.

22) 馮立升, 「乾隆時期西北地區的天文大地測量及其意義」, 『中國邊疆史地硏究』1999-3 ; 靳煜, 「乾隆年間三次 西域測繪再分析」, 『西域硏究』2016-1. 선교사들의 편지 기록에는 파견 시기에 대해 약간씩의 차이가 있다. 본고에서는 청조의 공식 기록인 실록에 기록된 날짜를 따랐다. 제1차 파견에 대한 실록 기록은 『高宗實錄』권504, 16뒤, 건륭 21년 정월 己卯條. 제2차 파견에 대한 실록 기록은 『高宗實錄』권586, 1앞뒤, 건륭 24년 5월 庚辰條. 제3차 파견에 대한 실록 기록은 『高宗實錄』권962, 16앞뒤, 건륭39년 7월 庚申條.

23) 費賴之 著, 馮承鈞 譯, 『在華耶蘇會士列傳及書目』下, p.807.

24) 「一位在華傳敎士致某先生의 信」(1777년 북경에서), 『耶蘇會士中國書簡集』第6冊, pp.84-85. 편지번호 138.

25) 「一位在華傳敎士的 信」(1778년 7월 북경에서), 『耶蘇會士中國書簡集』第6冊, pp.105-106. 편지번호 141.

26) 費賴之 著, 馮承鈞 譯, 『在華耶蘇會士列傳及書目』下, p.666.

27) 「中華帝國1738年的宗敎形勢」(건륭3년), 『耶蘇會士中國書簡集』第4冊, p.188, p.190.

편지번호 82.

28) 「一位北京的傳敎士于1750年寄給母先生的信」(1750년 북경에서), 『耶蘇會士中國書簡集』第5冊, p.13. 편지번호 101.

29) 「直隷總督那蘇圖奏報申禁西洋人行敎摺」(건륭11년7월13일), 『天主敎在華活動檔案』第1冊, p.93. 문건번호 60.

30) 「順天府府尹蔣炳奏報據査問傳敎西洋人傳作霖等情形摺」(건륭11년8월2일), 『天主敎在華活動檔案』第1冊, pp.106-107. 문건번호 69.

31) 「奉旨著令免將西洋人傳作霖治罪」(건륭11년8월2일), 『天主敎在華活動檔案』第1冊, p.103. 문건번호 67.

32) 「傳敎士汪達洪神父的信」(1775년 10월 15일 북경에서), 『耶蘇會士中國書簡集』第6冊, pp.79-80. 편지번호 137.

33) 「傳敎士汪達洪神父的信」(1775년 10월 15일 북경에서), 『耶蘇會士中國書簡集』第6冊, pp.78-79. 편지번호 137.

34) 식겔파르트에 대한 성대한 생일 축하 행사는 그보다 먼저 古稀를 맞이했던 카스틸리오네의 생일 축하 행사를 답습한 것이었다. 「一位在華傳敎士的信」(1778년 7월 북경에서), 『耶蘇會士中國書簡集』第6冊, pp.108-111. 편지번호 141.

35) 「尙若翰神父就中華帝國1746年爆發的全面敎案而自澳門致聖—夏欣特夫人的記述」, 『耶蘇會士中國書簡集』第4冊, p.347. 편지번호 95.

36) 「耶蘇會傳敎士君丑尼(Loppin)神父致波蘭王后 - 洛林女公爵告解神父拉多明斯基(Radominski)的信」, 『耶蘇會士中國書簡集』第4冊, p.265. 편지번호 88에는 포르투갈인이 거주하는 남당과 동당, 프랑스인이 거주하는 북당에 선교사 10~11명이 있으며 외부에서 활동하는 내지인 사제도 네 명이 있다고 했다. 이 편지는 1738년 무렵에 작성되었다. 「耶蘇會士和中國宮廷畵師王致誠修士致達索(d' Assant)先生的信(1743년 11월 1일 북경에서)」, 『耶蘇會士中國書簡集』第4冊, p.303. 편지번호 91에 따르면 남당, 동당, 북당에 스물두 명의 예수회 선교사가 머물고 있는데 북당에는 열 명의 프랑스인이, 동당과 남당에는 열두 명의 포르투갈인, 이탈리아인, 독일인이 거주했다. 스물두 명의 예수회 선교사 가운데 일곱 명은 황제에게 봉사하는 데 바빴고 다른 사람들은 북경성과 그 주변 40~50리외(lieue)에서 몰래 천주교를 포교했다고 한다.

37) 청대 북경의 천주교 공동체에는 명 말 북경에서 활동하던 마테오 리치를 돕던 천주교도 包씨의 후예들이 포함되어 있었다. 「晁俊秀神父致某貴婦人的信(1769년 10월 15일 북경에서)」, 『耶蘇會士中國書簡集』第5冊, p.153. 편지번호 121 및 費賴之 著, 馮承鈞譯, 『在華耶蘇會士列傳及目目』下, p.983. 황실 종친의 사례는 「尊敬的韓國英(Cibot)神父致尊敬的D神父的信」(1777년 11월 3일, 북경에서), 『耶蘇會士中國書簡集』第5冊, p.265. 편지번호 130. 수누의 직계 후손인 소녀가 천주교당으로 와서 고해하고 신앙상담을 한 사례는 「北京傳敎士晁俊秀(Bourgeois)神父的信」(1773년 9월 18일 북경), 『耶蘇會士中國書簡集』第5冊, p.9. 편지번호 132. 만주족 守備 承德의 사례는 『高宗實錄』 권858, 15뒤. 乾隆35年 5月, 甲申條 및 「晁俊秀神父致某貴婦人的信」(1769년 10월 15일 북경에서), 『耶蘇會士中國書簡集』第5冊, pp.155-156. 편지번호 121. 환관의 사례는 「傳敎士蔣友仁神父致嘉類思神父的信(1770년 8월 26일 북경)」,

328

『耶蘇會士中國書簡集』第5冊, p.253 및 「一位在華傳敎士的信」(1778년 7월 31일 북경에서), 『耶蘇會士中國書簡集』第6冊, p.99. 편지번호 140.

38) 「宋君榮神父致凱倫(Cairon)神父的信」(1741년 10월 29일 북경), 『耶蘇會士中國書簡集』第4冊, p.252. 편지번호 87.

39) 「傳敎士蔣友仁神父致嘉類思神父的信」(1770년 8월 26일 北京에서), 『耶蘇會士中國書簡集』第5冊, pp.245-246. 편지번호 127.

40) 「尊敬的晁俊秀神父致尊敬的昂塞莫神父的信」(1770년 11월 1일 北京부근에서), 『耶蘇會士中國書簡集』第5冊, p.210. 편지번호 122.

41) 건륭 연간의 흠천감에는 최고책임자인 감정(만주인 1인, 서양인 1인), 감부(만·한 각1인), 좌·우감부(서양인 각1인)가 있었다. 이들은 흠천감의 세 조직인 달력을 만들어 배포하는 시헌과, 천문 관측을 담당하는 천문과, 물시계의 운용을 담당하는 누각과를 통솔했다. 흠천감의 세 과에는 모두 관원 스물네 명, 박사 서른두 명, 천문생 여든여섯 명, 음양생 열 명이 배치되어 있었다. 乾隆 『大淸會典』 권86(文淵閣 四庫全書本), 欽天監 1앞뒤.

42) 「晁俊秀神父致某貴婦人的信(1769년 10월 15일 북경에서), 『耶蘇會士中國書簡集』第5冊, pp.151-153. 편지번호 121. 할러슈타인 신부는 서양인 가운데 흠천감에서 가장 오랫동안 근무하면서 지도 제작, 측량, 천문 기구 제작에서 공을 세워 건륭제의 신임을 얻었다. 또한 청조의 만한관료들과도 교분이 깊었는데 특히 군기장경으로 근무하던 趙翼과 그러했다. 鞠德源, 「淸欽天監監正劉松齡 - 紀念南斯拉夫天文學家劉松齡逝世二百一十周年」, 『故宮博物院院刊』 1985年 第1期, pp.56-61.

43) 흠천감의 선교사들을 모두 귀국시킨 도광 6년(1826) 이후에도 내지인 천주교도는 흠천감에서 활동했다. 함풍 3년(1853)에는 흠천감의 내지인 천주교도를 색출하고 처벌하는 교안이 발생했다. 王曉, 「咸豊三年欽天監敎案考述」, 『溫州大學學報(社會科學版)』 24-2, 2011, pp.99-101.

44) 張建民, 『湖北通史(明淸卷)』, 華中師範大學出版社, 1999, p.207.

45) 마반산 천주교 공동체의 건설 계기와 관련해서는 약간의 다른 견해가 존재한다. 하나는 1725년 양양의 천주교도가 먼저 천주교 탄압을 피해서 마반산으로 들어가 산간 지대를 개간하자 이 소식을 들은 파르냉 신부가 자금을 조달하여 토지를 구입하고 공동체를 확대했다는 주장이다. 다른 하나는 1724년에 양양의 천주교도들이 탄압을 피해 곡성현 북쪽, 老河口 서쪽에 있는 이틀길 거리의 깊숙한 산속 황무지에 살기 시작했고 이 소식을 들은 파르냉 신부가 주변의 더 많은 땅을 사들여 천주교 공동체를 건설했다는 주장이다. 어느 견해이든 양양부의 천주교도가 마반산으로 먼저 들어갔고 파르냉 신부가 그 후에 사업을 확장하고 마무리했다는 점은 인정하고 있다. 康志杰, 「關于湖北磨盤山神權社會的考察」, 『世界宗敎硏究』 2004-3, pp.84-85.

46) 근래의 한 연구는 건륭 20년(1755)에 간행된 『襄陽府志』物産 편의 기록을 근거로 건륭 초년에 옥수수가 남장현, 곡성현, 균주의 산간 지역에서 많이 생산되어 평민들의 일상적인 양식이 되었다고 주장했다. 張建民, 『明淸長江流域山區資源開發與環境演變 - 以秦嶺大巴山區爲中心』, 武漢大學出版社, 2007, p.304.

47) 마반산 천주교 공동체 속의 천주교도들의 삶은 청대 사천·섬서·호북 삼성 교계

산간 지역 주민들의 열악한 삶과 동일하다. 삼성 교계 산악지역 주민들의 삶을 저생산과 저소비가 순환되는 것으로 이해한 다음 연구성과는 마반산 천주교 공동체를 이해하는데 도움이 된다. 鄭哲雄·張建民·李俊甲, 「淸代 川·湖·陝 交界地域 의 經濟開發과 民間風俗(Ⅱ)」, 『東洋史學研究』 87, 2004 ; 鄭哲雄·李俊甲, 「淸代 川·湖· 陝 交界 山間地域의 經濟開發과 그 性格」, 『中國史研究』 41, 2006.

48) 「耶蘇會傳敎士紐若翰(Neuviale)神父致同會布里松(Brisson)神父的信」, 『耶蘇會士中國 書簡集』 第4冊, p.274. 편지번호 89.

49) 「耶蘇會傳敎士紐若翰(Neuviale)神父致同會布里松(Brisson)神父的信」, 『耶蘇會士中國 書簡集』 第4冊, pp.278-279. 편지번호 89.

50) 「耶蘇會傳敎士紐若翰(Neuviale)神父致同會布里松(Brisson)神父的信」, 『耶蘇會士中國 書簡集』 第4冊, p.274. 편지번호 89.

51) 「耶蘇會傳敎士巴多明神父致本會杜赫德神父的信」(1734년 10월 15일 北京에서), 『耶蘇 會士中國書簡集』 第3冊, pp.151-153. 편지번호 61.

52) 외부와의 접촉이 완전히 단절될 수 없었으므로 마반산 공동체에 대한 소문도 조금씩 퍼졌고 건륭 3년(1738)에는 곡성현 지현이 磨盤山 천주교 공동체의 지도자 들을 체포하여 천주교 신앙을 포기하라고 종용했다(「中華帝國1738年的宗敎形勢」 (건륭3년), 『耶蘇會士中國書簡集』 第4冊, p.190. 편지번호 82). 하지만 마반산 공동체 는 탄압을 이겨내고 21세기인 지금까지도 존속하고 있다. 康志杰, 「關于湖北磨盤山 神權社會的考察」, 『世界宗敎研究』 2004-3.

53) 景德鎭의 窯戶는 대자본가가 아니라 자본이 영세한 소경영자로 가족단위로 노동했 으며 필요한 경우에는 몇 명의 노동자들을 고용하여 경영했다. 吳金成, 『矛·盾의 共存 - 明淸時代 江西社會 硏究 -』, 知識産業社, 2007, p.310.

54) 吳金成, 『矛·盾의 共存 - 明淸時代 江西社會 硏究 -』, pp.308-309.

55) 「耶蘇會傳敎士殷弘緖神父致本會德布魯瓦西神父的信」(1715년 5월 10일 饒州에서), 『耶蘇會士中國書簡集』(杜赫德 編, 鄭德第 譯) 第2冊, 大象出版社, 2005, p.140. 편지번호 39.

56) 「耶蘇會傳敎士殷弘緖神父致本會德布魯瓦西神父的信」(1715년 5월 10일 饒州에서), 『耶蘇會士中國書簡集』(杜赫德 編, 呂一民·沈堅·鄭德第譯) 第1冊, 大象出版社, 2005, pp.140-141. 편지번호 39.

57) 바타비아에는 17세기 전반기 이래 네덜란드인의 옛 교회당이 있었는데 강변에서 가까워 1732년에 홍수로 붕괴되었다. 1736년에 네덜란드인은 새로운 교회당을 지었다. 바타비아에 거주하던 포르투갈인은 원래 천주교도였으나 도시를 지배하 던 네덜란드인들이 천주교를 허락하지 않자 개신교도가 되어 교회당을 짓고 예배를 드렸다. Adolf Heuken SJ, *Historical Sites of Jakarta*, Cipta Loka Caraka, 2000, p.92, p.110. 경덕진 상인이 바타비아에서 교회를 보았다면 네덜란드인의 옛 교회당이거나 포르투갈인의 교회당이었을 것이다. 필리핀과 마닐라에서는 예수 회의 활동이 두드러졌는데 17세기 후반 이래 순교자가 간헐적으로 나왔고 1720년 에는 마닐라 예수회가 경영하던 산호세 신학교에서 최초의 필리핀인 사제를 배출했다. 1726년 예수회는 필리핀에서 4곳의 학교와 8곳에 달하는 예수회의 집을 운영했다. 후안 카트레트 지음, 신원식 옮김, 『예수회역사』, 이냐시오영성연

구소, 1994, p.186.

58) 「耶蘇會傳教士殷弘緒神父致本會德布魯瓦西亞神父的信」(1715년 5월 10일 饒州에서), 『耶蘇會士中國書簡集』 第1冊, pp.149-150. 편지번호 39.

59) 「耶蘇會傳教士殷弘緒神父致本會德布魯瓦西亞神父的信」(1715년 5월 10일 饒州에서), 『耶蘇會士中國書簡集』 第1冊, p.140. 편지번호 39.

60) 명 중기에서 명 말, 명청교체기, 건륭 연간을 거치면서 窯戶는 토착의 浮梁人에서 점차 토착인이 없는 상태로 바뀌었다. 외지인 요호도 점차 각 지역 사람에서 都昌縣, 鄱陽縣 사람이 반반인 단계를 거쳐서 도창현 사람이 다수인 상태로 변했다. 노동자들도 도창인으로 바뀌었다. 吳金成, 『矛·盾의 共存 - 明淸時代 江西社會 硏究 - 』, pp.299-301.

61) 대부분의 생활용품들이 외부에서 수입되었던 경덕진의 생활비는 상급 도시인 饒州에서보다도 훨씬 더 많이 들었다. 「耶蘇會傳教士殷弘緒神父致耶蘇會中國和印度 傳教會巡閱使奧里(Orry)神父的信」(1712년 9월 1일 饒州에서), 『耶蘇會士中國書簡集』 第1冊, pp.89-90. 편지번호 36. 명청 시대 경덕진 民窯 노동자 가운데 造坏工, 靑畵工 등의 고급 기능인은 그럭저럭 살만했으나 하급 기능인이나 상공부, 사토부 와 같은 단순노동자들은 매우 어렵게 살았다. 吳金成, 『矛·盾의 共存 - 明淸時代 江西社會 硏究 - 』, p.306.

62) 吳金成, 『矛·盾의 共存 : 明淸時代 江西社會硏究』, pp.103-106.

63) 「兩廣總督舒常廣東巡撫孫士毅奏訊鄂斯定等供單」(乾隆50年3月15日), 『天主教在華活動 檔案』 第2冊, p.702. 문건번호 347.

64) 조영헌, 『대운하와 중국상인 : 회·양 지역 휘주 상인 성장사, 1415~1784』, 제2부 제5장 「소설을 통해본 휘주 상인의 대외진출과 당면과제」, 민음사, 2011, pp.214-221.

65) 「兩廣總督舒常廣東巡撫孫士毅奏報拿獲勾引西洋人傳教之鄂斯定等解京質審摺」(乾隆50 年3月15日), 『天主教在華活動檔案』 第2冊, pp.696-697. 문건번호 346 ; 「兩廣總督舒常 廣東巡撫孫士毅奏訊鄂斯定等供單」(乾隆50年3月15日), 『天主教在華活動檔案』 第2冊, pp.700-701. 문건번호 347.

66) 「嘉類思神父致同會入華會士吳君(Pierre Faureau)神父的信」(1745년 8월 22일 中國), 『耶蘇會士中國書簡集』 第4冊, pp.307-308. 편지번호 92.

67) (法)費賴之 著, 梅乘騏 梅乘駿 譯, 『明淸間在華耶蘇會士列傳 1552-1773』 下, 天主教上海教 區光啓社, 1997, p.1103.

68) 「耶蘇會士傳教士尊敬的韓國英神父致某先生的信」(某年 6월 11일 북경에서), 『耶蘇會士 中國書簡集』 第6冊, pp.1-2. 편지번호 131.

69) 「傳教士白晋神父的信」(1706), 『耶蘇會士中國書簡集』 第2冊, pp.31-32. 편지번호 30.

70) 청대 민간의 자선 활동에 관한 대표적인 연구는 다음과 같다. 梁其姿, 『施善與教化 : 明淸的慈善組織』, 河北教育出版社, 2001.(臺灣版은 臺北 聯經出版公司, 1997) ; 周秋光· 曾桂林, 『中國慈善簡史』, 人民出版社, 2006 ; 夫馬進, 『中國善會善堂史の硏究』, 同朋舍, 1997.

71) 「中華帝國1738年的宗教形勢」(건륭3년), 『耶蘇會士中國書簡集』 第4冊, pp.174-176. 편 지번호 82. 이 편지에는 북경 천주당 東堂의 傳道員 劉二(Lieu-eul)가 버려진 아이들

을 구조하여 세례를 주고 돌보다가 주술을 행한 혐의로 체포되어 형부로부터 처벌받은 사건에 대한 언급이 있다.

72) 「耶蘇會士傳敎士尊敬的韓國英神父致某先生的信」(某年 6월 11일 북경에서),『耶蘇會士中國書簡集』第6冊, p.3. 편지번호 131.

73) 「耶蘇會士傳敎士尊敬的韓國英神父致某先生的信」(某年 6월 11일 북경에서),『耶蘇會士中國書簡集』第6冊, p.4. 편지번호 131.

74) 「耶蘇會士傳敎士尊敬的韓國英神父致某先生的信」(某年 6월 11일 북경에서),『耶蘇會士中國書簡集』第6冊, p.5. 편지번호 131.

75) 「晁俊秀神父致某貴婦人的信」(1769년 10월 15일 북경에서),『耶蘇會士中國書簡集』第5冊, p.154. 편지번호 121.

76) 건륭 2년(1737) 카스틸리오네가 천주교 탄압을 중지해달라고 청원하자 건륭제는 이렇게 답변했다. "짐은 너희들의 종교를 금지한 바가 전혀 없다. 너희들은 마음대로 너희들의 종교를 신봉해도 좋다. 그러나 우리 중국 백성은 그것을 신봉해서는 안 된다." 「中華帝國1738年的宗敎形勢」(건륭3년),『耶蘇會士中國書簡集』第4冊, p.185. 편지번호 82.

77) 「傳敎士蔣友仁神父致嘉類思神父的信」(1770년 8월 26일 北京에서),『耶蘇會士中國書簡集』第5冊, pp.235-236. 편지번호 127.

78) 가경 연간에는 제한된 묵인과 허용조차도 철회되어 내지인 천주교도의 북경 천주당 출입은 철저히 금지되었다. 본서 제3편 제1장 참조.

79) 「四川總督李世杰奏報拿獲天主敎人犯審擬情形摺」(乾隆49年10月21일),『天主敎在華活動檔案』第2冊, p.506. 문건번호 240. 四川 成都府의 천주교도 黃廷端(敎名은 西潘)은 건륭46년(1781) 成都로 장사하러 왔던 湖北省 麻城縣의 商人 劉內斯에게서『要理』1권을 구입했다. 천주교 서적을 판매한 상인 劉內斯는 천주교도일 가능성이 높다. 그렇지 않다면 非敎徒조차도 위험을 무릅쓰고 객지에서 판매할 만큼 천주교 서적은 이익을 많이 안겨주는 상품이었거나 금교 정책 자체가 현실에서는 그다지 성과를 거두지 못했다는 것을 의미한다. 어느 경우이든 성도 일대에는 천주교도들이 상당수 있었고 그런 정황이 천주교 서적 판매상들에게 잘 알려져 있었다고 할 수 있다.

80) ① 성경에 관한 것은『聖號經』,『聖經直解經』,『四字經』등 ② 교리에 관한 것으로는『聖敎經言要理合刻』,『眞道自證經』,『滌罪正規經』,『聖敎要經』등 ③ 미사에 관한 것은『輔彌撒辣丁文』④ 조직에 관한 것은『天神會課』⑤『日課』에는『聖敎日課』상·중·하,『聖敎日課續』,『袖珍日課』,『聖母小日課』등이 있었다. 「湖南巡撫陸耀奏報續獲接引洋人傳敎案內知情應質之犯龍國鳳等解審摺」(乾隆49年11月4일),『天主敎在華活動檔案』第2冊, p.527. 문건번호 251 ;「湖南巡撫陸耀奏呈査獲張明文家經本神像等物淸單」(乾隆49年11月4일),『天主敎在華活動檔案』第2冊, pp.529-530. 문건번호 252.

81) 「湖廣總督特成額奏呈起獲私藏天主敎經像淸單」(乾隆49年9月18일),『天主敎在華活動檔案』第1冊, pp.413-416. 문건번호 194.

82) 艾儒略,『四字經文』(鐘鳴旦, 杜鼎克編,『耶蘇會羅馬檔案館明淸天主敎文獻』第2冊), 臺北 利氏學社, 2002, pp.309-384.

83) 艾儒略,『滌罪正規經』(鐘鳴旦, 杜鼎克 編,『耶蘇會羅馬檔案館明淸天主敎文獻』第4冊),

臺北利氏學社, 2002, pp.337-579.

84) 『高宗實錄』卷1240, 乾隆50년 10月上, 14앞뒤. 甲申條.

85) 당시의 열두 主教區는 마카오교구(광동·광서 포함), 남경교구(강남·하남 포함), 북경교구(직례·산동·요동 포함), 복건교구, 운남교구, 사천교구, 절강교구, 강서교구, 호광교구, 산서교구, 섬서교구, 귀주교구였다. 徐宗澤, 『中國天主教傳教史槪論』, pp.139-140. 그런데 건륭 18년(1753) 로마 교황청은 파리외방선교회에 사천, 귀주, 운남 교구의 천주교 독점 포교권을 위임했다.

86) 「嘉類思神父致同會入華會士吳君(Pierre Faureau)神父的信」(1745년 8월 22일 中國), 『耶蘇會士中國書簡集』第4冊, p.306. 편지번호 92.

87) 「嘉類思神父致同會入華會士吳君(Pierre Faureau)神父的信」(1745년 8월 22일 中國), 『耶蘇會士中國書簡集』第4冊, pp.307-308. 편지번호 92.

88) 「嘉類思神父致同會入華會士吳君(Pierre Faureau)神父的信」(1745년 8월 22일 中國), 『耶蘇會士中國書簡集』第4冊, pp.309-310. 편지번호 92.

89) 「嘉類思神父致同會入華會士吳君(Pierre Faureau)神父的信」(1745년 8월 22일 中國), 『耶蘇會士中國書簡集』第4冊, p.311. 편지번호 92.

90) 「嘉類思神父致同會入華會士吳君(Pierre Faureau)神父的信」(1745년 8월 22일 中國), 『耶蘇會士中國書簡集』第4冊, pp.311-312. 편지번호 92.

91) 건륭 11년(1746) 파리외방선교회 소속의 마르띠리아 주교(Joachim de Martiliat. 馬靑山)가 마카오로 떠나자 사천에는 서양인 선교사가 한 사람도 남아 있지 않게 되었다. 馬 주교와 이안덕 신부는 서로 협의하여 이안덕 신부가 사천의 천주교 상황을 라틴어로 기록하여 매년 9, 10월 무렵에 마카오로 보내면 마 주교는 이안덕 신부에게 생활비를 보내주기로 약속했다. 이안덕 신부는 건륭 11년(1746)에서 건륭 28년(1763)에 걸쳐 사천의 천주교 상황을 일기형식으로 상세하게 기록하여 전달했다. 1900년대 초에 프랑스인 학자 Adrien Launay가 이안덕 신부의 필사본 문서를 활자로 편집하여 파리에서 책으로 출간했다.

92) Adrien Launay, *Journal D' André Ly, prêtre, chinois, missionnaire et notaire apostolique, 1746-1763*, pp.36-40. 이 부분에 대한 중국어 번역이 李華川譯, 「《李安德日記》節譯之二」, 『淸史論叢』, 2015이 있으나 사천 지역의 지명에 대한 오류가 많다. 예컨대 중국어 번역본에서 古樓街(Kou-leou-kiay)라고 한 부분은 同治『成都縣志』卷1, 輿地志, 街巷, 3뒤에 따르면 鼓樓街이다. 또한 賀州(Ho-tcheou)라고 번역한 부분의 정확한 지명은 合州이다.

93) 「中華帝國1738年的宗敎形勢」(건륭3년), 『耶蘇會士中國書簡集』第4冊, p.190. 편지번호 82. 襄陽府 곡성현에서는 지현이 磨盤山의 산간지대에 많은 천주교도들이 황무지를 개간하고 있음을 알고서 사람을 보내 그 지도자 몇 명을 체포해 오게 했다. 지현은 그들에게 다시는 천주교에 가담하지 않겠다는 서약을 하라고 요구했다. 그들은 다른 사람들에게 세례를 베풀지 않겠다고 서약하고 석방되었다. 선교사들은 그들이 배교자라면서 천주교당에 들어오는 것이나 聖事에 참여하는 것을 금지했다. 그들이 잘못을 공개적으로 사과하고 縣 아문으로 가서 처벌을 받겠다며 서약서의 서명을 취소하자 선교사는 그들을 천주교 공동체의 일원으로 다시 받아들였다.

94) 북경 서쪽 산간지역의 sang-yu라는 마을에 천주교도 서른여덟 집이 있었는데 건륭 34년(1769)초 그들은 모두 북경의 만주인 巡捕에 고발당했다. 관아에서는 捕役을 보내 家長 스물한 명을 체포하여 넉 달 간 투옥했다. 그들은 고문을 받고 신앙 포기 서약을 하였으나 출옥하자마자 다시 천주교 신앙을 고백했다. 그중 일부는 북경의 북당으로 초라한 행색을 하고 찾아갔다. 북당의 부르주아 신부는 그들을 맞이하여 며칠간 머무르게 하고 위로하며 새옷을 사서 입혔다. 「晁俊秀神父 致某貴婦人의 信(1769년 10월 15일 북경에서),『耶蘇會士中國書簡集』第5冊, p.160. 편지번호 121.

95) 嚴如熤,『三省邊防備覽』(道光2年 木版本), 卷二, 道路考 上, 1앞, 7뒤, 8뒤.

96) 「陝西巡撫畢沅奏報拿獲傳習西洋教之劉西滿等審供解京摺」(乾隆9年12月10日),『天主教 在華活動檔案』第2冊, p.616. 문건번호 296.

제2장 '건륭대교안'(1784~1786)과 건륭제

1) 「河南巡撫何裕城奏報拿獲詐騙西洋人之盜犯劉二彪等三名摺」(乾隆49年10月1日),『天主 教在華活動檔案』第2冊, pp.449-450. 문건번호 211 ; 「湖南巡撫陸燿奏報續詐騙西洋 人案內逃犯劉二彪等三名現在提訊情形片」(乾隆49年9月28日),『天主教在華活動檔案』第 2冊, p.439. 문건번호 206 ; 「湖廣總督特成額奏報查緝西洋人及搜查接引西洋人之劉二 彪家幷無金佛等事摺」(乾隆49年12月16日),『天主教在華活動檔案』第2冊, pp.626-627. 문건번호 303. 체포날짜는 호광총독은 하급관료보고에 근거하여 7월 12일이라 하고 있으나 체포 당사자인 劉二彪 등은 7월 13일이라고 했다. 여기서는 劉二彪의 말을 따라 7월 13일을 체포된 날짜로 판단한다.

2) 『高宗實錄』 卷1216, 乾隆49年 10月上, 34앞-35앞. 丙申條.

3) 劉二彪 등 捕役 세 명은 河南省 鄧州에서 체포되었다. 「湖南巡撫陸燿奏報續獲詐騙西洋 人案內逃犯劉二彪等三名現在提訊情形片」(乾隆49年9月28日),『天主教在華活動檔案』第 2冊, p.439. 문건번호 206.

4) 「寄諭湖廣總督特成額陝西巡撫畢沅着嚴審焦秦等犯幷嚴拿蔡伯多祿」(乾隆49年10月14 日),『天主教在華活動檔案』第2冊, p.485. 문건번호 229.

5) 「湖廣總督特成額奏報盤西洋人及隨帶天主教經像現提審查辦摺」(乾隆49年8月9日),『天 主教在華活動檔案』第1冊, pp.344-345, 문건번호 165.

6) 「湖廣總督特成額奏呈盤獲蔡伯多祿書信」(乾隆49年8月9日),『天主教在華活動檔案』第1 冊, p.346, 문건번호 166 ; 「署理湖廣提督印務鎭特 總兵永安成抄錄蔡伯多祿書信」(乾隆 49年8月19日),『天主教在華活動檔案』第1冊, p.357, 문건번호 170.

7) 김상근,『동서문화의 교류와 예수회 선교역사』, 한들출판사, 2006, p.13.

8) 『高宗實錄』 卷1213, 乾隆49年 8月下, 10뒤-12앞, 癸卯條.

9) Bernward H. Willeke, *Imperial Government And Catholic Missions In China During The Years 1784-1785*, pp.39-49.

10) 劉繪川과 劉十七의 진술은 「天主教民劉振宇供單」(乾隆49年8月14日),『天主教在華活動 檔案』第1冊, pp.350-351. 문건번호168. 이들의 진술은 湖南巡撫調任湖北巡撫李綬가 8월 14일에 건륭제에게 올린 奏摺(「湖南巡撫調任湖北巡撫李綬奏報審訊劉振宇等供單

事摺」(乾隆49年8月14日),『天主教在華活動檔案』第1冊, pp.346-348. 문건번호167)의 첨부문건이다. 터청어는 李綬의 보고와 자신이 직접 파악한 사실들을 근거로 종합적인 奏摺을 올렸다. 「湖廣總督特成額奏報拿獲西洋人一案已解到各犯審訊大槪情形摺」(乾隆49年 8月 28日),『天主教在華活動檔案』第1冊, pp.365-366, 문건번호 173.

11) 『高宗實錄』卷1214, 乾隆49年 9月上, 11뒤-12앞. 己未條.

12) 「廣東巡撫孫士毅奏爲準咨嚴拿蔡伯多祿幷派通事赴楚以便取供摺」(乾隆49年8月21日),『天主教在華活動檔案』第1冊, pp.358-362. 문건번호 171. 9월 30일에 廣東巡撫 孫士毅는 체포한 천주교도 艾球三, 白衿觀, 曾學孔 세 명과 그들의 진술서를 刑部로 보내고 압수한 經卷, 畵像은 軍機處로 보냈다. 「廣東巡撫孫士毅奏報遵旨將傳習西洋敎之艾球三等解京摺」(乾隆49年9月30日),『天主教在華活動檔案』第2冊. p.446. 문서번호 209.

13) 朱紹侯 主編,『中國古代治安制度史』, 河南大學出版社, 1994, pp.774-775.

14) 謝베드로는 체포당한 후 채베드로와 함께 광동 樂昌縣에서 廣州로 왔고 토레의 '夷館(=商館)'으로 가서 그를 만났다고 언급할 뿐 자신들이 묵었던 숙소는 언급하지 않았다. 「廣東巡撫孫士毅奏呈被獲謝伯多祿供單」(乾隆49年9月9日),『天主教在華活動檔案』第1冊, p.384. 문건번호 181.

15) 「廣東巡撫孫士毅奏呈被獲謝伯多祿供單」(乾隆49年9月9日),『天主教在華活動檔案』1冊, p.384. 문건번호 181. 謝베드로의 진술은 다음과 같다. "올(건륭49년[1784]) 2월에 천주교의 채베드로가 湖北 巴東縣人 장영신과 함께 樂昌縣을 지나가면서 '西安의 秦베드로와 焦姓이 西安에 天主堂을 새로 수리하였으나 住持가 없으므로 서양인을 西安으로 오게 해서 宣敎하게 하려 합니다.'라고 말했습니다. 그리고 저에게 省城(廣州)에 가서 그들을 보내면 番銀 10냥을 주겠다고 해서 저는 응낙했습니다." 여기서 番銀이란 서양 銀貨를 지칭하는 용어였다.『高宗實錄』卷1377, 25앞, 乾隆56年 4月, 癸酉條.

16) 「陝西巡撫畢沅奏報查出私奉天主敎之焦秦二姓踪迹現在截拿情形摺」(乾隆49年9月17日),『天主敎在華活動檔案』第1冊, p.405. 문건번호 192.

17) 「湖廣總督特成額奏報審訊天主敎民劉繪川等幷解京摺」(乾隆49年9月18日),『天主敎在華活動檔案』第1冊, p.409. 문건번호 193.

18) 『高宗實錄』卷1215, 乾隆49年 9月下, 8앞. 乙亥條.

19) 이탈리아 Genoa에서 출생했으며 the Congregation of St. John the Baptist의 회원이었고 중국과 인도차이나 지역 선교사들의 대표자였다. 1785년 53세의 나이로 북경 감옥에서 獄死했다. Bernward H. Willeke, *Imperial Government And Catholic Missions In China During The Years 1784-1785*, p.19.

20) Guignes, Chrétien, L. J. de, *Voyages a Pékin, Manille et l'ille de France, faits dans l'intervalle des années 1784 a 1801*, Vol. Ⅱ, Paris, 1892, p.336.(Bernward H. Willeke, *Imperial Government And Catholic Missions In China During The Years 1784-1785*, p.113, note. 76에서 재인용).

21) 「廣東巡撫孫士毅奏呈被獲謝伯多祿供單」(乾隆49年9月9日),『天主敎在華活動檔案』第1冊, pp.385-386. 문건번호 181.

22) 「廣東巡撫孫士毅奏復曉諭哆囉幷嚴拿蔡伯多祿摺」(乾隆49年10月19日),『天主敎在華活動檔案』第2冊, p.497. 문건번호 233.

23) 『高宗實錄』卷1216, 乾隆49年 10月上, 7앞뒤. 甲申條.

24) 『高宗實錄』卷1218, 乾隆49年 11月上, 18앞뒤. 壬戌條.

25) 「廣東總督舒常廣東巡撫孫士毅奏報委員押解西洋人哆囉赴京審辦摺」(乾隆49年12月9日), 『天主教在華活動檔案』第2冊, p.608. 문건번호 291.

26) 네 명의 선교사 이름 앞에 공통적으로 붙은 吧哋哩라는 말은 이탈리아어 Padre(神父)의 음역이다. 矢沢利彦, 「乾隆四十九·五十年の天主教禁壓」, p.52.

27) 「廣東總督舒常廣東巡撫孫士毅奏報委員押解西洋人哆囉赴京審辦摺」(乾隆49年12月9日), 『天主教在華活動檔案』第2冊, p.610. 문건번호 291.

28) 呢嗎 方濟格 즉 范主教이다. 원래 이름은 Francesco Maria Magni이다. 1723년 이탈리아 Dervio에서 출생했다. 귀족인 Magni가문의 후손으로 Miletopolis의 주교직에 임명되었다. 1762년 7월 5일(양력) 마카오에 상륙했다. 섬서로 가서 1777년 사임할 때까지 司徒의 代牧으로 활동했고 그 후에는 보좌주교로 활동했다 1785년 북경 감옥에서 사망했다. (Bernward H. Willeke, Imperial Government And Catholic Missions In China During The Years 1784-1785, 1948, pp.85-86 각주48번)

29) 「廣東總督舒常廣東巡撫孫士毅奏報委員押解西洋人哆囉赴京審辦摺」(乾隆49年12月9日), 『天主教在華活動檔案』第2冊, p.609. 문건번호 291.

30) 「兩廣總督舒常爲西洋人德天賜顔詩莫進京效力事致軍機處咨」(乾隆49年7月), 『天主教在華活動檔案』第1冊, p.342. 문건번호 164.

31) 「陝西巡撫畢沅奏報遵旨查拏傳習天主教之西洋人片」(乾隆49年11月26日), 『天主教在華活動檔案』第2冊, p.583. 문건번호 281.

32) 「廣東總督舒常廣東巡撫孫士毅奏報委員押解西洋人哆囉赴京審辦摺」(乾隆49年12月9日), 『天主教在華活動檔案』第2冊, p.611. 문건번호 291.

33) 崔韶子, 「近世中國에 있어서의 西洋人名의 漢字表記」, 『東洋史學研究』3, 1969, pp.62-69.

34) 「廣東總督舒常廣東巡撫孫士毅奏報委員押解西洋人哆囉赴京審辦摺」(乾隆49年12月9日), 『天主教在華活動檔案』第2冊, p.611. 문건번호 291.

35) 「閩浙總督富勒渾福建巡撫雅德奏查蔡伯多祿踪迹摺」(乾隆49年10月11日), 『天主教在華活動檔案』第2冊, pp.483-484. 문건번호 228.

36) 「福建巡撫雅德奏報遵旨嚴拏蔡伯多祿等事摺」(乾隆49年11月20日), 『天主教在華活動檔案』第2冊, pp.571-572. 문건번호 272.

37) 「湖廣總督特成額奏報續獲要犯張永信解部候審摺」(乾隆49年11月8日), 『天主教在華活動檔案』第2冊, p.543. 문건번호 256. 張永信이 11월 1일에 鄖西縣(북경으로 압송된 焦振綱과 秦베드로는 張永信이 湖北 鄖西縣 人이라고 진술함)에 자수했다. 張永信은 자신의 원적은 成都縣이며 배를 젓는 것으로 생계를 꾸렸다고 진술했다. 教名을 張사무엘이라 했다.

38) 「湖廣總督特成額湖北巡撫李綬奏報張永信供出傳教人犯現在緝拏等事摺」(乾隆49年11月27日), 『天主教在華活動檔案』第2冊, p.585. 문건번호 282 ; 「湖廣總督特成額復奏嚴拏蔡伯多祿一犯摺」(乾隆50年1月6日), 『天主教在華活動檔案』第2冊, pp.658-660. 문건번호 325.

39) 이준갑, 『중국사천사회연구 1644-1911 : 개발과 지역질서』, pp.163-175.

40) 白衣觀의 藥鋪에서 채베드로가 체포를 피한 것에서부터 마카오로 피신한 후에 인도 고아로 도주한 내용, 청조의 마카오 압박 등의 내용은 청의 문헌이 아니라 사건 직후에 간행된 서양문헌(Nouvelles des Missions Orientales, rescues au Séminaire des Missions Etrangères à Paris, vol. 2, Amsterdam, 1787, pp.10-27)에 기록되어 있다. 본서에서는 이 문헌을 근거로 서술한 Bernward H. Willeke, Imperial Government And Catholic Missions In China During The Years 1784-1785, pp.66-71을 참조했다.

41) 「寄諭署理兩廣總督孫士毅等著各省加緊緝拿哆囉」(乾隆50年3月22日), 『天主教在華活動檔案』第2冊, p.722. 문건번호 355는 도망친 채베드로의 체포를 각 省 總督 및 巡撫들에게 독촉하는 上諭이다. 「寄諭廣東巡撫孫士毅著緝拿天主教案犯」(乾隆50年4月21日), 『天主教在華活動檔案』第2冊, p.752. 문건번호 366은 채베드로 체포를 독려하는 上諭이다.

42) 「廣東巡撫孫士毅復奏在澳門一帶洋行中密緝蔡伯多祿情形摺」(乾隆50年5月17日), 『天主教在華活動檔案』第2冊, pp.753-755. 문건번호 368.

43) 「寄諭湖南巡撫陸耀著嚴拿蔡伯多祿」(乾隆50年5月6日), 『天主教在華活動檔案』 第2冊, p.752. 문건번호 367.

44) 「兩廣總督舒常爲接奉上諭轉行粵撫查辦西洋人羅瑪當家派遣西洋人赴內地傳敎事致軍機處咨」(乾隆49年8月23日), 『天主敎在華活動檔案』第1冊, p.363. 문건번호 172 ; 「兩廣總督舒常復奏現在說法嚴拿蔡伯多祿謝祿茂二犯摺」(乾隆49年11月27日), 『天主敎在華活動檔案』第2冊, p.593. 문건번호 284.

45) 『高宗實錄』卷1218, 乾隆49年 11月上, 20앞. 壬戌條.

46) 옹정제가 철저하게 정보를 장악하여 대신들을 통제한 사실에 대한 주요 연구 성과로는 미야자키 이치사다 지음, 차혜원 옮김, 『옹정제』, 이산, 2001 ; 馮爾康, 『雍正傳』, 人民出版社, 1985 ; Huang Fei, Autocracy at work : A Study of the Yung-cheng Period, 1723-1735, Univ. of Indiana Press, 1974 등을 들 수 있다.

47) 「湖廣總督特成額奏呈起獲私藏天主敎經像淸單」(乾隆49年9月18日), 『天主敎在華活動檔案』第1冊, pp.418-419. 문건번호 194.

48) 「湖廣總督特成額奏報截獲赴粵延請西洋人傳敎之焦秦二姓等提審解部摺」(乾隆49年10月3日), 『天主敎在華活動檔案』第2冊, pp.457-460. 문건번호 216.

49) 「湖南巡撫陸耀奏報查獲焦振綱等同行各犯及査出信幷續獲逃犯劉盛瑞現提審片」(乾隆49年10月7日), 『天主敎在華活動檔案』第2冊, p.467. 문건번호 220.

50) 陝西省의 천주교도 曾學孔 진술에 따르면 焦振綱, 秦祿은 늘 광동으로 가서 皮貨를 팔았다. 「廣東巡撫孫士毅奏呈被獲謝伯多祿供單」(乾隆49年9月9日), 『天主敎在華活動檔案』第1冊, p.385. 문건번호 181. 또 焦振綱의 아들인 焦明貴는 焦振綱, 秦祿이 늘 광동으로 가서 大黃을 팔았다고 진술했다. 「陝西巡撫畢沅奏報査出私奉天主敎之焦秦二姓踪迹現在截拿情形摺」, 『天主敎在華活動檔案』第1冊, p.405. 문건번호 192.

51) 「軍機大臣阿桂等奏議限定大黃出口數目摺」(乾隆54年10月18日), 『明淸時期澳門問題檔案文獻匯編』(一), pp.502-503.

52) 李敏鎬, 「淸代 '懷慶藥商'의 商業活動과 네트워크 形成 - '協盛全'과 '杜盛興'을 중심으로 - 」, 『明淸史硏究』35, 2011, pp.313-314.

53) 「廣東巡撫孫士毅奏呈被獲謝伯多祿供單」(乾隆49年9月9日), 『天主敎在華活動檔案』第1

册, p.385. 문건번호 181 ;「湖廣總督特成額爲湖南按察使李世望湖南布政使秦承恩協同押解焦振綱事致軍機處咨」(乾隆49年10月16日),『天主教在華活動檔案』第2册, p.494. 문건번호 232.

54)『定例彙編』卷33(經歷司藏板, 東京大學 東洋文化硏究所所藏本), 祭祀, 44앞.

55)「陝西巡撫畢沅奏報復獲建天主敎堂緣由幷拿獲杜于牙等犯摺」(乾隆49年10月8日),『天主敎在華活動檔案』第2册, p.470. 문건번호 222 ;「天主敎民杜興智等供單」(乾隆49年10月8日),『天主敎在華活動檔案』第2册, pp.472-473. 문건번호 224.

56)「湖廣總督特成額湖北巡撫李綬奏報續獲陝人焦振綱等訊供解京摺」(乾隆49年10月16日),『天主敎在華活動檔案』第2册, p.486. 문건번호 230.

57)「天主敎民杜興智等供單」(乾隆49年10月8日),『天主敎在華活動檔案』第2册, p.474. 문건번호 224.

58)「天主敎民劉振宇供單」(乾隆49年8月14日),『天主敎在華活動檔案』第1册, p.349. 문건번호 168.

59)「湖南巡撫調任湖北巡撫李綬奏報審訊劉振宇等供單事摺」(乾隆49年8月14日),『天主敎在華活動檔案』第1册, p.347. 문건번호 167 ;「署理湖廣提督印務鎭筸鎭總兵永安奏爲遵旨嚴拿天主敎人犯張永信等事摺」(乾隆49年9月15日),『天主敎在華活動檔案』第1册, p.400. 문건번호 189.

60) 본서 제2편 제2장 참조.

61)『高宗實錄』卷1215, 2뒤, 乾隆 49年 9月下, 戊辰條. 湖南巡撫 陸燿는 屬下 각 州縣에 명령하여 保甲을 활용하여 조사하되 胥役人 등이 소란을 피우고 마을 사람들을 협박하지 못하게 했다. 山東巡撫 明興은 각 주현의 鄕保와 地隣들에게 천주교도가 숨어 있는 것을 알면 고발하라고 명령했다.「山東巡撫明興奏報嚴拿入境傳敎之西洋人各犯摺」(乾隆49年11月17日),『天主敎在華活動檔案』第2册, p.562. 문건번호 266.

62)「福建巡撫雅德奏報遵旨拿獲蔡伯多祿等事摺」(乾隆49年11月20日),『天主敎在華活動檔案』第2册, p.571. 문건번호 272. 福建 龍溪縣 知縣은 주모자인 채베드로를 찾기 위해 兵役을 거느리고 蔡姓의 社로 가서 蔡姓의 男婦 500餘人을 수색하기도 하고 鄕保를 거느리고 가서 함께 12都의 待墩保 및 25都의 龍嶺保를 조사하기도 했다.

63) 18세기 말에서 19세기에 漢口가 소금, 茶, 金融 등 다양한 물자와 서비스 거래의 중심지였고 湖南, 江西, 廣東, 安徽 등지의 客商과 客民이 여기에 몰려들었던 사실에 대해서는 William T. Rowe, *Hankow : Commerce and Society in a Chinese City, 1796-1889*, Stanford University Press, 1984, Chapter 3,4,5,7 참조.

64)「天主敎民劉振宇供單」(乾隆49年8月14日),『天主敎在華活動檔案』第1册, p.349. 문건번호 168.

65)「湖廣總督特成額奏報審訊天主敎民劉繪川等幷解京摺」(乾隆49年9月18日),『天主敎在華活動檔案』第1册, p.410. 문건번호 193.

66)「署理湖廣提督印務鎭筸鎭總兵永安奏爲遵旨嚴拿天主敎人犯張永信等事摺」(乾隆49年9月15日),『天主敎在華活動檔案』第1册, p.401. 문건번호 189.

67)「湖南巡撫調任湖北巡撫李綬奏報續獲西洋人案內各犯摺」(乾隆49年9月5日),『天主敎在華活動檔案』第1册, p.376. 문건번호 178.

68)「湖南巡撫調任湖北巡撫李綬奏報續獲劉開寅劉開逵二犯解京質審摺」(乾隆49年9月25

日),『天主敎在華活動檔案』第2冊, p.431. 문건번호 203.

69) 門牌에는 祖父母, 伯叔父, 兄弟姊妹, 妻子, 조카, 孫子 등의 가족은 물론 同居者도 기록하도록 되어 있었다. 또 保甲冊에는 인적사항과 田地房屋 소유상황, 原籍 등을 기재하도록 되어 있었다. 聞鈞天,『中國保甲制度』, 臺灣商務印書館, 1971, pp.235-250.

70) 宋正洙,『中國近世鄕村社會史硏究 - 明淸時代 鄕約·保甲制의 形成과 展開』, 혜안, 1997, pp.336-339.

71) 胡澤潢,「敬陳保甲二要疏」,『淸經世文編』(中華書局 影印本, 1992) 卷74, 41앞뒤, 兵政五, 保甲上.

72)「天主敎民劉振宇供單」(乾隆49年8月14日),『天主敎在華活動檔案』第1冊, p.350 문건번호 168 및「湖廣總督特成額奏呈起獲私藏天主敎經像淸單」(乾隆46年9月18日),『天主敎在華活動檔案』第1冊, p.417. 문건번호 194. 호남 상담의 유회천 등은 채베드로의 본명이 蔡鳴皐이고 복건 용계현인이라고 진술함;「湖廣總督特成額奏爲續獲蔡伯多祿在逃案內各犯訊供解部摺」(乾隆46年10月28日),『天主敎在華活動檔案』第2冊, p.516. 문건번호 244. 劉開迪은 채베드로의 본명이 蔡如祥이고 福建人이라 진술함;「閩浙總督富勒渾復奏嚴拿蔡伯多祿情形摺」(乾隆50年7月1日),『天主敎在華活動檔案』第2冊, p.759. 문건번호 372. 閩浙總督인 富勒渾과 福建巡撫 雅德가 문무관료를 파견하여 해당 지역의 지방관들과 회동하여 채베드로의 原籍에서 집집마다 조사하고 현상금도 내걸었으나 종적을 찾지 못했다.

73) 劉繪川은 이들의 이름을 정확하게 알지 못해 焦志善과 秦榮이라 언급했다. 이들이 廣州로 장사하러 갔다는 陝西巡撫의 咨文을 받은 湖廣總督은 水路를 수색하도록 屬下 地方官에게 명령했고 건륭 49년 9월 28일 署湘潭知縣과 守備는 湘潭縣 文昌閣河에서 이들을 체포했다.「天主敎民劉振宇供單」(乾隆49年8月14日),『天主敎在華活動檔案』第1冊, p.352. 문건번호 168;「湖南巡撫陸耀奏報査獲焦振綱等同行各犯及査出書信幷續獲逃犯劉盛瑞現提審片」(乾隆49年10月7日),『天主敎在華活動檔案』第2冊, p.467. 문건번호 220.

74) 청조는 옹정 연간까지 이주를 억제하던 정책을 사실상 포기하고 건륭 연간에 들어와 이민을 방임하는 정책을 취했다. 건륭 연간의 인구 이동과 청조의 정책에 대해서는 葛劍雄 主編, 曹樹基 著,『中國人口史』第5卷 上·下, 復旦大學出版社, 2001/2005 ; 葛劍雄 主編, 曹樹基·吳松弟·葛劍雄 著,『中國移民史』第6卷, 福建人民出版社, 1997 ; 鈴木中正,『淸朝中期史硏究』, 愛知大學 國際問題硏究所, 1952 등 참조.

75)「署理四川總督印務成都將軍保寧奏報拿獲傳習天主敎之人劉斌等訊供摺」(乾隆49年12月8日),『天主敎在華活動檔案』第2冊, pp.606-607. 문건번호 290.

76)「陝甘總督福康安奏報緝拿習天主敎之人劉必約等事摺」(乾隆49年10月28日),『天主敎在華活動檔案』第2冊, pp.520-521. 문건번호 247.

77)「陝西巡撫畢沅奏渭南縣拿獲西洋人呢嗎方濟各等訊供解京摺」(乾隆49年11月5日),『天主敎在華活動檔案』第2冊, p.535. 문건번호 253.

78)「陝西巡撫畢沅奏報續獲延請西洋人傳敎之劉必約張多明我等摺」(乾隆49年12月17日),『天主敎在華活動檔案』第2冊, pp.629-630. 문건번호 305.

79) 湯開建,「順治朝全國各地天主敎敎堂敎友考略」,『淸史硏究』2002-3, pp.106-113. 강희

초 전국 각지의 천주교당과 천주교도의 수를 추적한 연구결과는 당시 적지 않은 천주교당과 천주교도가 전국적으로 분포했음을 밝혀주고 있다. 전국적으로는 14개 省에 걸쳐 대략 천주교당 310개소 천주교도 169,990인이 존재한 것으로 파악된다. 1664년 산서에서는 천주교당 6개소 천주교도 6,328인이 존재했는데 絳州는 산서 천주교 중심지 가운데 하나였다. 선교사의 서안 초빙을 논의한 主謀者 중 한 사람인 山西商人 秦祿의 고향도 絳州이다.

80) 「陝西巡撫畢沅奏渭南縣拿獲西洋人呢嗎方濟各等訊供解京摺」(乾隆49年11月5日), 『天主教在華活動檔案』第2冊, pp.532-533. 문건번호 253.

81) 당시 내지인 신부들은 대체로 마카오나 서양에서 연간 番銀(서양 은화) 40~80圓가량을 활동비로 지급받았다. 「兩廣總督舒常廣東巡撫孫士毅奏報審明習天主教各犯分別定擬摺」(乾隆50年3月15日), 『天主教在華活動檔案』第2冊, p.706. 문건번호 349 ; 「陝西巡撫畢沅奏報拿獲傳習西洋敎之劉西滿等審供解京摺」(乾隆9年12月10日), 『天主敎在華活動檔案』第2冊, p.616. 문건번호 296 ; 「陝甘總督福康安奏報審訊天主敎案內人犯劉多明我等分別解京摺」(乾隆50年正月12日), 『天主敎在華活動檔案』第2冊, p.663. 문건번호 327 ; 「山東巡撫明興奏報拿獲潛入內地傳敎西洋人吧咃哩啞嗳等解部質審摺」(乾隆50년2月13일), 『天主敎在華活動檔案』第2冊, p.682. 문건번호 337. 내지에 숨어서 활동하던 서양인 신부들은 매년 백은 130~160냥가량을 지원받았다(본서 제1편 제1장 참조).

82) 「陝西巡撫畢沅奏渭南縣拿獲西洋人呢嗎方濟各等訊供解京摺」(乾隆49年11月5日), 『天主敎在華活動檔案』第2冊, pp.532-533. 문건번호 253 ; 「寄諭兩廣總督舒常等著傳敎之西洋人」(乾隆49년11月11日), 『天主敎在華活動檔案』第2冊, p.545. 문건번호 257.

83) 「陝西巡撫畢沅奏報遵旨查拿傳習天主敎之西洋人片」(乾隆49年11月26日), 『天主敎在華活動檔案』第2冊, p.582. 문건번호 281.

84) 「陝西巡撫畢沅奏報續獲傳敎西洋人呢嗎方濟各幷窩留引送各犯嚴究解京等事摺」(乾隆49年11月13日), 『天主敎在華活動檔案』第2冊, pp.550-551. 문건번호 260.

85) 「山西巡撫農起奏報拿獲天主敎神甫解京及追捕逃犯事摺」(乾隆49年12月6日), 『天主敎在華活動檔案』第2冊, p.600. 문건번호 288.

86) 「山西巡撫農起奏報拿獲傳敎西洋人安多呢摺」(乾隆49年11月14日), 『天主敎在華活動檔案』第2冊, pp.554-555. 문건번호 261.

87) 「兼署四川總督印務成都將軍保寧奏報拿獲奏報西洋人入境傳敎各犯訊明解京摺」(乾隆50年2月7日), 『天主敎在華活動檔案』第2冊, p.671. 문건번호 331.

88) 「山東巡撫明興奏報拿獲傳敎伊姓西洋人解部候審片」(乾隆50年2月9日), 『天主敎在華活動檔案』第2冊, p.680. 문건번호 334.

89) 「福建巡撫雅德奏報拿獲天主敎洋人方濟覺審明解京幷究拿習敎各犯分別定擬事」(乾隆50年4月5日), 『天主敎在華活動檔案』第2冊, pp.727-728. 문건번호 359.

90) 「衣斯罷尼亞國人李瑪諾及劉桂林等人供單」(乾隆50年3月17日), 『天主敎在華活動檔案』第2冊, p.714. 문건번호 352.

91) 「西洋人羅機洲爲本堂未收留梅神甫出具甘結」(乾隆50年2月), 『天主敎在華活動檔案』第2冊, p.695. 문건번호 345에 따르면 자랄리는 체포령이 내려지자 山東에서 북경 西堂으로 가서 은신하기를 요청하였으나 西堂의 이탈리아 출신의 신부 羅機洲가

340

거절하여 머물지 못한 사실까지만 기록되어 있다. 그러나 서양 문건에는 교안에 연루될까 두려워한 羅機洲가 자랄리를 청조 당국에 자수시킨 것으로 기록되어 있다. 矢沢利彦,「乾隆四十九·五十年の天主教禁壓」, p.77 및 Bernward H. Willeke, *Imperial Government and Catholic Missions in China during the Years 1784-1785*, p.148.

92) 사크레멘토가 복건 邵武縣으로 간 까닭은 그곳의 천주교도 집에 숨기 위해서였다. 건륭 49년(1784) 8月에 福建 邵武縣 禾坪村人 吳興順은 江西 貴溪縣으로 베를 팔러 와서 紀約伯의 집에 들러 閑談하다가 아버지 吳永隆도 일찍이 천주교를 신봉했다는 사실을 말해주었다. 이 말을 기억하고 있던 사크레멘토가 그의 집으로 찾아가다 체포되었다.「福建巡撫雅德奏報拿獲天主教洋人方濟覺審明解京幷究拿習教各犯分別定擬事」(乾隆50年4月5日),『天主教在華活動檔案』第2冊, pp.726-728. 문건번호 359.

93) 那思陸,『淸代中央司法審判制度』, 北京大學出版社, 2004, pp.44-59.

94) 이들의 이름은 광동 순무가 알려주었다.「廣東巡撫孫士毅奏爲準咨嚴拿蔡伯多祿幷派通事赴楚以便取供摺」(乾隆49年8月21日),『天主教在華活動檔案』第1冊, pp.358-362. 문건번호 171.

95)「湖廣總督特成額奏呈起獲私臧天主教經像淸單」(乾隆49年9月18日),『天主教在華活動檔案』第1冊, pp.413-419. 문건번호 194. 이때 호광 총독은 미체포자 스물일곱 명의 身上도 파악하여 함께 보고했다. 福建 龍溪縣人 채베드로, 廣東人 謝隆茂(후에 밝혀진 정확한 이름은 謝祿茂), 襄陽에서 도주한 湖北 鄖陽府人 張永信을 비롯하여 湘潭縣人 劉朝和, 湘潭縣人 劉盛端(체포된 劉盛傳의 동생), 湖南 沅江縣 船戶인 劉開寅·劉開達·劉開迪 3형제 등이었다.

96)「廣東巡撫孫士毅奏報遵旨將傳習西洋教之艾球三等解京摺」(乾隆49年9月30日),『天主教在華活動檔案』第2冊, p.446. 문건번호 209.

97)「陝西巡撫畢沅奏報續獲延請西洋人傳教之劉必約張多明我等摺」(乾隆49年12月17日),『天主教在華活動檔案』第2冊, p.629. 문건번호 305.

98)「山東巡撫明興奏報拿獲潛入內地傳教西洋人吧咖哩啞嗹等解部質審摺」(乾隆50年2月13日),『天主教在華活動檔案』第2冊, p.681. 문건번호 337.

99)「兩廣總督舒常廣東巡撫孫士毅奏報拿獲勾引西洋人傳教之鄂斯定等解京質審摺」(乾隆50年3月15日),『天主教在華活動檔案』第2冊, p.696. 문건번호 346.

100)「江西巡撫伊星阿奏報拿獲私習天主教人犯馬西滿等訊明解部歸案摺」(乾隆50年3月17日),『天主教在華活動檔案』第2冊, pp.719-720. 문건번호 353.

101)「兼署四川總督印務成都將軍保寧奏報拿獲奏報西洋人入境傳教各犯訊明解京摺」(乾隆50年2月7日),『天主教在華活動檔案』第2冊, p.671. 문건번호 331 ;「四川總督李世傑奏報續獲西洋人吧咖哩哯等訊明解京摺」(乾隆50年3月15日),『天主教在華活動檔案』第2冊, p.709. 문건번호 350.

102)『定例彙編』卷33, 祭祀, 50뒤-51앞.

103) 山腰敏寬 編,『中國歷史公文書讀解辭典』, 汲古書院, 2004, p.242.「例禁」.

104) 王侃·呂麗,「明淸例辨析」,『法學硏究』1998-2, pp.144-145.

105) 康熙帝가 최초로 취한 금교 정책이 무엇인가에 대해서는 다양한 관점이 있을 수 있다. 강희제가 가장 먼저 취한 금교조치는 아담 샬·페르비스트와 중국인 楊光先·吳明烜 사이에 이른바 '曆法之爭'이 벌어질 당시 각 省에 천주교당을 세우거

나 선교사들이 선교하지 못하도록 한 조치였다.『聖祖實錄』卷31, 康熙 8년 2월 辛酉條. 이 조치는 이후 강희 31년(1692) 황제가 내지인의 천주교 신앙 자유를 허락함으로써 취소되었다. 강희제의 본격적인 금교 정책은 康熙 44년(1705) 로마 교황의 사절로 온 투르농이 예수회 신부들이 마테오 리치의 전례를 따라 공자 존숭과 조상 제사를 용인하면서 선교하는 것을 중지시키도록 요청한 것에서부터 촉발된 '禮儀之爭' 이후에 취해졌다. '禮儀之爭'에서 강희제가 선교사들에게 마테오 리치의 전례를 따르겠다고 서약하라고 요구하고 이에 불응하는 자들을 추방시키 면서 본격적으로 천주교 탄압에 나선 과정은 吳莉葦,『中國禮儀之爭 : 文明的張力與 權力的較量』, 上海古籍出版社, 2007, 3, 4, 5章 참조.

106) 「寄諭直隷山東山西等各省督撫著照例辦理查緝天主敎人犯」(乾隆49年11月15日),『天主 敎在華活動檔案』第2冊, p.557. 문건번호 263 ;「寄諭兩廣總督舒常等各省督撫著嚴拿禁 止西洋人在內地傳敎」(乾隆49年11月20日),『天主敎在華活動檔案』第2冊, pp.569-570. 문건번호 271 ;「寄諭成都將軍保寧將拿獲西洋人馮若望李多林等解部聽審」(乾隆50年2 月20日),『天主敎在華活動檔案』第2冊, p.688. 문건번호 341 ;『高宗實錄』卷1219, 5앞-6앞, 乾隆 49年 11月下, 辛未條.

107)『定例彙編』卷33, 祭祀, 51뒤-52앞.

108) 위와 같음.

109) 萬志鵬, 「論中國古代刑法中的"籍沒"刑」,『求索』2010-6, p.167.

110)『定例彙編』卷33, 祭祀, 52뒤-53앞.

111) 위와 같음.

112)『定例彙編』卷33, 祭祀, 53앞뒤.

113)『定例彙編』卷33, 祭祀, 53뒤-54앞.

114)『定例彙編』卷33, 祭祀, 53뒤.

115)『天主敎在華活動檔案』第2冊, p.758. 문건번호 371. 刑部에서 서양선교사 감옥에서 사망한 사실을 군기처에 알린 공문. 건륭 50년 6월 24일.

116) Civezza, Marcellino da, *Storia Universale delle Missioni Francescane*, 13 Vols. Firenze, 1857-1895 중의 Vol. 8, p.535. 단 본고에서는 Bernward H. Willeke, *Imperial Government and Catholic Missions in China during the Years 1784-1785*, p.148을 참조함.

117) Bernward H. Willeke, *Imperial Government and Catholic Missions in China during the Years 1784-1785*, pp.146-149. 광주로 가서 서양인과 접촉하여 천주교를 학습하고 그들의 백은을 받은 혐의로 甘肅에서 북경으로 압송된 유도미니크는 누락되어 있어서 추가했다. 「陝甘總督福康安奏報審訊天主敎案內人犯劉多明我等分別解京摺」 (乾隆50年正月12日),『天主敎在華活動檔案』第2冊, p.664. 문건번호 327.

118) 「兩廣總督舒常廣東巡撫孫士毅奏報審明習天主敎各犯分別定擬摺」(乾隆50年3月15日),『天 主敎在華活動檔案』第2冊, pp.706-708. 문건번호 349.

119) 張先淸,『官府, 宗族與天主敎 : 17-19世紀福安鄕村敎會的歷史敍事』, pp.156-167. 청대 복건성 복안현의 신사출신 천주교도들이 제시되어 있다. 다만 신사 가운데 生監 출신이 특히 많다. 擧人이나 進士라는 상급 학위를 취득하기 어려웠던 현실도 생감층이 천주교에 귀의하게 된 하나의 원인으로 작용했음을 추론케 하는 대목이 다. 전국적인 상황도 이와 비슷하였을 것이라 생각한다.

120)「兩廣總督舒常廣東巡撫孫士毅奏報審明習天主教各犯分別定擬摺」(乾隆50年3月15日),『天主教在華活動檔案』第2冊, pp.708. 문건번호 349.

121)「廣東巡撫鄂彌達奏聞驅逐廣州各堂堂主至澳門將教堂改當公所摺」(雍正 10年 7月 3日),『香山明清檔案輯錄』, pp.600-601.

122) 당시 신부라 칭해지는 자들은 두 부류였다. 하나는 선교사와 접촉하여 그들로부터 자격을 인정받은 부류였다. 다른 하나는 천주교도들에게서 신부라고 칭해지기는 하지만 선교사로부터 자격을 인정받지 않고 지도자로 활동하는 경우였다. 山西省의 여섯 명은 후자에 속하는 부류이다. 후자에 속하는 신부들은 會首 혹은 會長으로도 불리며 천주교도들 사이에서 지도자나 長老로 활동했다. 矢沢利彦,「中國天主教徒と傳教者の問題」,『史學雜誌』59-3, 1950.

123)「山西巡撫農起奏明私習天主教案內餘犯李時泰等審擬匯總記錄在案咨部摺」(乾隆50年2月21日),『天主教在華活動檔案』第2冊, p.689. 문건번호 342.

124)「陝甘總督福康安奏報審訊天主教案內人犯劉多明我等分別解京摺」(乾隆50年正月12日),『天主教在華活動檔案』第2冊, pp.664-665. 문건번호 327.

125)「兼署四川總督印務成都將軍保寧奏報拿獲奏報西洋人入境傳教各犯訊明解京摺」(乾隆50年2月7日),『天主教在華活動檔案』第2冊, pp.671-675. 문건번호 331. 건륭 50년(1785) 2월 초 사천 총독 서리 保寧은 선교사를 자기 집에 머무르게 한 성도부 일대의 천주교도 여덟 명과 천주교를 학습한 교도 서른 명을 체포 대상으로 황제에게 보고했다.

126)「四川總督李世杰奏報拿獲天主教人犯審擬情形摺」(乾隆49年10月21日),『天主教在華活動檔案』第2冊, pp.508-509. 문건번호 240.

127)「江西巡撫伊星阿奏報拿獲傳教西洋人李瑪諾等訊明辦理摺」(乾隆50年3月17日),『天主教在華活動檔案』第2冊, p.714. 문건번호 351.

128)「福建巡撫雅德奏報拿獲天主教洋人方濟覺審明解京幷究拿習教各犯分別定擬事」(乾隆50年4月5日),『天主教在華活動檔案』第2冊, pp.728-730. 문건번호 359.

129) 건륭제가 천주교를 邪敎로 지목한 사실에 대해서는 崔韶子,『東西文化交流史硏究 - 明·淸時代西學受容』, 三英社, 1987, pp.198-200. 건륭제는 또 건륭 12년(1747) 강소성 蘇州에서 교안이 발생하자 이에 연루된 포르투갈, 이탈리아 출신 선교사들을 邪說을 퍼뜨려 양민을 선동하고 미혹하게 한다는 죄목으로 교수형에 처했다. 張力·劉鑒唐,『中國教案史』, p.182. 또 乾隆 25년(1760) 廣東 南海縣民 林六이 天主教에 入教하여 變易服飾하고 娶妻生子하자 이 사건을 처리한 兩廣總督은 左道惑衆爲從例에 比하여 처벌했다.『淸朝通典』卷99(浙江古籍出版社, 2000), 邊防3, 典2745 ;『淸朝文獻通考』卷298(浙江古籍出版社, 2000), 四裔6, 考7470.

130) 田濤·鄭秦 點校,『大淸律例』卷16(法律出版社, 1999), 禮律, 祭祀, pp.277-278.

131)『定例彙編』卷33, 祭祀, 48뒤 ;『高宗實錄』卷1215, 1뒤, 乾隆 49年 9月下, 戊辰條.

132)『高宗實錄』卷1227, 12뒤, 乾隆 50年 3月下, 癸酉條.

133)『高宗實錄』卷1240, 14앞뒤, 乾隆50년 10月上, 甲申條.

134)『淸朝文獻通考』卷298,「四裔考」六, 考7469.

135) 范忠信 등 지음, 李仁喆 옮김,『中國法律文化探究 - 情理法과 中國人』, 一潮閣, 1996, pp.35-37, 322-323.

136) 『世祖實錄』卷70, 17뒤, 順治 9년 12월 壬戌條.

137) 順治 18년(1661. 강희제 등극 후) 안휘성 桐城縣 生員 周南이 황제에게 올린 상주에서 언급한 열 가지 건의사항 가운데 여섯 번째 항목에 '法外之仁'이 언급되어 있다. 당시 생원의 상소가 금지되어 있었지만 황제는 상소에 받아들일 만한 내용이 많다면서 의정왕대신회의에서 논의하라고 지시했다. 『聖祖實錄』卷2, 5앞뒤, 順治 18年 3月 甲子條.

138) 『聖祖實錄』卷47, 7앞, 康熙 13년 4월 丁未條.

139) 마이크로소프트 오피스 워드 본『世宗實錄』에는 法外之仁이 17회, 法外施仁은 5회, 『高宗實錄』에는 法外之仁이 51회, 法外施仁은 51회로 검색되고 있다.

140) 『高宗實錄』卷1222, 4뒤, 건륭 50년 正月 1日 辛亥條.

141) 『定例彙編』卷33, 祭祀, 53뒤.

142) 李俊甲,「乾隆年間 淸朝의 對外戰爭과 帝國體制 - 제1차 준가르 공격(1755년) 사례를 중심으로」,『한국학연구』(인하대) 20, 2009, p.284, 306. 건륭제가 '柔遠之仁'과 비슷한 개념과 배경에서 사용한 용어에 '懷柔遠人'이라는 말이 있다. 乾隆 7년(1742)에 安西提督 永常이 건륭제의 '懷柔遠人' 정책에 따라서 북경으로 조공하러 가던 준가르의 사절단이 도중에 가축을 팔도록 허락해 달라는 요청을 파격적으로 승인한 사례에 대해서는 Peter C. Perdue, China Marches West : The Qing Conquest of Central Eurasia, the Belknap Press of Harvard University Press, 2005, p.262.(피터 C. 퍼듀 지음, 공원국 옮김,『중국의 서진 : 청의 유라시아 정복사』, 도서출판 길, 2012, pp.331-332).

143)「兩廣總督富舒常廣東巡撫孫士毅奏報遵旨嚴拿未獲傳敎之西洋犯摺」(乾隆50年正月5日),『天主敎在華活動檔案』第2冊, p.657. 문건번호 324 ;「貴州巡撫永保復奏嚴拿傳習天主敎西洋人與地方回民有無勾結情形摺」(乾隆50年正月2日),『天主敎在華活動檔案』第2冊, p.651. 문건번호 321.

144)「陝甘總督福康安奏報查明天主敎與回敎不屬─敎但仍需嚴查片」(乾隆50年正月12日),『天主敎在華活動檔案』第2冊, p.666. 문건번호 328. 福康安은 또 천주교도 유도미니크를 심문하여 두 종교의 정체성을 확인했다. 이때 유도미니크는 이렇게 진술했다. "천주교는 매 7일내에 2일을 持戒하고 나머지 날은 모두 고기반찬(葷), 술, 돼지고기를 먹습니다. 吃齋, 持戒 이외에는 모두 뭇 백성들과 같습니다. 저희들이 경배하는 바는 天主神이며 암송하는 바는 十戒이며 回經은 전혀 모릅니다." 福康安은 천주교도들이 암송하는 十戒의 내용도 살펴보고 최종적으로 天主敎가 回人들의 敎와 같지 않다는 말은 믿을 수 있다고 판단했다.

145) 矢沢利彦,「乾隆四十九·五十年の天主敎禁壓」, p.92 ; 費賴之 著, 馮承鈞 譯,『在華耶蘇會士列傳及書目』下, p.967.

146) 이상 세 차례에 걸친 북경 거주 선교사들의 탄원에 대해서는 Bernward H. Willeke, Imperial Government and Catholic Missions in China during the Years 1784-1785, pp.153-154 참조.

147) Bernward H. Willeke, Imperial Government and Catholic Missions in China during the Years 1784-1785, pp.155-157.

148) 건륭제가 자칭한 농경세계와 유목세계를 통합한 군주로서의 天下大君, 內外共主의

개념에 대해서는 李俊甲,「乾隆年間 淸朝의 對外戰爭과 帝國體制 - 제1차 준가르 공격(1755년)사례를 중심으로」를 참조.

149)「內閣奉上諭著孫士毅嚴拿天主教案內逃犯」(乾隆49年10月2日),『天主教在華活動檔案』第2冊, p.455, 문건번호 214.

150)「湖廣總督特成額奏爲拿獲赴陝西洋人吧哂哩唊等幷參議沿道失察官員摺」(乾隆49年12月16日),『天主教在華活動檔案』第2冊, p.623. 문건번호 301.

151) 예컨대 본서 제2편 제1장의 陝西省 漢中府 城固縣 출신의 신부 劉西滿의 사례 참조. 따지자면 그가 이탈리아에 滯留한 16년간 그 사실을 알지 못한 성고현 지현들, 한중부 지부들과 순무를 비롯한 섬서성의 상급 관료들, 그리고 그의 不法渡港을 단속하지 못한 광동의 지방관, 귀국 후에 포교 활동을 단속하지 못한 한중부의 南鄭, 城固, 洋縣 지현과 상급 관료들이 모두 失察官員으로 처벌받아야 했다.

152)「兩廣總督富勒渾爲查失察西洋人赴內地傳教歷任官員事致正白旗漢軍都統咨」(乾隆51年2月13日),『天主教在華活動檔案』第2冊, 문건번호 377. p.766.

153) 마지막 여덟 번째 처벌은 湖南巡撫 직에서 患病解任된 상태에서 당한 罰俸1年이었다. 이것은 이전에 四川總督의 직무를 수행할 때 부하관료이던 연로한 川北道의 인사고과 評語를 두루뭉수리하게 쓴 혐의로 처벌받은 것이었다. 孟姝芳,『乾隆朝官員處分硏究』, 內蒙古大學出版社, 2009, p.23. 李世傑處分淸單 참조.

154)「給事中劉紹錦奏陳請將失察西洋人傳教案各員劃一處分摺」(乾隆51年12月16日),『天主教在華活動檔案』第2冊, pp.790-792. 문건번호 384.

155)「阿桂等奏遵旨議奏給事中劉紹錦條奏請劃一失察西洋人各員處分事摺」(乾隆51年12月24日),『天主教在華活動檔案』第2冊, p.794. 문건번호 385.

156) 孟姝芳,『乾隆朝官員處分硏究』, pp.152-153.

157)『高宗實錄』卷1271, 16앞뒤, 乾隆 51年 12月下, 癸亥條.

158) 淸代 軍機處에서 작성한 황제 명령인 諭旨는 두 종류로 나뉜다. 巡幸·經筵·陵行·蠲免·官僚陞進·任免 등 일반 政務를 처리하는 비교적 공개적인 명령은 明發諭旨라 했다. 機密事項에 관한 황제의 명령은 寄信諭旨라 불렸는데 이것은 寄信上諭, 密諭, 字寄, 廷寄로도 불렸다. 雷榮廣·姚樂野,『淸代文書綱要』, 四川大學出版社, 1990, pp.211-212.

159) 諭旨(字寄) 전문을 완전히 베끼고 그 명령에 따라서 자신이 수행한 업무내용을 보고한 주접은(「廣東巡撫孫士毅奏報拿獲謝伯多祿幷參拿蔡伯多祿等事摺」(乾隆49年9月9日),『天主教在華活動檔案』第1冊, pp.378-383. 문건번호 180) 광동 순무가 올린 주접이다. 이것은 건륭 49년 8월 20일자 諭旨에 대한 준행 상황을 보고한 것으로 諭旨 전문이 인용되고 있다. 반면 같은 諭旨에 대한 호광 총독의 주접(「湖廣總督特成額奏報拿獲西洋人一案已解到各犯審訊大槪情形摺」(乾隆49年8月28日),『天主教在華活動檔案』第1冊, pp.365-366. 문건번호 173)은 자신에게 직접 해당되는 내용만을 베껴놓고 준행 상황을 보고하고 있다.

160) 〈표 2-1〉에서 알 수 있는 바와 같이 건륭 49년 8월 20일자 諭旨에 회신하는 주접에서 광동 순무는 諭旨 전문을 베꼈지만 호광 총독·양광 총독·섬서 순무는 각각 자신에게 직접 해당되는 부분만 베끼고 있다.

161) 이런 방식으로 주접제도를 운영한 것은 건륭 연간은 물론 옹정 연간에 작성된

일부 주접에서도 확인된다. 다만 이런 관행은 일반화한 것은 건륭 연간인 듯하다.

162) 번잡함을 피하기 위해『天主敎在華活動檔案』第1, 2冊에 표시된 문건번호만을 제시한다. 문건번호 165, 166, 173(이상 건륭 49년 8월). 175, 176, 177, 193, 194, 195, 196, 197, 198, 200, 201, 202(이상 9월). 216, 217, 218, 230, 231, 232, 238, 241, 244, 245, 246(이상 10월). 256, 267, 282, 283(이상 11월). 301, 302, 303, 304(이상 12월). 325(건륭 50년 1월). 370(50년 6월).

163) 「湖廣總督特成額奏報審訊天主敎民劉繪川等幷解京摺」(乾隆49年9月18日), 『天主敎在華活動檔案』第1冊, pp.409-413. 문건번호 193.

164) 5건의 첨부문건에는 『日課』, 齋單, 經卷, 畫像, 鑄像小銅牌, 十字架 등 다수의 천주교 관련 서적과 물품들을 압수하여 군기처로 보낸다는 사실과 체포한 선교사 네 명의 이름과 내지인 천주교도 열 명은 물론 수색중인 미체포자 27명의 身上이 포함되어 있다. 「湖廣總督特成額奏呈起獲私藏天主敎經像淸單」(乾隆46年9月18日), 『天主敎在華活動檔案』第1冊, 문건번호 194; 「湖廣總督特成額奏呈査獲劉繪川經像等件淸單」(乾隆46年9月18日), 『天主敎在華活動檔案』第1冊, 문건번호 195; 「湖廣總督特成額奏呈盤獲西洋人案內已未獲各犯片」(乾隆46年9月18日), 『天主敎在華活動檔案』第1冊, 문건번호 196; 「湖廣總督特成額奏呈査獲祈禱主賜伯多祿莫尼加免煉獄刑早登永福之域齋單」(乾隆49年9月18日), 『天主敎在華活動檔案』第1冊, 문건번호 197; 「湖廣總督特成額奏呈天主敎人犯認捐銀兩數目淸單」(乾隆46年9月18日), 『天主敎在華活動檔案』第1冊, 문건번호 198.

165) 『高宗實錄』卷1215, 7앞-8앞, 乾隆49年 9月下, 乙亥條.

166) 「四川總督李世杰奏報拿獲天主敎人犯審擬情形摺」(乾隆49年10月21日), 『天主敎在華活動檔案』第2冊, pp.506-507. 문건번호 240.

167) 「廣東巡撫孫士毅奏報被獲之西洋人吧咄哩㕭與進京效力之西洋人德天賜顏詩莫二名相同實系嘧吩喇啞㕭國人片」(乾隆49年10月3日), 『天主敎在華活動檔案』第2冊, p.456. 문건번호 215.

168) 호광 총독이 보고한 주접 내용을 월별로 정리하면 다음과 같다. 8월에는 선교사의 체포와 심문·주모자 채베드로 수색. 9월에는 선교사 서안 잠입 계획 전모·천주교 관련 물품 압수·선교사와 내지인 천주교도 북경 압송·張永信 수색·선교사의 백은을 강탈한 捕役의 도주와 체포. 10월에는 주모자 焦振綱·秦祿의 체포와 북경 압송·장영신 수색·代辦襄陽縣知縣과 典史탄핵·다수의 천주교도를 체포한 武陵縣知縣의 공적 보고. 11월에는 張永信 자수·채베드로가 호북 巴東縣에 머물렀을 때의 행적·巴東縣 천주교도 4인 체포. 12월에는 失察官員 탄핵·선교사의 시계를 훔쳤다가 도주한 弁員 司得壽의 刑部 압송·焦振綱과 같은 배를 탔던 非천주교도 陝西商人 세 명에 대한 석방이 주된 내용이었다.

169) 『高宗實錄』卷1224, 28뒤-29뒤, 乾隆50年 2月上, 辛卯條.

170) 「廣東巡撫孫士毅奏報續獲接引西洋人入內地傳敎人犯鄂斯定等解京質訊摺」(乾隆50年4月16日), 『天主敎在華活動檔案』第2冊, pp.733-736. 문건번호 362.

171) 廣東 順德縣 羊額村의 地保 盧耀南 李剛義의 左鄰 梁連勝 右鄰 盧守一은 李剛義의 사망 사실을 연대보증했다. 「兩廣總督舒常廣東巡撫孫士毅訊鄂斯定等供單」(乾隆50年3月15日), 『天主敎在華活動檔案』第2冊, p.704. 문건번호 347.

172) 이때 보고한 문건들의 내용은 다음과 같다. 8月에는 채베드로 수색과 通事들의 호북 파견. 9月에는 채베드로 수색과 토레에 대한 심문, 광주를 비롯한 광동일대의 천주교도를 체포 심문하고 북경으로 압송하는 일, 失察官員 조사, 마카오로 안찰사를 파견하여 채베드로 수색에 협조하도록 요구. 10月에는 토레가 담당했던 서양인 서신 전담 관리직을 박탈하고 이 직책의 폐지를 건의했고 또 궁정에서 봉사하러 북상한 서양인 (선교사) 어거스티노, 마거리타가 이탈리아어를 통역할 수 있다고 천거한 것. 11月에는 실수로 대포를 쏘아서 내지인을 죽인 영국인 선원에 대한 처벌 문제 언급. 12月에는 토레의 심문과 북경 압송, 내지인 천주교도의 진술 조서 등이다.

173) 『高宗實錄』卷1221, 3앞뒤, 乾隆49年 12月下, 戊戌條.

174) 山東巡撫는 山東의 濟南, 東昌, 德州, 臨淸 및 그 이남의 濟寧, 臺莊 등지는 모두 回民이 雜居하는 곳으로 奸良이 不一하다고 보고했다. 「山東巡撫明興奏報遵旨嚴飭各屬查拿傳習天主敎之逃犯曾貴劉必約等犯摺」(乾隆49年12月23日), 『天主敎在華活動檔案』第2冊, p.638. 문건번호 310 ; 貴州巡撫는 貴州 각처에 入籍 回民이 없으며 오직 省城 및 한두 군데의 衝衢에 回民 數戶 혹은 十餘戶가 있는데 모두 湖廣, 江西 等省에서 이주해와 生業에 안주하며 宣敎와 念經하는 일은 없다고 보고했다. 「貴州巡撫永保復奏嚴拿傳習天主敎西洋人與地方回民有無勾結情形摺」(乾隆50年正月2日), 『天主敎在華活動檔案』第2冊, p.651. 문건번호 321 ; 署理閩浙總督福建巡撫는 복건의 回民은 원래 희소하여 모두 福州省城 및 泉州·邵武 二府의 도처에 흩어져 살고 있는바 十餘戶에 불과하며 모두 安分하고 있다고 보고했다. 「署理閩浙總督福建巡撫雅德復奏査拿西洋人入境傳敎案內逃犯摺」(乾隆50年正月4日), 『天主敎在華活動檔案』第2冊, p.655. 문건번호 323 ; 兩廣總督과 廣東巡撫는 廣東省城에는 回民 수십 가가 살고 있으며 淸眞寺를 건설하여 자신들의 誦經 禮拜하는 곳으로 삼고 있으며 회교의 명목을 빌려서 몰래 천주교를 신봉하는 자들은 없다고 보고했다. 「兩廣總督富舒常廣東巡撫孫士毅奏報遵旨嚴拿未獲傳敎之西洋犯摺」(乾隆50年正月5日), 『天主敎在華活動檔案』第2冊, p.657. 문건번호 324.

175) 「陝甘總督福康安奏報明天主敎與回敎不屬一敎但仍需嚴查片」(乾隆50年正月12日), 『天主敎在華活動檔案』第2冊, p.666. 문건번호 328.

176) 「陝西巡撫畢沅奏報遵旨查拿傳習天主敎之西洋人片」(乾隆49年11月26日), 『天主敎在華活動檔案』第2冊, p.582. 문건번호 281.

177) 「寄諭山東陝西等地督撫著一體嚴密查拿天主敎」(乾隆49年11月11日), 『天主敎在華活動檔案』第2冊, p.546. 문건번호 258.

178) 『淸史列傳』(中華書局, 1987) 卷30, 大臣傳次編5, 畢沅, p.2306.

179) 陝西巡撫와 河南巡撫는 지급되는 養廉銀의 액수를 살펴보면 河南巡撫는 1만 5천兩으로 1만 2천兩인 섬서순무에 비해 많다. 더욱이 陝西巡撫는 陝甘總督의 節制를 받는다는 점에서 총독이 없이 하남성의 지방행정을 총지휘하는 하남순무의 권한이나 영향력에 미치지 못한다. 知府, 知縣의 養廉銀도 하남성의 그것은 각각 3,000兩, 1,000~2,000兩인 데 비해 섬서 지부, 지현의 그것은 각각 2,000兩과 600兩에 불과하다. 馮爾康, 『雍正傳』, 人民出版社, 1985, pp.156-157.

180) 敎案을 처리 과정에서 督撫들이 협조하는 것은 본문에서 충분히 언급했지만

군이 비협조라는 말을 쓴 까닭은 官僚들의 부정과 부패, 보신주의가 교안 처리에 방해가 되었기 때문이다. 본문에서 언급했듯이 광동 순무 손사의가 교안을 처리하면서 범했던 자신의 과오를 건륭제에게 철저히 은폐한 사실이 대표적인 사례이다.

제3편 건륭 연간 이후의 천주교

제1장 가경 연간(1796~1820)의 천주교 전파와 청조의 대응

1) 청대 천주교도들 간에 혼인한 사례에 대해서는 본서 제1편 제3장 참조.
2) 『欽定八旗通志』卷61(臺灣學生書局, 1986년 2次 影印本), 氏族志 8, 6뒤. p.4806.
3) 강희제의 외삼촌이었던 佟國綱은 만주족인 자신의 모든 일족 8,400여 명을 팔기 한군에서 팔기 만주로 소속을 변경시켜달라고 강희제에게 요청했다. 강희제는 기인의 소속을 대규모로 변경하기가 곤란하다면서 퉁궈강이 소속된 니루만 팔기 만주로 이동시켰고 나머지 퉁씨들은 모두 팔기 한군으로 남아 있게 했다. 마크 C. 엘리엇 지음, 이훈·김선민 옮김, 『만주족의 청제국』, 푸른역사, 2009, pp.151-152 및 p.582의 註 181. 한편 이들을 한인으로 이해하면서도 당시 동북 변경의 거주자를 유전학적(혈통적) 관점에서 민족을 구분하기 곤란하다는 입장을 나타내는 견해도 있다. 윌리엄 T. 로 지음, 기세찬 옮김, 『하버드 중국사 청 - 중국 최후의 제국』, 너머북스, 2014, pp.31-32. 佟씨 집안에 대한 專論인 Crossley, Pamela K, "The Tong in Two Worlds : Cultural Identities in Liaodong and Nurgan during the 13th-17th Centuries", Ch'ingshih wen-t'i 4, no. 9, 1983, pp.40-41에서는 17세기의 동북지방에서는 만주인이나 한인의 정체성이 확고하게 정립되지 않아 이들을 구분하기가 모호했는데 퉁씨들 역시 이런 존재로 파악하고 있다. 다만 Crossley는 같은 논문 39페이지에서 佟씨 스스로는 자신이 한인이라고 생각하지는 않았다는 점을 지적하고 있다.
4) 본서 제1편 제3장 제2절 참조.
5) 「管理西洋堂事務大學士祿康等奏報查明正藍旗漢軍佟瀾傳習天主教執迷不悟請旨交刑部審辦摺」(嘉慶10年5月7日), 『天主教在華活動檔案』第2冊, p.844. 문건번호 418.
6) 商鴻逵·劉景選·季永海·徐凱 編著, 『淸史滿語辭典』, 上海古籍出版社, 1990, p.169.
7) 商鴻逵·劉景選·季永海·徐凱 編著, 『淸史滿語辭典』, p.152.
8) 만주인들이 이름을 짓는 또 다른 방식으로 자식이 아버지 이름의 글자 일부를 따와서 姓처럼 사용하는 隨名姓 관행이 있었다. 예컨대 옹정제의 총신 오르타이(鄂爾泰)의 원래 성은 시린 기오로(西林覺羅)인데 아버지 오보이(鄂拜)때부터 오르타이 자신, 오르타이의 아들, 손자까지 네 세대가 이름의 첫 글자를 오(鄂)로 써서 마치 성처럼 사용했다. 건륭제는 隨名姓을 만주족의 정체성을 훼손하는 나쁜 습속이라며 강력하게 비판했으나 그 후에도 수명성 관행은 지속되었다. 이훈, 『만주족이야기』, 너머북스, 2018, pp.210-215.
9) 예컨대 李永芳(?~1634)의 아들들이 그러하다. 그는 撫順을 방어하던 명나라의 遊擊으로서 누르하치에게 투항하고 正藍旗 漢軍에 편성되었다. 그는 누르하치의 손녀이자 아바타이의 딸과 결혼했다. 아홉 아들을 두었는데 둘째는 李率泰, 넷째는

剛阿泰, 다섯째는 巴顔이다. 『淸史稿』 卷231(중화서국, 1977), 列傳 卷18, p.9328.

10) 蘇努 집안의 천주교 신봉 경위와 이들에 대한 雍正帝의 처분에 대해서는 陳垣, 「雍乾間奉教之宗室-上編 蘇努諸子」, 『陳垣學術論文集』(原載 : 『輔仁學報』 第3卷 第2期, 1932), 中華書局, 1980, pp.140-164.

11) 「耶蘇會傳教士巴多明神父致本會某神父的信(1724年8月20日于北京)」, 『耶蘇會士中國書簡集』 第3冊, pp.3-7. 편지번호 56.

12) 張力·劉鑒唐, 『中國教案史』, p.207 ; 서양자, 『중국천주교순교사』, pp.207-208.

13) 「刑部奏爲審擬西洋人德天賜私自托人寄送書信一案摺」(嘉慶10年正月18日), 『天主教在華活動檔案』 第2冊, 中華書局, 2003, p.834. 문건번호 412.

14) 「刑部奏爲審擬西洋人德天賜私自托人寄送書信一案摺」(嘉慶10年正月18日), 『天主教在華活動檔案』 第2冊, p.834. 문건번호 412.

15) 예컨대 「天主教民劉振宇供單」(乾隆49年8月14日), 『天主教在華活動檔案』 第1冊, pp.349-350. 문건번호 168은 건륭 49년(1784)에 체포된 호남성의 천주교도 劉振宇, 劉繪川, 劉十七(君弼) 세 사람의 나이·거주지·가족관계·천주교 관련 활동 등을 아주 자세하게 언급된 진술조서가 실려 있다. 또 「廣東巡撫孫士毅奏呈被獲謝伯多祿供單」(乾隆49年9月9日), 『天主教在華活動檔案』 第1冊, pp.384-386. 문건번호 181은 건륭 49년(1784)에 광동성에서 체포된 천주교도 사베드로·曾學孔(本籍은 섬서성)·蔡亞望의 아주 상세한 진술서와 선교사 토레의 간략한 진술조서가 수록되어 있다.

16) 劉杰熙, 『四川天主教』, 四川出版集團·四川人民出版社, 2009, p.23.

17) 이준갑, 『중국사천사회연구 1644~1911 : 개발과 지역질서』, pp.301-302.

18) 클로딘 롱바르-살몽 지음, 정철웅 옮김, 『중국적 문화변용의 한 예 : 18세기의 귀주성』, 세창출판사, 2015, pp.390-395. 다만 重慶商人이 귀주로 가서 면포를 판매한 사례는 도광 연간의 사례이다. 「道光27年10月23日王吉順告狀」, 『淸代乾嘉道巴縣檔案選編』 上, 四川大學出版社, 1989, p.396.

19) 「護理貴州巡撫布政使常明奏報審明胡世祿等設堂傳習天主教首從各犯摺」(嘉慶5年閏4月27日), 『天主教在華活動檔案』 第2冊, pp.813-815. 문건번호 394.

20) 클로딘 롱바르-살몽 지음, 정철웅 옮김, 『중국적 문화변용의 한 예 : 18세기의 귀주성』, pp.425-426의 주 137번 참조.

21) 湖北 宜都縣 張宗文과 聶杰人은 사돈이자 백련교 조직에서는 사제였다. 「聶杰人·向瑤明自述」, 『淸中期五省白蓮教起義資料』 5冊(中國社會科學院歷史硏究所編, 江蘇人民出版社, 1981), p.1. 또 스승 孫應元에게서 백련교를 학습한 襄陽縣人 王開俊은 이번에는 자신이 스승이 되고 徒弟 다섯 명에게 백련교를 포교했다. 「王開俊供」, 『淸中期五省白蓮教起義資料』 第5冊, pp.12-13.

22) 「刑部奏爲審擬西洋人德天賜私自托人寄送書信一案摺」(嘉慶10年正月18日), 『天主教在華活動檔案』 第2冊, p.834. 문건번호 412.

23) 「大學士管理刑部事務董誥等奏議陝西道監察御使爲査禁天主教酌擬辦法摺」(嘉慶16年5月29日), 『西洋天主教在華活動檔案』 第2冊, p.919. 문건번호 462.

24) 古洛東, 『聖教入川記』, p.71.

25) 「陝西巡撫董教增奏呈傳習天主教張鐸德等人供」(嘉慶16年2月13日), 『天主教在華活動檔案』 第2冊, p.901. 문건번호 453 ; 「陝西巡撫董教增奏爲訊明西洋堂現在幷無在外傳教情

形摺」(嘉慶16年5月22日),『天主教在華活動檔案』第2冊, pp.915-916. 문건번호 461.

26) 「陝西巡撫董敎增奏呈傳習天主教張鐸德等人供」(嘉慶16年2月13日),『天主教在華活動檔案』第2冊, p.902. 문건번호 453.

27) 「寄諭陝西巡撫董敎增著將天主教人犯張鐸德發伊犁陳洪智枷示幷飭地方官曉諭改悔者免究其罪」(嘉慶16年2月26日),『天主教在華活動檔案』第2冊, p.903. 문건번호 454.

28) 곤살베즈는 1742년 무렵 광동 마카오에서 중국인 부모에게서 태어나 어려서 포르투갈 가정에 입양되었다. 12살 때 서양으로 가서 經典을 공부하고 24세에 돌아왔다. 42세 되던 건륭 49년(1784)에 섬서성 西安 및 渭南縣에서 서양인 선교사, 내지인 천주교도와 함께 포교하다가 체포되었다. 「陝西巡撫畢沅奏渭南縣拿獲西洋人呢嗎方濟各等訊供解京摺」(乾隆49年11月5日),『天主教在華活動檔案』第2冊, pp.533-534. 문건번호 253 ; Bernward H. Willeke, *Imperial Government And Catholic Missions In China During The Years 1784-1785*, The Franciscan Institute, 1948, p.86. 각주 49번. 그 후 석방되어 마카오에서 포교활동에 참여했다.

29) 「江西巡撫秦承恩奏爲盤獲爲西洋送信人犯陳若望解京審辦摺」(嘉慶9年12月29日),『天主教在華活動檔案』第2冊, p.830. 문건번호 408.

30) 「軍紀處奏爲連日臣等詢問秦承恩所奏陳若望供出托帶漢字書信之德天賜等人情形摺」(嘉慶10年正月18日),『天主教在華活動檔案』第2冊, p.832. 문건번호 411. 진요한 사건이 발생했을 당시에도 북경 천주당에서는 천주교도이자 장거리 교역 상인인 조요한, 장회인, 장명덕 등을 傭工으로 위장하여 필요한 일을 시키고 있었다.

31) 「軍機處奏報邊旨傳諭俄羅斯館學祖及各堂洋人閱看陳若望所帶信件摺」(嘉慶10年正月11日),『天主教在華活動檔案』第2冊, p.831. 문건번호 409. 라미오는 같은 北堂의 서양인 포이로(Louis de Poirot, 賀淸泰)가 이탈리아어에 밝다고 언급했다. 청조에서는 포이로에게 한자로 편지를 번역하여 제출하도록 요구했다. 다만 관련 당안 어디에도 그가 한자로 편지를 번역해주었다는 기록은 없다. 만일 그가 이 요구에 응했다면 알메이다와 히베이루의 해명과 같이 안부편지라는 입장에서 번역했을 것이다.

32) 예수회 선교사가 康熙 60년(1722) 景德鎭에서 瓷器 제작법을 상세히 파악하여 보고한 서신은 「耶蘇會傳教士殷弘緒神父致本會某神父的信」(1722年1月25日于景德鎭)」,『耶蘇會士中國書簡集』第2冊, pp.247-259. 편지번호 50.

33) 「軍紀處奏爲連日臣等詢問秦承恩所奏陳若望供出托帶漢字書信之德天賜等人情形摺」(嘉慶10年正月18日),『天主教在華活動檔案』第2冊, pp.832-833. 문건번호 411.

34) 「刑部奏爲審擬西洋人德天賜私自托人寄送書信一案摺」(嘉慶10年正月18日),『天主教在華活動檔案』第2冊, p.836. 문건번호 412.

35) 어거스티노는 5년 후에 석방되어 북경 천주교 서당에 잠시 머물다가 강제 출국당했다. 吳伯婭, 「德天賜案初探」,『淸史論叢』2008, pp.233-234.

36) 「內閣奉上諭西洋堂事務著改派祿康等管理幷妥議管理章程」(嘉慶10年5月1日),『天主教在華活動檔案』第2冊, p.840. 문건번호 415.

37) 內務府에서 관장한 선교사 관련 업무들은 실로 다양했다. ① 서양인들이 매입하거나 소유한 부동산의 수리 요청에 대한 허락이나 적법한 절차로 매입했는지의 여부 판단. 「提督衙門爲西直門內西洋堂內西洋人顏時莫報出租房屋年久坍塌請修事致內務府咨」(嘉慶5年閏4月11日),『天主教在華活動檔案』第2冊, p.812. 문건번호 393. ②

350

서양과 왕래하는 편지에 대한 검열. 「兩廣總督吉慶爲代轉在京西洋人索德超書信事致內務府咨」(嘉慶7年5月12日), 『天主教在華活動檔案』第2冊. p.821. 문건번호 400. ③ 선교사 사망 시에 廣儲司 銀庫에서 賞銀을 지출하는 일. 「步軍統領福隆安奏爲西洋人劉松齡·蔣友仁病故請賞銀摺」(乾隆39年9月29日), 『天主教在華活動檔案』第1冊, p.305. 문건번호 149 ; 「步軍統領福隆安奏爲西洋人劉松齡·蔣友仁病逝請賞銀摺」(乾隆39年9月30日), 『天主教在華活動檔案』第1冊, p.306. 문건번호 150. ④ 선교사들이 북경의 어느 천주당에 거주하며 그들의 전문분야가 무엇인지를 파악하는 일. 「宣武門內天主堂西洋人名單」(乾隆朝), 『天主教在華活動檔案』第4冊, p.478. 문건번호 557 ; 「西安門內天主堂西洋人名單」(乾隆朝), 『天主教在華活動檔案』第4冊, p.479. 문건번호 558 ; 「東安門內天主堂西洋人名單」(乾隆朝), 『天主教在華活動檔案』第4冊, p.480. 문건번호 559 ; 「西直門內天主堂西洋人名單」(乾隆朝), 『天主教在華活動檔案』第4冊, p.481. 문건번호 560 ; 「海甸楊家井內天主堂西洋人名單」(乾隆朝), 『天主教在華活動檔案』第4冊, p.481. 문건번호 561.

38) 曹寅의 활약상에 대해서는 Jonathan D. Spence, *Ts'ao Yin and the Kanghsi Emperor : Bondservant and Master*, Yale Univ. Press, 1988.

39) 『仁宗實錄』卷143, 嘉慶 10年 5月 乙丑條.

40) 라틴어 학명은 Leymus chinensis이며 우리말로는 개밀아재비라고 부른다. 중국 동북부, 내몽고 동부, 한반도, 러시아에 주로 분포한다. 하북·산서·하남·섬서·영하·감숙·청해·신강 등지에도 분포한다. 다년생 초본식물로서 주로 가축의 사료로 쓰인다. 다만 「서양당관리장정」에는 선교사들이 가을과 겨울에 양초를 사서 사람을 미혹하는 약을 만드는 것을 막아야 한다고 언급되어 있다. 양초의 약리 작용은 알려진 것이 없다. 가을과 겨울에 수매하여 천주교당에서 길렀던 말에게 사료(건초)로 주었는데 청의 관원들이 용도를 오해한 것 같다.

41) 「大學士祿康等奏爲酌擬西洋堂事務章程摺」(嘉慶10年5月15日), 『天主教在華活動檔案』第2冊, pp.852-855. 문건번호 426.

42) 丁琼, 「乾嘉年間對西洋人往來書信的管理」, 『歷史檔案』2006-2, pp.62-65.

43) 「兩廣總督吉慶爲代轉在京西洋人索德超書信事致內務府咨」(嘉慶7年5月12日), 『天主教在華活動檔案』第2冊, p.821. 문건번호 400 ; 「兩廣總督倭什布爲代爲轉寄在京西洋堂西洋人索德超呈寄廣東澳門書信事致內務府咨」(嘉慶8年11月16日), 『天主教在華活動檔案』第2冊, p.823. 문건번호 401 ; 「兩廣總督倭什布爲查詢西洋人明諾接辦北堂等事致內務府咨」(嘉慶9年6月24日), 『天主教在華活動檔案』第2冊, p.825. 문건번호 404 ; 「兩廣總督倭什布爲代轉在京北堂西洋人南彌德呈寄廣東澳門書信事致內務府咨」(嘉慶9年9月26日), 『天主教在華活動檔案』第2冊, p.827. 문건번호 405.

44) 「兩廣總督舒常廣東巡撫孫士毅奏報審明習天主教各犯分別定擬摺」(乾隆50年3月15日), 『天主教在華活動檔案』第2冊, p.708. 문건번호 349.

45) 건륭 49년(1784) 山東巡撫 明興은 각 주현의 鄕保와 地隣들에게 천주교도가 숨어 있는 것을 알면 고발하라고 고시했다. 「山東巡撫明興奏報嚴查入境傳敎之西洋人各犯摺」(乾隆49年11月17日), 『天主教在華活動檔案』第2冊, p.562. 문건번호 266.

46) 張先淸, 『官府, 宗族與天主敎 : 17-19世紀福安鄕村敎會的歷史敍事』, 中華書局, 2009, pp.156-167에는 청대 복건성 복안현의 신사출신 천주교도들이 제시되어 있다.

47) 프랑스 출신의 예수회 선교사 부르주아 신부의 편지에 따르면 건륭 34년(1769) 무렵에 여섯 명의 만주인, 한인 기인들이 천주교를 신봉하다가 발각되어 채찍질 당하거나 겨울에 얼음 속에 넣어지는 고문을 당했으나 신앙을 포기하지 않았다. 「晁俊秀神父致某貴婦人的信」(1769년[건륭34년] 10월 15일 북경에서), 『耶蘇會士中國書簡集』第5冊, pp.155-160. 편지번호 121.

48) 矢沢利彦, 『北京四天主堂物語 - もう一つの北京案内記』, 平河出版社, 1987, pp.45-49.

49) 「康熙皇帝借銀萬兩給閔明我徐日升安多重建教堂事行文工部」(康熙43年10月25日), 中國第一歷史檔案館·中國海外漢學研究中心 合編, 安雙成 編譯, 『清初西洋傳教士滿文檔案譯本』, 大象出版社, 2015. p.283. 문건번호 32.

50) 矢沢利彦, 『北京四天主堂物語 - もう一つの北京案内記』, p.59.

51) 矢沢利彦, 『北京四天主堂物語 - もう一つの北京案内記』, pp.73-78.

52) 矢沢利彦, 『北京四天主堂物語 - もう一つの北京案内記』, pp.83-85.

53) 「軍紀處奏爲連日臣等詢問秦承恩所奏陳若望供出托帶漢字書信之德天賜等人情形摺」(嘉慶10年正月18日), 『西洋天主教在華活動檔案』第2冊, p.832. 문건번호 411.

54) 「福建巡撫周學健奏報嚴禁天主教摺」(乾隆11年5月28日), 『西洋天主教在華活動檔案』第1冊, p.87. 문건번호 58.

55) 張晋藩 主編, 한기종·김선주·안대희·한상돈·윤진기 옮김, 『중국법제사』, 소나무, 2006, p.617.

56) 배로 治罪한다는 의미가 한인에 비해 그렇다는 것인지 아니면 원래 만주인이 받아야할 형벌에 비해 그렇다는 것인지 분명하지 않다. 다만 〈표 3-1〉의 팔기 만주 魁敏과 倭什布가 出敎하기를 거부하자 旗檔에서 이름을 삭제하고 이리로 유배를 보냈다. 그리고 枷號하는 석 달이 지나면 伊犁에서 가장 힘든 勞役場이던 銅鉛廠으로 보내어 고통스럽게 탄광에서 일하는 折磨差使에 충당하게 했다. 銅鉛廠에서 勞役하던 倭什布는 9년이 지난 가경 19년(1814) 무렵에 사망하였고, 魁敏은 17년이 지난 道光 2년(1822)에 出敎하고 석방되었다. 절마차사는 노역형이므로 속성상 강제 노역을 동반하는 徒刑과 유사한 측면이 있다. 流刑에 절마차사가 더해진 것은 流刑에 徒刑이 더해진 것과 비슷하므로 한 가지 범죄에 두 가지 형벌을 가한 것과 같은 효과를 가진다. 滿洲人 천주교도에 대해 갑절(倍)로 治罪한다는 언급은 이런 점을 강조한 것으로 보인다. 「伊犁將軍松筠奏爲欽奉上諭辦理習敎獲罪宗室圖欽等人枷號及分撥切磨差使摺」(嘉慶10年8月22日), 『天主教在華活動檔案』第2冊, p.876. 문건번호 438 ; 「伊犁將軍松筠陝甘總督長齡奏報傳習西洋敎遣犯魁敏悔悟摺」(嘉慶19年11月17日), 『天主教在華活動檔案』第3冊, p.1011. 문건번호 506 ; 「內閣奉上諭魁敏習天主教現心實改過著準其釋回交該旗嚴加管束」(道光2年4月26日), 『天主教在華活動檔案』第3冊, p.1176. 문건번호 565.

57) 十五道監察御史의 임무에는 해당 省의 刑名을 검열하는 일이 포함되었으므로 천주교치죄전조 시설에 관한 상주문을 올린 것은 감가빈의 업무 범위에 속했다. 俞鹿年 編著, 『中國官制大辭典』下, 黑龍江人民出版社, 1992, p.921.

58) 嘉慶 『四川通志』 卷114(巴蜀書社 影印本, 1984), 選擧, 進士, 60앞뒤.

59) 「陝西道監察御史甘家斌奏爲西洋天主教蔓延無已請旨飭部嚴定治罪專條及失察處分析」(嘉慶16年4月19日), 『天主教在華活動檔案』第2冊, pp.911-912. 문건번호 459 ; 甘家斌,

「嚴定西洋人傳教治罪專條疏」, 道光『隣水縣志』卷5, 藝文, 44앞-46앞. 감가빈은 纂修로서 道光『隣水縣志』重修縣志職名의 첫머리에 이름을 올렸을 뿐만 아니라 序文도 썼다. 縣志를 찬수할 당시에는 은퇴하고 四川 夔州府 奉節縣 蓮峰書院에서 講學하며 後學들을 육성했다.

60) 「內閣奉上諭著擬定西洋天主教治罪專條交刑部核議」(嘉慶16年4月19日), 『天主教在華活動檔案』第2冊, p.913. 문건번호 460.

61) 嘉慶帝 親政 이후 군기대신은 황제의 견제를 받아 6部의 상서나 시랑을 겸직하는 경우가 이전에 비해 줄어들었다. 본문에서 군기대신이 형부상서가 아니라 관리형부사무인 점도 이런 정황을 반영한다. 송미령, 『청대정책결정기구와 정치세력』, 혜안, 2005, pp.210-211.

62) 「大學士管理刑部事務董誥等奏議陝西道監察御使爲查禁天主教酌擬辦法摺」(嘉慶16年5月29日), 『西洋天主教在華活動檔案』第2冊, p.918. 문건번호 462.

63) 田濤·鄭泰 點校, 『大淸律例』卷16(法律出版社, 1999), 禮律·祭祀, pp.277-278의 「禁止師巫邪術」과 條例.

64) 「大學士管理刑部事務董誥等奏議陝西道監察御使爲查禁天主教酌擬辦法摺」(嘉慶16年5月29日), 『西洋天主教在華活動檔案』第2冊, p.919. 문건번호 462.

65) Joanna Waley-Cohen, *Exile in mid-Qing China ; Banishment to Xinjiang 1758-1820*, Yale Univ. Press, 1991, pp.166-167.

66) 「大學士管理刑部事務董誥等奏議陝西道監察御使爲查禁天主教酌擬辦法摺」(嘉慶16年5月29日), 『天主教在華活動檔案』第2冊, p.920. 문건번호 462.

67) 이하 失察官員 處罰專條는 「吏部尙書瑚圖禮奏爲遵旨核議嚴定傳習西洋教罪名處分條例摺」(嘉慶16年7月16日), 『天主教在華活動檔案』第2冊, pp.928-929. 문건번호 466.

68) 가경 연간 문무관원들의 諱盜 행위에 대한 지적과 척결의 필요성을 언급한 사례로는 『仁宗實錄』卷55, 嘉慶 4년 11월, 辛未條 ; 『仁宗實錄』卷125, 嘉慶 9년 正月 庚申條 ; 『仁宗實錄』卷134, 嘉慶 9년 9월 丁未條 ; 『仁宗實錄』卷180, 嘉慶 12년 5월 庚申條 등 참조.

69) 失察文官에 대한 處分條例는 光緒『大淸會典事例』卷132(中華書局影印本, 1991), 吏部 116, 處分例, 嘉慶 16年 奏准, p.705에 수록됨. 이 處分例는 천주교 포교가 합법화되자 咸豊 11년(1861)에 『大淸會典事例』에서 刪除 되었다.

70) 「陝甘總督福康安奏報查明天主教與回教不屬一教但仍需嚴查片」(乾隆50年正月12日), 『天主教在華活動檔案』第2冊, p.666. 문건번호 328.

71) 이외에도 착한 일이 아닌 행위의 사례로서 邪淫을 경계한다고 하지만 천주교를 따르는 부녀 가운데도 또한 서양인에게 유혹되어서 간음하는 사람이 있는 것, 偸盜를 경계하여 불의한 재물은 취하지 않는다면서도 서양인들은 無用의 器物을 만들어서 販賣하는 것, 사람들에게 鴉片을 피우게 하며 假(가짜)銀洋錢(아마도 서양 銀貨를 지칭하는 듯하다)을 사용하는 것 등을 열거하고 있다. 「辟西洋天主教說」(嘉慶20年 12月 20日), 『天主教在華活動檔案』3冊. p.1076. 문건번호 532.

72) 마테오 리치 이래 예수회 선교사들의 적응주의에 대해서는 김혜경, 『예수회의 적응주의 선교 : 역사와 의미』, 서강대학교 출판부, 2012 ; 김기협, 「예수회 선교의 적응주의 노선과 중국·일본의 서학」, 『역사비평』25, 1994 ; 김병태, 「명말청초

'전례논쟁'의 선교사적 이해」,『한국기독교와 역사』 28, 2008 ; 김명희, 「종교간 대화 모델로서 마테오 리치의 적응주의 :『천주실의』에 나타난 그리스도교와 유·불·도의 대화」,『조직신학논총』 39, 2014 참조.

73) 벤저민 엘만 지음, 양휘웅 옮김,『성리학에서 고증학으로』, 예문서원, 2004, pp.200-204, 358-386.

74) 王氏 부자의 고증학 방법론은 여섯 가지로 요약할 수 있다. 첫째, 남들이 간과하는 곳을 주의 깊게 관찰하여 연구 주제를 포착한다. 둘째, 관찰 후에 의문이 생기면 자료를 수집하여 충실하게 연구한다. 셋째, 일관된 논리와 가설을 세운다. 넷째, 증거를 찾는다. 다섯째, 결론을 내린다. 여섯째, 여러 번 연구하여 내린 결론은 유사한 문제에 추론할 수 있다. 梁啓超,『淸代學術槪論』, 商務印書館, 1977(제1판은 1921), pp.74-75.

75) 紀大奎, 「天主敎誘民各術條諭冊」, 嘉慶『什邡縣志』 卷18, 風俗志, 16앞.

76) 紀大奎, 「天主敎誘民各術條諭冊」, 嘉慶『什邡縣志』 卷18, 風俗志, 16뒤-17뒤

77) 紀大奎, 「天主敎誘民各術條諭冊」, 嘉慶『什邡縣志』 卷18, 風俗志, 17앞뒤.

78) 천신이란 곧 천사이다. 천주교에서는 천사를 아홉 품계로 나눈다.

79) 九品蓮花란 불교 정토교의 가르침에서 극락왕생의 아홉 가지 품위를 말한다. 원불교100년기념성업회, 『원불교대사전』(인터넷판) http://www2.won.or.kr/serv let/wontis.com.root.OpenChannelServlet?tc=wontis.dic.command.Rtrv DicLstCmd.

80) 紀大奎, 「天主敎誘民各術條諭冊」, 嘉慶『什邡縣志』 卷18, 風俗志, 18앞-19뒤.

81) 금장태,『조선후기 유교와 서학 - 교류와 갈등』, 서울대학교 출판부, 2003, pp.13, 69-70, 90-92, 132-133.

82) 紀大奎, 「天主敎誘民各術條諭冊」, 嘉慶『什邡縣志』 卷18, 風俗志, 19뒤-21앞.

83) 紀大奎, 「天主敎誘民各術條諭冊」, 嘉慶『什邡縣志』 卷18, 風俗志, 21뒤-22앞.

84) 「內閣奉上諭著嚴禁旗人傳習天主敎幷將各堂所貯書籍檢出繳銷」(嘉慶10年5月20日),『天主敎在華活動檔案』第2冊, pp.859-860. 문건번호 429. 별다른 각주를 제시하지 않는 한 가경제의 천주교 비판 내용은 이 문건의 내용에 따라서 정리했다.

85) 페르디난드 페르비스트 지음, 노용필 옮김,『교요서론 - 17세기 조선에서 유행한 천주교 교리서』, 한국사학, 2013, p.14.

86) 프랑스 출신의 예수회 선교사인 마이야 신부가 1738년에 번역하여 저술한 다음, 쾨글러 신부 등의 교열을 거쳐 북경에서 12권으로 간행한 성인전 묵상서이다. 한국교회사연구소에서 2014년에『聖年廣益』의 한글본과 한문본을 간행했다.

87) 강희제의 사례는『聖祖實錄』卷182, 康熙36年 閏3月 壬辰條 ;『聖祖實錄』卷250, 康熙51年 7月 丁酉條. 옹정제의 사례는『世宗實錄』卷21, 雍正2年 6月 癸未條 ;『世宗實錄』卷44, 雍正4年 5月 戊申條. 건륭제의 사례는『高宗實錄』卷12, 乾隆元年 2月 甲戌條 ;『高宗實錄』卷87, 乾隆4年 2月 庚子條 ;『高宗實錄』卷110, 乾隆5年 2月 己卯條 ;『高宗實錄』卷122, 乾隆5年 7月 乙亥條 ;『高宗實錄』卷234, 乾隆10年 2月 甲寅條 ;『高宗實錄』卷474, 乾隆19年 10月 戊午條.

88) 『聖祖實錄』卷127, 康熙25年 7月 癸巳條 ;『聖祖實錄』卷158, 康熙32年 2月 己丑條.

제2장 천주교령과 중국전통 – 가경 8년(1803) 제정 『쓰촨 대목구 시노드』 교령 분석

1) 李華川 譯, 「《李安德日記》節譯」, 『淸史論叢』, 2013, pp.359-360.

2) 沙百里(Jean Charbonnier), 「從李多林(又名徐德新)主敎自1789年至1805年的通信看18世紀末至19世紀初四川本地社會中的天主敎」, 『中國天主敎歷史論文集』(鄢華陽(Robert Entenmann) 等著, 顧韋民 譯, 廣西師範大學出版社, 2010), pp.67-68.

3) 1803년에 제정된 사천 대목구 시노드 교령이 1822년에야 비로소 교황청의 추인을 받은 까닭은 그 사이에 교황과 나폴레옹 사이의 알력으로 교황청에 커다란 혼란이 있었기 때문이었다. 그 절정은 나폴레옹이 1809년에서부터 1814년까지 교황 비오 7세와 추기경을 로마 교황청에서 추방한 일이었다.

4) 이 문건의 원래 제목은 SYNODUS VICARIATUS SUTCHUENSIS HABITA IN DISTRICTU CIVITATIS TCONG KING TCHEOU ANNO 1803 이다. 라틴어 원문의 한글 번역본은 장신호 옮김, 『1803년 9월 2일, 5일 그리고 9일에 충칭주 도회지에서 열린 쓰촨 대목구 시노드』, 한국교회사연구소, 2012이다. 번거로움을 피하기 위해 이후에는 『쓰촨 대목구 시노드』로 줄여서 부른다. 한글본에서는 회의 장소인 TCONG KING TCHEOU를 重慶으로 번역하고 있으나 崇慶州가 정확한 번역이다. 重慶은 행정구역상 TCHEOU 州가 아니라 FOU 府이다. 중국 측 기록에 따르면 회의 장소는 숭경주였다.

5) 뒤프레스 신부가 사천으로 처음 잠입한 때는 건륭 42년(1777)이었다. 성도 일대에서 활동하던 그는 李多林 또는 都費斯라는 중국식 이름을 사용했다. '건륭대교안' 때문에 건륭 50년(1785) 정월 사천에서 체포되어 북경으로 압송당했다가 같은 해 10월 석방되어 마카오로 추방당했다.(본서 제2편 제2장 제4절 및 제5절 참조) 그는 건륭 54년(1789)에 중국식 이름을 徐德新으로 바꾸어 다시 사천으로 잠입하여 활동하다가 가경 6년(1801) 대목구장(주교)으로 임명되었다. 가경 20년(1815)에 체포당해 성도에서 참수당했다. 劉杰熙 編著, 『四川天主敎』, pp.24-26 ; Bernward H. Willeke, *Imperial Government and Catholic Missions in China during the Years 1784-1785*, p.158.

6) 『쓰촨 대목구 시노드』, p.238.

7) 본서 제1편 제3장 제4절 참조.

8) 명말청초의 '도촉'이 사천 전 지역에 비슷한 정도로 인적 물적 피해를 가져온 것이 아니라 사회경제의 중심지인 사천 서부와 동부가 극심한 피해를 입었고 청군이 주둔하던 사천 북부, 抗淸勢力이 주둔하던 사천 남부는 상대적으로 피해 정도가 덜하였던 지역적인 차이가 뚜렷했음은 이준갑, 『중국사천사회연구 1644~1911 : 개발과 지역질서』, pp.39-48 참조.

9) 古洛東, 『聖敎入川記』, pp.69-70.

10) 『쓰촨 대목구 시노드』, p.37.

11) 『쓰촨 대목구 시노드』, pp.21-25.

12) 조현범, 『조선의 선교사, 선교사의 조선』, 한국교회사연구소, 2008, pp.139-140.

13) 『가톨릭대사전』, 「로마예식서」 항목. (http://info.catholic.or.kr/dictionary/dic_view.asp?ctxtIdNum=767) 1614년 통일된 내용의 로마예식서가 편찬되고 1742년

에는 개정판이 보급되었다. 뒤프레스 대목구장이 참조한 것은 개정판이었다.

14) 『가톨릭대사전』, 「트리엔트공의회」 항목. (http://info.catholic.or.kr/dictionary/dic_view.asp?ctxtIdNum=3727). 트리엔트 공의회는 1545년 12월 13일부터 1563년 12월 4일까지 18년 동안 이탈리아 북부 트리엔트(지금의 Trento)에서 열렸다.

15) 『쓰촨 대목구 시노드』, p.41.

16) 『쓰촨 대목구 시노드』, pp.42-43.

17) 李俊甲, 「淸代 四川省 成都府 一帶의 商業과 '客民商人'」, 『明淸史硏究』 4, 1995, pp.27-28.

18) 천주교도 羅姓은 重慶에서 백은과 동전을 兌換하는 錢鋪를 경영하면서 재물을 모았다.(제1편 3장 제2절 참조) 태환 수수료도 노동을 통한 소득이 아니라 자본을 운용한 소득이라는 점에서는 이자와 속성이 같다. 중경 일대에서 포교하던 사제들은 모두 羅家에 머물렀다고 할 정도로 이들의 천주교에 대한 헌신은 대단했고 여러 慈善 사업을 적극적으로 주도했다. 古洛東, 『聖敎入川記』, p.70. 다만 羅姓의 활동이 시노드 교령 반포 이전인지 이후인지 명확하지 않다. 하지만 어떤 경우라도 교령 반포 이후에 이들이 영업 활동을 지속시켜주는 물질적 기반인 태환 수수료를 받지 않았을 가능성은 거의 없어 보인다.

19) 물론 천주교도인 남편이 죽자 역시 천주교도인 과부가 친족들의 배교 압박을 거절하고 신앙을 지키기 위해 어린 자녀들을 데리고 고향을 떠나 다른 곳으로 이주한 경우도 있다. 그녀의 행위가 본받아야 할 천주교 신앙의 모범으로서 기록된 것을 보면 아마도 이런 사례는 극히 예외적이었던 것 같다. 사천 重慶府 銅梁縣의 과부 宋劉氏의 사례를 참조하라.(본서 제1편 제3장 제3절) 하지만 이 경우는 과부가 된 여인이 친족들의 압박을 벗어난 사례이다. 본문에서처럼 한 가정 내에서 함께 사는 비교도이자 유교적 가치관을 고수하는 남편의 의사에 반하여 자녀에게 신앙을 교육시키기란 여간 어려운 일이 아니었을 것이다.

20) 장 디디에 드 생 마르탱, 「사목서한」, 『쓰촨 대목구 시노드』, p.225.

21) 『쓰촨 대목구 시노드』, p.64.

22) 『쓰촨 대목구 시노드』, p.72.

23) 郭麗娜, 『淸代中葉巴黎外方傳敎會在川活動硏究』, pp.103-111.

24) 건륭 50년대(1785~1794)에 사천의 대도시 중경(파현)의 노동자들의 한달 품삯이 대체로 1천문 내외이고 극심한 노동과 위험을 수반한 광부들은 1,400문가량이었다. 이준갑, 『중국사천사회연구 1644~1911 : 개발과 지역질서』, pp.317-321.

25) 물론 이는 이론적인 백은과 동전교환 비율이다. 현실에서는 백은이 부족하면 백은의 가격이, 동전이 부족하면 동전가격이 상승하는 형태로 은전비가가 변화했다. 다만 뒤프레스 대목구장도 백은 1냥은 동전 1,000문이라는 교환비율을 기준으로 논의를 전개했다. 『쓰촨 대목구 시노드』, pp.73-74.

26) 『쓰촨 대목구 시노드』, pp.74-75.

27) 『쓰촨 대목구 시노드』, p.77.

28) 중국 전통과 관련된 4개 항목 가운데 2개 항목에는 각각 7개, 11개의 부속 지침이 추가되어 있다. 『쓰촨 대목구 시노드』, pp.94-113.

29) 『쓰촨 대목구 시노드』, p.79.

30) 『쓰촨 대목구 시노드』, pp.91-102.

31) 죄인들의 유형에 따라 부과할 수 있는 열여섯 가지 보속을 열거했다. 이 보속들은 일상생활 혹은 종교와 관련된 것이다. 전자는 일상생활에 대한 제약과 선행 권장이고 후자는 종교와 관련한 선행, 수양, 고행 부과이다. ① 참회자가 비단옷이나 장신구, 잔치 등을 절제한다. ② 가난한 사람들에게 음식을 내준다. ③ 순례자들을 환대한다. ④ 병자나 감옥에 갇힌 신자들을 위로한다. ⑤ 꼭 필요한 경우가 아니면 시장에 나가지 않는다. ⑥ 육식, 포도주, 흡연을 절제한다. ⑦ 일정한 날에 단식한다. ⑧ 곡식과 콩만 먹고 차만 마신다. ⑨ 시장이나 상점에 출입하지 않는다. ⑩ 돈이나 곡식, 옷을 가난한 신자들에게 나눠준다. ⑪ 십자가나 성화상 앞에서 기도한다. ⑫『四末』,『遵主聖範』,『良心省察』등의 신앙 서적을 읽거나 글을 모르면 다른 사람에게서 설명을 듣는다. ⑬ 묵상이나 기도에 전념한다. ⑭ 땅에 엎드려 참회 기도를 바친다. ⑮ 지정된 날에 자신을 채찍으로 때린다. ⑯ 일정한 날에 고행복을 입는다. 『쓰촨 대목구 시노드』, pp.109-110.

32)『쓰촨 대목구 시노드』, pp.104-105.

33) 장 디디에 드 생 마르탱, 「사목서한」, 『쓰촨 대목구 시노드』, p.225.

34) 이근명, 「전족」, 『명청시대사회경제사』, 이산출판사, 2007, p.475.

35) 두 인용문 모두 출처는 『쓰촨 대목구 시노드』, p.120.

36) 한족 여성들의 전족 고집에 굴복한 것은 천주교측 뿐만이 아니었다. 청조 역시 그러했다. 청초 조정에서는 전족한 여인은 죽인다는 禁令까지 내렸으나 수백 년 동안 내려오던 관습을 권력으로 중단시킬 수 없었다. 오히려 점차 만주족 여인네들에게까지 만주식 전족 풍습이 퍼지는 실정이었다. 이근명, 「전족」, 『명청시대사회경제사』, pp.470-471.

37)『쓰촨 대목구 시노드』, p.137.

38) 유목민에게 흔한 兄死娶嫂나 부친 사후 계모를 아내로 맞는 풍습을 야만 행위로 규정하면서 농경민족인 한족들이 유목민족인 흉노를 멸시하는 시선은 司馬遷, 지음, 김원중 옮김, 『사기열전』 권50, 「흉노열전」, 민음사, 2015, pp.329-330.

39) 명청시대 지방사회에서 同姓不婚 원칙이 지켜진 현상에 대해서는 王傳滿, 「明淸徽州婚姻禮俗」, 『黃河科技大學學報』 11卷 6期, 2009, p.67.

40) 뒤프레스 대목구장은 금지한 의술이 서양 의술인지 중국 의술인지 혹은 두 가지 모두인지는 분명하게 언급하지 않았다. 문맥상으로는 서양 의술과 중국 의술을 모두 포함한 것으로 받아들여진다. 『쓰촨 대목구 시노드』, p.164.

41) 예수회 선교사들이 강희 연간에 의사로 활동한 사례는 張維華, 『明淸之際中西關係簡史』, 齊魯書社, 1987, pp.274-275 ; Witek, John W., "Catholic missionaries, 1644-1800", The Cambridge history of China, Vol.9, Cambridge Univ. Press, 2016, p.354. 선교사들이 건륭 연간에 자신을 외과의사로 소개하고 청조에 북경 거주를 요청한 사례는 「兩廣總督阿里袞奏大西洋波爾都噶爾遣使來華并帶有西洋技藝人湯德徵等三人願進京效力摺」(乾隆17年7月30日), 『天主敎在華活動檔案』 제1책, p.177. 문건번호 102.

42)『쓰촨 대목구 시노드』, p.164.

43) 위와 같음.

44)『쓰촨 대목구 시노드』, pp.164-165.

45)『쓰촨 대목구 시노드』, pp.173-174.

46) 예수회 선교사들이 중국에서 펼친 적응주의 선교전략에 대해서는 김혜경, 「16~17
세기 예수회의 동아시아 선교정책 : 적응주의의 배경을 중심으로」, 『신학과 철학』
17, 2010 ; 柯毅霖 著, 楊振宇·劉芫信 譯, 「本土化 : 晚明來華耶蘇會士的傳敎方法」, 『浙江
大學學報』, 1991-1.

47) 『쓰촨 대목구 시노드』, pp.174-175.

48) 뒤프레스 대목구장 자신이 파리외방선교회 신학교 교장인 쇼몽(Chaumont)에게
보낸 1802년 10월 15일자 편지에서 그해 성도부 동쪽의 시장 Ly-ming-fou에서
발생한 천주교 박해 사건의 전말을 소개했다. 사건은 그해 정월 해마다 열리던
비교도들의 용등 놀이와 사자등 놀이에 시장에서 주막을 열고 있던 천주교도가
동참도 하지 않고 기부금도 내지 않은 데서 시작되었다. 비교도들은 그에게
놀이에 참여하라며 모욕하고 협박하고 때리고 가재도구를 부수었다. 그리고
그가 부패한 종교의 신도이고 관습적인 분담금을 내지 않았다고 관에 고발했다.
그는 석 달 동안 목에 칼을 차라는 선고를 받고 투옥되었다가 동료 천주교도들의
탄원으로 보름 만에 석방되었다. 「쓰촨 대목구장 타브라카 주교 뒤프레스가
파리외방선교회 신학교 교장 쇼몽에게 보내는 편지. 1802년 10월 15일 중국
쓰촨성」, pp.10-12. "Lettre de Mgr. Dufresse, évéque de Tabraca, viacaire apostolique
de la province du Su-tchuen, à M. Chaumont, directeur du seminaire des
Missions-Etrangeres, En Chine, province du Su-tchuen, 15 octobre 1802", *Nouvelles
Lettres Édifiantes Des Missions De La Chine Et Des Indes Orientales*, Vol.4, Paris, 1818/Nabu
Press, 2010년 영인본, pp.10-12.

49) 비교도들이 천주교도들의 예배를 반대하지 않고 돈을 미신과는 무관한 곳에
사용한다는 조건이었다. 『쓰촨 대목구 시노드』, p.177.

50) 『쓰촨 대목구 시노드』, p.179.

51) 예컨대 청대 복건 지방에서 풍수지리설에 입각하여 많은 돈을 주고 길지나 명당을
사서 부모를 매장하고 후손들의 번영을 도모한 사례는 원정식, 『종족사회의
변화와 종교적 대응 - 명·청대 복건 종족의 신령 숭배를 중심으로』, 위더스북,
2018, pp.45-47.

52) 『쓰촨 대목구 시노드』, pp.179-180.

53) 가와하라 아쓰시·호리코시 고이치 지음, 남지연 옮김, 『중세 유럽의 생활』, 에이케
이커뮤니케이션즈, 2017, pp.156-157.

54) 『쓰촨 대목구 시노드』, p.184.

55) 『쓰촨 대목구 시노드』, p.180.

乾隆帝与天主教

李 俊 甲

序论

第一篇 乾隆时期的天主教与中国经济

第三章：四川天主教徒的经济活动与生存状态

一. 湖广天主教徒通过农业迁居四川

二. 江西天主教徒通过商业和手工业迁居四川

三. 当地天主教徒在四川的扩散

四. 天主教徒与地方社会

第二篇 乾隆帝的双重态度- 镇压与"格外施仁"

第一章：乾隆時期镇压天主教的真相与天主教共同体

一. 镇压天主教的真相

　　(一) 亲戚·邻居的共生与压制

　　(二) 官员的弹压与默许

　　(三) 乾隆帝的禁令与"格外施仁"

二. 天主教共同体的生活面貌

　　(一) 北京共同体

　　(二) 湖北谷城县磨盘山共同体

　　(三) 江西景德镇共同体

　　(四) 广东广州共同体

三. 支撑天主教共同体的内部因素

　　(一) 天主教徒的信仰活动

　　(二) 传教士的游历与传教活动

第二章："乾隆朝大教案"(1784~1786) 与乾隆帝

一. "传教至上主义"与禁教政策的冲突

二. 主谋的逮捕与审问

　　(一) 传教士罗玛当家

　　(二) 内地神父蔡伯多禄

结论

[提出问题]

本书旨在探讨乾隆时期对天主教产生的影响,以及天主教因此具有的中国特色。天主教是扎根于欧洲的宗教,传教士在传播天主教的过程中致力于完整地移植欧洲的宗教本质,因此天主教是否具有中国特色尚且存疑。

明末来到中国的利玛窦等耶稣会传教士在选择所谓适应主义传教战略的同时,提出敬孔,祭祖,上帝的称呼等中国传统未违背天主教理,可予以包容。如果在清耶稣会传教士的立场被罗马教皇厅,所属方济各会或多明我会的传教士所接受,上述三要素有望成为不违背宗教本质的中国天主教的独特要素。但是教皇厅及其支持者在康熙末年挑起了"礼仪之争",认为这些中国传统破坏了天主教的宗教本质,予以排斥。因此,在宗教本质层面上无法找到清代中国天主教的特征。

那么究竟应该如何探寻清代特别是乾隆时期(1736~1795年)天主教的中国特色呢? 在宗教的本质层面已无从探究,因此只能到宗教以外的层面寻找。若要从宗教以外的角度探寻中国天主教的特征,在主题层面上需要调研与天主教相关的经济和政治问题,在时代层面上需要考察乾隆时期之后的嘉庆时期(1796~1820年)的天主教情况。这是因为天主教传教无法越过金钱这一经济问题,也无法回避统治者镇压这一政治问题,同时必须有另一时期作为比较对象。

人们对于金钱这一世俗欲望的结晶深度介入传教这一神圣工作的观点

是很难接受的。实际上，在传统时代以东亚为对象进行调研的天主教研究成果中之所以鲜少涉及与金钱相关的主题，也或多或少地与这种思考有关。虽然在传教现场钱的使用是十分必要的，但在以西方传教士的活动为主题的传教士研究中，忽视了对这一部分的探究。

当然，也存在一定关于金钱即传教资金的研究成果。比如，有研究以耶稣会活动为中心，对传教资金的各种获取方法及其财政状况进行了分析。通过分析以往的研究成果，具体查明了传教士特别是耶稣会士的传教资金保障情况。但是，这些研究主要局限于经费筹措问题，并且在时间上以明代为中心，其中甚至还存在以日本耶稣会的活动为研究对象展开分析的论说，这与本书对于传教资金问题的立场存在明显差异。

传教资金问题是所有传播天主教的国家都会面临的问题，因此若想将这一问题归为中国天主教的特征，有必要再补充一些线索。中国天主教的传教资金问题与世界白银流通网有着密切的联系，这一点毋庸置疑。因为17世纪以后白银成为国际通用货币，中国也确立了以白银为货币进行流通的经济结构。17世纪的世界白银最终流向中国，传教资金也随着世界白银流通网流入中国，这一事实表明，将金钱问题视为中国天主教的特征不无道理。

金钱问题不仅与传教资金有关，还与北京天主教堂的经济基础密切相关。欧洲支援的传教资金主要供给藏身于地方活动的传教士，在宫中侍奉的传教士只有钦天监等极少一部分人可以领到俸禄。其他人员不仅需要自己筹措滞留中国所需费用，还要暗地里进行比地方传教士耗资更大的传教活动。为了筹备滞留费和传教资金，北京天主教堂购买土地，店铺，住宅进行租佃或出租，收取地租和房租。鸦片战争后有研究指出，在有些西方传教士运营的教堂中出现了置办土地向佃户传教的现象，实际上这种方式早在近代以前就已出现。乾隆年间实施禁教政策，视获取房地产为非法行为，北京天主教堂的经济基础本将因此受到重创，乾隆帝却又"格外施仁"，承认其房地产合法，使其经济基础在这一奇妙的矛盾中得以确保。从这一点来看，将经济问题作为中国天主教的特征，具有充分的根据。

364

从镇压天主教这一角度来看，可以毫不夸张地说，清代天主教的历史就是一部反天主教势力的镇压史和天主教徒的受难史。"礼仪之争"之后，非教徒，官员，皇帝不断对天主教徒施加各种迫害，教徒们苟延残喘、咬牙坚持。根据这些史实，研究人员从迫害与受难二分法的视角出发，展开对清代天主教史的研究。

但另一方面，考虑到中国社会非常重视血缘关系和地缘关系，反天主教势力和天主教徒之间是否只形成了压制与迫害这两种极端的关系还需要进一步思考。反天主教势力和天主教徒只是以天主教这一标准进行区分的两种概念，实际上他们在村里互为亲戚与邻里，是一起生活的共同体成员。且不说血缘关系，就连地缘关系也自然而然地成为了联结共同体成员的纽带。成员之间的纽带关系对解决共同体内的各种矛盾和纷争起到了积极作用。因此，有必要阐明共同体成员之间的纽带关系对反天主教势力和天主教徒的对立产生了怎样的影响。

虽然大部分官员压制天主教徒，但其中部分官员并没有出面检举和处罚天主教徒。教案发生后，在与北京天主教堂的传教士交情颇深的地方高层官员中，甚至有人向自己部下的地方官下达指示，要求不要检举或惩处天主教徒。下级地方官知县当中，也有在自己的亲信因教案被捕时不予处罚的情况。虽然对天主教持友好态度的官员只有少数，但他们的存在却成为了提出"官员是否真的只是一边倒地镇压天主教徒"这一问题的充分依据。

另外，在往日的研究中，乾隆帝多被定义为冷酷镇压天主教的专制君主，这一点也需要重新研讨。实际上，在乾隆帝治世期间，教案频繁发生，传教士和内地天主教徒受到死刑等各种刑罚是不争的事实。但是，传教士所掌握的准确的天文、历法知识是巩固乾隆帝统治的必要因素。并且，他们投乾隆帝所好，绘制了准噶尔领导人的投降画，展示了征服者乾隆帝的威严。以"天下大君"，"内外共主"自居的乾隆帝将在宫中侍奉的传教士视为自己的心腹，对他们十分信任。他们虽然在传教或购买旗人土地的过程中触犯了清朝的法律，但乾隆帝不仅没有处罚他们，反而对其"格外施仁"，予以赦

免。可以说，乾隆帝全面保护了在北京宫中侍奉的西方传教士。他所惩处的天主教相关人士都是躲在地方秘密传教的西方传教士或内地天主教徒。在过去的研究中，人们之所以将乾隆帝视为天主教的压制者是因为只看到了他的一面。因此，有必要区分于以往的研究，了解乾隆帝庇护亲信传教士、保护天主教的双重面貌。

如果要考察乾隆时期(1736~1795)天主教的特色，必须有相应的比较对象。在迄今为止的天主教研究中，乾隆时期的天主教常与康熙时期(1662~1722)或雍正时期(1723~1735)的天主教放在一起比较。嘉庆时期(1796~1820)是清代史上由盛转衰的转折期，天主教研究中极少探究嘉庆时期的历史意义。有关嘉庆时期的天主教研究也仅仅停留在对这一时期所发生教案的事例分析上。但是作者最近分析了清朝的天主教政策以及天主教会对中国传统的应对方式发生的重大变化，发现嘉庆时期的天主教在清代天主教传播与遭受压制的历史中发生了划时代的变化。

若要探寻嘉庆时期的天主教特征，需要关注以下两个方面。一是关注清朝对天主教的态度。嘉庆年间销声匿迹的"格外施仁"虽然证明清廷进一步加强了对天主教的镇压，但仅凭这一点并不足以将其视为嘉庆时期的天主教特征。因为在乾隆时期之前的雍正时期，皇帝也并没有对天主教"格外施仁"。因此，嘉庆时期的天主教特征应该到君主"格外施仁"之外的方面中寻找。从这个角度来看，应该重点关注嘉庆年间进一步强化天主教监视和处罚的法律与制度。特别是，有必要分析为监视和控制北京天主堂西方传教士的一举一动而制定的"西洋堂管理章程"以及与乾隆时期相比更严厉惩罚满汉天主教徒的"天主教治罪专条"。除此以外，还应分析"失察官员处分条例"，该条例规定，满族官员和汉族官员在监视和逮捕本民族天主教徒失败的情况下，前者将比后者受到更加严厉的处罚。这些以严重处罚为基调的制度和法令的具体内容也需要仔细考察。另外，清朝实施这种强硬政策的时代背景也值得关注，即满族人信奉和传播天主教的现象十分突出，呈现出动摇满洲传统的趋势。

另一方面需要关注天主教的动向。嘉庆时期距明末利玛窦来华传教已

有两百余年，期间天主教虽然遭受压制，却也在中国扎下了根。天主教意识到，有必要通过梳理对中国传统的态度来确立自己的宗教认同感。天主教会对中国传统的态度在康熙末年的"礼仪之争"中得以初步明确，与此相关的研究也积极推进，学者们从"礼仪之争"的发展态势和意义、耶稣会士的适应主义传教战略以及反对这一战略的方济各会和多明我会传教士们的立场等多个方面对"礼仪之争"进行了分析。

然而，先前的研究却忽略了一个事实：即使在"礼仪之争"之后，中国传统仍旧是传教的巨大障碍。这是因为，虽然"礼仪之争"之后，敬孔、祭祖、上帝称呼等中国传统被天主教所排斥，但除此之外，其他各种中国传统仍然构成了传教和信仰生活的障碍。因此，有必要研究天主教对于在"礼仪之争"中未能明确立场的多种中国传统究竟持有怎样的态度。为探究以上问题，本书分析了巴黎外方传教会传教士兼四川大牧区长徐德新主教于嘉庆八年(1803)九月在四川崇庆州(今四川崇州)召开的天主教教务会议。

[内容简介]

上述问题可以归纳为以下三个方面。若要探究乾隆时期天主教的中国特色，首先，要分析乾隆时期天主教和中国经济的关系；其次，要分析乾隆帝镇压天主教和"格外施仁"的双重性；第三，要分析乾隆时期的比较对象——嘉庆时期的时代特征。本书将这三个问题作为各篇的研究主题展开分析。

第一篇的主题是探究乾隆时期的传教资金——白银的获取与开销情况及其与中国经济结构的关系。

第一篇第一章分析了传教资金白银流入中国的途径及开销情况。虽然清朝实施了禁教政策，但藏身地方的传教士们仍然能够得到传教资金的援助以继续开展活动，这种现象的出现与以下三个契机有关。第一，从世界史的角度来看，16世纪以来形成了世界规模的白银流通网，中国是这一流通网的重要成员。第二，山西商人、陕西商人、四川商人、湖广商人、江苏

商人等长途贸易商兼天主教徒的活动将白银中转地澳门和内地传教士连接在一起。这些商人可以轻易摆脱海关等清朝当局的监视,前往澳门天主堂领取白银并转交给内地的西方传教士。第三,中国全境的市场都以白银为货币,传教士们可以支付他们收到的白银购买必需品或雇用必要的人力。

第一篇第二章分析了北京天主教堂获取传教资金和滞留费用的途径。天主教北堂在1820年左右拥有土地、店铺、房屋等房地产,每年可收取佃租及租金白银1万余两。房地产收入的最主要来源是店铺租金,达白银7,600多两,占全部白银的75%左右。房地产收入大部分来自店铺,这意味着北堂的经济基础首先依赖于城市商业。在房地产收入中,占比重第二大的是佃租,约白银2,200两,占全部白银的22%左右。虽然与店铺租金相比比重较低,但这绝不是一笔小数目,是北堂重要的经济来源之一。北堂曾在北京郊区的农村拥有大规模土地,是收取巨额佃租的大地主。除此之外,住宅租金约有白银300两,占总租金的3%。住宅的出租收益率仅有2~4%,甚至低于店铺的出租收益率。并且,与寻找店铺承租人相比,寻找住宅承租人更加困难,因此,北堂出租的店铺比住宅多。北堂传教士的目标在于传教,他们以房地产为媒介,通过与佃户或承租人建立信仰纽带关系进行传教。允许天主教北堂坐拥大规模房地产的人正是曾经镇压天主教的乾隆帝。虽然传教士非法抵押旗人土地的事情败露,但乾隆帝却将这种行为合法化,并将相关法令的内容刻在石碑上,设在耕地周围。这种打破常规的情况所具有的复杂意义,在联系到乾隆帝逮捕并严厉处罚潜伏于地方秘密传教的传教士的事实时,更加引人深思。

第一篇第三章分析了清初、中期大规模人口流入四川的过程中移民天主教徒和本地天主教徒的经济活动与传教活动。明末清初之际,四川由于战乱和灾害人口骤减、财产受损惨重,史称"屠蜀"。经历了明末清初的动乱后,当地人返回四川,全国各省的很多移民也前来"填蜀"。移民对四川的经济、社会、文化等各方面都产生了很大影响。一般来说,天主教的传播是由定居在该地区的本地人主导的。但在四川,无论是本地人还是移民,都对

天主教的传播起到了重要的作用。除了血亲和同乡的互助，移民天主教徒还利用天主教这一信仰纽带，在四川定居。移民天主教徒利用自己家乡独有的优势定居四川。湖广地区的天主教徒通过在四川发展农业定居并发展壮大的事例比较多。其中，有很多人从承包无主荒地开始成长为地主。相反，江西地区的天主教徒主要从事在故乡时就熟悉的商业或手工业领域。他们成功在四川定居后，积极参与天主教传教活动。当地天主教徒中也有很多开垦无主荒地并成为地主的人。他们不仅在四川省内传教，还前往贵州、陕西、湖广等其他省份传教。四川本地天主教徒的传教范围甚至比在四川省内传教的移民天主教徒的活动范围还要广。

第二篇的主题是分析乾隆帝镇压天主教却又对其"格外施仁"的双重态度。乾隆帝在免除对亲信传教士的处罚时，自谕"施恩格外"、"法外之仁"、"法外施恩"。本书将以上说法统称为"格外施仁"。

第二篇第一章分析了乾隆时期清朝与天主教共同体的关系。乾隆时期清朝与天主教共同体的关系不再是压制与被压制的二元对立，而应理解为共存、默认、"格外施仁"的"第三种关系"。各地的天主教共同体都从属于"第三种关系"，也都各自适应于当地固有的经济、社会条件。无论情愿与否，邻居们也都选择从属于这种在血缘、地缘上与天主教徒共存的"第三种关系"。虽然大部分官员都压制天主教徒，但有些与传教士有交情的官员也选择默许"第三种关系"。乾隆帝是天主教的镇压者，但另一方面他又基于华夷论对天主教"格外施仁"，与天主教建立了"第三种关系"。"第三种关系"尤其对北京的天主教共同体产生了很大的影响。与其它地区的天主教共同体相比，北京天主教共同体的安全得到了更有力的保障。北京天主教共同体的传教士们有赖于乾隆的宽容，承担起了中国天主教共同体监护人的角色。天主教共同体是顺应当地社会经济的潮流而产生、发展的。湖北省谷城县的磨盘山天主教共同体的产生一方面是出于逃避清朝镇压的宗教动机，另一方面是顺应了清代湖北省山区开发的社会、经济潮流。景德镇天主教共同体是在明清时期全国各地开始兴起中小城市的社会、经济潮流中出现的。对外贸易港广东省广州的天主教共同体，是吸引欧洲传

教士进入内地的窗口。

第二篇第二章对发生于乾隆49年(1784年)到乾隆51年(1786年)的所谓"乾隆朝大教案"进行了案例研究。随着"乾隆大教案"的发生，天主教遭到大规模镇压，教势萎缩。天主教徒原本约有30万人，经过此次教案后迅速缩减至20万人。"乾隆朝大教案"是18世纪最大的教案，被捕天主教徒和传教士人数最多。同时，此次教案充分展现了乾隆时期的天主教特征，如乾隆末年官僚社会的腐败和无能、治安制度的局限性、天主教利用世界白银流通网筹集传教资金的方式、长途贸易商将传教资金转交给内地传教士的活动、非教徒邻居或亲戚与天主教徒的共生、清朝对教案的处理情况和乾隆帝的"格外施仁"等。从"乾隆朝大教案"对天主教徒进行审讯、裁决、处罚的处理过程来看，清朝是根据司法制度处理教案的。清朝对被捕天主教徒和传教士的惩处标准并不是依据《清律例》等刑法典指定的，而是依据乾隆帝颁布的谕旨。乾隆帝立足于华夷论"法外之仁"、"法外施恩"的主张，对受到终身监禁刑罚的西方传教士"格外施仁"，予以赦免，这也展现了专制权力比司法制度更优越的一面。乾隆帝提出"人才难得"和"用人不得之苦心"的理论，让失察官员留任现职的措施也是基于以上主张。与法令相比，乾隆帝更关注现实，他减轻处罚的措施不是破坏法治，而是对儒家德治的坚守。

第三篇分析了嘉庆时期的时代特征，与乾隆时期的特征进行了比较。

第三篇第一章分析了嘉庆时期的禁教状态，与乾隆时期采用镇压和"格外施仁"的软硬兼施的两面战略不同，这一时期皇帝和官员们动用法律、制度和朱子学，一边倒压制和批判天主教。为探究嘉庆时期的禁教状态，本章分析了从外部孤立北京天主堂的《西洋堂管理章程》、将满汉天主教徒的惩处法制化的《天主教治罪专条》、处罚未能约束部下旗人信奉天主教的八旗官员的《失察官员官处罚条例》的内容和制定背景。乾隆帝对明代以来士绅官僚从儒教角度出发批判天主教理的做法漠不关心。但其子嘉庆帝不同，他立足于儒教道德观和君主观，全面批判了天主教。在揭示批判天主教的理论依据的方法上，嘉庆帝与将儒教作为统治理念的汉族皇

帝相似。地方官员或立足于性理学的观念，或立足于乾嘉年间的考证学方法论，提出天主教批判论。对违反清朝法律的传教士，无论是北京天主堂的亲信，还是藏身地方的传教士，嘉庆帝都进行惩处，并不会"格外施仁"。嘉庆帝一贯处罚传教士的理由是，他对西方文物不感兴趣，因此要减少个人接触西方文物的机会。但是从更根本的层面来看，嘉庆时期与不断扩张领土、测量新征服地区、绘制地图的乾隆时期性质不同，从中可以找到嘉庆帝镇压天主教的深层原因。因为嘉庆时期无论是领土开拓还是测量或地图制作工作都已没有继续开展的必要，除了天文和历法领域，传教士的知识和技术再无用武之地。因此，面对可利用性降低的传教士们的违法行为，嘉庆帝无论是在个人需求还是时代需求上都没有予以庇护的必要了。

第三篇第二章通过分析四川代牧区长徐德新于嘉庆8年(1803)制定的天主教令，探究了天主教会对在康熙末年的"礼仪之争"中未被视为矛盾的多种中国传统持怎样的立场。嘉庆时期，天主教传入中国已有200余年，但传教现场仍旧常常发生中国传统和天主教理的矛盾与冲突。这是因为，虽然康熙末年发生了"礼仪之争"，但天主教仍未彻底明确对中国传统的态度。在利玛窦之后的传教士中，四川代牧区长徐德新为明确天主教和中国传统的关系付出了最艰苦的努力。徐德新于嘉庆8年(1803)制定了相关天主教令，该教令排斥中国传统，主张完全遵守天主教理。徐德新为了坚守天主教理优先的传教路线，主张彻底否定中国传统。在他看来，以理气论为依据的儒教理念和以一神论为基础的天主教理只能分道扬镳，无法相融。他为了从根本上否定中国传统，不仅谴责和排斥儒教经典教育，甚至主张经典教育只能归结为迷信或谬论。中国传统深深扎根于儒教经典教育之中，这种指责无异于彻底否定了中国传统。排斥儒教经典教育的严重性远远超出了教皇厅下令禁止祭祖或敬孔的程度，这也是徐德新否定中国传统的核心观点。徐德新在制定天主教令时虽然部分接受了中国的天主教传统，但主要基调仍是对 儒教传统、民间信仰传统、经济传统、文化传统、政治传统的排斥。1832年，教皇厅下达命令，除在中国传教的传教士和祭司之外，在东亚活动的所有传教士和祭司都要遵守四川代牧区教令。

嘉庆时期，清朝严厉镇压天主教的法令和天主教会彻底排斥中国传统立场的教令相互冲突，乾隆时期的"第三种关系"继续存在的可能性大幅缩减。"乾隆朝大教案"发生时，徐德新在四川被捕，在北京被判终身监禁而入狱，因乾隆帝"格外施仁"得以释放后被驱逐到澳门。之后，徐德新再次潜入四川活动，于嘉庆20年(1815)被捕并被斩首。徐德新的释放和斩首是象征清朝天主教政策发生重大变化的代表性证据。

참고문헌

1. 자료

사마천 지음, 김원중 옮김, 『사기열전』, 민음사, 2015.
신익철 편저, 『연행사와 북경 천주당 - 연행록 소재 북경 천주당 기사 집성』, 보고사, 2013.
장신호 옮김, 『1803년 9월 2일, 5일 그리고 9일에 충청주 도회지에서 열린 쓰촨 대목구 시노드』, 한국교회사연구소, 2012(原題 : *SYNODUS VICARIATUS SUTCHUENSIS HABITA IN DISTRICTU CIVITATIS TCONG KING TCHEOU ANNO 1803*).
페르디난드 페르비스트 지음, 노용필 옮김, 『교요서론 - 17세기 조선에서 유행한 천주교 교리서』, 한국사학, 2013.

『定例彙編』(經歷司藏板), 東京大學 東洋文化研究所所藏本.
『淸經世文編』, 中華書局 影印本, 1992.
『淸宮廣州十三行檔案精選』, 廣東經濟出版社, 2002.
『淸史稿』, 中華書局, 1977.
『淸史列傳』, 中華書局, 1987.
『淸實錄』(『世祖實錄』, 『聖祖實錄』, 『世宗實錄』, 『高宗實錄』, 『仁宗實錄』), 中華書局 影印本, 1985~1986.
『淸朝文獻通考』, 浙江古籍出版社, 2000.
『淸朝通典』, 浙江古籍出版社, 2000.
『淸中期五省白蓮敎起義資料』第5冊, 江蘇人民出版社, 1981.
『欽定八旗通志』, 臺灣學生書局, 1986(2次 影印本).
乾隆 『大淸會典』, 文淵閣本 四庫全書 影印本.
光緖 『淸會典事例』, 中華書局影印本, 1991.
田濤·鄭秦 點校, 『大淸律例』, 法律出版社, 1999.
中國第一歷史檔案館 編, 『乾隆朝上諭檔』, 檔案出版社, 1991.

참고문헌　373

古洛東(Gourdon), 『聖教入川記』, 四川人民出版社, 1981.

金以楓, 『1949年以來基督宗教研究索引』, 社會科學文獻出版社, 2007.

涂鳳書, 『雲陽涂氏族譜』, 民國十九年(1930).

杜赫德 編, 『耶蘇會士中國書簡集 - 中國回憶錄』第1冊~第6冊, 大象出版社, 2005.(Lettres Édifiantes Et Curieuses, Écrites Des Missions Étrangères : Mémoires De La Chine의 중국어 번역본)(중국어 번역자는 제1책 呂一民·沈堅·鄭德第, 제2책 鄭德第, 제3책 朱靜, 제4책 耿昇, 제5책 呂一民·沈堅·鄭德第, 제6책 鄭德第)

北京圖書館金石組 編, 『北京圖書館藏中國歷代石刻拓本匯編』第70冊, 中州古籍出版社, 1990.

費賴之 著, 馮承鈞 譯, 『在華耶蘇會士列傳及書目』(上·下), 中華書局, 1995.

費賴之 著, 梅乘騏 梅乘駿 譯, 『明淸間在華耶蘇會士列傳 1552-1773』下, 天主教上海教區光啓社, 1997.

四川大學歷史系·四川省檔案館 主編, 『淸代乾嘉道巴縣檔案選編』上, 四川大學出版社, 1989.

沈之奇 撰, 李俊·懷效鋒 點校, 『大淸律輯註』上, 典賣田宅, 法律出版社, 2000.

艾儒略, 『四字經文』(鐘鳴旦, 杜鼎克 編, 『耶蘇會羅馬檔案館明淸天主教文獻』第2冊), 臺北利氏學社, 2002.

艾儒略, 『滌罪正規經』(鐘鳴旦, 杜鼎克 編, 『耶蘇會羅馬檔案館明淸天主教文獻』第4冊), 臺北利氏學社, 2002.

嚴如熤, 『三省邊防備覽』(道光2年 木版本).

吳旻·韓琦 編校, 『歐洲所藏雍正乾隆朝天主教文獻匯編』, 上海人民出版社, 2008.

于成龍, 『于淸端政書』, 文淵閣本 四庫全書 影印本.

劉芳 輯·章文欽 校, 『葡萄牙東波塔檔案館所藏淸代澳門中文檔案彙編』(下冊), 澳門基金會, 1999.

中國第一歷史檔案館·中國海外漢學研究中心 合編, 安雙成 編譯, 『淸初西洋傳敎士滿文檔案譯本』, 大象出版社, 2015.

中國第一歷史檔案館·澳門基金會·暨南大學古籍研究所 合編, 『明淸時期澳門問題檔案文獻匯編』(一), 人民出版社, 1999.

中國第一歷史檔案館 編, 『淸中前期西洋天主教在華活動檔案史料』第1冊~第4冊, 中華書局, 2003.

中山市檔案局(館)·中國第一歷史檔案館 編, 『香山縣明淸檔案輯錄』, 上海古籍出版社, 2006.

秦和平·申曉虎 編, 『四川基督教資料輯要』, 巴蜀書社, 2008.

馮秉正, 『聖年廣益』(한글본 및 한문본), 한국교회사연구소, 2014.

黃鴻壽, 『淸史紀事本末』, 上海書店, 1986.

康熙 『固安縣志』, 鄭善述 修, 潘昌 纂, 康熙五十三年(1714) 刻本.

咸豊 『固安縣志』, 陳崇砥 修, 陳福嘉 等纂, 咸豊九年(1859) 刻本.

江西省高安縣史志編纂委員會 編纂, 『高安縣志』, 江西人民出版社, 1988.

民國 『灌縣志』, 葉大鏘 修, 羅駿聲 纂, 民國二十二年(1933) 鉛印本.

光緒 『銅梁縣志』, 韓清桂 等修, 陳昌 等纂, 光緒元年(1875) 刻本.

民國 『武勝縣新志』, 羅輿志 修, 孫國藩 纂, 民國二十年(1931) 鉛印本.

同治 『重修涪州志』, 呂紹衣 等修, 王應元·傅炳墀 等纂, 同治九年(1870) 刻本.

嘉慶 『四川通志』, 常明 等修, 楊芳燦·譚光祜 纂, 嘉慶二十一年(1816) 刻本(巴蜀書社影印本, 1984).

同治 『重修成都縣志』, 李玉宣 等修, 衷興鑒 纂, 同治十二年(1873) 刻本.

光緒 『順天府志』, 萬靑黎 等修, 繆荃孫 等纂, 光緒十二年(1886) 刻本.

嘉慶 『什邡縣志』, 紀大奎 修, 林時春 纂, 嘉慶十七年(1812) 文昌閣刻本.

咸豊 『隆昌縣志』, 魏元燮 等修, 耿光祜 纂 咸豐十一 年(1861)(同治十三年續刻本).

嘉慶 『宜賓縣志』, 劉元熙 修, 李世芳 等纂, 嘉慶十七年(1812) 刻本.

道光 『鄰水縣志』, 曾燦奎, 劉光第 修, 甘家斌 等纂, 道光十五年(1835) 刻本.

康熙 『長壽縣志』, 薛祿天 修, 劉慈 纂, 康熙五十三年(1714) 刻本.

光緒 『彭水縣志』, 莊定域 修, 支承祜 纂, 光緒元年(1875) 刻本.

同治 『續修漢州志』, 張超 修, 曾履中 纂, 同治八年(1869) 刻本.

民國 『新修合川縣志』, 鄭賢書 等修, 張森楷 纂, 民國十年(1921) 刻本.

Adrien Launay, *Journal D' André Ly, prêtre, chinois, missionnaire et notaire apostolique, 1746-1763*, Paris, 1906.

"Lettre de Mgr. Dufresse, évéque de Tabraca, viacaire apostolique de la province du Su-tchuen, à M. Chaumont, directeur du seminaire des Missions-Etrangeres, En Chine, province du Su-tchuen, 15 octobre 1802", *Nouvelles Lettres Édifiantes Des Missions De La Chine Et Des Indes Orientales*, Vol.4, Paris, 1818/ Nabu Press, 2010년 영인본.

『가톨릭대사전』, 「로마예식서」 항목. (http://info.catholic.or.kr/dictionary/dic_view. asp?ctxtIdNum=767)

『가톨릭대사전』, 「트리엔트공의회」 항목. (http://info.catholic.or.kr/dictionary/dic_ view.asp?ctxtIdNum=3727)

『원불교대사전』(인터넷판) (http://www2.won.or.kr/servlet/wontis.com.root. OpenChannelServlet?tc=wontis.dic.command.RtrvDicLstCmd.)

貴州省 宗教事務局, 「貴州天主教 : 第一節 天主教傳入貴州」. http://www.gzszj.gov.cn /art/2011/8/2/art_184_4704.html

2. 논저

〈한국어〉

금장태,『조선후기 유교와 서학 - 교류와 갈등』, 서울대학교 출판부, 2003.

김기협,「예수회 선교의 적응주의 노선과 중국·일본의 서학」,『역사비평』 25, 1994.

김명희,「종교간 대화 모델로서 마테오 리치의 적응주의 :『천주실의』에 나타난 그리
    스도교와 유·불·도의 대화」,『조직신학논총』 39, 2014.

김병태,「명말청초 '전례논쟁'의 선교사적 이해」,『한국기독교와 역사』 28, 2008.

김상근,『동서문화의 교류와 예수회 선교역사』, 한들출판사, 2006.

김선혜,「재판」,『명청시대사회경제사』, 이산출판사, 2007.

김혜경,「16~17세기 예수회의 동아시아 선교정책 : 적응주의의 배경을 중심으로」,
    『신학과 철학』 17, 2010.

김혜경,『예수회의 적응주의 선교 : 역사와 의미』, 서강대학교 출판부, 2012.

盧鏞弼,「조선후기 한글 필사본 교리서의 유통」,『(경남대학교)人文論叢』 23, 2009.

盧鏞弼,「『天主實義』註釋目錄本의 中國에서의 出版과 朝鮮에서의 諺解筆寫本의 流行」,
    『韓國史學史學報』 30, 2014.

데이비드 E. 먼젤로 지음, 이향만 옮김,『진기한 나라, 중국 : 예수회 적응주의와
    중국학의 기원』, 나남, 2009.

마크 C. 엘리엇 지음, 이훈·김선민 옮김,『만주족의 청제국』, 푸른역사, 2009.

마크 C. 엘리엇 지음, 양휘웅 옮김,『건륭제』, 천지인, 2011.

미야자키 이치사다 지음, 차혜원 옮김,『옹정제』, 이산, 2001.

朴基水,「淸代 廣東의 對外貿易과 廣東商人」,『明淸史硏究』 9, 1998.

朴敏洙,『淸의 入關과 旗人의 北京 移住 硏究』, 서울대학교 대학원 동양사학과 박사학위
    논문, 2017.

范忠信 등 지음, 李仁喆 옮김,『中國法律文化探究 - 情理法과 中國人』, 一潮閣, 1996.

벤저민 엘만 지음, 양휘웅 옮김,『성리학에서 고증학으로』, 예문서원, 2004.

서양자,『중국천주교순교사』, 순교의 맥, 2008.

서양자,『청나라 궁중의 서양 선교사들』, 순교의 맥, 2010.

徐永大,「中國과 韓國의 城隍信仰 比較」,『中國史硏究』 12, 2001.

송미령,『청대정책결정기구와 정치세력』, 혜안, 2005.

宋美玲,「예수회 선교사들의 明淸交替에 대한 인식 변화와 선교의 모색」,『明淸史硏究』
    35, 2011.

宋正洙,『中國近世鄕村社會史硏究 - 明淸時代 鄕約·保甲制의 形成과 展開』, 혜안, 1997.

안드레 군더 프랑크 지음, 이희재 옮김,『리오리엔트』, 이산, 2003.

吳金成,『中國近世社會經濟史硏究 - 明代紳士層의 形成과 社會經濟的 役割』, 一潮閣,
    1986.

376

吳金成,「1607年의 南昌教案과 紳士」,『東洋史學研究』80, 2002.

吳金成,『國法과 社會慣行 - 明淸時代社會經濟史研究』, 知識産業社, 2007(中譯本：崔榮根譯 薛戈校,『國法与社會慣行：明淸時代社會經濟史研究』, 浙江大學出版社, 2020).

吳金成,『矛·盾의 共存 - 明淸時代 江西社會 研究 - 』, 知識産業社, 2007(中譯本：崔榮根譯 薛戈校譯,『矛与盾的共存：明淸時期江西社會研究』, 江蘇人民出版社, 2018).

元廷植,「乾·嘉年間 北京의 石炭 需給 問題와 그 對策」,『東洋史學研究』32, 1990.

元廷植,『淸代 福建社會 研究 - 淸 前·中期 閩南社會의 變化와 宗族活動』, 서울大學校 大學院 東洋史學科 博士學位論文, 1996.

원정식,『종족 형성의 공간과 문화 - 15·16세기의 복건 신현을 중심으로』, 위더스북, 2012.

원정식,『종족사회의 변화와 종교적 대응 - 명·청대 복건 종족의 신령 숭배를 중심으로』, 위더스북, 2018.

윌리엄 T. 로 지음, 기세찬 옮김,『하버드 중국사 청 - 중국 최후의 제국』, 너머북스, 2014.

이경규,「明代 마카오의 海上貿易과 東西文化의 交流」,『人文科學研究』15, 2011.

이경규,「예수회의 일본선교와 경제적 배경」,『大丘史學』105, 2011.

이근명,「전족」,『명청시대사회경제사』, 이산출판사, 2007.

李敏鎬,「淸代 '懷慶藥商'의 商業活動과 네트워크 形成 - '協盛全'과 '杜盛興'을 중심으로 - 」,『明淸史研究』35, 2011.

李俊甲,「淸代 四川省 成都府 一帶의 商業과 '客民商人'」,『明淸史研究』4, 1995.

이준갑,『중국사천사회연구 1644-1911 : 개발과 지역질서』, 서울대출판부, 2002.

李俊甲,「太平天國時期四川食鹽在湖南湖北市場的進出與銀流通」,『明淸史研究』 20, 2004.

李俊甲,「川鹽濟楚와 淸末 江蘇省의 地域經濟 - 銀流通 문제를 中心으로 - 」,『明淸史研究』25, 2006.

李俊甲,「乾隆年間 淸朝의 對外戰爭과 帝國體制 - 제1차 준가르 공격(1755년) 사례를 중심으로」,『한국학연구』(인하대)20, 2009.

李俊甲,「白蓮教軍이 언급한 嘉慶 白蓮教反亂 - 白蓮教軍 진술서 분석을 중심으로 - 」,『東洋史學研究』146, 2019.

이훈,『만주족이야기』, 너머북스, 2018.

장중례 지음, 김한식·정성일·김종건 옮김,『중국의 신사』, 신서원, 1993.

張晋藩 主編, 한기종·김선주·안대희·한상돈·윤진기 옮김,『중국법제사』, 소나무, 2006.

田汝康 지음, 이재정 옮김,『공자의 이름으로 죽은 여인들』, 예문서원, 1999.

鄭哲雄·張建民·李俊甲,「淸代 川·湖·陜 交界地域의 經濟開發과 民間風俗(Ⅱ)」,『東洋史

學硏究』87, 2004.

鄭哲雄·李俊甲,「淸代 川·湖·陝 交界 山間地域의 經濟開發과 그 性格」,『中國史硏究』 41, 2006.

조영헌,『대운하와 중국상인 - 회·양지역 휘주상인 성장사』, 민음사, 2011.

조지 듄 지음, 문성자·이기면 옮김,『거인의 시대 : 명말 중국 예수회 이야기』, 지식을 만드는 지식, 2016.

조현범,『조선의 선교사, 선교사의 조선』, 한국교회사연구소, 2008.

崔甲洵,『中國近世民間宗敎硏究 -‘白蓮敎 傳統’의 구성』, 東國大學校 博士學位論文, 1994.

崔炳旭,「중국에서의 프랑스 保敎權의 기원과 성립 - 淸初 프랑스 예수회 선교사의 중국 파견에서 淸佛〈北京條約〉의 체결까지 -」,『明淸史硏究』22, 2004.

崔韶子,「近世中國에 있어서의 西洋人名의 漢字表記」,『東洋史學硏究』3, 1969.

崔韶子,『東西文化交流史硏究 - 明·淸時代西學受容』, 三英社, 1987.

崔韶子,「明·淸時代의 天主敎와 白蓮敎」,『梨大史苑』22·23合輯, 1988.

카를로 M. 치폴라 지음, 장문석 옮김,『스페인 은의 세계사 : 1500~1800년 아메리카의 은은 역사를 어떻게 바꾸었는가?』, 미지북스, 2015.

클로딘 롱바르-살몽 지음, 정철웅 옮김,『중국적 문화변용의 한 예 : 18세기의 귀주성』, 세창출판사, 2015.

티모시 브룩 지음, 이정·강인황 옮김,『쾌락의 혼돈 - 중국 명대의 상업과 문화』, 이산, 2005.

피터 C. 퍼듀 지음, 공원국 옮김,『중국의 서진 : 청의 유라시아 정복사』, 도서출판 길, 2012.

許元,「淸末 프랑스 천주교회의 內地 土地租買權과 중국 측의 대응」,『歷史學報』139, 1993.

許元,「淸末 西洋 敎會의 內地 不動産租買權과 중국 官·民의 대응」,『東洋史學硏究』 50, 1995.

許元,「淸末 西洋 敎會의 內地 不動産租買와 中·西 갈등」,『省谷論叢』27-4, 1996.

黃啓臣·鄭煒明 저, 박기수·차경애 역,『마카오의 역사와 경제』, 성균관대학교 출판부, 1999.

후안 카트레트 지음, 신원식 옮김,『예수회역사』, 이냐시오영성연구소, 1994.

훼이 샤오퉁 지음, 이경규 옮김,『중국사회의 기본구조』, 일조각, 1995.

〈중국어〉

柯毅霖 著, 楊振宇·劉芫信 譯,「本土化 : 晚明來華耶蘇會士的傳敎方法」,『浙江大學學 報』, 1991-1.

葛劍雄 主編, 曹樹基·吳松弟·葛劍雄 著,『中國移民史』第6卷, 福建人民出版社, 1997.

葛劍雄 主編·曹樹基 著, 『中國人口史』第5卷上, 復旦大學出版社, 2005.

康志杰, 「論明淸在華耶蘇會財務經濟」, 『史學月刊』1994-3.

康志杰, 「湖北天主教開教述略 - 兼評明淸在湖北活動的耶蘇會士」, 『江漢論壇』, 1999-2.

康志杰, 「關於湖北磨盤山神權社會的考察」, 『世界宗敎硏究』2004-3.

康志杰, 『中國天主教財務經濟硏究(1582-1949)』, 人民出版社, 2019.

高華士 著, 趙殿紅 譯, 『淸初耶蘇會士魯日滿 - 常熟賬本及靈修筆記硏究』, 大象出版社, 2007. 이 책은 Noël Golvers, *François de Rougemont, S.J., Missionary in Ch'angshu (Chiang-Nan): A Study of the Account Book (1674-1676) and the Elogium*, Leuven Univ. P., 1999의 중국어 번역본임.

龔勝生, 「元明淸時期北京城燃料供銷系統硏究」, 『中國歷史地理論叢』1995-1.

郭麗娜, 『淸代中葉巴黎外方傳敎會在川活動硏究』, 學苑出版社, 2012.

鞠德源, 「淸欽天監監正劉松齡 - 紀念南斯拉夫天文學家劉松齡逝世二百一十周年」, 『故宮博物院院刊』1985-1.

靳煜, 「乾隆年間三次西域測繪再分析」, 『西域硏究』2016-1.

那思陸, 『淸代中央司法審判制度』, 北京大學出版社, 2004.

譚紅 主編, 『巴蜀移民史』, 巴蜀書社, 2006.

戴建兵·習永凱, 「全球視覺下嘉道銀貴錢賤問題硏究」, 『近代史硏究』2012-6.

雷榮廣·姚樂野, 『淸代文書綱要』, 四川大學出版社, 1990.

柳若梅, 「19世紀葡萄牙天主敎在華遺留財産與俄羅斯東正敎駐北京使團」, 『澳門公共行政雜志』, 2012.

李向玉, 『漢學家的搖籃 - 澳門聖保祿學院硏究』, 中華書局, 2006.

萬志鵬, 「論中國古代刑法中的"籍沒"刑」, 『求索』2010-6.

孟姝芳, 『乾隆朝官員處分硏究』, 內蒙古大學出版社, 2009,

聞鈞天, 『中國保甲制度』, 臺灣商務印書館, 1971.

方豪, 『中國天主敎史人物傳』, 中華書局, 1988.

沙百里(Jean Charbonnier), 「從李多林(又名徐德新)主敎自1789年至1805年的通信看18世紀末至19世紀初四川本地社會中的天主敎」, 『中國天主敎歷史論文集』[鄢華陽(Robert Entenmann) 等著, 顧韋民 譯], 廣西師範大學出版社, 2010.

商鴻逵·劉景選·季永海·徐凱 編著, 『淸史滿語辭典』, 上海古籍出版社, 1990.

徐宗澤, 『中國天主敎傳敎史槪論』, 上海書店, 2010(제1판은 1938).

徐浩, 「淸代華北農村人口和土地狀況的考察」, 『淸史硏究』1992-2.

蘇州市城建檔案館·遼寧省博物館 編, 『姑蘇繁華圖』, 文物出版社, 1999.

松浦章 著, 王亦錚 譯, 「18世紀歐美諸國的亞洲公司與廣州貿易」, 『海交史硏究』2011-2.

晏路, 「康熙, 雍正, 乾隆三帝與西方傳敎士畫家」, 『滿族硏究』1999-3.

梁啓超, 『淸代學術槪論』, 商務印書館, 1977(제1판은 1921).

梁其姿, 『施善與敎化：明淸的慈善組織』, 河北敎育出版社, 2001(臺灣版은 臺北 聯經出版

公司, 1997).

楊珍,「淸初權力之爭中的特殊角色：湯若望與順治帝關係之一」,『淸史硏究』1999-3.

余淸良,「試論澳門在早期(1635~1842)中英貿易關係中的地位和作用」,『海交史硏究』2000-1.

閣宗臨 著, 閣守誠 編,『傳敎士與法國早期漢學』, 大象出版社, 2003.

吳莉葦,『中國禮儀之爭：文明的張力與權力的較量』, 上海古籍出版社, 2007.

吳薇,「明淸江西天主敎的傳播」,『江西師範大學學報』(哲學社會科學版) 第36卷 第1期, 2003.

吳伯婭,「有關乾隆朝大敎案的幾個問題」,『中華文史論叢』69, 2002.

吳伯婭,『康雍乾三帝與西學東漸』, 宗敎文化出版社, 2002.

吳伯婭,「德天賜案初探」,『淸史論叢』, 2008.

吳兆莘,『中國稅制史』下冊, 商務印書館(北京), 1998(1版은 1937).

王亮,「康熙與羅馬敎皇的衝突」,『歷史知識』1987-1.

王傳滿,「明淸徽州婚姻禮俗」,『黃河科技大學學報』11-6.

王俊彦,「湯若望：進入明淸宮廷的傳敎士」,『炎黃春秋』1999-1.

王賢輝,「明淸洪江商幫」, 黑龍江敎育出版社, 2013.

王曉,「咸豐三年欽天監敎案考述」,『溫州大學學報(社會科學版)』24-2, 2011.

于本源,『淸王朝的宗敎政策』, 中國社會科學出版社, 1999.

劉鑒唐,「淸初在華各派傳敎士的爭鬪」,『歷史大觀圓』1992-3.

劉杰熙 編著,『四川天主敎』, 四川出版集團·四川人民出版社, 2009.

兪鹿年 編著,『中國官制大辭典』下, 黑龍江人民出版社, 1992.

劉鳳雲,「淸代北京的鋪戶及其商人」,『中國人民大學學報』2007-6.

劉小萌,『淸代北京旗人社會』, 中國社會科學出版社, 2008.

劉靑瑜,「嘉慶十年査禁天主敎的原因」,『內蒙古大學學報』(人文社會科學版), 2006-1.

李晟文,「淸代法國耶蘇會士在華傳敎策略」,『淸史硏究』1995-3.

李華川 譯,「《李安德日記》節譯」,『淸史論叢』, 2013.

李華川,「白日昇與十八世紀天主敎四川傳敎史」,『基督敎硏究』2014-3.

李華川 譯,「《李安德日記》節譯之二」,『淸史論叢』, 2015.

林金水·吳懷民,「艾儒略在泉州的交遊與傳敎活動」,『海交史硏究』1994-1.

張建民,『湖北通史(明淸卷)』, 華中師範大學出版社, 1999.

張建民,『明淸長江流域山區資源開發與環境演變－以秦嶺大巴山區爲中心』, 武漢大學出版社, 2007.

張力·劉鑒唐,『中國敎案史』, 四川省社會科學院出版社, 1987.

張先淸,「刊書傳敎：淸代禁敎期天主敎經卷在民間社會的流傳」,『史料與視界－中文文獻與中國天主敎史硏究』(張先淸 編), 上海人民出版社, 2007.

張先淸,『官府, 宗族與天主敎：17-19世紀福安鄕村敎會的歷史敍事』, 中華書局, 2009.

張維華,『明淸之際中西關係簡史』, 齊魯書社, 1987.

張廷茂,「16-18世紀中期澳門海上貿易與東西文化交流」,『海交史研究』 2000-1.

張海鵬·張海瀛 主編,『中國十大商幇』, 黃山書社, 1993.

張曉寧,『天子南庫－淸前期廣州制度下的中西貿易』, 江西高校出版社, 1999.

全漢昇,「明淸間美洲白銀的輸入中國」,『中國經濟史論叢』, 稻禾出版社, 1996(原載『中國
　　文化研究所學報』 第2卷 第1期, 1969).

周琳,「白蓮敎起事與巴山老林附近地區鄕村防禦體系」,『佳木斯大學社會科學學報』第22
　　卷 第1期, 2004.

朱紹侯 主編,『中國古代治安制度史』, 河南大學出版社, 1994.

朱一新,『京師坊巷志稿』 卷上, 北京古籍出版社, 1982.

朱靜,「羅馬天主敎會與中國禮儀之爭」,『復旦學報』 1997-3.

周秋光·曾桂林,『中國慈善簡史』, 人民出版社, 2006.

陳垣,「雍乾間奉敎之宗室－上編 蘇努諸子」,『陳垣學術論文集』(原載:『輔仁學報』第3卷
　　第2期, 1932), 中華書局, 1980.

崔維華,『明淸之際西班牙方濟會來華傳敎硏究(1579-1732)』, 中華書局, 2006.

湯開建,「明淸之際中國天主敎會傳敎經費之來源」,『世界宗敎硏究』 2001-4.

湯開建,「順治朝全國各地天主敎敎堂敎友考略」,『淸史硏究』 2002-3.

佟洵,「"北堂"的變遷」,『北京科技大學學報(社會科學版)』 15-3, 1999.

彭凱翔,「"京錢"考」,『江蘇錢幣』 2013-2.

彭信威,『中國貨幣史』, 上海人民出版社, 2007(제1판은 1954년).

彭朝貴·王炎主編,『淸代四川農村社會經濟』, 天地出版社, 2001.

馮立升,「乾隆時期西北地區的天文大地測量及其意義」,『中國邊疆史地硏究』 1999-3.

馮爾康,『雍正傳』, 人民出版社, 1985.

馮佐哲,「淸代康雍乾三帝對西方傳敎士態度的若干考察」,『基督敎與近代文化』 1994.

何本方,「淸代商稅制度芻議」,『社會科學硏究』 1987-1.

許壇·經君健,「淸代前期的商稅問題新探」,『中國經濟史硏究』 1990-2.

〈일본어〉

福武直,『中國農村社會の構造』, 東京大學出版會, 1976(제1판은 1946년).

夫馬進,『中國善會善堂史の研究』, 同朋舍, 1997.

山根幸夫,『明淸華北定期市の研究』, 汲古書院, 1995.

山田賢,『移住民の秩序－淸代四川地域社會史研究』, 名古屋大學出版會, 1995.

矢沢利彦,「嘉慶十六年の天主敎禁壓」,『東洋學報』 27-3, 1940.

矢沢利彦,「中國天主敎徒と傳敎者の問題」,『史學雜誌』 59-3, 1950.

矢沢利彦,「乾隆四十九·五十年の天主敎禁壓」,『埼玉大學紀要』(社會科學篇)7, 1958.

矢沢利彦,「イエズス會士の來華とカドリック布敎の問題」,『西歐文明と東アジア』, 平凡社,
　　1971.

矢沢利彦, 『中國とキリスト教 - 典禮問題』, 近藤出版社, 1972.

矢沢利彦, 『北京四天主堂物語 - もう一つの北京案內記』, 平河出版社, 1987,

矢沢利彦, 『西洋人の見た中國皇帝』, 東方書店, 1992.

鈴木中正, 『淸朝中期史硏究』, 愛知大學 國際問題硏究所, 1952.

陳寶良, 「「鄕土社會」か「好訟社會」か? - 明淸時代の「好訟」社會の形成およびその諸相, 夫馬進 編, 『中國訴訟社會史の硏究』, 東京大學學術出版會, 2011.

後藤末雄, 『乾隆帝傳』, 生活社, 1942.

〈영어〉

Adolf Heuken SJ, *Historical Sites of Jakarta*, Cipta Loka Caraka, 2000.

Atwell, William S., "International Bullion Flows and the Chinese Economy Circa 1530-1650", *Past & Present* 95, 1982.

Bernward H. Willeke, *Imperial Government And Catholic Missions In China During The Years 1784-1785*, 1948.

Crossley, Pamela K, "The Tong in Two Worlds : Cultural Identities in Liaodong and Nurgan during the 13th-17th Centuries", *Ch'ing-shih wen-t'i* 4, no. 9, 1983.

Hsiao, Kung-chuan, *Rural China : Imperial Control in the Nineteenth Century*, Univ. of Washington Press, 1972(2nd paperback printing).

Joanna Waley-Cohen, *Exile in mid-Qing China ; Banishment to Xinjang 1758-1820*, Yale Univ. Press, 1991.

Jonathan D. Spence, *Ts'ao Yin and the Kang-hsi Emperor : Bondservant and Master*, Yale Univ. Press, 1988.

Minamiki, George, *The Chinese rites controversy from its beginning to modern times*, Loyola Univ. Press, 1985.

W. Devine, *The Four Churches of Peking*, Burn, Oates & Washbourne LTD., London, Printed and Bound by The Tientsin Press, Ltd, Tientsin, China, 1930.

William T. Rowe, *Hankow : Commerce and Society in a Chinese City, 1796-1889*, Stanford University Press, 1984.

Witek, John W., "Catholic Missions and the Expansion of Christianity, 1644-1800", in *China and Maritime Europe 1500-1800 : Trade, Settlement, Diplomacy, and Missions*, edited by Wills, John E. Jr., Cambridge Univ., Press, 2011.

Witek, John W., "Catholic missionaries, 1644-1800", *The Cambridge history of China*, Vol.9, Cambridge Univ. Press, 2016.

이 준 갑

서울대학교 인문대학 동양사학과를 졸업하고 같은 대학원 동양사학과에서 석사학위와 박사학위를 취득했다. 공주대, 명지대, 서울대, 한양대 강사, 규장각 특별연구원을 거쳐 2002년부터 인하대학교 문과대학 사학과 교수로 재직하고 있다.

저서로 『중국사천사회연구 1644~1911 : 개발과 지역질서』(2002), 번역서로 『강희제』 (2001), 『반역의 책 : 옹정제와 사상통제』(2004), 『룽산으로의 귀환 : 장다이가 들려주는 명말청초 이야기』(2010) 등이 있다.

건륭제와 천주교

이 준 갑 지음

초판 1쇄 발행 2021년 7월 30일
초판 2쇄 발행 2022년 12월 15일

펴낸이 오일주
펴낸곳 도서출판 혜안

등록번호 제22-471호
등록일자 1993년 7월 30일

주 소 ㉾ 04052 서울시 마포구 와우산로 35길 3(서교동) 102호
전 화 3141-3711~2
팩 스 3141-3710
이메일 hyeanpub@hanmail.net

ISBN 978-89-8494-665-1   93910

값 32,000원